대상관계이론 입문

| Lavinia Gomez 저 | 김창대 · 김진숙 · 이지연 · 유성경 공역 |

학지사

역자 서문

지난 10여 년 사이에 한국 상담학계에서 대상관계이론에 대한 관심이 급속도로 높아지면서 대상관계이론가들의 저서가 꾸준히 번역 출간되어 왔다. 하지만 대상관계이론을 처음 접하는 사람들이 상대적으로 쉽게 읽을 수 있는 책은 거의 찾아볼 수 없어 항상 아쉬움이 남았다. 그러다가 2년 전쯤 대상관계이론에 관심을 가진 몇몇이 모여 대상이론에 관한 쉬우면서도 깊이 있는 책 몇 권을 번역하자는 데 의견을 모은 후 곧 우리가 그동안 접했던 책 중 대상관계이론을 잘 소개하고 있다고 판단한 세 권의 책을 선정했다. 그중 N. G. Hamilton의 1990년도 저서 『대상관계 이론과 실제: 자기와 타자(*Self and Others: Object Relations Theory in Practice*)』(김진숙, 김창대, 이지연 공역, 학지사, 2007)와 1996년도 저서 『심리치료에서 대상관계와 자아기능(*The Self and the Ego in Psychotherapy*)』(김진숙, 김창대, 이지연, 윤숙경 공역, 학지사, 2008)이 이미 번역 출간되어 좋은 반응을 얻고 있다. 그리고 세 번째 책인 L. Gomez의 1997년도 저서 『대상관계이론 입문(*An Introduction to Object Relations*)』(김창대, 김진숙, 이지연, 유성경 공역, 학지사, 2008)이 드디어 출간되었다.

이 세 권의 책은 각각 나름대로의 특성을 가지고 있다. 우선 첫 번째 책 『대상관계 이론과 실제: 자기와 타자』는 저자인 Hamilton도 밝혔듯이, 대상관계이론의 내용을 가능한 한 변경시키지 않으면서도 이해하기 쉽게 소개했다. 대상관계이론을 처음 접하는 독자들은 이 책을 먼저 접하기 바란다. 왜냐하면 이 책은 대상관계이론의 전체적인 형태와 핵심적인 개념을 이해하는 데 도움이 되기 때문이다. 대상관계이론은 Rogers의 인간중심이론이나 Ellis나 Beck의 인지상담이론처럼 한두 사람의 선두주자가 있는 이론과 달리 정신역동이론의 흐름 속에서 대상관계의 중요성을 강조했던 여러 학자의 견해를 묶은 형태로 제시되기 때문에, 처음에는 전체적인 형태를 파악하는 것이 중요하고 또 그렇게 접근하는 것이 대상관계이론에 대해 쉽게 이해할 수 있을 것이다.

두 번째 책 『심리치료에서 대상관계와 자아기능』은 저자인 Hamilton이 대상관계이론에다가 약간의 수정을 가해서 자신이 소화한 방식을 제시한 책이다. 따라서 전통적인 대상관계이론의 소개를 넘어 Hamilton 자신의 견해를 부연하고, 실제를 이해하는 데 도움이 되는 사례를 많이 제시하고 있다.

Gomez의 이 책 『대상관계이론 입문』은 앞의 두 책과는 달리, 대표적 대상관계이론가인 Freud, Klein, Fairbairn, Winnicott, Balint, Guntrip, Bowlby의 생애와 그들이 제시한 주요 개념을 소개하고 있다. Freud는 정신역동이론의 대부이면서 비록 그 의미는 약간 다르지만 대상개념을 최초로 제시한 인물이다. Freud의 대상개념과 다른 사람들의 개념 간의 차이를 이해한다면 왜 대상관계이론가들이 새로운 이론적 캠프를 형성할 수밖에 없었는지를 이해할 수 있다. Klein은 대상관계이론의 원조라고 할 수 있으며, 환상(fantasy)의 중요성, 편집-분열성 양태, 우울적 양태, 전체 대상, 부분 대상, 시기심 등 대상관계이론의 주요 개념을 소개했다. Fairbairn 역시 어떤 측면에서는 Klein과 함께 대상관계이론의 원조라고 볼 수 있다. 하지만 Klein이 여러 가지 중요한 핵심 개념을 제공했다면, Fairbairn은 대상관계이론을 정립하는 데 있어 다른 사람에 비해서 Freud의 영향에서 가장 자유로울 수 있었다는 점에서 중요하다. 그 밖에 참 자기, 거짓 자기, 충분히 좋은 엄마, 전환기 대상, 전환기 현상 등의 개념을 소개한 Winnicott, 조화로운 상호침투적 혼합, 오크노필과 필로배트, 삼자 · 양자 · 일인 양식, 기본적 결함을 소개한 Balint, 분열성 경험에 관심이 많았던 Guntrip, 대상관계이론을 경험 과학적 토대 위에서 발전시키고자 노력했던 Bowlby 등이 이 책에 상세히 소개되어 있다.

이렇게 역자들이 번역 출간한 세 책 중 앞의 두 책은 그동안 깊이 있게 다루지 못했던 대상관계이론의 개념을 상세히 소개하고 있고, 이 세 번째 책이 상대적으로 앞의 두 책보다 각 이론가의 초기 이론을 좀 더 충실한 방식으로 제시하고 있다. 즉, 이 책은 전체적인 윤곽을 이해하는 단계와 각 이론가에 대해서 상세하게 이해하는 단계를 연결하는 다리 역할을 한다. 우리는 Gomez가 이 책을 통해 대상관계이론가들의 핵심개념에 대해 충분한 분량의 내용을 쉽게 제시함으로써 이러한 역할과 기능을 성공적으로 수행했다고 생각한다. 나 역시 Hamilton의 저서를 접한 다음 각 이론가의 원저를 읽기 전에 Gomez의 이 책을 접함으로써 이후 각 이론가의 원저를 이해하는 데 많은 도움을 받았다. 그동안 여러 이론가의 관점을 이해하기 위해 원저를 보려고 시도했다가 분량이 너무 많고 내용이 난해해 중도에 포기했거나 요약본과 통합된 책의 생략된 부분으로 학문적 깊이에서 아쉬움을 느낀 독자라면 이 책을 탄탄한 학문적 연결고리로 삼을 수 있을 것이다.

이 책의 발간으로 세 권의 번역서가 모두 출간되어 그동안 미루어 왔던 숙제를 모두 끝낸 기분이다. 앞으로도 우리는 학문적 발전에 기여할 수 있는 좋은 책이 있다면 주저하지 않고 계속해서 최선을 다하여 작업할 것이다. 이를 위해 독자 여러분의 많은 관심과 애정 어린 질책을 바란다.

이를 위해 끝으로 이 책을 함께 번역해 주신 김진숙, 이지연, 유성경 선생님께 감사드리고, 특히 이 세 권의 책이 출간되기까지 오랫동안 우리를 믿고 기다려 주신 학지사 김진환 사장님과 꼼꼼하게 윤문 및 교정 작업을 해 주신 학지사 편집부 김경민 선생님께 감사드린다.

2008년 6월

역자 대표 김창대

감사의 글

이 책을 쓰는 동안 많은 사람의 도움과 격려가 있었다. 우선 Free Association Books의 Gill Davies에게 감사의 마음을 전하고 싶다. 그의 끈기 있고 분명한 안내와 개인적인 관심 및 격려가 작업 과정의 어려움을 덜어 주고 즐겁게 작업할 수 있도록 해 주었다. 뉴욕 대학교 출판부의 Tim Bartlett 또한 한결같은 도움을 주었다.

모든 교육자가 마찬가지겠지만, 나 또한 함께 일해 온 상담 및 심리치료 학도들에게서 많은 것을 배워 왔다. 그들의 생생하고 도전적인 질문과 논쟁이 그 어떤 것보다 내 생각을 명확하게 하는 데 도움이 됐다. 치료와 슈퍼비전에서는 상호적인 경험에서 이해의 뿌리가 자라는데, 여기에서 자신의 세계를 나와 함께 나눈 모든 사람에게서도 많은 것을 배워 왔다. 자신의 사적인 경험을 이 책의 예시 자료로 사용하게 해 준 이들의 특별한 기여에 감사한다. 개개인이 아닌 여러 사람의 사례를 혼합한 짤막한 예시를 제외하고는 모두 허락을 받아 사용한 것이며, 개인의 신상을 확인할 수 있는 구체적인 정보는 그 내용을 바꾸었다.

David Dyke, Catherine Leder, Kristiane Preisinger, Andella

Shapiro 모두가 이 책에 유용한 논평을 해 주었고, John Balint 교수와 Andre' Haynal 교수는 Michael Balint에 관한 장을 쓰는 데 도움을 줬다. 냉철하고 주의 깊게 원고를 읽어 준 Anthea Gomez에게 특별히 감사한다. 이 책에서 문제가 발견된다면 그것은 결국 나의 책임이 될 것이다. 그럼에도 불구하고 그녀의 구체적인 조언으로 나는 좀 더 나은 원고를 쓸 수 있었고, 그녀의 지속적인 열정은 항상 내게 격려가 됐다.

마지막으로 Cathy와 Chris Gomez에게 고마움을 전하고 싶다. 그들은 항상 내게 일 이외의 것도 중요하다는 것을 상기시킨다. David Smart의 명료한 생각과 따뜻한 격려 및 훌륭한 요리가 글 쓰는 데 일조를 했다.

저자 서문

이 책의 목적은 상담 및 심리치료의 다양한 이론적 접근을 공부하는 학생과 그리고 그 밖에 관심 있는 사람들에게 대상관계이론의 세계를 소개하는 것이다. 이 책은 두 부분, 즉 이론과 적용으로 나뉜다. 첫 번째 부분은 대상관계이론이 발전하게 된 토대인 Freud 이론의 요약으로 시작한다. 그리고 대상관계이론을 창시하는 데 크게 기여한 이들의 다양한 관점을 통해 대상관계이론의 역사적 발전을 그려 나간다. 두 번째 부분은 대상관계 접근을 적용할 때 발생하는 실제적이고 이론적인 의문점을 다룬다. 임상실제에 관한 장은 대상관계이론의 개념과 태도를 모든 접근의 심리치료와 상담에, 그리고 더 넓게 조력 전문직과 그 이상의 영역에까지 적용시키는 것에 대해 살펴본다. 그다음 장인 '차이와 다양성 다루기'는 대상관계이론의 고전적 문헌의 한계를 검토하고, 대상관계이론이 오늘날의 정치적, 문화적 맥락에서 무엇을 제공해 줄 수 있을지 자문해 본다. 마지막 장은 대상관계이론의 근거가 되는 가정을 알아보기 위해 대상관계이론의 저변을 살펴본다.

대상관계이론이란 무엇인가

대상관계이론은 본래 Freud 학파의 정신분석이론이 영국에서 발전된 것이었다. 대상관계이론은 인간을 생물학적 욕동의 체계로 보기보다 인간이라는 것이 뜻하는 바의 중심에 관계를 둔다.

'대상(object)' 이라는 용어는 무생물을 뜻하는 것이 아니라, 본능의 표적(target)이나 대상(object)이라는 Freud의 개념에서 온 것이다. 대상관계이론에서 쓰이는 용어로서 '대상' 은 주체와 객체를 구분하는 철학적 의미로 사용된다. 타인에 대한 우리의 욕구란 경험하고 있는 '나' (an experiencing 'I')가 접촉(contact)할 수 있는 또 다른 경험을 하고 있는 '나' 에 대해 가지는 욕구다. [여기에서 유의할 점은 '나' 와 '타인' 이 모두 '경험' 하는 주체로 존재할 수 있어야 하며, 그 둘은 '접촉(contact)' 이 필요하다는 것이다.-역주] '부분 대상(part object)' 은 한 사람의 한 부분 혹은 한 측면을 뜻한다. 우리는 온전한 한 사람이 아니라 신체의 한 부분하고만 관계할 수 있다. 예컨대, 아기는 엄마의 가슴과 또 포르노 작가는 성기와 관계할 수 있다. 또한 치과의사, 식당 종업원 혹은 세무사에 대해서는 그들을 온전한 한 사람이 아니라 그 사람이 수행하는 기능으로만 한 사람을 대할 수도 있다. 혹은 어떤 사람의 한 측면, 예를 들면 단지 영리한 사람 혹은 짜증나게 하는 사람, 아니면 내게 돈을 빌려 줄지도 모르는 사람으로만 볼 수 있다. 또한 비록 부차적이기는 하지만, '대상' 은 집과 예술, 정치와 같이 인간과의 관련성을 바탕으로 볼 때 주관적으로 중요한 비인격적인 사물이나 사상을 포함할 수 있다.

대상관계이론에서 자기(the self)는 관계의 맥락에서 발전하고 존재하는 사적인 영역이며, 그 자체가 어떤 사람의 서로 다른 측면 간의 내적 관계로 구성된 것으로 여겨진다. 대상관계이론은 인간이란 본질적으로 사회적인 존재라는 믿음에 기초한다. 즉, 타인과 접촉하고자 하는 우리의 욕구는 일차적인 것이며, 다른 욕구로 설명되거나 그보다 더 근본적인 어떤 것으로 환원될 수 없다는 것이다.

대상관계의 틀은 인간을 외적 관계와 내적 관계라는 이중적 세계에 둔다. 이런 두 개의 세계는 서로에게 영향을 미친다. 우리의 내면세계는 변화하는 역동적 과정으로, 좀 더 고정된 패턴과 좀 더 유연한 패턴을 동시에 갖고 있으며, 이런 패턴은 의식적인 것과 무의식적인 것 둘 다를 포함한다. 이런 역동은 우리가 외부 현실을 경험하는 방식에 영향을 주며, 그것 자체는 또한 외부 현실에 대한 우리의 경험에 의해 영향을 받는다. 따라서 우리는 지속적인 구조와 성격 유형을 지닌 꽤 안정된 존재다. 그러나 동시에 이런 안정된 구조는 우리의 삶의 경험, 특히 관계 경험에 의해 어느 정도 수정되거나 변화될 수 있다.

대상관계이론은 중대한 초월적 요소나 영적 요소를 갖고 있지 않은데, 이는 이 이론이 Jung의 이론이 아니라 Freud의 이론에서 파생되었음을 반영한다. Freud 이론과 마찬가지로 대상관계이론은 삶을 어느 정도까지는 피할 수 없는 고통과 내적 갈등을 지닌, 본질적으로 복잡한 경험으로 본다. 불안은 완화되거나 누그러뜨려지거나 혹은 다스려질 수 있으나 근절될 수는 없다는 것이다.

대상관계이론가

대상관계이론의 전통은 체계적이고 순차적인 이론의 발전이라기보다는 대상관계이론의 기본 전제를 공통점으로 갖고 있으면서도 동시에 다양하고 때로는 충돌하는 관점이 느슨하게 모인 학파다. 그 기본 전제란 관계 욕구는 일차적이며, 자기는 의식적이고 무의식적인 수준에서의 내적 관계로 만들어진다는 것이다.

대상관계이론은 Freud 스스로 자신의 기본적인 이론적 전제를 넘어서려는 움직임에서 시작됐고, 이런 움직임은 Freud의 말년에 탄력을 얻었다. Frank Sulloway의 포괄적 연구의 제목 『프로이트: 마음의 생물학자(*Freud: Biologist of the Mind*)』(1979)는 Freud의 출발점을 잘 표현해 준다. 그의 초기 심리학은 마음을 구체적이고 측정 가능하며, 궁극적으로는 생리적인 것으로 제시한다. 그러나 그의 후기 연구는 마음을 경험의 중심으로 보는 좀 더 주관적인 관점을 포함하는데, 다른 사람과의 관계의 중요성과 또한 그 사람의 복잡성을 이루는 내적 관계를 부각시킨다. 대인관계적 구조를 갖는 오이디푸스 콤플렉스와 부모를 내면화한 것으로서 초자아와 같은 개념은 감정의 발달이 생래적인 과정에 기초한다는 그의 초기 관점에 관계적 관점이 추가됐음을 보여 준다.

Klein은 과학자가 아니었기 때문에 그녀가 Freud에게서 물려받은 생물학적 접근을 쉽게 버렸다. 그녀는 Freud가 사용했던 동일한 용어를 사용했지만 강조점과 의미를 달리했다. Klein의 이론은 Freud 초기 작업의 자연과학적 기반과는 대조적으로 주관적인 기반에서 비롯되었고, Freud의 후기 개념에서 발전된 해석학적인 줄기를 더 발전시켰다. 그녀는 우리 각자가 살고 있는 내적 세계라는 개념을 소개했는데, 이 내적 세계는 외부 세계와 상호작용하고 외부 세계와 그것에 대한 우리의 지각에 영향을 미친다. 그녀는 정신분석에 대한 자신의 개념과 Freud의 개념 사이에 자신이 만들어 낸 엄청난 간극을 인식하지 못했던 것 같다. 그녀는 자신과 Freud 관점 간의 괴리를 결코 명시하지 않았고, 자신의 연구를 Freud의 사상에 대한 도전이 아니라 그것의 발전적 전개로 제시했다.

Klein과 대략 같은 시기에 활동했던 Fairbairn은 자신과 Freud의 차이점을 분명히 했다. 그는 Freud 이론의 전제는 현대의 과학적 사고와 맞지 않다고 주장했다. 삶의 목적은 본능의 충족이 아니라 관계라고 재정의하면서, Freud의 생물학적 기반에서 완전히 벗어난 마음의 모델을 제안했다. 이렇게 Freud의 이론적 전제를 단도직입적으로 거부한 것은 그가 정신분석학계에서 상대적으로 무시당한 한 가지 이유가 됐다.

Winnicott은 이론의 수정보다 전달을 위해 더 노력한 사람이었다. 그는 엄마와 유아의 관계, 정신병의 치료와 자기의 상호주관적인 경험을 시적으로 이야기한 사람이었다. 타고난 실험가였던 그는 정신분석학적 개념과 태도를 그의 또 다른 본업이었던 소아과에 도입하여, 모든 유형의 의사-환자 상황에서 치료적으로 개입하는 그 자신만의 방식을 만들어 냈다. 한정된 정신분석 치료실에 비해 Winnicott의 전문 영역은 훨씬 넓었기 때문에 그의 연구는 광범위한 반향을 불러일으켰다.

Balint 또한 정신분석을 의학 세계에 도입했는데, 의학적 치료 기술과 함께 의사와 환자 관계의 중요성을 강조했다. 이와 더불어 치료적 관계에 대한 관심으로 그는 초기의 감정적 발달에 대한 독창적인 관점을 발전시킬 수 있었다. 좀 더 심한 심리장애가 있는 사람들을 치료할 때 맞닥뜨리는 어려움에 대한 그의 명쾌한 설명과 모든 심리 이론의 한계에 대한 주의를 촉구하는 그의 주장은, 오늘날 모든 이론적 접근의 치료자에게 통찰과 지침을 제공한다.

비록 약간의 거리를 둔 관점에서였지만, Guntrip은 Fairbairn의 사상을 전하려고 누구보다도 많은 노력을 기울였다. 분열성 상태(schizoid states)와 그것을 다루는 데 필요한 치료적 과정에 대한 그의 연민 어린 생동감 있는 묘사는 정서적인 장애가 있는 사람에 대한 판단이 아닌 동정심을 불러일으킨다. 그는 Fairbairn의 이론적 엄격함과 Winnicott의 공감적인 실제적 접근이 결합된, 통합적인 대상관계 심리치료를 만들어 내기를 바랐다.

Bowlby는 대상관계이론에 현대의 과학적인 태도와 접근을 도입했는데, 그의 이런 접근은 동료들에게 환영받지 못했다. 동물행동학과 체계이론이라는 새로운 과학에 의존하여, 그는 생래적인 애착 행동이라는 개념으로 Freud 이론과 대상관계이론의 전제를 통합한 그 자신만의 이론을 제안했다. 그는 전문가로서 삶의 대부분을 환자와 직접 작업하는 것보다 애착과 상실에 관한 연구에 헌신했다. 그의 동료인 James Robertson과 Joyce Robertson이 제작한 자료영화를 본 사람은 모두 감동에 빠진다. 「두 살짜리 병원에 가다(A Two-Year-Old Goes to Hospital)」(Robertson, 1952)와 「존, 17개월 된 아기(John, Aged 17 Months)」(Robertson & Robertson, 1976)는 안정된 관계가 필요한 어린아이의 절대적 욕구에 대한 소름 끼치는 증거를 보여 준다. 사회 정책에 대한 Bowlby의 영향력은 직접적이고도 광범위한 것이었다. 그의 애착이론은 특히 사회제도와 관련성이 있는 대상관계이론의 하위영역이다.

조력 전문직에서 대상관계이론

대상관계이론은 하나의 확립된 접근이라기보다 느슨하게 통합된 이론이다. 그것은 사람을 이해하고 치료하는 유연하고 비처방적인 하나의 틀을 제공하며, 광범위하게 다양한 치료적 모델 및 접근과 접목되어 왔다. 미국의 자아심리학과 자기심리학 학파는 이제 대상관계이론과 접목되고 있다. Jung 학파의 일부 접근은 대상관계이론을 그들의 훈련과 사고에 포함시킨다. 인본주의적 심리치료 및 상담 분야는 대상관계이론의 전통에서, 인간이라는 것과 심리치료와 상담이 의미하는 것에 대한 그들의 이해를 심화시켜 주는 풍성한 개념적 틀을 발견했다. 그리고 이제는 행동주의 학파조차도 치료적 관계의 중요성을 인정한다.

관계가 그 중심에 있기 때문에 대상관계이론의 틀은 진정성을 갖고 사용되어야만 한다. 이 이론의 도구는 자기 자신과 타인의 감정 및 생각, 감각, 태도, 직감에 대한 개방성과 관심이다. 대상관계이론은 내적인 무의식적 과정과 대인 간의 무의식적 과정에 세심하게 초점을 둠으로써 상담자와 심리치료사, 교사, 사회복지사, 그 외 조력 전문직 종사자가 다른 식으로는 예측 불가능하고 당혹감을 준다고 보일 수도 있는 사람들을 이해하고 이들과 함께 작업하는 데 도움을 줄 수 있다.

Freud 이론과 대상관계이론은 19세기 후반과 20세기 유럽이라는 문화적 맥락에서 발전했다. 따라서 이들의 개념은 철학적 기초와 근원을, 백인이며 대다수가 남성이고 중산층인 사람들의 경험에 둔다는 점에서 특정 문화에 구속되어 있다. 어떤 특정한 문화적 집단에 맞는 개념이 자동으로 보편적으로 적용될 수는 없으며, 기존의 이론과 실제에 좀 더 폭넓은 요소가 도입되어야 할 필요성이 절실하다. 여러 문화 집단에 걸친 작업을 통해 모든 실무자는 차이에 대한 인식을 높이고, 심리학 이론의 수정과 확장에 기여할 수 있을 것이다.

대상관계와 사회

대상관계이론은 심리치료라는 작은 세계뿐만 아니라 서구 사회 전반에 혁신적인 영향을 미쳐 왔다. 친밀하고 지속적인 관계의 결정적인 중요성을 인식하게 된 이래로 사회 정책에 변화가 있어 왔다. 어린아이가 부모와 떨어져 살게 되는 상황을 예방하기 위해 근래 더 많은 노력을 기울이고 있다. 병원에서는 부모가 입원한 어린 자녀와 함께 머무는 것을 막기보다 오히려 권장하며, 보호가 필요한 아동은 비인격적인 시설보다 위탁가정에 배치된다. 난민 아동은 이전처럼 '구조되어' 외국의 기관에서 양육되는 대신, 가능하면 부모와 함께 지낼 수 있도록 조치된다. 정신과 병원을 폐쇄하는 조치에는 취약한 성인을 위한 비인격적인 돌봄의 한계점에 대한 부분적인 인식이 깔려 있다. 그리고 관계를 키워 나가는 중심 조력자 체제(the key-worker system)[조력서비스가 필요한 아동과 가족을 위한 지지의 자원으로서, 여러 서비스의 접근과 효율적인 활용을 위해 관련 서비스를 연계하고 관리하는 조력자-역주]가 사회복지 사업 전반에 걸쳐 확산되고 있다. 이제 우리는 친밀한 관계는 인간 발달을 위해 필요한 맥락이며, 만족스러운 삶의 필수적인 부분이라고 인식하기에 이르렀다.

● 차 례 ●

제2부 적 용 *Application*

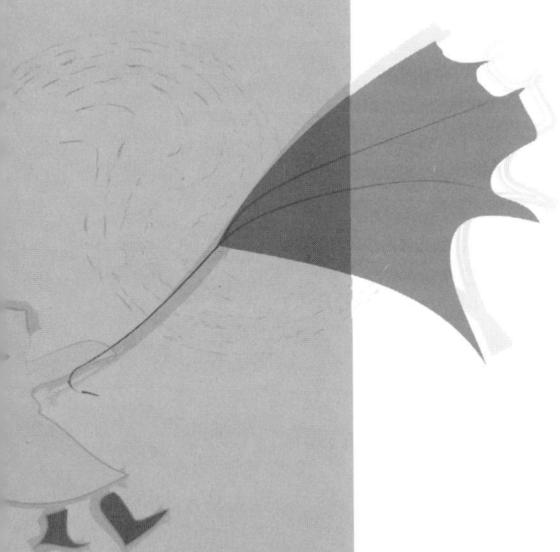

제1부
이 론

1

지그문트 프로이트: 정신분석학의 시작

서 론

Freud의 정신분석이론에서 나온 태도와 개념은 서구 문화에 널리 퍼져 있다. 20세기 예술과 연극 및 영화는 인간 조건에 대한 그의 갈등적인 시각을 반영하는데, 이런 갈등적인 시각은 인간이 스스로도 거의 알지 못하는 힘에 의해 움직인다는 극적인 요소를 제공한다. 광고업계는 성적 욕망과 공격성이라는 강력한 무의식적 근원을 그 업계의 도구로 이용한다. 성격은 형성해 가는 힘이 강력한 아동기 경험에서 발현한다는 Freud의 관점은 사회적, 교육적 정책의 초석을 이루며, 이런 정책은 정서적 발달의 장이며 사회적 관습의 매개자인 가족에 초점을 두고 있다.

'본심을 드러낸 실언(Freudian slip)' 과 같이 오늘날 일반적으로 사용되는 용어는 Freud의 개념이 일상생활에 어느 정도 스며들어 있는가를 보여 준다. 그러나 그는 여전히 논란이 되는 인물이고, 찬양에서 혐오에 이르는 극과 극의 반응을 불러일으키는데, 그에 대한 균형 잡힌 시각은 상대적으로 미미하다. 이런 극단적인 강한 반응은 그가 채택한 주제에 내포된, 동요를 일으키는 속성에서는 물론이고 그의 성격과 스타일에서 기인하는 것으로 보인다.

하나의 장에서 Freud 주요 사상의 개요를 개략적으로 제시하는 것 이상은 불가능한 일이다. 따라서 이 장에서는 그의 이론을 세세하게 검토하기보다 간략히 소개만 할 것이고, 대상관계이론이 발전하게 된 토대를 명료히 하는 데 중점을 둘 것이다. 독자들은 Freud와 19세기 비엔나에 대한 역사적, 생애적, 이론적 저술을 탐구하는 데 관심을 갖고, 특히 Freud 자신의 광범하고 영향력 있는 저술을 읽는 데 관심을 가질지도 모른다.

그렇다면 서구 세계에 이처럼 광범위한 영향을 끼친 이 사람은 어떤 인물이었을까?

프로이트의 생애

Sigismund Schlomo Freud는 1856년 오스트리아에서 비신앙적인 중산층 유대인 가정에서 태어났다. 그의 아버지 Jacob은 그의 어머니에 비해 상당히 나이가 많았고, 이전 결혼에서 얻은 이미 성인이 된 자녀들이 있었다. Freud는 그의 어머니와 아버지가 낳은 8남매 중 맏이였고, 지적인 명석함과 강한 자신감 때문에 그의 가족이 살고 있던 비유대계 사회에서 성공을 거두고 인정받을 수 있을 것이라는 희망의 초점이 됐다. 그는 청소년기에 부모가 지어 준 원래 이름 Sigismund보다 'Sigmund'가 더 낫다고 판단하여 이 이름을 성년기에도 계속 사용했다.

오스트리아는 당시 정치적, 문화적 소용돌이에 휩싸여 있었고, Freud가 자랐던 비엔나는 그 진앙지였다(Taylor, 1948; Schorske, 1961). 사회적 불안은 1873년 주식 시장의 붕괴라는 경제적 재앙에 의해 가열됐다. 유럽에서 가장 오랜 기간 통치했던 합스부르크 왕가는 자멸의 진통을 겪고 있었다. 유럽은 1889년 황태자 Rudolf와 그의 10대 소녀 정부의 정사(情死)로 크게 동요했고, 오스트리아-헝가리 제국은 제1차 세계대전이 끝날 때 해체됐다. Schnitzler와 Schoenberg 그리고 Klimt, Kokoschka, Wittgenstein과 Hitler 모두 19세기 비엔나에서 나온 인물들이다. 우리는 바로 이러한 혁명과 전환의 용광로 속에서 Freud와 그의 사상을 이해해야 한다.

Freud는 의학을 공부했는데, 그의 무모한 창의성을 보여 주는 한 가지 초기 사례는 코카인 사용을 장려한 그의 행동에서 찾아볼 수 있다. 죽어가는 한 친구의 모르핀 중독을 고치려는 시도로 그가 처방한 코카인이 친구의 고통을 악화시키며 코카인의 중독 잠재성을 입증하자 그는 낙담했다. 그는 가족을 부양할 수 있도록 연구직에서 정신과로 옮겼고, 긴 약혼기간 끝에 1886년 Martha Bernays와 결혼했다. 그는 6명의 자녀 이름을 모두 그가 존경했던 친구와 역사적 인물의 이름을 따서 지었다. 그는 애정이 많은 아버지였던 것으로 보인다. 가장 사랑하던 딸 Sophie가 1920년에 죽었을 때 그는 그 죽음을 받아들이는 데 몹시 힘들어했다. Martha의 여동생 Minna도 그의 가족과 함께 살았는데, Minna는 그의 딸 Anna와 함께 그의 생애 마지막까지 함께했다.

반유대주의는 Freud의 삶에 지속적으로 해악을 끼친 세력이었다. 그는 어린 시절, 약자를 괴롭히는 한 기독교인이 아버지의 모자를 시궁창에 던졌을 때, 아버지가 이에 맞서지 못하는 모습에 실망했던 경험에 대해 이야기했다(Gay, 1988: 11-12). 그는 '비천한 유대인' 이 되지 않을 것이라고 맹세했고 이 결심을 결코 저버리지 않았다. 암으로 고생하던 노년기에 나치 정권 아래서 그의 연구는 금지되고 저서는 불태워졌으며, 프랑스와 영국의 저명한 지인들이 그의 가족을 위해 간청하고 엄청난 액수의 돈을 지불한 후에야 그와 그의 가장 가까운 가족이 오스트리아를 떠날 수 있도록 허용됐다. 그가 네 명의 누이와 나머지 가족을 함께 데리고 나오는 것은 불가능하게 됐고, 그들은 결국 강제수용소에서 사망했다. Freud는 국외 이주를 허락받는 한 가지 조건으로 그가 그동안 좋은 대우를 받았고 그의 과학적 연구가 존중받았다는 내용의 진술에 서명해야 했다. 그는 여기에다 자신이 다음과 같은 문구를 덧붙일 수 있다는 조건하에 이에 동의했다. 그가 덧붙인 내용은 매우 반어적이다. "나는 모든 사람에게 게슈타포를 아주 강력하게 추천할 수 있습니다." (Gay, 1988: 628)

Freud는 1938년에 런던에 도착했고, 그곳에서 1년 뒤 사망했다. 그와 그의 가족이 살았던 햄프스테드의 저택은 현재 Freud 박물관이다. 그곳은 넓게 퍼진 Freud의 가계와 정신분석이 형성되던 시기에 대한 매혹적인 통찰을 제공한다.

우리는 Freud의 역설적인 출발 배경이 그의 삶과 연구에 깊은 영향을 미쳤다고 가정해 볼 수 있다. 그는 박해를 점차 심하게 받았던 소수민족의 일원이자 그의 가족 내에서는 관심의 초점이었다. 그의 이런 이중적인 지위는 이후의 삶에서도 반복됐는데, 그는 자신의 사상이 적대적인 반응을 받을 때에도 그를 둘러싼 충성스러운 동료집단의 보호를 받았다. 그는 자신이 수장이고 동료들은 추종자의 자리를 지켜야 한다고 기대했는데, 이런 기대로 말미암아 그는 자신이 가장 큰 희망을 걸었던 이들과의 결별을 그들이 변절한 것으로 받아들일 수밖에 없었다. Alfred Adler와 Carl Jung, Wilhelm Reich와 같이 재능 있고 독창적인 사상가들이, Freud 학파 내에서 가능했던 것보다 그들의 생각을 더 독립적으로 발전시키고자 그곳을 떠났다. Freud는 가장 크게 신뢰했던 이들에게 반복해서 배신당한다고 느꼈으나, 떠난 이들의 자리를 대신할 준비가 되어 있는 이들이 항상 주위에 있었다. 그리고 Freud는 생애 마지막까지 정신분석학계에서 지배력을 유지했고, 이런 지배력에 대한 도전은 단 한 번도 성공하지 못했다.

그의 저술을 읽어 보면 한편으로는 그의 생각이 아직 초기단계일 뿐이라는 주장과 함께 진리에 대한 그의 과학적 전념이 드러나고, 다른 한편으로는 오직 정신분석을 받아 본 사람만이 그의 연구를 비판할 권리가 있다는 오만한 주장이 드러난다. 그가 논의했던 주제들은 두려움과 혐오감을 불러일으킬 수밖에 없었다. 그는 성도착, 신경증과 꿈을 연구했고, 처음에는 신경증의 원인이 아동기 성적 학대라고 주장하며 성생활은 요람에서 시작된다는 받아들이기 불편한 주장을 펼쳤다. Freud 생애의 역설과 모순은 그의 이론에 뒤섞여 있다.

프로이트의 이론

개 관

Freud의 정신분석이론을 구성하는 대부분의 개념은 그 시대 문화적 배경에 이미 존재하던 것들이었다. 이 개념들은 그와 추종자들이 종종 그들의 독창적인 창작물이라는 점을 입증하려고 애썼지만 꼭 그런 것은 아니었다. 유아 성욕과 양성애, 무의식, 원초아(id)는 모두 당시 통용되던 개념이었다. Freud의 업적은 이 개념들을 만들어 낸 데 있는 것이 아니라, 오히려 정신 장애라는 인기 없고 저급한 주제를 진지하게 다루었다는 데 있다. 그는 개인이 자기 전체를 전적으로 관장하고 있는 것이 아니라는, 당시로서는 혁명적인 생각을 갖고 있었다.

전적으로 새로운 주제로 발전된 Freud의 정신분석이론은 다음 몇 가지 가정에 근거한다.

- 정신생활은 설명될 수 있으며, 따라서 이는 자유의지라는 관념에 심각한 도전이 된다.
- 마음은 특정한 구조로 구성되어 있고 내재적인 법칙을 따른다.
- 정신생활은 진화하고 발달한다. Freud는 Darwin의 이론에 따라 성인의 마음은 아동의 형성적 경험의 관점에서만 이해될 수 있다고 주장한다.
- 마음은 엄청난 강도와 세력을 지닌 무의식적 힘을 보유하고 있는데, 이런 힘은 비록 직접적으로 경험되지는 않지만 인간 존재에 대해 우리가 인식할 수 있는 이상의 훨씬 더 큰 영향력을 행사한다. 무의식이 새로운 개념은 아니었지만, Freud는 그것을 정신분석학의 근간으로 만들었다.
- 마음은 몸의 한 측면이다. 출생과 죽음이라는 생물학적 사실은 우리의 신체적 삶뿐만 아니라 정신적 삶의 기초를 구성한다. 성욕은 모든 욕망의 전형이고, 유아 성욕은 원초적 욕망이며, 신체에 그 뿌리를 두고 있다.

Freud의 초기 이론은 심리학을 근본적으로 물리적 사건으로 다루는 유물론적 이론이다. 그의 초기 저술은 마음을 마치 힘으로만 움직일 수 있는 구체적인 구조물로 구성된 것처럼 다루었는데, 이는 극단적인 뉴턴식 물리학이었다. Freud의 이론은 육중한 빅토리아식 가구를 연상케 하는 견고함을 갖고 있다. 그것은 마치 오래가도록 만들어지고, 애쓰고 신중하게 다루어야만 움직일 수 있는 참나무 탁자와 마호가니 식탁과 같다.

Freud는 이원론자다. 그의 개념은 전형적으로 한 쌍을 이루고 있다. 자아와 원초아, 의식과 무의식, 에로스와 죽음 본능이 그 예다. 이것은 한 개인으로서 우리에게 의미 있게 다가오거나 혹은 납득되지 않는 경험의 양식이다. Freud 자신도 그의 생각 중 어떤 것은 감정적 기반에서 유래했다는 점을 인식하고 있었다. 『문명속의 불만(*Civilisation and its Discontents*)』에서 그는 죽음 본능이라는 개념 때문에 유발된 논쟁을 인정하면서, "그러나 그동안 〔이 개념들은〕 내가 더 이상 다른 방식으로 생각할 수 없을 정도로 나를 사로잡아 왔다."라고 썼다(Freud, 1930, S.E.* 21: 119).

Freud의 염세주의는 그의 이원론에 내포된 갈등에서 비롯됐다. 삶에 대한 그의 시각은 단호하다. 즉, 훌륭한 인간과 가치 있는 삶은 갈등을 다스린 결과라는 것이다. 우리는 양분된 존재로서 근원적인 합일성이나 더없는 기쁨 혹은 조화를 갖고 있지 않다. 우리 각자가 최대한 할 수 있는 것은 자신의 파괴성에 대한 책임을 받아들이고 그것에서 비롯되는 피해를 최소화하는 것이다. 사회는 필연적으로 개인과 대립적인 관계에 있지만, 그럼에도 불구하고 개인은 집단에 의존한다. Freud의 관점에서 본 서구 문명은 억압의 형태로 너무도 큰 대가를 요구했고, 이것이 구성원들의 신경증으로 이어졌다. 그는 종교를 인식되지 않은 유아적 욕구에 기반한 자기기만으로 보았다. 가상의 환자에게 쓴 글에서 그는 정신분석의 목적은 행복을 증진시키는 것이 아니지만, "우리가 당신의 히스테리적 고통을 평범한 수준의 불행으로 전환하는 데 성공한다면, 많은 것을

* S.E. = Standard Edition, 표준판 프로이트 전집.

얻을 수 있을 것이다."라고 했다(Breuer & Freud, 1895, S.E. 2: 305).

Freud는 정신분석이 하나의 자연과학으로 받아들여지기를 희망했지만, 그것의 개념들은 실험과 검증의 자연과학적 방법에서 도출된 것이 아니었다. 대신 그 개념들은 내성(內省)과 회상에서, 그리고 대부분의 경우 Freud 자신의 내성과 회상에서 나온 것이었다. 유아와 아동에 대해 Freud가 그린 그림은 주로 매일 하루의 마지막 30분간 그가 실행한 자기분석을 통해, 그리고 이차적으로 그가 만난 성인 환자의 경험과 기억에 대한 해석을 통해 그가 재구성한 것이었다. 따라서 그의 이론은 객관적이기보다 주관적인 기반을 갖고 있고, 마음이 어떻게 그 자체를 경험하고 이해하는가를 설명하며, 19세기 서구의 과학적, 사회적 사상에 의해 매개된 것이다. 이런 주관적 기반은 Freud가 끊임없이 자신의 개념을 발전시키고 변화시켰음을 뜻했고, 때로는 한 페이지 내에서도 이런 양상이 나타났다.

Freud의 유물론적, 진화론적, 이원론적 기반을 잠정적으로나마 수용하지 않고서는 우리는 그의 이론을 이해하거나 생각해 볼 입장에 설 수 없을 것이다. 이런 태도와 관점을 염두에 두면서 우리는 Freud가 말년에 구성한 가장 중요한 개념에 대한 간략한 개관으로 넘어가 볼 수 있다(Freud, 1938a, S.E. 23).

Freud는 그의 후기 이론에서 정신생활을 몇 가지 방식으로 구분했다. 구조적으로 그는 마음을 원초아, 자아, 초자아의 세 가지 실체로 보았다. 역동적으로 그는 정신생활은 의식적 수준과 무의식적 수준에서 진행되며, 정신생활의 동인은 두 가지의 주요한 본능 집단, 즉 에로스 혹은 삶의 본능과 흔히 죽음의 본능으로 알려져 있는 타나토스에서 나오는 것으로 이해했다. 정신적, 감정적 성숙은 일차적 자기애(primary narcissism), 자가성애기(auto-erotic), 구강기, 항문기, 남근기, 성기기라 명명되는 발달 단계를 거쳐 서서히 얻어지는 것이다. 초기 발달의 절정은 대략 3~7세 사이의 남근기 동안 벌어지는 오이디푸스 콤플렉스라는 드라마에서 대략 일어난다. 도덕성과 성숙한 성욕, 궁극적으로 잠재기라는 휴지기 이후에 나타나는 성인의 성격은 이런 갈등의 해소에서 나오는 것이다.

영어권의 독자가 유의해야 할 한 가지 주요 위험 요소는 James Strachey가 발간한 Freud 저술의 번역본에 있다. 정신분석이 유대인 학문이라고 나치에 의해 금지당했던 시기에 Strachey는 Freud의 저술이 서구의 주류 사회에서 수용되기를 특히 갈망했고, 이런 목적을 염두에 두고 번역 작업에 착수했다. Freud는 전문용어를 전혀 사용하지 않은 채 단순한 일상적인 독일어로 글을 썼는데, Strachey는 번역 시 모호한 라틴어식 용어를 도입했다(Bettelheim, 1982). 그 결과 단순한 용어인 'Ich' 혹은 '나' 라는 용어가 '자아(ego)' 로 번역되었고, 'Es' 또는 'it' 이 '원초아(the id)' 로, 그리고 'Über-Ich' 또는 'over-I' 는 '초자아(the super-ego)' 로 번역됐다. 이것과 또 다른 번역 용어는 Freud 저술이 주는 느낌도, 직접성도 갖고 있지 않다. 그래서 이 용어는 좀 더 정확하고 의미를 더 잘 환기시키는 '나(I)' , '그것(it)' , '상위의 나(over-I)' 로 재번역하는 것이 더 나을 것이다.

마음의 구조

Freud는 세 부분으로 구성된 마음의 구조를 『자아와 원초아(*The Ego and the Id*)』(Freud, 1923, S.E. 19)에서 처음으로 제안했다. 후기작인 『정신분석 개요(*Outline of Psychoanalysis*)』(Freud, 1938a, S.E. 23)에서 그는 이런 구조가 뇌라는 신체 기관과 의식이라는 주관적인 경험 사이의 연결 고리라고 가정했다.

Freud는 원초아를 마음의 원시적이고 불변하는 기반으로 정의한다. 그것은 무의식적인 것이어서 직접적으로 경험되기보다 언제나 추론되는 것이다. 그는 원초아를 본능이나 욕동(Triebe)이 들끓는 가마솥으로 묘사한다. 원초아의 목적이 인간의 근원적인 목적이고, 그것은 생각이나 타협 혹은 조건이 없는 욕구 충족이다. Freud는 괴벽스러운 정신과 의사 Georg Groddeck의 저서에서 이 용어를 가져왔다.

> 내가 보는 관점에서 인간은 미지의 어떤 것에 의해 활기를 얻고, 인간 내면에는 '그것'('Es' 혹은 'it'), 인간이 스스로 하는 것과 그에게 일어나는 것 모두를 지배하는 어떤 불가사의한 힘이 존재한다. … 인간은 바로 '그것'으로 살아간다(Groddeck, 1949: 11).

원초아와 그 안의 욕동 모두 우리 내면에 존재하는 가장 강력한 힘이다. 이것은 다른 동물이 둥지를 짓거나 새끼에게 먹이를 주는 행동처럼 유전적으로 물려받은 심리생리학적 특성이며, 정신적인 것과 신체적인 것, 추상적인 것과 구체적인 것 사이의 경계선상에 존재한다.

자아는 '나(I)'라는 용어의 단순성에 의해 규정되기보다 상상에 의해 창조된다. 이것은 의식적으로 그리고 무의식적으로 결정을 내리는 마음의 조직화된 부분이다. 자아의 기능은 이것이 그 일부를 이루는 전체 유기체를 보존하고, 또한 원초아와는 차별화된 부분으로서 자신의 존재를 보존하는 것이다. Freud 사상에서 자아의 기원은 불명확하다. 그는 동일한 논문에서 한편으로는 자아가 처음부터 그 자체로 존재하는 것으로, 다른 한편으로는 출생 이후 원초아에서 발전하는 것으로 묘사한다(Freud, 1938a, S.E. 23). 분명한 것은 Freud는 자아를 비교적 연약한 구조로 보았다는 점이다. 극심한 스트레스가 주어지면 자아는 기반을 상실하고, 생각과 결정을 할 수 없게 되며, 초자아에 의해 어느 정도 약화될 수 있고, 원초아에 의해 잠식되거나 재흡수될 수 있다.

자아의 일차적 기능이 자기 보존이기 때문에 외부 요인을 고려해야 한다. 이것의 궁극적인 목적은 원초아가 생존 및 안녕과 일관되게 최대한의 만족을 얻도록 하는 것이다. 자아는 인간이 원하는 바를 다 얻을 수 없다는 사실을 인식하고, 원초아의 요구와 외부 현실의 제약 및 초자아의 압력을 중재한다. 이것은 타협이나 욕구 충족의 지연 및 거부에 의해 작동하며, 충동을 행동으로 옮기기 전에 생각을 하게 한다. 원초아의 충동은 굴러가는 축구공을 쫓아 곧장 길로 뛰어들도록 우리를 내몰겠지만, 자아는 우리로 하여금 차가 먼저 지나갈 때까지 기다리게 한다.

초자아는 마지막으로 발달하며, 또한 가장 명확한 사회적 산물이다. 비록 우리는 이것에서 파생되는 죄책감을 의식적으로 경험하기는 하지만, 초자아는 원초아와 마찬가지로 대체로 무의식적이다. 초자아는 부모의 금지하는 목소리, 전형적으로는 아버지를 내면화한 것이다. 이런 구현(具現)은 오이디푸스 콤플렉스가 해결된 것의 일부인데, 여기에서 부모의 목소리는 내적 통제 능력으로 변형된다. Freud는 초자아에 상응하는 좀 더 긍정적인 측면인 자아 이상(the ego-ideal)에 대해서는 훨씬 덜 언급한다. 그는 자아 이상을 좀 더 부드러운 부모의 목소리, 전형적으로 어머니의 내면화로 본다. 초자아는 죄책감에 의해 지지받는 자기절제의 형태로 부정적인 통제를 제공한다. 자아 이상은 우리가 갈망할 수 있는 이상을 제공한다.

자아의 임무는 원초아에서 나오는 요구와 초자아 및 외부 현실을 화해시키는 것이다. 이것이 불가능하면 불안이 발생한다. 만약 피할 수 없는 위험이 외부 세계에서 오면 현실적인 불안이 발생한다. 초자아의 요구가 무시되면 도덕적 불안이나 죄책감이 일어난다. 그리고 만약 원초아의 욕구가 충분히 인식되지 않으면, 신경증적 불안 혹은 신경증적 증상이 발생한다.

정신분석의 목적은 자아를 강화하고, 초자아가 지나치게 가혹하거나 특별히 약한 경우에는 초자아를 조절하는 것이다. 외부 세계는 어떤 개인이든 지엽적으로만 변화시킬 수 있을 뿐이며, 원초아는 변화시킬 수 없다. 원초아의 힘은 관리되거나 일정한 거리를 두고 다가오지 못하게 할 수 있을 뿐이다. 정신분석이 할 수 있는 것은 갈등을 참아 내고 불안을 담아내며 행동하기 전에 생각하는 자아의 능력을 증진시키는 것뿐이다. Freud가 다음의 정신분석의 목표를 서술했을 때 그가 염두에 둔 것은 바로 이것이었다. "원초아가 있었던 곳에 자아가 있게 된다."(Freud, 1933a, S.E. 22)

본 능

원초아와 자아, 초자아라는 요소가 마음의 구조를 이루는 반면에 본능 혹은 욕동은 마음의 에너지를 제공한다. 욕동에 대한 Freud의 시각은 시간의 경과에 따라 바뀌었으나 그는 항상 이것을 서로 대립하는 두 개의 군으로 분류했다. 처음에는 욕동을 개인의 생명을 보존하려는 목적을 가진 배고픔과 공격성 같은 자아 본능(ego-instincts) 그리고 종족의 존속을 보장하기 위해 존재하는 성적 본능(sexual instincts)으로 규정했다(Freud, 1914, S.E. 14).

이후 그는 본능의 군에 대한 최종적인 정의를 에로스, 즉 리비도라 불리는 에너지를 가진 삶의 본능과, 흔히 하나의 죽음 본능으로, 때로는 타나토스라 불리는 죽음의 본능으로 바꾸었다(Freud, 1920, S.E. 18). 원초아 속에 존재하는 본능은 모든 정신생활의 힘이다. 이들은 매우 생물학적인 비유이며, Freud에 따르면 마음의 토대를 이루는 삶의 물리적인 요소에 그 바탕을 둔 것이다. 본능은 서로에게서 분리되어 있지 않다. Freud는 그가 삶이 시작되는 시점이라고 여긴 출생의 순간부터 본능이 지속적인 융합 상태에 있는 것으로 상상했다.

죽음 본능의 힘은 현재 상태의 해체를 지향하며 퇴행을 통해 이전의 존재 상태로 나아가게 한다. 이것의 궁극적인 목적은 생명 이전에 우세했던 상태, 즉 죽음으로 대표되는 생명이 없는 상태에 도달하는 것이다. 따라서 죽음 본능 단독으로는 개인이 평화롭게 생명을 버리는 결과를 초래한다. 그리고 Freud는 생명의 이런 내적 파괴자는 우리 기질의 일부로서 늘 우리와 함께한다고 믿었다. 우리는 죽음 본능을 외현화하여 다른 존재나 혹은 존재의 다른 상태를 해체하고 파괴하려는 충동을 만들어 내야만 죽음을 향한 우리의 욕동에 맞서 살아남을 수 있다는 것이다. 삶의 마지막 순간에 본능은 마침내 해소 상태로 들어가 죽음의 본능은 하나의 내적 욕구의 충족으로서 자연적 죽음이라 부를 수 있는 상태를 초래한다.

에로스는 죽음 본능의 외현화 이면에 존재하고 있음이 틀림없는데, 왜냐하면 Freud 이론에서 개인이 살아 있도록 하는 것은 이것밖에 없기 때문이다. 에로스는 많은 면에서 죽음 본능과 동등하면서 대립하는 힘이다. 하지만 또한 이런 주장과는 논리적으로 맞지 않게, Freud는 생명이 없는 상태가 항상 생명이 있는 상태를 이기기 때문에 죽음 본능이 우세한 것이 분명하다고 암시한다. 죽음 본능은 해체를 지향하는 반면, 에로스는 새로운 합일을 만들기 위해 사물을 결합하는 욕동이다. 에로스는 성욕에서 가장 명확하게 드러나는데, Freud는 성욕을 생산의 목적을 위해 두 존재를 하나로 합치는 힘으로 본다.

그러나 Freud가 본능이 융합되어 있다고 여긴 것처럼, 실제로 성욕은 어느 정도의 죽음 본능을 포함하고 있다. Freud는 자신의 남성적, 이성애적 관점에서 성적 행위를 가장 깊은 친밀감을 주려는 목적의 공격성의 행위, 즉 삽입으로 묘사한다. 성적이든 성적이지 않든 모든 충동에는 비슷한 뒤섞임이 있을 것이다. 예컨대, 우리가 사과를 먹는 행위도 사과를 원하는 욕구와 궁극적으로 그것과 하나가 되고 싶은 욕구로 동기화되는 동시에, 하나의 분리된 실체로서 사과를 파괴하고자 하는 욕구로 동기화된 것으로 볼 수 있다. Freud 이론의 융합된 욕동은 창조적인 욕구와 파괴적인 욕구를 포함하며, 어떤 충동도 이런 욕구로 환원해서 분석할 수 있다.

죽음 본능은 Freud가 살았던 시대에서조차 논란을 불러일으킨 생각이었고, 흔히 반(反)생물학적이고 특이하게 비관적인 개념으로 여겨졌음은 놀라운 일이 아니다. 많은 사람이 궁극적으로 이중성의 저변에 합일성이 존재해야 하고 존재의 근원에는 삶의 본능만이 있어야 한다고 느낀다. 공격성은 때로 부정적이기보다 긍정적인 힘으로, 혹은 좌절에 대한 반응으로서 일차적이기보다 이차적인 것으로 여겨질 수 있다. 또한 우리는 죽음 본능(혹은 이 점에서는 어떤 '본능' 이든 간에)이라는 개념이 명백한 부정적 행위에 대한 좀 더 깊은 이해를 방해한다는 점을 인식할 수 있다. 그런 행위가 단순히 '본능' 의 탓으로 돌려질 수 있기 때문이다.

그러나 Freud가 겪은 삶의 경험을 우리가 기억한다면 파괴성이 하나의 주요한 힘이라는 그의 확신은 놀라운 것이 아니다. 그는 예전에 확실했던 것들이 그 어느 때보다 더 빠른 속도로 파괴되는 해체 과정을 겪고 있는 사회 속에서 성장했다. 1914년과 1918년 사이에 일어났던 '대전쟁' 혹은 '세계대전' 은 오늘날 핵전쟁만큼 파괴적이었음이 분명하며, 자기 자신과 지구를 파괴할 수 있는 인간의 능력에 대한 암울한 증거였다. Freud의 말년에, 그의 생애에 걸쳐 점점 더 악성적으로 커져 온 반유대주의는 그의 민족을 파멸시키려는 시도와 그의 일생의 연구를 금지하는 결과로 이어졌다. 1939년 사망할 때까지 그는 16년 동안 점차 암의 증세가 악화되어 고통을 받았다. 그리고 그가 죽기 몇 주 전에 제2차 세계대전이 발발했다. 이런 상황에서 Freud가 죽음 본능을 에로스와 균형을 맞추었다는 것은 오히려 낙관적인 시각으로 보인다.

죽음 본능은 오늘날 종종 시대착오적인 개념으로 간주된다. 하지만 이것을 무시하는 가운데 우리는 너무 많은 것을 잃어버릴 수도 있다. 본능 간의 갈등에 대한 Freud의 관점을 이해하는 한 가지 방식은, 한편으로는 새로운 경험과 새로운 이해 및 새로운 존재양식으로 나아가는 것 그리고 다른 한편으로는 좀 더 안전하고 좀 더 단순하며 좀 더 친숙한 과거의 방식으로 퇴행하는 것, 즉 비활동의 당기는 힘 사이에서 우리 모두가 고투하는 어려움으로 이 갈등을 바꾸어 표현해 보는 것이다.

비록 전적으로 동의하지 않더라도 죽음 본능과 같은 개념의 가능성을 위한 여지를 남겨 둠으로써 우리는 각자의 내면과 우리 사이에 존재하는 파괴성의 깊이를 인정하게 된다. 비록 죽음 본능이 불러일으키는 전쟁이 결코 멈추지 않는다 해도, 그 전쟁에서 이길 수 없을 것이라고 가정하는 것이 현실적이다. 기껏해야 우리는 일시적인 휴전을 얻어 낼 수 있을 뿐이다. 죽음 본능은 개인의 죽음과 종의 멸종, 심지어 우리가 지구를 파괴할 수 있는 가능성, 그리고 소름 끼치는 사태가 아니라 자연스러운 사태로서 우주의 필연적인 종말을 생각해 볼 수 있는 하나의 관점을 제공한다. 이런 개념으로 보면 죽음은 우리에게 몰래 다가와 우리의 생명을 앗아 가는 어떤 것이 아니다. 죽음을 향한 움직임은 우리 안에 존재하며, 그것은 우리가 개인적인 차원에서 그리고 좀 더 폭넓은 차원에서 죽는 것과 화해할 수 있는 능력을 제공한다. 그것은 우리가 죽음을 수용할 수 있는 사태로서 삶과 나란히 볼 수 있는 가능성을 찾도록 도와주고, 인간성의 가장 사악한 특성을 교묘한 설명으로 내치는 감상적인 인간관을 넘어설 수 있게 해 준다.

마음에 대한 지형학적 구분

앞서 살펴보았듯이 Freud가 말하는 마음이란 어떤 전체 구조 속에 존재하는 융합되고 대립하는 힘에 의해 움직여지는 일종의 기계다. Freud가 제시한 세 번째 구분은 의식과 무의식 간의 구분이다.

무의식은 당시에 존재하던 철학적 개념으로 Freud는 이를 자신의 다른 주요 개념과 통합시켰다(Whyte, 1962 참조). 그는 무의식의 개념이 우리가 자신의 마음조차 통제할 수 없다는 함축된 의미 때문에 그가 제시한 개념 중 가장 인기 없는 부류에 속할 것으로 예상했다. '무의식' 은 우리가 의식하지도 못하는 감정에 대한 책임이 우리 자신에게 있고, 우리가 의식적으로는 어떤 역할도 하지 않는 결정을 내린다는 뜻이다.

비록 무의식은 이제 친숙한 개념이지만 마음의 무의식적 부분이 갖는 함축적 의미를 받아들이기는 여전히 어려운 일이다. 무의식적 선택 혹은 무의식적 생각이라고 말하는 것이 우리에게 진정으로 어느 정도의 의미가 있다고 느끼는가? 때로 심리적 덕목으로 내세워지는 '자신의 무의식과 접촉하기' 에 내포된 속성은 불가능한 것이다. 아무리 희미하더라도 우리가 의식하게 되는 어떤 것은 정의상 무의식적인 것이 아니게 된다. 이런 어려움이 비유법을 사용하는 Freud 이론의 저변에 깔려 있다.

Freud는 마음을 수평적으로 혹은 지형학적으로 나누어, 우리가 전혀 알아차리지 못하는 무의식과 우리가 다소 쉽게 알아차리게 될 수 있는 전의식, 그저 순간에 대한 잠깐 동안의 알아차림인 의식으로 보았다. 빙산처럼 무의식의 영역은 우리가 자신에 대해 알고 있다고 생각하는 지식보다 헤아릴 수 없을 정도로 더 광대하다. 심지어 정신분석조차도 전의식 영역을 약간 확장시킬 뿐이다.

무의식은 고유한 무의식(the unconscious proper)과 억압된 무의식으로 나뉜다. 고유한 무의식은 단 한 번도 의식화되지 않았던 것과 생래적인 지식, 즉 '계통발생적 기원'에 대한 '원시적 환상'(Freud, 1916~17, S.E. 15)을 포함하며, 이것은 Jung의 집단 무의식과 심층 심리적 구조에 대해 요즘 거론되는 사상을 많이 떠올리게 한다. 억압된 무의식은 한때 의식적이었지만 우리가 무의식으로 밀어 넣은 것을 담고 있는데, 여기에는 부인된 충동과 우리가 보통 알아차리지 못하지만 꿈과 신경증적 증상 및 자유연상을 통해 표현되고자 하는, 이런 충동을 연상시키는 기억을 포함한다. 억압된 것이 의식을 되찾고자 하는 충동은 억압이 능동적인 과정임을 보여 준다. 정신분석은 환자로 하여금 가장 급박하고 억압된 내용을 의식 속에 허용하도록 유도하여, 내적 갈등에 대해 그 대가가 좀 더 적은 타협책이나 해결책이 만들어질 수 있게 한다. 때로는 승화가 가능한데 이 경우 억압된 충동이 사회적으로 수용되거나 심지어 유용한 목적으로 전환될 수 있다. Freud는 우정은 성욕의 승화이고 예술은 모든 종류의 충동의 승화라고 생각했다.

무의식은 쾌락 원리가 지배적인 일차적 과정을 통해 작동한다. 일차적 과정은 외부 현실의 제약이 부재하고 비합리성이 초래되며 부정과 논리, 시간이나 공간, 생각이나 지연이 없음을 의미한다. 쾌락 원리는 즉각적인 만족만이 유일한 목표임을 뜻한다. 전의식에서는 이차적 과정에 현실 원칙, 즉 외부 현실과 그것의 제약과 요구에 대한 인식이 포함된다. 전의식의 후원하에 자아는 사고 능력을 발달시킨다. 자아는 그것이 충동과 행동 사이에 만들어 내는 공간 속에서 내적이고 외적인 결과를 모두 미리 점검하고, 논리와 합리성 및 자기절제가 가능하도록 한다. 자아가 주도하면 생존과 안녕이 순간의 쾌락에 우선하고, 우리가 바라는 것처럼 현실 원칙이 쾌락 원칙을 지배하게 된다. 그러나 이런 지배 상태는 항상 위태로운데, 어떤 신문을 보든 이것을 알 수 있다. 반사회적 성욕과 공격성의 돌발 사태는 대중매체의 가장 인기 있는 주제다.

꿈과 증상

Freud는 무의식과 일차적 과정에 대한 증거는 꿈이라는 일상적인 현상에서 그리고 꿈과 비슷한 방식으로 구조화되는 신경증적 증상에서 가장 명확하다고 주장했다. Freud는 꿈과 신경증적 증상은 억압된 충동을 표현하기도 하고 거부하기도 한다고 가정했다.

무의식으로 밀려난 본래의 충동은 의식으로 밀고 올라온다. 이와 동시에 초자아는 이런 충동의 직접적인 표현을 검열한다. 자아는 원초아, 즉 본능적 충동이 위로 올라오려는 압력과 초자아가 아래로 내려누르는 압력 사이에서 중재 역할을 한다. 타협 해결(compromise solution)을 통해 자아는 충동을 왜곡하여 초자아에게 좀 더 수용 가능하고 또 자아에게 불안을 덜 유발하는 어떤 것으로 만든다.

Freud는 꿈의 내용을 가리키기 위해 '명시적 내용(manifest content)' 이라는 용어를, 그리고 그것의 내재된 의미를 위해 '잠재적 내용(latent content)' 이라는 용어를 만들어 냈다. 잠재적 내용은 꿈작업(dream work)을 통해 응축(condensation)과 전치(displacement), 상징화(symbolization) 과정을 사용하여 명시적 내용으로 변형된다. 따라서 어떤 꿈의 단일 요소는 많은 암시를 포함하고 있을 수 있다. 소망과 행위는 한 사람에게서 다른 사람에게로 전치될 수 있고, 금지된 충동을 위장하며, 일차적 과정은 개인적, 사적인 차원에서는 상징화를 포함하고, 이와 동시에 Freud가 우리의 유전적 유산이라고 여겼던 고대의 보편적 언어를 활용한다.

신경증적 증상은 꿈과 유사하다. 증상은 하나의 구조 안에 의식으로 발현하려고 시도하는 억압된 소망과 그 소망을 자아가 왜곡한 것을 담고 있다.

따라서 꿈과 증상 모두 한 개인의 도덕률과 상충되는 어떤 소망의 표현이다. 예컨대, 맥베스 부인이 손을 씻는 행위는 자신의 영혼에서 악마성을 씻어 내려는 의식적인 열망을 담고 있다. 하지만 '피'가 씻겨 나가지 않을 것이라는 사실은 그녀의 살해 소망의 끈질긴 지속성을 드러낸다.

6세 여아 챈텔의 꿈은 꿈작업의 시작을 보여 준다. 그녀는 바다 한복판에서 배를 타고 있었고 남동생은 배 밖으로 떨어졌다. 동생이 바닷물에 닿기 직전에 요술피리를 가진 요정들이 피리를 불어 그를 다시 배의 갑판으로 끌어올리기 시작했다. 그러나 그들은 피리를 멈추지 않았고 어린 동생은 계속해서 위로 올라가 '거의 하늘에 닿을 정도'였다. 마지막 순간에 가서야 요정들은 그를 다시 아래로 내려오게 했다.

이 작은 소녀가 남동생을 없애 버리고 싶어 하는 소망과 그 소망을 부인하는 것 사이의 갈등이 신랄할 정도로 명백하다. 꿈 작업을 통해 배와 바다, 요정, 요술피리, '하늘'과 같은 요소가 등장했고, 그녀의 동생은 누가 밀어낸 것이 아니라 그냥 떨어졌다. Freud 이론에서 꿈 작업은 대략 이 나이 때에 오이디푸스 콤플렉스의 해결과 함께 초자아가 생기기 이전에는 미미한데, 도덕률이 억압되면서 점차 복잡해진다. 이 꿈은 소망의 충족이 어떻게 불안으로 뒤덮일 수 있는지를 보여 준다. 챈텔은 악몽을 꾸었다고 울면서 깨어났던 것이다.

꿈과 증상이 심층적인 개인적 의미를 담고 있다는 가정은 개인과 인간 의식의 복잡한 여러 개의 층에 대한 사회적 이해로 발전하게 됐다. 많은 심리치료 접근은 이런 현상을 우리 안의 숨겨진 본성을 자연스럽게 표현한 것으로 보고 이에 특별한 중요성을 부여한다.

성적 발달

Freud는 Karl Abraham이 더 발전시킨 개념 틀을 채용하여 마음과 본능의 발달에 대한 설명을 발전시켰다(Abraham, 1927). 흥미롭게도 성적 본능이 이런 발달적 도식의 초점을 이루는데, 이는 아마도 Freud가 죽음 본능은 변화시킬 수 없고 변하지 않는다고 보았기 때문인지 모른다. 유아 성욕이라는 Freud의 개념은 비록 독창적인 개념은 아니었지만 당시는 물론 지금도 논쟁거리며, 정신분석학은 성에만 관심이 있다는 상투적인 말을 들으며 조롱을 받았다. 유아 성욕은 성인의 성욕과는 중요한 차이점이 있고, 성인의 성욕에 선행하면서 그것으로 나아가는 신체적 쾌락으로 정의하는 것이 더 정확할지 모른다.

Freud는 어린 유아는 주로 자기 중심적 혹은 자가성애적이며, 일차적 과정과 즉각적으로 욕구를 충족하려는 충동에 의해 지배된다고 보았다. 자아는 발달하지 않거나 형성되지 않았으므로 사고할 수 있는 능력은 거의 없다. 구별이나 외부 현실에 대한 감각이 없는 초기의 '원초적 자기애(primary narcissism)' 에 따라 아기는 자신의 신체나 혹은 자신의 신체와 거의 구별되지 않는 엄마의 신체를 통해 욕구 충족을 추구한다. 아기는 '다형 도착적(polymorphously perverse)' 인데, 이는 쾌락에 대한 아기의 능력이 기형적이라는 뜻이 아니라, 아기가 자기 신체의 다양한 부분에서 쾌락을 얻을 수 있는 능력이 있다는 뜻이다. 이런 자아성애기 다음에 오는 것이 구강기이며, 이때 아기의 가장 강렬한 흥분은 입과 젖을 먹는 활동에 집중된다.

Freud는 아기의 생후 2~3년 동안 구강에서 항문으로 만족의 초점이 옮겨 가며, 이에 구강기에서 항문기로 이어진다고 주장했다. 이 단계에서는 배변의 과정과 통제가 아이에게 신체적 주요 경험이며, 서구 사회에서는 보통 이 시기에 이루어지는 배변 훈련 형태의 외부의 요구에 의해 강화된다. 이 단계에서 남근기로 발전하는데, Freud는 이것이 남아와 여아 모두에게 공통적이라고 보았지만 이는 물론 남성 중심적인 관점에서 본 것이다. 이때 흥분의 초점은 성기에 있고 성기로 삽입하고 소유하려는 소망을 갖는다. 남근기는 오이디푸스 콤플렉스라는 드라마의 배경이 되는데, 여기에서 온전한 인간, 즉 사회적인 존재가 탄생한다.

오이디푸스 콤플렉스는 전반적으로 수용되고 있으나 그 세부 내용에 대해서는 격렬한 논쟁이 이루어져 왔다. Freud는 오이디푸스 콤플렉스가 3~7세 사이에 그 절정에 이른다고 본다. 이것의 해결은 잠복기의 시작을 나타내며, 이때 성욕은 사춘기와 성인의 성욕 출현 시점까지 배경으로 물러난다. Freud는 모든 사람은 양성애적 존재로서 이중적 양상의 오이디푸스 콤플렉스를 겪는다. 즉, 갈망과 미움이 양쪽 부모에게 갈등 상태로 집중된다고 주장한다. 그러나 오이디푸스 콤플렉스의 남성적 양상(the male version)이 지금까지 가장 일관된 설명이다. 여성적 양상은 설득력이 떨어지고, Freud는 호모적 양상과 레즈비언적 양상을 별도로 고려하지 않았다. 그는 이런 성향을 불완전한 발달 과정이라는 관점에서 보는 경향이 있었다.

전통적인 오이디푸스 콤플렉스에서 엄마는 남아의 첫 번째 사랑의 대상이다. 엄마는 구강기에는 만족을 주고 항문기에는 좌절을 주는 존재다. 남근기에서 엄마는 남아가 자신의 만족에 전념하는 성적 대상으로서 자신의 성기로 소유하기를 원하는, 갈망의 목표물이 된다. 아버지는 이제 방해물이자 경쟁자로 관심의 초점이 되는데, 그 이유는 남아의 마음속에서 자기가 바라는 방식으로 엄마를 소유하고 있는 사람은 바로 아버지이기 때문이다. 아버지는 엄마뿐만 아니라, 삶의 목표이자 목적인 욕구 충족의 수단까지 소유하고 있는 것처럼 보인다. 남아는 자신의 열정적인 감정을 아버지에게 전가하고, 이것은 아버지의 경쟁적 보복에 대한 두려움을 증가시킨다. 남아는 자신이 아버지를 제거하고 싶어 하기 때문에, 투사에 의해 아버지가 자신을 없애려 한다고 가정한다. 파괴 위협은 성기 혹은 좀 더 상징적으로는 성적인 소유와 권력의 도구로서 남근에 집중된다. Freud는 이런 두려움을 '거세 콤플렉스'라 불렀다. 이것은 남아의 자위행위에 대한 공공연한 위협이나 은밀한 만류에 의해 심화될 수 있으며, 여성의 성기가 거세된 남성의 성기일 수도 있다는 아이의 불안과 결합될 수 있다.

실제 거세에 대한 두려움은 남아가 자신을 상징적으로 거세하도록 유도한다. 그는 엄마를 성적으로 소유하겠다는 소망을 포기하고 엄마를 '그저' 한 여자에 불과한 존재로 낮추어 보면서 대항할 수도 있다. 그는 아버지와 싸우는 대신 동일시하는데, 이것은 "이길 수 없다면, 한패가 되라."는 원칙이나 혹은 공격자와의 동일시에 근거한 것이다. 남아는 자신을 안전하게 지키기 위해 성과 공격성에 대한 아버지의 금지를 내사하며, 즉 자기 내면으로 받아들이고, 내적 통제를 유지하는 것을 돕기 위해 자신의 강력한 감정을 활용한다. 따라서 아버지는 아들의 일부분이 되고 아들은 아버지와의 동일시를 통해 대리 만족을 얻는다. 동시에 남아는 그의 실제적인 욕구 충족을 위해 가족 밖으로 눈을 돌려야 하는데, 성인기에 가족 이외의 사람과 성적 관계를 맺기 위해 자신의 성적인 능력을 충분히 수용하는 태도를 보존할 수 있어야 한다. 따라서 초자아 혹은 양심은 사회적 관습의 수용을 통해 해결되는 사회와의 투쟁에서 파생되는 것이다.

이런 고전적인 오이디푸스 콤플렉스와 함께 Freud는 남아가 이와 동시에 아버지를 갈망의 초점으로 삼고, 엄마는 자신이 미워하는 경쟁자로 받아들인다고 상상했다. 이것은 Freud나 그의 추종자들에 의해 정교화되지 않았으나 오이디푸스 단계의 혼란을 가중시키는 것으로 가정된다.

여아의 오이디푸스 콤플렉스는 부차적인 것으로 늘 간주되어 왔다. 남아처럼 여아도 엄마를 최초의 사랑의 대상으로 삼는 것이 분명하다. 그렇다면 여아는 어떻게 관심의 초점을 아버지로 옮기는가? Freud가 이성애자 남성으로서 자신의 경험에 기반을 둘 수밖에 없었던 점이 여기서는 도움이 되지 않는다. 그는 어떤 시점에서 여아는 남아처럼 자신과 반대 성의 성기가 자신의 것과 다르다는 사실을 알게 된다고 믿었다. 여아는 남성의 성기가 완전한 것으로 보고, 따라서 자신은 거세당했다고 해석한다. 여아는 자신이 거세당한 것을 엄마 탓으로 돌리고, 또한 엄마도 거세당한 존재로 본다. 따라서 엄마는 손상된 박해자이기 때문에 엄마를 애정의 초점으로 두는 것은 위험과 모욕을 자초하는 일이 된다. 여아가 자신에게 없는 남근의 형태로 완전함을 얻는 유일한 방법은 환상 속에서 성적으로 아버지를 소유하거나 아버지에 의해 소유되는 것을 통해서다. 이것이 잃어버린 남근의 소유자면서 그것의 상징인 아버지의 아들을 출산하는 환상으로 발전한다.

오이디푸스 단계에서 여아에게 주된 주제는 거세에 대한 불안이 아니라 남근 선망이다. 여아는 이미 소중한 것을 잃어버렸기 때문에 미래에 대해 두려할 것이 별로 없다. 이 때문에 여아는 부모의 금지하는 목소리를 내면화할 동기가 더 적고, 그래서 Freud는 이에 상응하여 남성의 초자아보다 여성의 초자아가 더 약하고 덜 발달된다고 여겼다. 그는 당대의 사회적 맥락에서 여성에게 기대되는 성적 억제를, 성적 만족과 능력의 주요 수단을 빼앗겼다는 여성의 신념과 연관시킨다. 그는 여성이 욕망의 초점으로서 아버지를 외면할 필요가 거의 없다고 본다. 여성이 자신의 남편을 아버지 대리인으로 보고 자신의 아들을 그녀의 삶에 중요성을 제공해 주는 존재로 본다 해도 별 문제가 되지 않는다는 것이다.

이와 상반되는 오이디푸스적 발달에서는 여아가 계속해서 엄마는 욕망의 대상으로, 아버지 경쟁자이며 침해자로 여긴다. 그러나 여아의 이성애적 오이디푸스 양상조차도 주요한 남성의 오이디푸스 콤플렉스가 갖는 힘과 극적 요소가 결여되어 있다. 여아에게는 본래부터 남근이 없기 때문에 이야기가 애초에 단축되는 것이다. 비록 모든 여성주의자가 Freud나 오이디푸스 콤플렉스 전체를 내던져 버리지는 않지만, 여성주의 전통에서는 오이디푸스 이론의 부적절함과 남성 중심성을 지적해 왔다. 여성의 오이디푸스 콤플렉스는 오늘날 대부분의 사람에게 죽음 본능처럼 설득력 없게 다가오지만, 우리는 사소한 것 때문에 중요한 의미를 놓치는 것은 아닌지 주의해야 한다.

오늘날 좀 더 거리낌 없이 표현하는 유아는 자신의 오이디푸스적 야심을 대담하게 소리 내어 말할 수 있고, 많은 부모가 그들의 감정의 강력함에 대해 증언할 수 있다. 4세의 한 여아가 엄마의 새 부츠를 온통 포크로 긁어 놓고, 아빠가 지금이나 나중에도 자기와 결혼하지 않겠다고 말했다면서 울부짖던 모습이 생각난다. 이런 공통된 주제의 다양한 양상이 서구의 모든 유형의 가족에서 나타나고 있는데, 이는 서구의 아동기 발달 단계의 전형성과 모든 서구 가족 내에서 핵가족 구조가 차지하는 지배적인 위치를 시사해 준다. 동성애 관계를 맺고 있는 성인에 의해 양육되는 아이는 종종 한쪽 부모에 대한 소유욕과 다른 부모에 대한 질투라는 전형적인 오이디푸스 패턴을 보여 준다. 그리고 편부모는 아이가 가진 극심하게 갈등적인 감정의 표적이 되거나 혹은 아이가 갈등적 감정을 다른 한쪽 부모가 아닌 외부 인물에게 투사할 수도 있다. 부모가 별거 중인 아이는 그들의 부모를 둘로 갈라놓지 않고 재결합시키는 것, 혹은 갈라놓으면서 동시에 재결합시키는 것을 꿈꿀 수 있다. 오이디푸스 콤플렉스를 하나의 개념으로 친숙하게 아는 것은 부모가 그들의 경험하는 감정의 강도를 좀 더 수용할 수 있게 되는 데 도움이 된다. 하지만 어떤 가족 상황에서는 이런 갈등이 자녀뿐만 아니라 부모에게도 좀 더 고통스러울 수 있다.

Freud의 오이디푸스 이론을 비유적인 관점에서 조망해 볼 수도 있다. Juliet Mitchell(1974)은 여성의 성격은 유치하고 도덕적으로 열등하다는 Freud의 암울한 분석은 억압받는 계층에 대한 분석으로 해석할 수 있다고 주장한다. 만약 남근이 사회적 권력의 상징이라면 하층계급에서 그런 권력에 대한 선망이 있을 것으로 기대할 수 있다. 즉, '남근 선망' 은 '권력에 대한 선망' 이다. 만약 어떤 사회 집단이 권력에 접근하지 못하게 저지된다면 그 집단의 구성원들은 사회와 그 사회의 관습을 유지하는 데 덜 헌신할 것이며, 이것은 Freud가 주장했던 대로 남성과 여성의 초자아에 대한 그의 차별적 관점에도 적용된다. 이류 계급의 지위가 만들어 내는 특성은 열등함의 증거로 거론될 것이며, 반면에 사회적 권력을 지닌 사람들은 비유적인 의미의 거세 콤플렉스를 느끼며 그 권력을 상실할까 봐 늘 두려워할 것이다. Freud 사상을 사회적 차원에 적용하면 계급이 지배하는 사회에 내재하는 갈등을 이해할 수 있다. 오이디푸스 갈등에 대한 그의 관점은 생물학적 운명보다 그가 처해 있던 사회적 맥락에 대해 우리에게 더 많은 것을 말해 주는 것인지도 모른다.

Freud의 오이디푸스 이론은 그가 앞서 제시했던 유혹 이론(seduction theory)을 대체했는데, 유혹 이론에서는 성인의 신경증이 아동기 성적 학대의 결과로 간주되었다. Freud가 아동의 성학대를 은폐했다는 일반적인 비난이 수십 년 동안 이어져 왔다. 성적으로 학대받은 아동의 말을 믿어 주지 않거나 이런 아동이 성인의 행동에 대해 대신 비난받는 사태가 너무나 오랫동안 이어져 왔다. 이들의 이야기는 소망을 충족시키려는 오이디푸스 환상이나 실행으로 여겨졌다.

이 주제에 대해서는 일반적으로 Freud가 대부분 여성이었던 환자들의 학대 관련 이야기를 단순히 믿는 것을 멈추고, 그들의 주장을 오이디푸스적 환상으로 재구성했다는 식으로 이해한다. 하지만 대개 그렇듯이 진실은 이보다 더 복잡해 보인다. Freud의 환자들은 어린 시절의 성적 학대에 대해 직접적이고 분명한 이야기를 결코 해 주지 않았던 것 같다. 그리고 그들이 했던 말은 늘 Freud의 해석을 거쳤다(Crews, 1993). 처음에 그는 환자의 생각과 감정과 연상을 어린 시절 실제로 있었던 성적 행위에 대한 무의식적 의사소통으로 이해하려는 경향이 있었다. 하지만 이후 그는 그들의 말을 한쪽 부모를 성적으로 소유하려는 무의식적 환상을 나타내는 것으로 받아들였다.

아동의 성학대에 관한 Freud의 입장 또한 그의 반대론자나 추종자가 주장하는 것보다 덜 명확하다. 실제로 그는 이것에 대한 자신의 관점의 중요성을 공개적으로 낮게 평가했는데, 이는 부분적으로는 자신과 정신분석학의 명성에 미칠 부정적 영향을 완화하기 위한 것이었음이 분명하다. 특히 '도라(Dora)' 에 대한 사례 연구(Freud, 1905a, S.E. 7)는 비록 그가 그녀의 이야기를 믿었지만, 가족의 한 지인이 성적으로 접근한 것에 대한 그녀의 반응을 그가 잘못 해석했고, 이런 해석이 부정적인 영향을 미쳤음을 보여 준다. 그러나 편지글에서 그는 아동의 성학대가 보통 생각하는 것보다 훨씬 더 흔하고 언제나 해를 끼친다는 시각을 표명했다. 아동 성학대의 발생을 부인한 사람들은 이후 정신분석이론의 신봉자들이었고, 이들은 오이디푸스 콤플렉스를 성학대를 받았다는 아동의 주장에 대한 설명으로 이용했다. 어떤 개념에 대해 이후에 행해진 것을 가지고 그 개념을 원래 만든 사람을 비난하는 것은 합당하지 않다.

오이디푸스 콤플렉스는 Freud의 아버지가 1896년 사망한 이후 출현했는데, 이때 Freud는 특히 강도 높게 자기분석을 수행했다. 비록 확실한 이론적 근거가 있었다 해도 우리는 그가 유혹 이론을 버리고 자신의 오이디푸스 갈등을 탐색한 것 또한 어느 정도는 아버지의 상실에 대한 그의 반응에서 비롯되었다고 추정해 볼 수 있다. 그가 자신의 형제자매와 심지어 그 자신조차 약간의 히스테리 성향을 보였다고 말했을 때, 그는 암묵적으로 아버지에게 그 잘못을 돌렸던 데 대해 죄책감을 느꼈을지도 모른다(Sulloway, 1980: 206).

치료로서의 정신분석

Freud가 자신의 이론을 적용한 것은 이론의 발달과 동반하여 이루어졌다. 그는 당시 인기 있던 최면술로 시작했으나, 그 효과가 지속되지 않는다고 믿고 그것을 포기했다. Freud는 자유연상이라는 기법을 개발했는데, 이것은 그의 좀 더 부드럽고 여성적인 측면이 드물고도 감동적으로 표현된 것이다. 분석가가 환자의 시야 밖에 앉아 있는 상태에서 환자는 장의자에 누워 주의산만을 최소화하고 그저 의식에 떠오르는 것을 말로 표현한다. 분석가는 비처방적이고 비판단적인 '부동성 주의력(free-floating attention)'를 유지하며 환자가 하는 말과 말하는 방식 및 침묵 속에서 말의 막힘과 주제, 양식, 경향성을 찾으면서 경청한다. 이것은 우리가 자신을 드러내게 되는 상당히 어려운 절차이며, 10분 동안이라도 혼자 혹은 파트너와 함께 시도해 볼 만한 가치가 있다. 자유연상은 오늘날에도 정신분석 기법의 초석으로 남아 있으며, 다른 형태의 심리치료에서도 이것을 버리기보다 수정해서 적용하고 있다.

자유연상에서는 조만간에 말이 바닥나는데, 그 이유는 환자가 자신의 생각과 감정을 입 밖으로 내기를 원하지 않거나 그렇게 할 수 없기 때문이다. Freud는 이것을 '저항'이라 불렀다. 이것은 초자아의 압력하에 이루어지는 의식적이거나 혹은 무의식적인 검열이다. 이것은 억압되거나 받아들이기가 좀 더 힘든 어떤 충동이 나오려고 시도하고 있다는 조짐인데, 환자의 문제에 기여할 가능성이 가장 높은 것이 바로 이런 충동이다. 그러므로 어떤 종류의 심리치료든 간에 효과가 있으려면, 때로는 노출시키고 부끄럽게 하고 신경을 건드리며, 용기와 참을성을 요구해야 한다.

Freud는 환자의 자유연상이 전형적으로 원래 그들이 도움을 구하려 했던 문제에서 벗어나 분석가에 대한 감정으로 옮겨 간다는 것을 발견했다. 마치 우리가 관계를 맺지 않고 살 수 없는 것처럼, 분석가는 희망과 두려움, 욕망, 분노의 초점이 된다. 이런 감정은 의존심과 성적 강박에서부터 공포와 증오를 포함하며 극단적으로 강렬할 수 있다. Freud는 이런 강렬함이 현재가 아니라 일차적 과정하의 과거 경험의 출현에서 비롯되는 것으로 보았다. 일차적 과정에서는 시간에 대한 인식이 없기 때문에 과거와 현재는 다르게 느껴지지 않는다. 따라서 환자는 어린 시절 부모와의 관계에서 발생한 미해결된 갈등을 재경험하고 있는 것이고, 이것이 환자가 경험하는 감정의 강도와 비합리성의 원인이다.

Freud는 이런 현상을 '전이'라고 불렀다. 전이는 과거의 관계를 현재로 무의식적으로 전가하는 것, 특히 그 관계가 정신분석이나 심리치료 장면에서 나타나는 것이다. 전이는 긍정적인 양상으로 나타나, 환자가 분석가를 지지하고 돌봐 주며, 어쩌면 성적으로 흥분시키는 부모로 경험하여 분석가에게 사랑과 의존심을 느끼기도 하고, 반대로 분석가를 지지해 주지 않고 금지하며 무정한 부모로 경험하여 부정적인 양상으로 나타나기도 한다. 역전이는 환자에 대한 분석가의 전이인데, 이후 환자와의 관계에서 치료자가 겪는 경험을 포함하는 개념으로 확대되었다.

처음에 전이는 환자가 숨겨진 기억을 풀어 내는 것을 방해하고 또한 자신의 어려움을 극복하고 분석을 완성하려는 환자의 욕망을 가로막는 걸림돌로 여겨졌다. Freud의 동료 Breuer는 그들의 초기 환자 가운데 한 사람인 유명한 '안나 오(Anna O)' 의 강렬한 성애적 전이에서 달아났지만 Freud는 이 현상을 탐구했다(Breuer & Freud, 1895, S.E. 2). Freud의 확고부동함에 힘입어 전이는 정신분석의 가장 효과적인 도구이자 조직의 원리로 전환됐다. 만약 초기 갈등이 살아 있는 체험으로 해소될 수 있다면, 그것이 단순히 말로 묘사되었을 때보다 그 효과는 항상 좀 더 지속적일 것이다.

이후 Klein의 접근은 정신분석이 본질적으로 전이의 분석이라고 보았다. 즉, 미해결된 경험이 현실과 관계에 대한 현재의 지각에 미치는 영향이 환자와 분석가 사이에서 언어적으로 그리고 비언어적으로 의사소통되는 것의 분석으로 보았다.

* * *

Freud의 가장 영향력 있는 개념에 대한 이런 짧은 개요는 독창적이고 독단적인 개인적 방식으로 그 자신이 서술하고 탐구한 영역에서 그의 연구의 범위와 독창성에 대해 어느 정도 감을 잡게 해 줄지 모른다. 우리는 권력과 억압, 중심적 역할과 배제가 기이하고 극단적으로 결합된 그의 삶의 경험이 그의 사상과 저술에 미친 영향을 고려해 볼 수 있다. Freud와 그의 추종자들은 그가 시간과 장소와 성별의 제약에서 벗어나 있는 초인적인 과학자라는 신화를 조성하려고 많은 노력을 기울였다(Jones, 1957; Sulloway, 1979). 우리가 이것에 동조할 필요는 없지만 그렇다고 해서 Freud가 무심코 내걸어 놓은 오이디푸스라는 미끼를 물 필요도 없다. 스스로를 왕으로 선포한 모든 이들은 추종자들의 시기심과 두려움에 의해 자신의 몰락을 초래한다. 어쩌면 우리는 특정한 사회의 남성으로서 Freud가 불가피하게 갖고 있던 한계점에 대한 인식을 유지할 수 있을지 모른다. 우리는 그의 모든 개념을 그가 제시한 방식대로 동의하지 않을 수 있지만, 이런 개념을 표출시킨 그의 마음의 더 깊은 층에 대해 개인적으로 공명을 느끼고 우리 자신의 방식으로 이런 공명을 표현해 볼 수 있다.

어린 시절의 정서 발달, 구조화된 실체로서의 마음, 억압과 저항, 무의식과 같은 개념은 이제 서구 사회가 사고하는 방식의 일부다. 오이디푸스 콤플렉스, 특히 여성의 오이디푸스, 마음의 생물학적 기초, 죽음 본능 같은 것은 진부한 개념처럼 보일지 모르나, 이런 개념조차도 인간의 상태에 관한 Freud의 시각을 우리가 통찰할 수 있도록 해 주며, 이는 또한 우리 자신의 상태를 조망하도록 해 준다.

생애 말년에 Freud는 인간에 대한 좀 더 철학적이고 덜 구체화된 개념으로 관심을 점차 옮겨 갔다. 그는 심리상태가 비롯되는 생물학적 조건으로서의 원초아보다 경험의 중심으로서의 자아에 더 초점을 두었다. 또한 억압된 대상으로서의 초자아와 함께 오이디푸스 콤플렉스의 대인관계적 구조에 기초하여 대상관계이론의 발전을 위한 길을 열기에 이르렀다. Freud가 마지막에 쓴 논문 가운데 두 편에서 우리는 그가 분자가 분열되고 그런 다음 원자가 분열되듯이 자아를 세분하고 있음을 보게 된다(Freud, 1938a, 1938b, S.E. 23). 구조화된 자아와 내면화된 대상관계라는 개념은 욕동에 기반한 그의 초기 이론과 대상관계학파에 의해서 가장 충실하게 표현되고 정교화된 관계 심리학(relational psychology) 간의 연결고리 역할을 해 준다.

2

멜라니 클라인: 주체 관계

클라인의 생애

Melanie Klein은 정신분석 분야에서 비극적인 인물이다. 상실과 혼란으로 점철된 그녀의 삶은 자신의 전문 분야, 즉 유아기의 초기 몇 개월과 그 시기와 관련된 정신병적 불안에 대해 그녀가 그리는 암울한 그림 속에 반영되어 있다.

그녀는 Freud보다 한 세대 뒤인 1882년 오스트리아에서 Melanie Reizes로 폴란드계 헝가리 유대인 집안의 4남매 중 막내로 태어났다. 그녀의 가족은 비엔나에서 살았는데, 상점을 운영한 어머니의 노력으로 생계를 꾸려 갈 수 있었다. 아버지는 의사였지만 반유대주의 정서로 말미암아 경력이 단절되었고 주로 치과의사로 일해야 했다. Klein의 어머니는 그녀에게 그녀의 출생이 원치 않은 임신에 의한 것이었음을 알려 주었다. 그리고 그녀는 아버지가 언니 Emilie를 더 좋아하고 어머니는 오빠 Emanuel을 끔찍이 사랑한 데 대해 심한 질투심을 느꼈다. 또 다른 언니 Sidonie는 8세의 나이로 죽었는데, 이는 Klein이 앞으로 겪어야 할 많은 상실의 시작이었다.

Klein의 가족은 Phyllis Grosskurth가 그녀에 대해 쓴 포괄적인 전기(Grosskurth, 1986)에서 서로 얽혀 있고 신경증적인 가족으로 그려져 있다. 이 가족은 Klein의 어머니 Libussa라는 강력한 인물을 중심으로 움직였는데, 그녀는 사람을 조종하는 전문가였고, 감정적인 면에서 또 실제적인 면에서 중심점을 제공했다. 돈을 관리하고 가족의 생계를 유지한 사람이 그녀였기 때문이었다. Klein은 언니 Emilie와 아버지 Moritz가 연합한 약한 2인방에 맞서 어머니와 오빠 Emanuel이 연합한 위세 높은 집단과 한편이 되어 강력한 3인방을 구성했다. Klein은 어머니를 사랑과 헌신의 상징으로 이상화했고, 어머니가 그랬던 것처럼 오빠를 숭배하게 됐다. 그녀가 자신을 무시한다고 느꼈던 아버지와는 달리, 오빠는 그녀의 명석함을 알아보고 그녀가 학문을 계속하도록 격려해 줬던 대리 아버지였다. 그는 20대 초반에 결핵 진단을 받고 나서 자멸적인 떠돌이가 되어 죽어 가는 예술가처럼 이곳저곳을 여행했는데, 어머니에게 그 비용을 감당해야 하는 무거운 심리적 부담을 안겼다. 자금이 충분하지 않으면 그는 Klein을 압박해서 자신을 위해 가족에게서 더 많은 돈을 가져오도록 했다. 그는 1902년에 죽었는데, 그의 죽음은 Klein의 가장 고통스러운 상실 가운데 하나였다.

Klein의 아버지는 이보다 앞서 2년 전에 사망했고, 가족은 생활고에 시달려야 했다. 아버지의 죽음으로 인한 경제적인 어려움이 그녀가 의학을 공부하려던 계획을 포기했던 이유였음을 그녀는 나중에 언뜻 내비쳤다. 그녀는 또한 오빠의 죽음 이후에 그녀에게 쏟아진, 그녀의 검고 빼어난 미모를 숭배한 젊은 남성들의 관심으로 우쭐해지고 위안을 받았을 수도 있다. 그녀는 화공기술자인 Arthur Klein과 1903년에 결혼했다.

그 결혼은 결코 성공적이지 않았는데, Arthur의 잦은 여행은 그들이 결혼생활 초기 몇 해 동안 서로를 보는 일이 매우 드물었음을 뜻했다. 그러나 Klein은 남편의 여형제인 Jolande를 특히 좋아하게 됐고 다른 시댁 친지도 좋아하게 됐다. 1904년과 1914년 사이에 이 부부는 세 명의 자녀를 두었고, Klein은 자신의 새로운 삶이 힘겹고 기쁨이 없음을 깨달았다. 그녀는 "나는 엄마로서의 역할과 아이에 대한 관심 속으로 최대한 나 자신을 내던졌다."라고 딸 Melitta의 출생 후 시기를 서술했다. 그리고 "나는 내가 행복하지 않다는 것을 늘 알고 있었지만 빠져나갈 길이 보이지 않았다."라고 썼다(Grosskurth, 1986: 42). 그녀는 깊은 우울에 빠졌고, 그녀의 어머니는 그녀의 아이들이 아주 어렸던 시기에 그녀가 휴가를 가고 '치유' 받도록 자주 여러 곳으로 보냈다. 아마도 산후 우울증이 전반적으로 저조한 그녀의 상태를 악화시켰을 것이고, 그녀의 어머니는 당연히 그녀의 자리를 대신 지키면서, Klein이 원하는 것보다 더 오래 집을 떠나 있도록 자주 종용했다.

길을 잃고 겁에 질려 있는, 어머니와 삶의 방향성 없이 삶을 꾸려 나갈 수 없었던 한 여성을 우리는 그려 볼 수 있다. 나중에 그녀가 분출시켰던 상상력과 지적인 힘은 당시 그녀를 무력하게 만든 우울에 갇혀 있었을 것이다. 1914년 Libussa가 죽었는데, Klein이 정신분석을 발견한 때는 바로 이 위기의 시기였다. 그녀는 Freud를 처음 읽으면서 영감을 얻었고, 그녀의 가족이 그 무렵 정착한 부다페스트에서 Sandor Ferenczi에게 정신분석을 받기 시작했다. 그는 따뜻하고 연민의 정이 많은 사람으로, 사람은 본능의 갈등에 의해서가 아니라 애정 결핍으로 신경증을 겪게 된다고 믿고 있었는데, Klein은 그에게 매우 애착하게 됐다. 그는 분석가가 되겠다는 그녀의 결심을 지지했고, 이것이 그녀가 우울을 극복하게 만든 하나의 결정적인 요인이었음이 분명했다. Ferenczi의 격려에 힘입어 그녀는 미개척 영역이었던 아동 정신분석 분야에서 작업하기 시작했다.

이 작업을 하기 위해서는 환자가 필요했지만, 어린 환자를 구하기는 매우 어려운 일이었다. 이 문제에 대한 그녀의 해결방법은 자신의 아이들을 분석하고 그 결과를 위장하여 사례연구로 제시하는 것이었다. 이것은 오늘날 우리에게는 충격적인 일이지만, 당시에는 드문 일이 아니었다. 예컨대, Freud와 Abraham[독일의 최초 정신분석가 Karl Abraham(1877~1925)을 말함-역주]도 그들의 딸을 분석했다. 또한 Klein 자신이 효과적인 정신분석의 도움을 받았기 때문에 문제가 있던 자신의 아이들이 분석을 통해 도움을 받을 수 있기를 원했을 가능성도 있다.

이렇게 Klein은 아동을 치료하는 그녀만의 방식에 착수했고, Freud가 신경증 발달의 핵심으로 보았던 오이디푸스 단계보다 훨씬 더 이전으로 나아갔다. 그녀는 어린 환자가 보여 준다고 느꼈던 원초적인 불안을 그녀의 동료가 놀라고 당혹해할 정도로 거침없이 직접적으로 파고들었다. 그녀의 동료는 정신병적이고 유아적인 공포를 드러내놓고 세밀하게 설명하는 그녀의 접근방식이 아이들을 미치게 만들 수 있다고 두려워했다.

이런 가운데 Klein의 결혼생활은 악화되고 있었다. 1921년에 그녀의 남편은 스웨덴으로 거처를 옮겼고 그녀와 아이들은 베를린으로 갔다. 오랜 자녀 양육권 분쟁 끝에 그녀와 남편은 마침내 1926년에 이혼했다. Klein은 1924년에 Karl Abraham과 분석을 시작했고, Ferenczi처럼 그는 그녀에게 분석가일뿐만 아니라 멘터가 됐다. Ferenczi에게 그랬던 것처럼 그녀는 그에게 강하게 애착했는데, 이것은 아마도 전문 분야에서의 그녀의 고립과 아버지에게 무시당했다는 그녀의 감정을 반영한 것인지도 모른다. 그런데 불과 14개월 후에 Abraham이 불치병에 걸리면서 분석이 종결될 수밖에 없었는데, 이 때문에 그녀는 매우 가슴 아파했다.

Klein은 베를린에서 매우 힘든 시간을 보냈다. 그런데도 그녀가 이전의 막막한 우울상태로 결코 퇴보하지 않았다는 것은 그녀가 받았던 분석의 효과를 보여 주는 것이었다. 그녀는 자신의 강력한 에너지를 자기 자신에게 적대적으로 돌리는 대신, 요령 없고 직관적이며 화려하고 이채로운 인물로 자신을 드러냈다. 독일 정신분석가들은 그녀에게 우호적이지 않았다. 그녀는 여성으로 상대적으로 적은 교육을 받았고 의학적인 훈련도 받지 않았다. 게다가 이혼이라면 무조건 스캔들이던 시대에 이혼한 경력을 가진데다, 유대인 계급에서도 낮은 부류에 속했던 폴란드계 출신이었다. 그러나 그녀와 훨씬 더 친밀하게 교류했던 그녀의 분석가들이 이런 반응을 보이지 않았다는 사실은 흥미롭다. 어쩌면 이들과 함께 있을 때 그녀는 충분히 안전감을 느껴 사람들에게 위압감을 주는 괴벽성을 어느 정도 내려놓고 자신의 고통과 사려 깊음, 창의성의 깊이를 드러냈는지도 모른다.

소규모의 영국 정신분석학계 지주였던 Ernest Jones[영국의 정신분석가로 정신분석 초창기에 Freud 주변에서 함께 모였던 집단에 속했고 정신분석을 영어권 세계에 최초로 소개한 인물(1879~1958)-역주]가 그녀에게 런던으로 이주하라고 강권했던 것은 그녀에게는 안도감을 주는 일이었을 것이다. 그는 그녀의 작업이 진정한 새로운 방향성을 제공했고 격려받아야 한다고 생각했다. 그녀는 1927년에 막내 아들 Erich와 함께 런던으로 이주했지만, 다른 두 자녀는 학업을 마치기 위해 베를린에 남았다.

영국에서 활동하는 동안 생의 가장 원초적인 층에 대한 Klein의 해석이 놀라울 정도로 번성했는데, 이런 해석은 사람들을 심란하게 하고 직관에 의존한 것이었으며, 그녀는 이런 해석을 급진적인 일련의 새로운 이론적 개념으로 구성했다. 영국 정신분석학계는 두 부류, 즉 그녀의 견해와 분석 방식에 동조하는 이들과 반대하는 이들로 나뉘었다(King & Steiner, 1991). 그녀는 같은 방향으로 또 반대 방향으로도 열기를 불러일으켰는데, 전쟁 발발 이전 시기의 불안정함이 이런 열기를 가열시켰다. 점점 더 많은 유태인 분석가가 중유럽에서 영국으로 옮겨 왔다. 전쟁이 진행되면서 독일이 영국을 침공하는 데 성공한다면 유태인의 운명이 어떻게 될지에 대한 환상은 없었고, 현금이 부족하고 곧이어 환자가 부족해지는 현상은 일거리가 훨씬 더 줄어들었음을 뜻했다.

1938년에 Freud 일가가 영국에 도착했는데, Klein에게는 실망스럽게도 이 일 또한 Jones가 주선한 것이었다. 이들의 도착 이후 이론적인 분열은 급격히 고조됐다. Anna Freud와 그녀의 추종자들은 Klein에 반대하는 싸움에 개인적으로 관여했으며, Anna Freud가 아동분석에 대한 그녀만의 매우 다른 접근 방식을 발전시키고 있는 중이었기 때문에 이런 싸움은 더욱 격렬해졌다. 결국 영국 정신분석학계를 하나로 유지하기 위한 유일한 방책으로 세 개의 분리된 집단이 구성되었는데, Klein 집단과 비엔나(고전적인 Freud 학파) 집단, 그리고 이 두 집단의 간극을 메우기를 바랐던 독립주의자 집단(The Independents)이 그것이다. 이런 구분은 오늘날까지 남아 있다.

Klein의 개인적인 상실은 계속됐다. 남편과 헤어진 후 그녀가 유일하게 사랑에 빠졌던 한 남자는 그들의 관계를 그녀만큼 심각하게 받아들이지 않았다. 그는 유부남으로 수많은 혼외관계를 가졌고 Klein과의 관계도 그중 하나일 뿐이었다. 그는 1926년에 그녀를 버렸고, 그에게 보낸 그녀의 편지에서 그의 배신 때문에 그녀가 얼마나 고통스러워했는지를 엿볼 수 있다.

Klein과 딸 Melitta의 관계는 출발부터 불안했고 매우 취약한 상태였을 가능성이 높은데, 딸이 분석가로 입지를 굳힌 후에 더 악화되었다. 딸과 그녀의 남편 Walter Schmideberg, 그녀의 분석가 Edward Glover는 Klein의 접근방식에 반기를 드는 데 앞장서며, 그녀를 영국 정신분석학회에서 축출하려고 안간힘을 썼다. Klein 자신은 그들의 공격에 대해 직접 반응을 보인 적은 없었으나 때때로 그들은 너무도 신랄해서 다른 사람이 끼어들지 않을 수 없을 지경이었다. 분명히 Klein과 어머니 사이에서 시작됐던 융합과 결핍이 Klein과 딸 사이에서 계속됐고, 그것이 밑바닥까지 드러나 그 이면에 있던 증오와 질투심을 세상이 목격할 수밖에 없도록 했다. 이것은 결코 회복되지 못했던 불화였다. Melitta는 어머니 장례식에 불참했고 조문편지에도 답하지 않았으며, 심지어 남동생이 보낸 조문편지에도 답하지 않았다.

Klein은 맏아들 Hans마저 잃었다. 그는 1934년에 체코슬로바키아에서 등반 사고로 죽었는데, Melitta는 그가 자살했을 가능성도 있다는 말을 분명히 전했다. 그녀의 막내 아들인 Eric만이 유일하게 그녀 곁에 남았고, 그녀가 말년에 가깝게 지낸 사람들은 그의 자녀들이었다. 1939년 전 남편 Arthur의 죽음과 1940년 그녀가 선망했던 언니 Emilie의 죽음은 그녀에게 상실의 아픔을 더했다.

이렇게 Klein은 삶의 대부분을 계속되는 애도 상태에서 보냈다. 그녀는 자신의 이론을 구성하는 생애 초기의 상실과 죄책감, 외로움, 시기심, 박해를 세밀하게 연구하는 데 자신의 고통을 활용했다. Hans의 죽음에 이은 그녀의 고뇌와 방향감각 상실에 대해 그녀는 자신을 'A 부인'으로 위장하고 묘사했는데, 그 내용이 매우 통렬하다(Klein, 1940). 그녀는 인정을 얻고 성공을 거두었지만, 자신의 이론이 자신보다 오래 살아남을 수 있을지 불안해했다. 그녀는 어떤 사람에게는 숭배의 대상이었고, 또 어떤 사람에게는 증오의 대상이었지만, 어느 누구와도 친밀하지는 않았다. 그녀가 죽기 전 병원에서 보낸 마지막 몇 주 동안 바로 옆 병실에 있던 아기의 울음소리는 그녀를 걱정하게 만들고 고통스럽게 했다. 아마도 이 반응이 한 인간으로서 그녀를 집약해 주는 듯하다. 그녀는 1960년에 사망했다.

그녀는 성인을 대하는 요령이 부족하고 적대적이어서 사람들에게 경외심이나 두려움 혹은 적개심을 불러일으켰다. 그 결과 그녀는 자신의 동료들을 하나의 온전한 존재로 보기보다 잠재적인 우군이나 적으로 취급했다. 그녀는 자신의 아이들을 제외한다면 고통받는 아이들과 가장 가깝게 느꼈던 것으로 보인다. 수많은 그녀의 어린 환자는 애정을 갖고 그녀를 기억한다. 반면에 그녀의 동료 대부분은 감탄하는 마음이나 혐오감을 갖고 그녀를 기억한다.

클라인의 이론

개 요

이 장의 목적은 Klein과 그녀의 동료들이 만들었던 Klein 이론의 기초를 설명하는 것이다. Klein 이론은 그 시초 이래 집중적으로 정교하게 다듬어져 온 풍부하고 복잡한 분야로서 집단과 제도의 기능, 정신병적 상태와 경계선적 상태, 이런 병리적 상태의 개인내적 과정과 대인관계적 과정에 대한 세밀한 분석에 특히 초점을 둔다. Elizabeth Bott Spillius(1988a, 1988b)는 후기 Klein 이론에 기여했던 가장 영향력 있는 몇몇 영국 학자의 연구물을 한데 모아 Klein 이론의 전통이 어떻게 발전되어 왔는지를 효과적으로 개관했다.

Klein은 언제나 자신을 Freud의 추종자로 여겼다. "나는 Freud 학파다. 하지만 Anna Freud 학파는 아니다!"라고 그녀는 공공연히 말했다(Grosskurth, 1986: 455-6). 그녀는 왜 Freud가 그녀의 이론을 정신분석의 발전이 아니라 이탈이라고 무시하는지 이해할 수 없었다. 이는 틀림없이 아버지에게 무시당했다는 그녀의 감정을 되살아나게 했을 것이고, Melanie Klein과 Anna Freud 사이의 이론적 분쟁은 재능 있는 이 두 여성 간의 개인적인 경쟁심에 의해 분명히 가열됐을 것이다. 이 두 여성 모두 아버지가 공공연히 그들보다 언니를 더 좋아했었다.

Klein은 정신분석이론의 근간에서 자신이 이루어 낸 변화의 중대성을 인식하지 못했다. 과학자가 아닌 그녀로서는 Freud가 제시한 생물학적인 틀 안에서 작업할 필요성을 느끼지 못했다. 대신 그녀는 환자들이 그녀에게 말하는 경험을 잘 듣기 위해 자신의 개념을 활용했다. 그녀는 상상력이 풍부하고 직관적이며 대담했기 때문에 내면의 공명(共鳴)에 의해서만 뒷받침될 수 있는 엄청난 비약을 했다. 그녀의 이론적 전제들은 과학적이라기보다 철학적이고, 객관적이기보다 주관적이다. 실제로 그녀는 고전적인 이론가들은 따분하고 건조하다고 불평했고, 이와 대조적으로 자신의 이론은 생생하고 살아 있다고 주장했다.

Klein 이론에서 주관성은 매우 중요한데, 그것은 그녀가 '본능' 이나 '자아' 와 같은 용어를 Freud의 용법과 다르게 사용한 데서 나타난다. 그녀는 인간을 관계와 갈등과 변화의 주관적인 세계 속에 있는 주체적인 행위자로 본다. 외부 세계는 이 주관적인 세계를 매개로 하여 경험된다. 또한 외부 세계는 내면 세계로 들어와 그것의 성격과 구조에 영향을 미친다. Klein 이론은 대상관계 학파의 시작을 알리는 '주체 관계(subject relations)' 이론이다.

Klein 이론에서, 자아는 개별적인 존재라는 의미를 갖는데, Freud와 마찬가지로 그녀가 정신적 삶의 시작이라고 보는 출생 순간부터 외적 현실을 지향한다. 따라서 그녀는 신생아가 미분화의 원래 상태, 즉 원초적인 자기애 상태로 태어나고, 이것에서 자기감과 현실에 대한 인식이 서서히 발전한다는 공식적인 Freud의 관점에 반대되는 주장을 폈던 것이다. 원초아가 아니라 자아가 리비도와 죽음 본능과 더불어 Klein 이론의 핵심이다

그러나 Klein의 본능적 충동 개념은 생리적인 욕동이 아니라 신체적 수준에서 경험되는 희망과 두려움과 소망이다. 모든 내면의 움직임은 그것이 욕망이든 파괴성이든 대상(타인)과 연결하고자 하는 욕구로 느껴진다. 아기는 자신의 충동을 모유와 대변과 소변과 같은 신체적 물질을 주고받는 것이나 그것을 무기로 사용하는 것으로 느낀다. 사랑은 좋은 젖을 받아들이거나 유아 자신의 축적된 선함으로 엄마에게 자양분을 주는 것이다. 소변과 대변은 귀한 선물이고 현실적으로나 혹은 상상 속에서 아기는 그것을 줌으로써 엄마를 먹여 주는, 즉 사랑을 주는 것이다. 분노는 이제 나쁘고 파괴적으로 되어 버린, 똑같은 신체 물질로 자신이나 타인에 대해 악의에 찬 공격을 하는 것이다.

Klein은 신생아가 어머니라는 존재, 젖가슴과 남근, 질이라고 불리는 기본적인 신체 부위나 기능에 대해 이미 입력된 '지식' 을 갖고 태어난다고 믿었다. 이미 입력된 이런 지식은 아기가 삶을 신체적 수준에서 경험할 수 있게 한다는 것이다. Klein은 이런 원초적이고 대체로 무의식적인 경험을 '환상(phantasy)' 이라 불렀다. Susan Isaacs(1943)은 이에 대한 명쾌한 설명을 제공한다. 환상은 본능적 충동의 정신적인 측면이고, 감각은 상징화되기 이전 상태로 행동으로 해석된다. 이상하게 들릴 수도 있지만 발달심리학에서 이런 주장을 뒷받침하는 일부 증거를 찾을 수 있는데, 신생아는 사람의 얼굴을 '알아보고' 젖을 빠는 방법을 '알고' 실제로 상당한 정도의 지식과 능력을 생득적으로 갖고 태어난다고 한다

(Stern, 1985 참조). 물론 Klein은 객관적인 진리에 대해서는 염려하지 않았다. 그녀는 주관적 경험에 대해 말하고 있었던 것이다.

Freud처럼 Klein은 사랑하고자 하는 충동과 파괴하고자 하는 충동 사이의 갈등을 조절하는 것을 삶으로 보았다. 그녀는 본능의 강도는 선천적으로 결정된다고 가정했지만, 생물학에 대해 이외 다른 언급은 거의 하지 않았다. 삶의 본능 개념에 대해서는 그것이 연합하고 창조하려는 기본적인 경향성이라는 Freud 관점의 가정 이상으로 Klein은 충분한 설명을 하지는 않았다. 죽음 본능에 대해 그녀는 이 본능을, 태어났다는 사실을 원상태로 돌리고, 갈등과 좌절이 없다고 가정되는 출생 이전의 상태로 되돌아가려는 삶의 초기의 필사적인 노력이라는 실존적 용어로 묘사한다. (Klein은 말년에 태아기 삶에 대해 호기심을 갖기 시작했지만 그것에 대해 저술하지는 않았다.) 따라서 정신적 삶에 대한 그녀의 개념은 출생 이후 상태에 대한 묘사이고, 출생 이전과 이후의 삶의 본능과 이에 맞서는 죽음 본능에서 나온 반대반응의 혼합으로 구성되어 있다. 삶의 본능과 죽음 본능은 인간이 죽을 때까지 갈등 상태로 그리고 부분적인 융합 상태로 남아 있다.

비록 Klein은 자신의 이런 해석을 Freud의 본능 개념에 대한 단순한 재해석으로 여겼을지 모르지만 Freud는 달리 보았음에 틀림없다. 즉, 그는 이것이 정신분석을 보편적인 자연의 법칙과 연결시키는 정신분석의 물리학적 근간을 실질적으로 없애 버린 것이라 생각했다. 이런 뿌리 없이는 정신분석학이 과학의 다른 학문과 견줄 만한 과학으로 간주될 수 있을 것이라는 희망이 없었다. Freud가 Klein의 견해를 인정할 수 없었던 것은 당연한 일이었다.

자기의 발달

Klein은 모든 경험은 내적 현실과 외부 현실 간의 상호작용에서 비롯되는 것으로 보았다. 그녀는 타고난 그리고 습득된 감정과 이미지를 타인에게 투사하는 것과 외부 현실을 자신의 내면 세계로 내사하는 것, 즉 안으로 받아들이는 것에 대해 기술했다. 외부 세계와 내면 세계 사이에 환류작용에 가까운, 지각과 감정 간의 지속적인 상호작용이 있기 때문에, 이 두 세계는 각각 부분적으로는 다른 세계에 비추어 경험된다(Klein, 1959).

이런 투사적 환류와 내사적 환류 속에서 타인과 관계하고 연결되고 싶은 욕구는 부분적으로는 죽음 본능의 존재에서 나온다. Klein의 죽음 본능은 출생 이후의 삶을 파괴하고자 하는 충동이기 때문에, 아기는 내면에서 파괴에 대한 두려움을 느낀다. 이런 소멸 충동을 자기에게서 거리를 두면서 외부라고 지각되는 것으로 돌려야 할 절대적인 필요성이 있다. 그러나 그 결과 세상은 아기가 그것에 투사한 것 때문에 나쁜 것으로 변한다. 따라서 아기는 삶의 본능에서 비롯되는 선함과 사랑을 투사하여 잠재적으로는 전적으로 적대적일 수도 있는 세상을 온화하게 만들고자 하는 보상적인 욕구를 갖는다. 이것이 Klein 이론의 기본적이고 불가피한 내적 갈등과 지각의 주관적 특성을 설명한다. 모든 사람의 외부 세계는 부분적으로는 그 자신의 내면 세계를 반영하고, 동시에 그 사람의 내면 세계로 들어가 그것을 변화시킨다.

이런 관점에서 보면 심리적 건강은 우리 자신이 투사한 것을 넘어서 볼 수 있는 능력 그리고 우리가 세상에 투여하기를 바라는 나쁜 것과 실제로 존재하는 것 사이에는 차이가 있음을 알아차릴 수 있는 능력에 달려 있다. 심리적으로 건강하지 못한 상태는 우리가 내면의 나쁜 대상관계에서 비롯되는 우리의 부정적인 예상이 확인되는 것을 보고, 또한 이런 확인을 유도하는 정도에 따라 발생한다.

Klein은 신체를 정신적 삶의 매개체이자 원초적 경험의 원료로 여겼다. 환상은 신체적 관점에서 정의된 언어로서, 그 안에서 신체 부위와 생성물질은 선물이나 혹은 무기를 나타낸다. 그것은 상징적 언어가 아니다. 이런 교환은 Hanna Segal이 상징적 동등화(a symbolic equation)라고 부른 과정, 즉 감각과 그것에 대한 해석을 동등화하는 과정에서 실제로 벌어지고 있는 것처럼 느껴진다(Segal, 1957). 사고와 행위 간에 차이가 없다는 것이다. 예컨대, 분노의 충동은 소변이나 대변, 치아나 팔다리를 통해 타인에 대해 악의적이거나 폭발적으로 공격하는 것이라고 느껴진다. 사랑받는 느낌은 달콤한 젖이나 혹은 젖에 상응하는 것으로서 소변이나 정액을 받아들이는 것이다. 생각이 행위로 경험되는 것이 아니라 생각 그 자체로 소통되는 것은 진정한 상징화(symbolization) 능력이 발달했을 때만 가능하다. 이에 비해 환상은 기본적인 구체성을 띤다.

Klein의 발달 도식은 Freud의 리비도의 발달 단계와 다르다. 그녀는 Freud의 구강기에 해당하는 아기의 생애 첫해에 초점을 둔다. 그녀는 생의 이 국면을 두 가지 정신적 견지, 즉 편집-분열성 양태(paranoid-schizoid position)와 우울적 양태(the depressive position) 중 어느 한쪽이 다른 쪽보다 상대적으로 우세해지는 움직임으로 보았다(Klein, 1952). 그녀는 이후의 모든 정신병리를 이 두 양태에 고유한 불안을 다루려는 아기의 초기 시도와 연관시켰다.

따라서 이 두 양태는 발달적 단계와 비슷하며 실제로 Klein은 때때로 그것을 단계로 부르기도 했다. 그러나 단계라는 것은 특정 단계를 거쳐가고 이후 단계에 포함되는 것인 반면, 양태는 되돌아올 수 있는 하나의 관점으로 사건을 해석하는 일련의 특정한 태도를 갖는 것이다. Klein은 또한 '편집-분열성 양태'와 '우울적 양태'를 초기 발달의 어떤 특정한 시점에 부각되는 불안과 방어의 양상을 묘사하는 방식으로 사용한다. 안녕보다는 불안을 강조한 점은 Klein의 이론에서 전반적으로 삶의 기쁨보다는 고통이 강조된다는 점에서 전형적이다. '편집-분열성'과 '우울한'이라는 용어는 호감을 주는 표현이라 하기는 힘들다. Winnicott은 우울적 양태를 '근심의 단계(the stage of concern)'로 바꿔서 부를 것을 제안했지만 그다지 성공적이지 못했다(Grosskurth, 1986: 400).

이렇듯 Klein이 초기 발달을 본 관점은 성욕이 경험되는 방식이 아니라 불안이 어떻게 경험되고 다뤄지는가였다.

편집-분열성 양태

Klein의 이론에서 편집-분열성 양태는 아기의 생후 첫 3개월에 우세한데, 이때 아기는 좀 더 현실적인 우울한 기능도 어느 정도 함께 경험한다(Klein, 1946). 편집-분열성 양태 혹은 관점은 Klein이 출생과 출생 후 초기 삶의 가혹한 특성이라고 가정했던 혼란과 박탈, 불안을 다스리려고 아기가 시도하는 방식이다.

아기는 혼돈을 이해하려는 충동 때문에 자신의 경험을 자신이 좋은 경험이라고 느끼는 것과 나쁜 경험이라고 느끼는 것으로 분열시키거나 양분하게 된다. 그런 다음 이 두 범주는 서로에게서 아주 분리되고 멀리 떨어진 채로 유지된다. 동화 속 나쁜 마녀와 좋은 요정은 아기에 의해 지각되고 분리된 어머니의 좋은 측면과 나쁜 측면이다. 이 단계에서는 현실에 대한 정확한 그림을 그리는 것보다 어떤 질서를 갖는 것이 더 중요하고, 이런 점에서 편집-분열성 양태가 우울적 양태보다 우세하다. 편집-분열성 양태에서 중립지대는 존재하지 않고 오로지 좋은 것과 나쁜 것만 있을 뿐이다. 또한 부재(absence)나 후회 혹은 상실의 경험이 없는데, 그 이유는 부재는 어떤 좋은 것이 없는 상태가 아니라 그저 나쁜 것으로 경험되며, 안도감은 나쁜 것이 아닌 좋은 것으로 느껴지기 때문이다.

분열(splitting)은 아기가 신뢰하기와 사랑하기를 시작할 수 있게 한다. 절대적인 충동의 위력하에서 이런 충동의 극단적인 상태를 조절할 삶의 경험이 거의 없는 상태에서 살아야 하는 고도의 강렬함을 고려해 볼 때, 자신의 존재가 금방이라도 파멸할 것 같은 두려움이 잠복한 상태에서 느긋하게 신뢰와 사랑으로 들어가는 것은 불가능할 것이다. 그래서 모든 나쁜 것을 모든 좋은 것에서 분리시킴으로써 아기는 전적으로 좋은 것을 경험할 기회를 갖고, 이런 좋은 것(좋은 대상)을 자기감의 기반으로 받아들일(내사할) 수 있게 된다.

나쁜 것에 의해 오염되지 않은 좋은 것을 경험하는 대가로 아기는 때때로 자신이 전적인 악에 사로잡힌다고 느낀다. 편집-분열성 양태에서 우리가 느끼는 주된 공포는 우리가 사악한 외부의 힘에 의해 파멸될 것이라는 두려움이다. Klein은 이것을 '박해 불안(persecutory anxiety)' 이라 불렀고, 이것이 편집-분열성 양태의 가장 주된 특징이다. 이 두려운 경험은 부분적으로는 외부에서 비롯된 나쁜 경험에서 유발되지만, Klein이 생각하기에는 우리가 타인에게 투사하는 죽음 본능이 되돌아오는 데서 가장 강력하게 일어난다. 이 모든 요소가 함께 초기 유아기에 대한 소름끼치는 그림에 힘을 보탠다. 그런데 Klein과 입장을 달리한 분석가들은 이 시기에는 불안이나 스트레스가 별로 없다고 보는 입장을 취했다. Klein은 어떤 아기는 죽음 본능을 향한 타고난 성향 때문에 죽거나 혹은 제대로 자라지 못한다고 시사했다. 즉, 이들은 투사된, 어쩌면 또한 현실일지도 모르는 나쁜 것으로 침투된 세상을 신뢰하거나 받아들이는 것이 불가능할 수도 있다는 것이다.

이것이 악몽의 본질이다. 그래서 아기는 자신의 두려움을 극복하려고 시도하는 가운데 지푸라기라도 잡으려 할 것이고, 열악한 환경적 여건이 문제를 악화시킬 경우 특히 강할 것이다. 아기는 대처해야만 하는 것을 자신이 감당할 수 있는 부분으로 분할하려는 시도로 더 심한 분열에 의존할 수도 있고, 혹은 파괴적인 죽음 본능으로 자신의 고통받고 있는 부분을 공격할지도 모른다. 극단적인 경우 이것은 정신병에서 보는 파편화와 일관성의 결여를 초래하고, 이런 상태에서 인간은 심리적 실재로서 가까스로 생존할 뿐이다.

'부분 대상(part-object)' 이라는 용어는 자기나 타인의 한 부분이나 한 가지 측면을 뜻하며, 이것이 아기가 지각하고 관계하는 모든 것일지도 모른다. '좋은 가슴' 이나 '나쁜 가슴' 은 전형적인 부분 대상으로 아기의 정신적 삶에서 최초의 중심점이다. 이것은 단지 실제 가슴뿐만 아니라 다른 특성은 전혀 포함되지 않은 먹여 주는 역할을 하는 엄마를 뜻한다. 더 연령이 높은 아기나 아동은 세상이 (아마도 투사에 의해) 너무 위험해서 타인을 오직 부분으로 대할 수밖에 없다고 느끼기 때문에 부분 대상으로 관계하는 상태로 퇴행할 수 있다. 이후에 부분 대상으로 관계하기는 상대방을 권리를 가진 하나의 인격체로 보는 것이 아니라 정보나 섹스나 돈을 위해 단순히 그들을 이용하기 때문에 상대방이 착취당한다는 느낌을 받도록 한다.

투사와 내사는 분열과 동일한 능력에서 비롯된다. 투사에서는 아기가 자기 내면에 담아 둘 수 없는 충동이 분열되어 타인에게 들어간다. 비록 아기는 환상 속에서 이렇게 하지만, 아기가 지각하기에는 이것은 실제로 일어나고 있는 것이다. 미움과 나쁜 것을 투사하는 것은 분명히 아기 자신의 나쁜 것을 자신에게서 없애 주지만 아기의 좋은 것 또한 투사된다. 좋은 것을 투사하는 이유의 일부는 의지하고 관계할 수 있는 어떤 좋은 것을 주기 위해서이고, 또한 자기 내부에 있다고 느끼는 나쁜 것으로부터 좋은 것을 안전하게 지키기 위해서다. 내사는 경험을 좋은 것과 나쁜 것으로 구분하는 것을 강화하는 또 다른 방식이다. 내사에서는 좋은 것은 지지로 받아들이고, 나쁜 것 또한 외부 세계를 더 안전하게 만들기 위해 자기 내면으로 받아들이는 것이 포함된다. 투사와 내사는 불안을 다루고 다른 사람과 연결을 만드는 임시변통의 방식이다. 그러나 이것이 과하거나 파괴적으로 사용되면 안정되고 응집된 자기에 대한 감각과 상당히 신뢰할 만한 타인에 대한 감각을 파괴한다.

투사적 동일시(projective identification)는 좀 더 복잡하고 극단적인 형태의 투사다. 그것은 한 사람이 다른 사람에게서 감정이나 경험을 전달받는 비언어적 소통으로 이루어진다. 아기의 불안이 특히 강렬한 경우, 아기는 그저 충동만이 아니라 자기의 전반적인 측면을 타인에게 투사할 수 있다. 이런 방어는 고통스럽거나 감당할 수 없다고 느껴지는 자신의 일부를 제거하는 것처럼 보이기 때문에 불안을 누그러뜨릴 수 있고, 또한 타인에 대한 어느 정도의 통제권을 갖는다는 환상을 줄 수 있다. 투사적 동일시의 대상이 되는 사람은 아기의 이런 욕구에 빠져들게 만드는 압박감을 느끼며 연관된 감정과 충동을 경험하면서 원치 않는 부분을 마치 자신이 실제로 받아들인 것처럼 행동하기 시작한다. 가볍고 호의적인 형태의 투사적 동일시는 우리가 타인의 입장에 서서 그들을 공감할 수 있게 한다. 그러나 편집-분열성 수준의 투사적 동일시에서는 자신의 원치 않는 부분을 투사하는 사람은 결국 공허하고 고갈된 느낌을 갖고, 어디까지가 자신이고 어디서부터가 다른 사람인지에 대해 혼란을 느낄 수 있다. 투사 대상이 된 사람은 투사의 기원을 인식하지 못한 채 자신에게 침입해 들어오는 힘을 밀어내어 그것을 보낸 상대에게 바로 되돌려 주고자 하는 충동을 갖게 될 수 있다.

투사적 동일시는 심리치료 작업에서 대단히 중요한 가치가 있는데, 그 이유는 내담자 혹은 환자가 자신이 감당할 수 없는 실제 경험을 치료자에게 직접 전달할 수 있기 때문이다. 따라서 투사적 동일시는 역전이의 주요 부분을 차지하며, 후에 Klein 학파 이론가들은 역전이 개념을 확장하여 환자와의 관계에서 치료자가 경험하는 모든 반응과 태도를 포함시켰다(Bion, 1962a; Rosenfeld, 1964). 투사적 동일시는 많은 심리치료 학파가 특히 유용한 개념으로 받아들여 온 개념이다.

불안을 다루는 또 하나의 원초적 방법인 부인(denial)은 하나의 사태를 다른 것으로 피상적으로 덮어씌우는 것이다. 좌절감을 주는 박해의 경험이 만족감을 주는 상상의 경험으로 덮일 수 있다. 이 단계에서는 상상된 것과 실재하는 것 사이에 차이가 없기 때문에 이것을 환각이라 부른다. 어린 아기가 허공과 상호작용하는 것처럼 보이거나, 혹은 젖을 물리지 않아도 빠는 동작을 하는 것을 볼 수 있는데, 이때 이들은 어쩌면 부인을 통해 불안을 피하고 있는지 모른다. 이후 우리는 치과에 가야 하는 상황처럼 우리를 불안하게 만드는 어떤 것에 주의를 기울일 필요가 없는 것처럼 행동할 때 이런 동일한 기제를 사용한다.

Klein은 탐욕(greed)은 죽음 본능의 표현으로 불안과 좌절에 의해 커진다고 설명한다. 그것은 '좋은 것' (환상 속에서는 젖가슴)의 원천이 갖고 있는 실제 능력이나 자신의 즉각적인 욕구와 상관없이 그것을 무자비하게 착취하는 것이다. 탐욕은 젖을 주는 좋은 젖가슴의 반대 측면, 즉 젖을 주지 않는 나쁜 젖가슴이 언제라도 불쑥 튀어나올 것이라는 불안에 의해 더 부추겨진다. 탐욕의 환상은 우리가 좋은 젖가슴에서 좋은 젖뿐만 아니라 좋은 젖가슴 그 자체를 전체로 받아들여, 우리가 전적인 통제권을 갖는 내적 원천으로부터 끊임없이 수유될 수 있다는 것이다. 물론 이런 절대적인 안전은 결코 이루어지지 않으며, 탐욕스러운 사람은 계속해서 받고 또 받으려 하면서 상처받지 않는 전능감을 기다리지만 아무런 소용이 없다.

시기심(envy)이라는 개념은 Klein의 개념 가운데 가장 논쟁을 불러일으킨 것 가운데 하나이며, Klein 생애 후반기에 발전한(Klein, 1957), 그녀의 추종자들이 열렬히 지지한 개념이다. 그녀는 시기심이 삶의 원천인 좋은 젖가슴에 맞서, 생애 초기 몇 달 동안 나오는 강력하게 파괴적인 충동이라고 묘사한다. 시기심은 좋은 것이 자신의 외부에 존재하고 또 자신을 지지해 주기 때문에 그것을 망가뜨리고자 하는 충동이다. 젖가슴의 좋음 그 자체는 출생으로 인한 분리와 상대적인 박탈을 끊임없이 상기시킨다. Klein은 태어나기 전의 우리는 욕구나 공포를 모른다고 믿었다. 젖가슴을 좋은 것으로 만드는 것은 오로지 우리의 욕구라는 것이다. 우리가 파괴하기를 원하는 것은 이 출생 이후의 삶의 상징이며, 이에 죽음 본능은 출생의 사실을 파괴하려고 밀어붙인다. 시기심이 파괴적인 이유는 그것이 나쁜 것을 파괴하려는 것이 아니라 좋은 것을 파괴하려는 충동이라는 점 때문이다. 시기심은 우리가 좋은 것에서 유익을 얻는 것을 불가능하게 하고 우리가 도움과 양육의 가능성을 내던지거나 파괴하도록 만든다. 좋은 것과 나쁜 것으로 양분하는 원초적인 분열은 시기심에 의해 위협받는데, 왜냐하면 우리는 시기심에 의해 좋은 것을 나쁜 것처럼 취급하기 때문이다. Klein은 이후의 정신병적 혼란 상태를 시기심의 음해 효과와 관련지었다. 우리가 시기하는 외적 관계는 시기하는 내적 관계로 이어지게 되어, 좋은 대상과 나쁜 대상이 혼돈되고 공격받고 파편화됨에 따라 명확한 정체감과 기본적인 자기 가치감에 큰 혼란을 초래한다.

박해 불안과 함께 편집-분열성 양태는 비록 우리가 생애 초기에 어쩔 수 없이 삶에 부딪히면서 그 힘이 줄어들 수는 있지만 자라면서 우리가 완전히 벗어나는 것은 아니다. 생존이 주된 관심사이기 때문에 편집-분열성 양식은 냉혹하고 자기중심적이다. 우리는 박해 불안에 사로잡히면 무엇이 진실인가에는 관심이 없고 개인적 책임감도 갖지 않는다. 모든 나쁜 것은 다른 누군가의 잘못이 되어 버린다. 삶의 모든 영역에서 편집-분열성 기능의 징후를 볼 수 있는데, 이는 '양태' 라는 개념을 발달상 거쳐 가는 중간단계이기보다 마음의 상태로 본 Klein 학파의 후기 개념에 반영되어 있다. 예를 들어, 분열과 투사는 영국의 정치 제도와 같은 모든 정치 제도의 근간을 이루는데, 한쪽 '편' 은 저쪽 '편' 에서 제안하는 어떤 것이든 자동적으로 흠을 잡으려는 압력을 느낀다.

Klein은 오이디푸스 갈등과 과정이 Freud가 상상했던 것처럼 초기 아동기 동안 발생하기보다 대상관계가 시작하는 바로 그 시점부터 발달한다고 믿었다(Klein, 1928). Klein의 이론에서 아기와 아버지의 관계는 그 아기와 좋은/나쁜 젖가슴과의 일차적 관계를 따르고 이를 반영한다. 아버지는 아기와 엄마 관계에 침입하는 첫 번째 사람이다. 젖가슴이 젖을 주는 엄마를 상징하듯 아버지의 주된 부분 대상인 남근은 구별하고 침투하는 남성성의 특성을 나타낸다. 아기는 남근을 양육하고 치유적인 것으로 경험할 수도 있지만, 때로는 자기 자신과 엄마의 신체 일부를 베는 날카로운 무기로 경험할 수도 있다.

Klein은 유아적 경험이라고 그녀가 상상했던 거칠고 환상적인 용어로 초기 오이디푸스적 환상을 환기시킨다. 그녀는 신체 감각이 신체 부분과 작용에 대한 생래적인 개념과 만난다고 상상한다. 관계는 가슴과 입, 남근과 질, 젖, 소변, 대변과 태어나지 않은 아기와 같은 모든 가능한 조합으로 상상된다. 즉, 느껴진다(Klein, 1959). 부모끼리 갖는 그들만의 독립된 관계에 대한 아기의 초기 인식은 하나의 거대한 결합된 형상, 젖가슴, 위장, 입 혹은 질과 결합된 남근으로 경험되는데, 이들은 끊임없이 서로를 충족시키고 대변-아기의 형태로 언제나 새로운 풍성함을 계속 만들어 낸다. 죽음 본능에 의해 유발된 불안의 영향력하에 아기는 자신의 시기심과 격한 분노를 이 괴물과 같은 형상에 투사하는데, 이 때문에 이 형상은 강력하게 악한 세력으로 보이면서 상호적인 파괴에 가담하고 아기와 그의 세계를 절멸시키려고 위협한다.

부모를 구별하기 시작하면서 아이는 환상 속에서 맺고 있는 관계 내의 다양한 부분 대상을 구별하고 그에 대해 각기 다른 감정을 가질 수 있게 된다. 이것은 부분적으로는 아이 자신의 성에 특유한 감각과 이에 상응하는 욕구에서 비롯된다. Klein은 여아와 남아의 오이디푸스 과정 간의 차이를 Freud보다 훨씬 더 설득력 있게 설명한다. Klein은 여아의 환상이 젖과 아버지의 남근, 대변, 아직 태어나지 않은 형제자매를 품고 있는 엄마의 내부에 대한 시기심 어린 공격에 의해 주도된다고 본다. 그리고 이러한 투사의 결과[유아는 외부세계를 위협적인 것으로 경험함-역주] 두려움을 느끼며 자신의 내적, 신체적 경험세계의 온전함과 생산성을 믿지 못하는 불안을 지속적으로 느끼게 된다. 남아의 독특한 공포는 자신이 환상 속에서 엄마 내부에서 아버지를 공격하는 데 따르는, 자신을 거세하려는 아버지의 보복에 대한 것이다. 이것이 남아로 하여금 엄마 내부에 있을지도 모르는 것을 갈망하면서도 두려워하게 만든다. Freud와 마찬가지로 Klein은 이 두 유형의 오이디푸스 과정이 아이의 성별에 상관없이 함께 나란히 전개되고, 그 결과 아이들은 부모와의 관계에서 발생 가능한 모든 갈망과 두려움, 역할을 경험하게 된다고 가정했다.

우울적 양태

우울적 양태는 생후 3개월경 좀 더 강하게 출현하기 시작하면서 생후 7개월에서 1년 사이에 우세하게 자리 잡는다(Klein, 1935). 이것 역시 상대적으로 우세하다는 의미이다. 편집-분열성적 요소는 여전히 남아 있으며, 특히 압박을 받는 상황에서는 이런 요소로 되돌아갈 수 있다. 모든 것이 충분히 순조롭게 돌아가는 때가 되어야만 아기는 편집-분열성의 최악의 불안을 받아들일 수 있고 자신의 생존을 좀 더 당연한 것으로 여기기 시작한다. 아기는 박해 불안에서 자신을 막아 주던 분열과 부인, 투사적 방어를 해야 할 필요성을 덜 느낀다. 삶에 대한 새로운 시각이 열리면서 다른 근심거리가 생기기 때문에 이런 상태를 우울적 양태라 하고, 여기에는 일련의 우울한 불안이 수반된다.

우울적 양태의 아기는 지각을 왜곡할 필요성을 덜 느끼기 때문에 내적 현실과 외적 현실을 좀 더 정확하게 경험한다. 아기는 자신의 분열에서 비롯된 부분 대상, 즉 좋은 엄마와 나쁜 엄마, 아버지 그리고 자기가 복잡하고 온전한 사람이며, 자기는 이들에게 혼합된 감정을 갖는다는 것을 인식한다. 이런 인식의 초기 단계는 특별한 불안을 유발한다. 즉, 내적 대상과 외적 대상이 점점 더 통합되면서 아기는 부재를 단순히 어떤 나쁜 것에 의해 공격당해 빼앗기는 것이기보다 좋은 것을 상실하는 것으로 경험한다. 이에 대한 아기의 반응은 분노가 아닌 슬픔이다. 아기가 눈물을 흘리며 울기 시작하는 것은 약 3개월경이다. 아마도 이것은 슬퍼할 수 있는 능력이 더 커졌음을 표현하는 것인지 모른다.

분열이 줄어들면서 서로 다른 경험이 좀 더 잘 맞아떨어진다. 나쁜 것이 덜 나쁘고, 이와 마찬가지로 좋은 것도 덜 좋다. 잃어버린 에덴동산, 젖과 꿀이 흐르는 땅의 신화는 우리 모두가 겪어야 하는 애도를 강력하게 환기시키고, 실재이기는 하지만 영원히 상실한 더없는 기쁨과 순수함에 대한 감각을 남겨 둔다. 그런 경험이 사태의 전부라고 보기에는 우리가 아는 게 너무 많아져 버렸다. 하지만 우리는 모두 한때 그렇게 보았다.

세상의 선함이 더럽혀지게 되면서 아기의 선함 또한 그렇게 된다. 아기는 자신이 파괴하려고 최선을 다했던 그 악한들이 바로 자신이 가장 사랑하고 자신에게 필요한 사람들이라는 사실을 깨닫고 충격을 받는다. 이런 깨달음은 아기가 자신의 분노에 대해 겁먹게 만들며, 이것이 바로 우울적 양태의 중심을 이루는 두려움이다. 그러나 이것은 비록 두렵기는 하지만, 완전한 절멸에 대한 편집-분열성적 두려움보다는 다소 덜 심각한 재앙이다. 하지만 아기는 주요 대상의 상실에 대한 위협 때문에 여전히 자신의 생존이 위험하다고 느낀다. 내면화된 좋은 대상(사람)의 상실에 대한 두려움은 아기의 정체성에 직접적인 위협을 가하기도 한다. 왜냐하면 그 대상이 없다면 아기는 자신이 전적으로 나쁘고 가치 없다고 느낄 것이기 때문이다.

자신의 분노에 대한 아기의 두려움은 초자아와 죄책감 그리고 회한의 감정의 주된 부분을 이루는데, 이런 감정은 우울적 양태에서 감정적 차원의 어려움을 추가적으로 야기한다. 아기는 자신의 분노를 외부로 향하게 하는 것이 두렵기 때문에 대신 분노를 내부로 향하게 하고 이기적이고 나쁘다는 이유로 다른 사람이 아닌 자기 자신을 질책한다. 이것이 우울의 핵심이고, 그래서 '우울적 양태'라는 용어가 나오게 됐다. 우울한 사람들이 알고 있듯이 우울에 의해 무력화되기란 충분히 가능한 일이다. 즉, 한편으로는 분노와 욕구로 인해 행동과 관계와 외부 세계로 향하게 되고, 또 한편으로는 결과에 대한 두려움 때문에 감정을 표현하기가 어렵고, 따라서 모호한 원망과 죄책감과 불만족에 빠진다. Melanie Klein은 생후 1년이 끝나는 시점에 접어들 때 아기에게 슬픔의 표현과 이따금씩 물러나는 모습을 볼 수 있다고 지적한다(Klein, 1959). 아기는 이제 내적 갈등과 낮은 자존감, 슬픔과 죄책감을 가질 수 있게 된 것이다.

죄책감의 고통은 새로운 복구(reparation) 능력의 근원이 된다. 아기는 비록 분노가 손상을 줄 수 있지만 사랑이 손상을 복구할 수 있음을 깨닫게 된다. 우울의 수렁에 빠져 꼼짝할 수 없게 되는 상황에서 우리를 막아 주는 것은 복구에 대한 믿음이다. 그런데 이런 상황은 복구할 수 있는 자신의 능력을 아직 발견하지 못했거나 신뢰하지 못하는 사람에게는 지속적인 위험으로 느껴진다. 이런 사람은 자신의 분노가 너무 압도적이거나 파괴적이어서 복구가 가능하지 않다고 느낀다. 이들은 복구의 기초가 되는 자기 자신의 선함에 대한 믿음을 잃어버렸거나 혹은 실제로 한번도 갖지 못했는지도 모른다. 혹은 그들의 죄책감 자체가 너무 박해적이고 공격적으로 느껴질 수 있다. 만약 이전의 편집-분열성적 불안이 단지 일부만 해소되고 삶에 대한 박해적 특성이 계속되며 그 결과 죄책감을 감당할 수 없는 감정으로 억압하고 편집-분열성적 방어기제로 되돌아가게 된다면, 이런 경향이 나타날 가능성이 특히 높다.

우리는 어린아이가 박해와 상실, 죄책감, 복구의 경험을 반복해서 겪어 내는 것을 본다. 막무가내로 고집 부리고 화내고 갈등을 일으키는 행동과 사랑에 대한 절대적 욕구와 부모에게 뭔가를 주고자 하는 절박한 욕구는 번갈아 나타난다. 이들이 주는 것은 새벽 5시에 부모를 깨워 마시라고 건네주는 차가운 '차' [진짜 차가 아닌 아이들이 티타임 놀이에서 만드는 차-역주] 한 잔이거나, 부모를 기쁘게 하려고 내미는 때묻은 과자 조각이다. 아이의 부모는 반드시 그 이유를 알고 있어서는 아니지만이런 선물을 거절하는 행위가 부모에게 줄 수 있는 좋은 어떤 것을 갖고 있다는 아이의 감각에 치명적인 상처가 될 수 있다는 것을 안다. 이런 초기 형태의 복구는 도움 주기, 개인적 흥미와 재능, 사회에 기여하는 모든 방식으로 발전해 간다. 따라서 복구 능력은 Klein이 건설적인 삶과 창조적 힘의 근원으로 보았던 감정적 차원의 핵심적인 성취다.

Klein은 우울을 동반하는 불안이 위기에 달하게 되고 이것이 이유(離乳) 경험에서 상징화될 수 있다고 시사하는데, 이는 대상관계이론의 문화적 특수성을 보여 준다. 서구 사회에서 이유는 흔히 생후 1년 무렵에 이루어지는데, 이 무렵 아기는 상실과 분노, 슬픔의 경험을 겪어 내고 이 과정에서 좀 더 성숙하고 자기와 타인에 대한 인식도 향상될 수 있다. 만약 아기가 이런 준비가 되기 전에 이유가 이루어지면 엄마 젖이나 우유병의 상실은 그저 뭔가를 박탈하는 공격이 될 수 있고, 불안전감과 함께 세상은 적대적이라는 느낌을 강화할 수 있다. 다르게 말하자면, 어떤 영역에서 상실과 분리와 타협할 충분한 기회를 갖지 못하면 아기는 자신의 파괴력의 한계와 복구하는 사랑의 힘에 대하여 안전감을 주는 지식을 발달시키는 것이 상대적으로 더 어렵다고 느낄 수 있다. 상대적으로 빠른 시기에 이루어지는 이유는 서구 사회에서 분리와 독립을 엄청나게 강조하는 경향의 한 부분일 수 있고, 이런 경향은 또한 우울적 양태에 부여된 중요성에도 반영된다.

우울적 양태의 출현으로 아이의 오이디푸스 딜레마는 처음에는 악화된다(Klein, 1945). 이 무렵 아기는 이전처럼 부모의 분열된 부분 대상을 사랑하고 미워하며 강력한 혼합된 부모상을 시기하는 대신, 자신이 사랑하고 미워하고 두려워하고 또 자신에게 필요한 엄마와 아버지가 자신이 제외된 어떤 관계를 하는 온전한 사람이라는 것을 인식한다. 아기의 갈등하는 감정은 죄책감과 자신의 파괴성에 대한 두려움으로 인해 더 힘겹게 되는데, 이것이 아이가 내면화된 내적 부모와 외부의 부모를 모두 보호하기를 소망하면서 사랑하는 감정을 재발견하도록 자극한다. 드물게 낙관적인 순간에 Klein은 Freud가 믿었던 것처럼 아이가 단순히 두려움 때문에 부모의 관계를 받아들이게 되는 것이 아니라 사랑의 감정 때문에도 그렇게 한다고 말한다. 다시 말하면, 아이는 자신이 사랑하는 부모가 행복하고 서로를 사랑하며 자신을 사랑해 주기를 원한다. 자신의 질투심을 극복하려고 애쓰면서 아이는 자기 내면에 선함이 있음을 알고 안심한다. 그의 내면화된 부모는 위험하거나 나쁘지 않고 안전하고 좋게 느껴지고 부모의 무시무시한 보복에 대한 두려움도 줄어든다. 충족감을 주는 결합된 부모상의 형태는 4세 된 남아 스테판의 신나는 꿈 '바퀴에 실린 500개의 아이스크림' 에서 상징화된 것일 수 있다. 이렇게 아이의 오이디푸스 갈등은 좀 더 큰 안전함, 자신과 부모 및 세상에 대한 신뢰의 형태로 해소된다.

편집-분열성 양태와 우울적 양태는 각 양태에 수반되는 주제나 불안과 함께 우리의 일상생활을 통해 그 균형이 지속적으로 변동한다. 각기 다른 시점에서 우리는 우리 자신과 세상을 좀 더 안전하게 느끼거나 덜 안전하게 느끼고, 혹은 사태를 좀 더 혹은 덜 명확하게 보거나, 좀 더 용기를 갖고 문제에 직면하거나 용기를 적게 내어 문제를 피해 숨기도 한다.

후기 Klein 학파 이론가들은 흔히 '경계선' 이라 불리는 사람에게 지배적으로 나타나는 어떤 고정된 패턴에 대해 설명했는데, 경계선 상태에서는 편집-분열성적 방어기제가 시종일관 파괴적인 방식으로 사용된다. 이 상태에서는 정신병적 분열성증이나 정신분열증적 상태에서처럼 현실이 부인되지도 않고, 우울적 양태에서처럼 현실이 인식되지도 않는다. 그 대신 지각이 이상해지거나 왜곡되고, 그 결과 고통스러운 경험이나 상실과 죄책감이 따르는 우울적 양태의 좀 더 나은 통합으로 나아가기보다 좀 더 익숙하고 덜 힘든 분열성증적 두려움과 분열성적 방어로 후퇴하여 달아난다. Steiner(1993)는 이런 상태를 성격의 '병리적 조직화(a pathological organization)' 라 부른다. 그리고 Rosenfeld(1971)는 이것을 마피아 같은 '자기애에 빠진 패거리(a Mafia-like narcissistic gang)' 가 죽음 본능의 지배를 받는 내면의 음모로 마음을 통제하는 것에 비유한다. 이런 환자나 내담자와 치료적으로 작업하는 치료자는 심하게 낙담할 수 있는데, 그 이유는 좀 더 나은 통합에 대한 이들의 두려움이 극심하고,

또한 진실을 왜곡하는 것이 이들에게 저항하기 힘들 정도의 변태적인 흥분을 줄 수 있기 때문이다. 강렬한 시기심 때문에 이들은 치료자가 제공하는 유익한 반응을 특히 감당하기 어렵다. 치료자의 유익한 반응은 치료자가 환자의 불행을 고소해하거나 선심 쓰는 듯하거나 냉담하거나 혹은 환자에게 자신과 무관한 것으로 들릴 수 있다. 그러면 치료자는 역전이에 말려들어, 관찰하고 주시하기보다 격노와 무력감에 굴복하고 싶은 유혹을 느낄 수 있다. 치료적 관계를 죽이지 않고 살려 놓는 일이 이런 환자를 오랜 기간 치료해서 성취할 수 있는 전부일 수도 있다.

Klein 이론의 관점에서 보면 심리치료와 상담은 우울한 존재 양식을 좀 더 안전하게 확립하도록 돕는 것을 목적으로 한다. '좀 더 안전하게'라고 한 것은 이것이 결코 완전히 안전하지는 않기 때문이다. 실제로 박해받는 상황뿐만 아니라 상실하고 실망한 상황에서 우리는 세상이 우리에게 적대적이라는 믿음으로 다소 쉽게 되돌아간다. 이런 상태에서는 연민의 정과 공감이 줄어들고 비난이 커진다. 또한 우리 자신의 경험이 우리의 정신적 공간을 모두 채우면서 다른 사람의 경험은 덜 중요해진다. 좀 더 안전하고 균형 잡힌 인간다움으로 가는 길은 우리의 평범함과 부족함을 인식하고 수용하면서도 혐오와 경멸의 감정으로 자신을 공격하지 않는 것이다. 겸허함은 우울적 양태가 갖는 핵심적 특징이다.

클라인의 아동 정신분석 접근

Klein의 정신분석적 놀이 기법은 그녀가 해낸 가장 중요한 혁신 가운데 하나이며, 이후 모든 아동치료에 영향을 미쳐 왔다(Klein, 1955). 어린 아동을 치료한 그녀의 풍부한 경험은 유아기에 대한 그녀의 관점으로 직접 이어졌다.

Klein은 아이가 약간의 언어적 의사소통이 가능할 정도로 나이가 들면 치료를 시작했는데, 그 연령은 2세 6개월부터였다. 본질적으로 아동의 자유 놀이(free play)는 성인을 대상으로 한 분석에서 자유연상이 차지하는 자리를 대신한다. 자발적인 놀이는 아동이 자신의 관심사를 외부로 표출하고 자신의 불안을 다루는 자연스러운 방식이고, 아동의 심리적 과정으로 들어가 보는 창을 제공한다.

Klein은 아동이 기계적인 놀이가 아니라 상상의 놀이를 할 수 있도록 해 주는, 작고 단순하고 기계적이지 않은 장난감을 아동 환자 개개인에게 제공했다. 여기에는 성인과 아이를 나타내는 인물상, 자동차와 배와 기차, 동물과 울타리와 벽돌, 물과 모래, 점토와 종이, 가위와 풀이 포함됐다. 아이가 이런 장난감을 갖고 하거나 혹은 하지 않는 것을 통해 나타내는 관심사와, 아이가 말하는 것과 비언어적으로 표현하는 것을 분석가는 가능한 한 그 아이의 언어와 표현을 사용해서 말로 표현한다. 각 아이의 장난감은 치료실에 있는 잠금장치가 있는 그 아이만의 서랍에 보관된다. 그 서랍과 그 안의 내용물은 아이가 분석가와 공유하는 내면 세계를 의미하며 그것의 변화와 발달을 보여 준다. 장난감은 손상되거나, 긁히거나 부서질 수 있으며 나중에 복구하려는 시도가 이루어질 수도 있다. 아이가 그린 그림은 그 위에 낙서할 수 있고 찢거나 테이프로 붙이거나 혹은 다시 그릴 수 있다. 장난감 인물상은 서랍 안쪽으로 밀어넣어질 수 있고, 나중에 다시 꺼내질지도 모른다. 서랍 자체도 정리되거나 혹은 흐트러진 상태로 남겨질 수도 있다. 모든 것이 아이의 통제하에 있고 분석가 외에 어느 누구도 그것에 접근할 수 없다. 비록 Klein은 아이가 언어적으로도 의사소통하기를 기대했지만, 놀이라는 매개체는 의식적이고 무의식적인 수준에서의 단순하고 명확한 의사소통 수단이라는 것이 입증됐다. 그녀의 목적은 아이가 자기 잠재력을 최대한 발휘하여 자신의 불안과 감정 및 생각을 놀이뿐만 아니라 말로 표현하고 해소할 수 있는 능력을 발달시키도록 하는 것이었다.

아이는 분석가의 치료실에 처음 들어가면, 대개 머뭇거리며 한두 개의 장난감을 고르고 자신의 마음 상태에 대한 단서를 제공하는 방식으로 그것을 어떤 형태로 배열하거나 사용하기 시작할 것이다. 아이가 처한 낯선 상황 때문에 불안이 자극되는 것은 매우 흔한 일이고, 특히 치료 시작 시점에 더욱 심하다. 아이는 문 뒤로 숨어 버리거나 긴장하고 불안한 상태로 집중해서 그림을 그리거나 혹은 위험할 수도 있는 상황에 장난감을 둘 수 있다. Klein 학파 분석가는 아이의 가장 강렬한 불안이 무엇인지 알아내려고 애쓴다. Klein 학파의 이론적 틀에서 보면 아이의 이런 불안은 자신의 세계에서 중요한 사람들에 대한 아이의 성적이거나, 요구가 들어 있거나 혹은 화난 감정에 대한 두려움에서 비롯되고, 전이에서 반영되는 것으로 이해될 수 있다. 아이의 불안을 언어화하면 아이는 이해와 지지를 받는다고 느끼게 되고, 그 결과 그의 두려움이 덜 위협적이 될 것이라고 Klein은 믿었다.

세심하지 않게 다룰 경우 이런 접근방식은 아이를 담아내는 기능을 하기보다 침해하는 것이 될 수 있고, Klein과 동시대에 활동했던 치료자들 가운데 많은 사람이 아이의 무의식적 두려움을 그토록 직접적으로 언어화한다는 생각에 노골적으로 경악을 금치 못했다. 그러나 Klein 학파 접근방식의 중요한 특징은 예나 지금이나 환자와 치료자 두 사람 모두의 심리적 경험의 세세한 부분에 세밀하고 사려 깊은 관심을 두는 것이다. Klein 학파의 심리치료 훈련에서 실시되는 유아에 대한 관찰은 정확하고 공감적인 관찰 능력 증진에 기여하고, 다른 유형의 훈련에서도 점점 더 많이 채용되어 왔다. Klein 학파는 추상적인 추론보다는 가능한 한 직접적으로 임상 경험에서 이론을 도출하는 전통을 이어 가고 있다(Schoenhals, 1994).

한편 Anna Freud는 그 당시 아동을 대상으로 자신만의 정신분석적 작업을 개발하고 있었는데, Klein의 접근방식에 관련된 논쟁의 많은 부분은 Anna Freud의 접근방식을 신봉했던 이들과 Klein의 접근방식을 지지하던 이들 사이에서 일어났다. 두 접근방식 모두 각기 다른 기관에서 효과적인 아동 분석작업으로 발전되어 왔고, 시간이 갈수록 이들 간의 차이는 줄어들었다. Anna Freud 방식(A. Freud, 1927)을 Klein 방식과 비교해 보면 Klein 접근방식의 본질이 분명히 드러난다.

Anna Freud는 오이디푸스 콤플렉스의 중심적 역할과 이와 관련되어 약 3~7세 사이에 나타나는 위기와 해소에 대한 자기 아버지의 시각에 동의했다. 따라서 그녀의 관점에서 보면 6세나 7세 이전 아이와의 본격적인 정신분석적 작업은 소용없는 일이었다. 왜냐하면 아이는 인격이 형성되는 주요한 경험을 겪을 때까지 어떤 의미에서는 불완전한 사람이기 때문이었다. 안정된 자아나 초자아 없이는 그들이 통제할 수 있을 것이라고 아직 기대하기 힘든 원초아의 욕동에 과도하게 관심이 집중되어 이후 형성될 성격이 위태롭게 될 수 있다. 우리가 알고 있듯이 Klein은 오이디푸스 갈등과 원초적인 자아와 초자아 구조는 대상관계의 시작, 즉 출생하는 순간부터 발달한다고 생각했다. 따라서 문제를 갖고 있는 아이의 어려움이 더 확산되고 확고해지기 전에 가능한 한 빨리 치료작업을 하도록 그녀가 권장했던 이유가 분명했다.

Anna Freud는 아이가 자신의 심리치료를 먼저 시작하는 일은 아주 가능성이 희박한 일이라는 점을 지적했다. 아이보다는 부모가 자녀의 문제 행동으로 고통받고, 따라서 아이를 위한 치료를 시도할 가능성이 더 크다는 것이었다. 분석가의 첫 번째 과제는 분석에 대한 동기를 유발하기 위해 아이와 관계를 형성하는 일이었다. 관계 형성은 아이와 함께 놀거나 아이와 함께 혹은 아이를 위해 어떤 것을 만드는 활동을 통해 이루어질 수 있다. 분석가는 친근하고 마음이 놓이는 대상, 즉 아이가 가장 좋아하는 이모와 같은 인물로 자신을 내보여야 한다. 그리고 엄청난 혼란을 피하기 위해 치료실에서의 행동에 대한 규칙은 외부 세계의 기대와 비슷해야 한다. 이런 조치의 목적은 아이의 호감과 존경심을 조성하려는 것이었다.

반면에 Klein은 문제를 겪고 있는 아이가 스스로 도움을 요청하는 것을 막는 것은 오로지 그들의 경험 부족과 무력감이라고 느꼈다. 그리고 아이가 분석가를 좋아하게 만들려고 노력하는 것은 역효과를 낳고 그들의 문제를 위장할 뿐이라고 보았다. 또한 그녀는 분석이 불안에 어떻게 도움이 될 수 있는지를 아이가 경험하면, 불가피하게 어려움이 수반되는 치료작업에 대한 그들 자신의 동기를 갖게 될 것이라고 생각했다.

전이에 대한 이들의 관점 또한 정반대였다. Anna Freud는 부모와 함께 살고 부모에게 의존하기 때문에 아이는 이런 관계를 분석가와의 관계로 전이시키지 않고, 이 때문에 전이에 대한 해석은 잘못된 것이라고 믿었다. 그러나 Klein은 아이도 성인처럼 전이관계에 깊이 관여된다고 이해했다. 전이된 관계는 아이와 부모의 외적인 관계이기보다 내면화된 부모 및 부모의 부분(part-parents)과 아이 사이의 내면적 관계였다. 이런 내적 대상은 아마도 우울적 양태가 주도하기 전에 내면에서 절대적으로 강력한, 선하거나 악한 부분으로 형성되었을 것이다. 전이관계에서 아이가 재경험한 것은 이런 내적 대상과 연관된 극단적이고 비현실적인 두려움과 소망이었다. 따라서 Klein의 관점에서는 아이의 전이를 해석하는 것이 매우 중요했다.

Anna Freud는 오이디푸스 콤플렉스가 6세나 7세 이전에는 해결되지 않는다고 믿었기 때문에 아이의 초자아도 그때쯤 형성되기 시작하고 한동안 미발달 상태로 남아 있으며, 특히 분석이 필요할 정도로 어려움이 있는 아이의 경우에 해당한다고 가정했다. 따라서 분석 작업의 일부는 아이의 미약한 초자아가 강화되도록 돕는 일이었다. 그녀는 분석가가 아이의 발달에 영향을 미치기 위해서는 분석 기간 동안 부모보다 더 권위를 가질 필요가 있다고 했다. 반면에 무의식 속으로 깊이 들어가는 것은 아이의 깨지기 쉬운 성격 구조를 압도할 수 있다고 보았다.

이와는 대조적으로 Klein은 아이에게도 성인과 똑같은 접근방식이 필요하다고 믿었다. 그녀에게 아이는 불완전한 사람이 아니라, 그들 특유의 강렬함을 갖고 또한 성인은 거의 보유하고 있지 않은 무의식적 과정에 대한 개방성을 갖고 삶을 경험하고 있는 어린 사람이었다. 그녀는 아이가 생애 최초의 순간부터 박해 불안으로 가득 찬 초자아에 의해 가혹하게 박해받는다고 느낄 수 있다고 믿었다. 많은 성인처럼 아이도 자신의 내적 판단의 가혹함을 조절함으로써 자신에 대한 연민의 정을 좀 더 키울 필요가 종종 있었다. 분석가가 해야 할 일은 아이를 사회화하도록 돕는 것이 아니었다. 이런 역할은 아이 부모와 치료 밖의 세상에 속한 것이었다. 그리고 Klein은 심지어 2세 된 아이도 치료실에서 적절한 행동과 다른 곳에서 허용된 행동이 무엇인지 구별할 수 있다고 믿었다. 그녀는 분석가의 과제는 아이가 자신의 가장 깊은 불안을 직면하도록 돕는 일이라고 믿었다. 그 불안에 이름을 붙이고 놀이와 말을 통해 불안에 대해 작업함으로써 아이가 그것을 좀 더 해소할 수 있다는 것이었다. Klein은 아이가 자기 자신이나 그녀를 다치게 하지 않도록 했지만, 장난감을 공격하고 말로 공격하는 작업은 이런 목표를 달성하는 데 필수적인 것이었다. 안심시키기는 성인 분석에서처럼 아동 분석에서도 적절하지 않다고 느꼈다. Klein은 안심시키려는 분석가의 행동은 아이에게 분석가가 그의 감정이나 두려움을 감당할 수 없다는 인상을 줄 것이고, 그 결과 아이가 그것을 직면하기보다는 또다시 숨겨 버리도록 만든다고 생각했다.

이 두 접근방식 모두 이후에 계속 발전해 오고 있다. Anna Freud 학파의 접근방식은 Klein 학파 접근방식의 일부를 받아들였는데, 예를 들면 좀 더 어린아이와 작업하는 것과 아이도 전이관계를 발전시킨다는 사실을 인식한 것이다. 반면에 Klein 학파의 접근방식은 이제 아이의 외부 환경을 좀 더 고려하고 전이의 세계 그 이상을 보려고 할지 모른다.

Klein의 접근방식은 인정과 지지가 주어지면 자신의 경험을 통해 견뎌내고 발전할 수 있는 능력을 가진 한 인간으로서 아이를 존중하는 그녀의 태도를 보여 준다. Klein이 살았던 당대부터 오늘날에 이르기까지 그녀의 반대자들은 그녀의 접근방식이 판도라의 상자를 여는 무분별한 방법이라고 염려했다. 하지만 이제 중년의 성인이 된, 예전에 그녀와 함께 작업했던 아동 환자들은 애정을 갖고 그녀를 기억한다. 아마도 이런 이유의 일부는 그녀가 자신이 제시한 규칙을 실제에서는 그만큼 엄격하게 지키지 않았기 때문이었을 것이다. 그녀는 깊은 고통에 빠져 있는 아이에게는 분석뿐만 아니라 위안을 주고, 삶이 살아갈 가치가 없다고 느끼는 아이에게는 희망을 불어넣고, 강하게 억제되거나 자신을 표현하지 못할 정도로 관계를 맺지 못하는 아이와는 놀이를 함께 시작했을 것이다. Klein의 신념과 인간성은 아이와의 작업에서 가장 선명하게 빛을 발한다. 슬프게도 자신의 아이들에게는 예외였지만, 그녀는 아이를 이해하고 그들을 대할 때 마음이 편안했던 것처럼 보였다.

논 평

Klein 학파의 이론은 생물학에서 심리학으로 도약한다(Greenberg & Mitchell, 1983). 마음의 작용을 근본적으로 신체의 일부로 보는 대신, 의미와 관계 및 주관적 경험이 인간을 이해하기 위한 기준이 된다. 이 이론으로 말미암아 정신분석이론은 좀 더 체계화된 이론이라는 측면에서는 다소 희생이 있었지만 감정적 생생함과 깊이를 얻었다. 한편 Klein 학파의 이론은 물리적 속성을 정신적 편향성으로 대체함으로써 Freud 이론의 마음과 몸의 분리를 영속화시킨다. 대상관계 학파는 이런 중대한 초점 이동의 직접적인 발전의 산물이었다.

Freud가 성인 안에 있는 아이로 들어갔다면, Klein은 아이 안에 그리고 성인 안에 있는 유아에게 다가갔다. Klein의 놀이치료법은 이후 모든 아동 심리치료 작업을 구성하는 의사소통의 수단이 됐고, 아동 내면의 원초적 과정에 대한 그녀의 이해와 명료한 설명은 정신병적 상태와 경계선적 상태에 대한 이해를 구조화하고 심화시켜 왔다. 그녀는 초기의 혼란스러운 수준의 경험을 치료자가 개념화하고 따라서 견뎌 낼 수 있는 틀을 제공했으며, 심리치료가 다룰 수 있는 문제의 영역을 확대했다.

Klein의 이론은 엄마와 아이의 관계 그리고 하나의 독자적인 과정으로서 여아의 발달에 초점을 두었고, 이를 통해 Freud 이론의 남성 중심성의 불균형을 바로잡았다. 그녀의 정신분석이론은 이것 외에는 차이의 문제를 다루지 않는데, 이 이론 역시 당시 이론에 반영되어 있던 사회적 가정에 뿌리를 두고 있었기 때문이다. 정신분석이론의 생물학적 전제와 Darwin의 진화론의 영향은 동성애자와 레즈비언의 발달을 필연적으로 비정상인 것으로 보았음을 뜻했다. 그리고 정신분석은 보편성을 가정하고 있기 때문에 계층이나 국가, 민족에 따른 집단 분류와 관련된 주제에 대해서는 거의 관심을 두지 않았다(하지만 Klein, 1959 후기를 참조해 보라). 그렇지만 Klein은 기회가 된다면 다른 문화권 출신의 사람을 분석하는 데 아주 관심이 있다고 언급한 적이 있는데, 이는 출신 문화권에 따라 적어도 몇 가지 중요한 차이점이 있을 것이라고 그녀가 생각했음을 나타낸다. 그녀는 또한 매우 종교적인 사람과 작업하는 것이 어려웠다고 언급했다. 그녀는 종교는 환상이라는 Freud의 관점에 동조했기 때문에, 이것이 이런 환자와의 분석과정에서 철학적 충돌을 초래했을 수 있다(Grosskurth, 1986: 443).

Klein이 환경적 요인을 등한시한 부분은 강하게 비판을 받아 왔다. 그녀의 이론에서는 아기의 고통을 유발하는 것은 아기 자신의 본성이고, 죽음 본능에서 비롯되는 증오는 정신분석판 원죄인 셈이다. 인간의 상태에 대한 이런 병리적 시각은 불안하게 Freud 이론을 고수하려는 Klein의 입장을 반영한다. 전적으로 생물학적인 관점에서는 갈등이 개인과 환경 간의 관계의 작용이라기보다 개인에 내재하는 것으로 간주된다. Klein이 Freud의 인정된 관점에서 벗어나는 데 좀 더 자유로움을 느꼈더라면 어쩌면 정신분석이론의 이런 전제를 수정했을지도 모른다. 그녀의 사례 연구는 가족 안에서 아이가 겪은 경험에 그녀가 실제로 중요성을 부여했음을 보여 준다. 그녀는 개인심리학이 '생래적인 요인과 환경적 요인에서 비롯되는 내적 과정'으로 구성된다고 언급한다(Klein, 1945). 따라서 Klein은 심리적 경험을 제3의 영역, 즉 그것에 기여하는 생래적인 능력이나 환경적인 힘에 의해 영향을 받지만 그 어느 것으로도 환원시킬 수 없는 영역으로 보았던 것이다. 이런 관점에서는 인간의 원죄가 자유의지와 결합된 것으로 보인다.

Klein 이론에 대해 초창기 비판자들은 그녀가 자기에 대해 구체적이고 거칠게 표현한 것, 그리고 정신적 현상이기보다 실제 대상처럼 들리는 내면화된 남근, 젖가슴, 질, 대소변, 태어나지 않은 아기에 몰두한 것에 반대했다(King & Steiner, 1991: 405). 이에 대한 Klein의 반응은 아이와의 치료적 작업에서 자신은 아이의 고유한 언어와 방식으로 말했고, 이런 작업을 통해 직접 자신의 정신분석 용어를 발전시켰다는 것이었다. 아이들의 언어는 상징적이고 섬세하지 않고 거칠고 투박하다는 것이었다. Klein은 자신이 발견한 것을 학술적인 추론이나 추상화로 제시하기보다 아기나 아동이 말할 수 있었다면 그렇게 표현했을 방식으로 자신의 이론을 제시했다. 그녀의 이론은 현상을 설명하기보다 현상을 묘사하고 그 현상에 대한 상상을 불러일으키는 쪽에 가깝다. 그러나 최근 몇 년 동안 Klein의 아동 분석작업에 대한 관심의 집중이 줄어들고 성인 내면의 원초적인 심리내적 과정과 마음상태에 좀 더 많은 관심이 주어져 왔다. Klein 학파 이론의 용어는 이제 남근과 젖가슴과 같은 구체적인 부분 대상을 지칭하는 일이 드물고 보기와 듣기, 생각하기와 경험하기와 같은 심리적 기능을 지칭하는 일이 더 흔하다. 부분 대상은 환상을 구성하는 기본 요소라기보다는 관계하는 하나의 양식으로 간주된다.

Klein은 자아를 당연한 것으로 여겼고, 이것의 리비도적 욕동과 죽음의 욕동이 사랑하고 미워하는 자율적인 능력으로 나타나는 것으로 보았다. 우리는 이런 출발점을 어느 정도는 받아들일 수밖에 없다. 어떤 이론가도 자신의 전제와 초점을 두는 영역을 선택하지 않을 수 없다. 그러나 Klein이 설정한 전제는 그녀가 고수한다고 주장한 욕동이론을 훼손하는 것이었다. 만일 '본능'이 출생 이후에야 활성화된다면 그 이전의 상태는 어떠한가? 만일 그녀가 제안한 대로 태아가 분리를 경험할 이유가 없고 따라서 대상관계를 경험할 이유가 없다면, 그때 욕동은 무엇을 하고 있는가? 그녀의 이론은 태아기 이전의 활성화가 정지된 상태를 암시하는데, 이것은 우리의 개인적 경험이나 이후 연구에 비추어 볼 때 납득하기 어렵다. Klein은 Freud 이론의 욕동에 대한 전제에 충실하고자 하는 소망과 그녀 자신의 개념적 틀이, 사랑과 미움을 생물학적 속성에 준하는 본능의 발현이 아니라 하나의 독자적인 현상으로 보는 것을 허용했을 대상관계이론의 기본 원리와 더 잘 맞다는 사실 사이에서 진퇴양난에 처했던 것으로 보인다. 죽음 본능에 대한 명시적인 언급은 이제 거의 찾아보기 어렵다. 하지만 생래적인 근거를 갖는 심리내적 갈등과 원초적인 파괴적 과정은 인간에 대한 Klein 학파 관점의 중심으로 남아 있다.

Klein은 미경험의 어린아이에게 불가능할 정도로 정교하고 복잡한 과정이 있다고 생각했다고 종종 여겨져 왔다. Daniel Stern(1985)은 초기 환상과 분열과 투사의 방어기제는 상징화하는 능력과 함께 이원성과 공간적 구성에 대한 인식을 암시한다고 주장하는데, 이런 능력은 2세 이전에는 발달하지 않는다는 것이다. Stern은 Klein의 심리적 과정을 출생 후 몇 개월이 아니라 아이가 언어를 사용하기 시작하는 시점으로 늦추어 적용한다. 이것은 Klein이 놀이와 말을 통해 표현된 어린아이의 현재 내적 현실이 아이가 퇴행한 상태의 현실이거나 혹은 시기적으로 더 이전의 현실이라고 잘못 받아들였음을 시사한다. 편집-분열성 과정은 아이가 이제 이런 방식으로 생각하고 느낄 수 있었기 때문에 나타났던 것이고, 그 아이가 유아였을 때 어떻게 삶을 경험했는지에 대해서는 아무것도 알려주는 바가 없다.

Klein과 동시대 학자도 매우 비슷한 점을 지적했는데, 이들 또한 Klein이 주장하는 환상 세계가 유아에게 있다고 생각하는 것은 불가능하다고 보았다(King & Steiner, 1991: 348-52; 434-8). 태어나지 않은 어린아이에 대해서는 말할 것도 없고, 남근과 질에 대해 아기가 어디서 배우겠는가라고 그들은 의문을 던졌다. Klein의 이론에서 아기 자신의 대소변에서 비롯된다고 가정했던 익사와 중독, 범람, 불, 폭발 같은 것을 아기가 어디서 경험할 수 있었을까? 이런 것은 정교한 언어적 환상임이 분명한데, 아마 분석가 자신의 환상이었겠지만 Klein 학파 분석가 손에 맡겨진 불행한 환자에게 속한 것이라고 전가되었을 것이다.

환상은 무의식적이고 상징화 단계 이전의 것이다. 그러나 그것을 분명하게 표현하는 유일한 수단은 언어인데, 언어는 무의식적이기보다 의식적이고 좀 더 정교한 마음의 존재를 전제로 한다. 언어적 표현은 언어 사용 이전과는 다르게 조직된 심리상태의 능력과 과정, 구조라는 불가피한 짐을 가져다준다. 언어가 할 수 있는 최대한의 것은, 만약 환상이 의식적인 것이고 분명하게 표현될 수 있는 것이라면, 환상이 어떤 것일 수 있는지에 대해 불분명하게나마 어떤 느낌을 주는 것이다. Klein 이론에서 사용된 언어에 포함된 신체 부위와 난폭한 과정은 어떤 구체성을 띤 내용이라기보다 어떤 것을 환기시키는 것이다. 이것은 경험에 직접 상응하는 것이 아니라 경험에 대한 간접적인 언급이며, Klein의 언어를 바꾸는 일은 서구 사회의 개념적이고 언어적인 변화를 반영한다.

Klein의 또 다른 주장은 아기는 우리가 후에 분리성(separateness)이라고 부를 수 있는 것에 대한 다소 막연한 느낌을 갖고 있지만, 공간과 시간에 대한 자각 같은 인지적 구조가 환상에 앞서 존재하는 것이 아니라 환상에 공명하면서 이미 느꼈던 무언가를 반향한다는 것이다. Klein이 환상의 필수조건으로 대상과 그것의 기능 중 일부(부분 대상)에 대한 생래적인 지식이 존재한다고 가정하는 것은 바로 이런 이유 때문이다. 이후 수행된 연구 결과 실제로 신생아가 타인을 지각하고 그로부터 젖을 먹고 상호작용하며 또한 이해함으로써 생존을 가능하게 하는 능력과 무의식적인 '지식'이라고 추정되는 것을 갖추고 있다는 사실이 입증되어 왔다(Stern, 1985).

Fairbairn(1952)은 일차적인 좋은 내적 대상이라는 Klein의 개념에 동의하지 않았다. 그는 타인과의 관계가 차단되지 않는 한 아기가 다른 사람이나 그 사람의 어떤 측면을 내면화할 이유가 없다고 생각했다. Fairbairn의 관점에서 보면, 내적 대상은 비록 보편적인 것이라 해도 병리의 징후다. 반면에 Klein의 이론에서는 아이가 좋은 내면화된 대상을 중심으로 해서 자기에 대한 전반적인 감각을 만들어 간다. 그녀는 이것을 출생으로 인해 야기된 분리를 되돌리기 위한 파괴적이지 않은 건강한 시도로 보았고, 이런 생각은 그녀의 후기 논문 중 한 편에 잘 표현되어 있다. "좋은 젖가슴은 안으로 받아들여져 자아의 일부가 되고, 처음에는 엄마 안에 있던 아기가 이제 자기 안에 엄마를 갖는다."(Klein, 1975: 179)

Klein의 동료인 Ella Sharpe는 출생 이후의 이런 합일(union)이 갖는 가공적 속성이 정체감의 불안정한 기반이 된다고 주장했다(King & Steiner, 1991: 337-340). 이것은 일시적으로는 도움이 될 수 있지만, Sharpe는 사람들이 자기 내면의 부모에게 어린아이 같이 매달리는 것에서 벗어나야 한다고 느꼈다. 진정한 성숙은 자율성과 분리 및 각 개인이 근본적으로 혼자라는 사실의 수용을 포함한다.

우리가 자기에 대한 가장 친밀한 감각의 기반을 밖에서 안으로 들여온 어떤 것에 두는 일이 소외와 격리를 야기하는 것인지는 논란의 여지가 있지만, Sharpe의 주장은 전반적으로 성립되기 어렵다. 그녀의 관점은 우리가 어느 수준에서 다른 사람과 동일시하지 않고 그 사람과 관계하는 것이 가능하다고 가정한다(Bion, 1962b). Klein은 우리 통제 밖에 있는 어떤 것을 지각하고 원할 때 우리는 이미 그것이 무엇일 수 있는지, 혹은 적어도 그것이 우리에게 어떤 느낌을 줄 수 있는지에 대한 내적인 감각을 갖고 있다고 느꼈다. 따라서 젖꼭지를 원하고 있는 입은 젖꼭지의 형상을 띤 어떤 공백, 어떤 개념을 경험하고 있는 것이다. 아기가 물리적으로 받아들이는 실제 젖꼭지와 젖의 감촉, 냄새, 형태는 갈망하고 있는 그의 입술과 구강과 목구멍에 그가 이미 갖고 있는 '개념'을 채색하고 정교화한다. 다음에 젖을 먹거나 빨거나 받아들이고자 하는 아기의 욕구가 젖을 먹여 주는 가슴에 대한 '개념'을 불러일으키면, 그것은 그가 원하고 구하는 좀 더 풍성하고, 좀 더 구체화된 젖가슴이 되어 있을 것이다.

개념과 현실화의 이런 과정이 Klein이 말한 투사와 내사 간의 지속적인 상호작용, 또한 아기가 발견하기를 기대하는 것을 발견하는 것과 그가 이미 발견한 것을 부분적으로는 발견하기를 기대하는 것 사이의 지속적인 상호작용이다. 관계는 내면에 있는 것과 외부에 있는 것이 어떤 면에서는 같다는 것을 경험함으로써 일어난다. 다시 말해서 동일시를 통해 일어난다. 자기가 좋은 대상을 중심으로 만들어진다는 개념은 관계가 갖는 으뜸가는 중요성에 전념하는 Klein의 입장을 말해 준다. 자기의 핵은 다른 사람과의 합류에 있고, 이것은 불가피하게 사회적일 수밖에 없는 우리의 본성을 강조한다.

Klein의 저술을 읽는 독자가 가장 받아들이기 힘들어하는 부분은 그녀의 이론이 독자들에게 정서적으로 부담을 준다는 점이다. 그 누구도 피할 수 없는 것으로서, 모든 인간의 삶을 지배하는 무자비한 공포와 고통은 우리를 소름 끼치게 하기 때문에 우리는 어쩌면 그녀의 관점이 잘못된 것이기를 바랄지 모른다. 우리가 이룰 수 있는 성취의 절정이 우울과 양가감정을 견딜 수 있는 능력이라는 것이 사실일까?

물론 우울을 감당할 수 있는 능력은 우리가 좀 더 안전함을 느끼고, 관계할 수 있고 행복할 수 있다는 뜻이다. 그러나 Klein이 사용한 용어를 보면 이것이 그녀의 흥미를 끌었던 것은 아니었음을 알 수 있다. 그녀 자신의 비극적인 상실과 함께 어렵고 모순되고 자기중심적인 성격에서 비롯된 외로움이 분명히 그녀의 이론에 강력한 영향을 미쳤을 것이다. 그러나 그녀는 이렇게 가장 어두운 구석을 횃불로 밝히면서 좀 더 균형 잡힌 접근이었다면 손상되었을 적나라한 명료함을 우리에게 남겨 주었다. 괴벽스러운 용기에 힘입어 Klein은 스스로에게 부여하는 책임과 다른 사람들에 대한 윤리적인 관심의 가치에서 벗어나지 않으면서 그녀의 동료보다 좀 더 직접적으로 고통과 파괴성을 직면할 수 있었는데, 이런 태도는 해결된 우울적 양태의 핵심적 특징이다. 이제 우리는 각자 Klein을 이해한 바를 내면에 둠으로써 우리 자신과 다른 사람의 미움, 파편화, 절망의 극단을 직면하는 데 도움을 얻을 수 있다. Klein의 이론은 우리가 인간 존재의 가장 두려운 부분을 견디도록 도와줄 수 있다.

3

로널드 페어베언: 자기의 역동적 구조

Fairbairn은 대상관계 이론가 가운데 가장 조명을 받지 못했던 인물로 평가된다. 그가 비사교적인 성격을 가졌다는 점과 에딘버러에 살았다는 점, 정통 정신분석 이론을 향해 강도 높은 도전을 했다는 점은 모두 그를 소외시키는 결과를 초래했다. 결국 최근에 이르러서야 총체적인 대상관계 성격 이론을 전개한 최초의 학자가 바로 Fairbairn이라는 인식 아래, 그의 글은 원본 그대로 출판될 수 있었다.

페어베언의 생애

Ronald Fairbairn은1889년 스코틀랜드 에딘버러에서 부유한 가정의 독자로 태어났다. 그의 아버지는 엄격한 켈빈주의자였으며, 그의 어머니는 가족에 대한 포부가 컸던 영국 여성이었다. 그는 그런 어머니의 관심과 희망을 집중적으로 받으며, 이상적이고 진지한 사람으로 성장했다. 21세 생일에 다소 과장해서 쓴 그의 일기를 보면, 그가 음울하고 수동적인 교회 문화를 따르기보다는 이 부분은 '강건한 기독교(muscular Christianity)' [신앙과 동시에 강건한 육체와 명랑한 삶을 존중-역주]를 꿈꾸고 있었음을 알 수 있다. 그는 변호사가 되고자 했던 초기의 꿈을 접고, 교회에 들어가기로 결심했다.

Fairbairn은 어머니가 원하는 대로 옥스퍼드에 들어가고자 했었다. 그러나 그의 아버지는 옥스퍼드의 해이한 도덕적 분위기와 비싼 등록금 때문에 그 계획에 반대했다. 결국 그는 에딘버러에 남아 철학을 공부하다가 신학을 공부했고, 그 후에는 제1차 세계대전이 발발하기 직전까지 런던, 맨체스터, 해외에서 그리스를 연구했다. 그 당시 그는 군대에서 '탄환 충격을 일으킨(shell-shocked)' 병사를 볼 기회가 있었는데, 이를 계기로 종교보다는 심리적 지식이 정신적, 사회적 문제를 해결하는 데 더 나은 역할을 한다는 생각을 하게 되었다. 그가 인생 후반기에 발병하게 된 공황 증상에서 엿보이는 것처럼 설교를 두려워했다는 사실 역시 그의 마음을 바꾸는 다른 요인으로 작용했다. 결국 심리학 이론을 접하면서 Freud의 이론을 알게 된 Fairbairn은 정신분석가가 되기로 결심했다.

Ernest Jones는 그에게 정신분석가 훈련을 받기 전에 의사가 되라고 권고했다. 그래서 그는 1919년부터 4년 동안 치열한 의학 자격증 과정을 거쳤는데, 이미 학생 신분으로 많은 시간을 보냈었기 때문인지 그는 다른 사람보다 이 과정을 훨씬 수월하게 받아들였다. 예를 들어, James Strachey는 비슷한 과정을 단지 6주만 버텼다고 하는 데 말이다. Fairbairn은 그를 훈련시켜 줄 분석가도 없었고, 슈퍼비전이나 정규 훈련을 받을 수 없었지만, Ernest Jones에게서 분석을 받았던 에딘버러의 정신 의학자인 Ernest Connell에게 2년 동안 분석을 받았다. 1925년부터 그는 자신의 환자를 받아서 본격적으로 정신분석을 수행하기 시작했다.

런던으로 옮기려고 시도한 적은 있었지만, 그가 남은 생을 보낸 곳은 에딘버러였다. 에딘버러 대학교에서 교편을 잡고, 대학과 연계된 병원에서 정신과 진료를 맡으면서, 그는 수년 동안 말기 환자의 정신분석을 의료적 치료와 병행해 나갔다. 그는 정신적 외상을 입은 병사에서부터 신체적 · 성적 학대를 받은 아이, 정신적 문제를 가진 환자, 성 범죄자까지 다양한 환자를 다루면서, 정신분석이 분석 치료를 받을 수 있었던 소수의 사람뿐만 아니라 사회 전체적으로 혜택을 가져올 수 있는 것이라는 그의 신념을 확고히 해 나갔다.

그는 37세가 되던 해에 Mary More Gordon과 결혼했다. 그녀는 지적이고 교양이 있었으며, 자신이 자라 온 상류층의 사회 문화적 삶을 즐겼다. 그녀는 약학을 공부했으나, 당시의 다른 모든 상류층 여성처럼 결혼과 동시에 자신의 직업을 포기했다. 그녀와 Fairbairn은 1927년과 1933년 사이에 다섯 명의 자녀를 낳았는데, 그중 쌍둥이였던 두 명은 1928년 출생 당시 사망했다고 한다. 이 상처로 인해 이들 부부의 관계는 나빠졌으며, 이는 1952년 Mary의 갑작스러운 죽음에 이를 때까지 계속되었다. 그들의 막내아들이자 독특하고 냉소적인 보수파 정치인이었던 Nicholas는 이 부부의 관계가 악화되던 시기에 성격 형성기를 거쳤는데, 부모 간의 나쁜 관계에서 특히 부정적 영향을 받은 것으로 보인다.

그들의 결혼 생활이 가진 문제의 또 다른 원인으로 Mary가 Fairbairn의 일을 싫어했다는 점과 그녀가 알코올 중독자였다는 사실을 지적할 수 있다. 그러나 가정이나 가정에 속한 가정부, 하인 이외에는 관심 가질 것이 없었던 그 당시 중산층 여성에게 주어진 공허한 삶은 Mary와 같이 똑똑한 여성이 참고 견디기에는 매우 힘든 것이었을 것이다. 또한 Fairbairn이 짧은 점심 휴식을 제외하고는 하루에 10시간 동안 일하며, 자정이 넘어서까지 저작 활동에 대부분의 시간을 보냈다는 점을 생각해 보면, Mary의 절망과 불행은 어쩌면 당연한 것인지도 모른다. 그는 자녀들을 학교에 바래다주고, 주말에는 자녀들과 외출도 함께 했지만, 그 스스로가 자신의 부모님과 나누었다고 자랑스럽게 적은 바 있는 공감을 나누는 관계를 Mary와 함께할 수는 없었다. 그의 인생은 자기 자신과 자신의 일에서 가장 밝게 빛났는데, 이는 그가 Mary와의 관계에서 가졌던 어려움에서 그를 어느 정도 해방시켜 주었던 것 같다.

Fairbairn은 강한 종교적 신념과 자녀들에 대한 걱정 때문에 차마 Mary와 이혼할 수는 없었다. 결국 두 사람은 불편한 합의에 도달했는데, 그는 외출을 하거나 휴가철 행사와 문화 행사에 참석할 때에만 마지못해 Mary와 함께했던 것 같다. 이렇게 어느 정도 거리를 두는 태도를 유지하며 사는 그와의 관계 속에서 Mary는 화가 나고 불행했을 것이다. 다행히 그 둘 모두와 잘 지내면서 그 가정 내에서 오랫동안 살았던 동반자 겸 비서 덕분에 최악의 상황만은 피할 수 있었던 것으로 보인다.

Fairbairn은 수업과 정신과 진료 업무에서도 많은 어려움을 겪어야 했다. 그의 동료 가운데에는 정신분석에 열린 태도를 가지고 있는 사람도 있었지만, 대부분은 정신분석이 논란의 여지가 있는 새로운 학파며 자신들의 기관에서 사용할 수 없다고 보았다. 그들은 Fairbairn을 통해서만 정신분석을 직접 접할 수 있었는데, 숫기 없는 그의 성격을 생각해 보았을 때, 그가 그다지 효과적인 전달자 역할을 할 수는 없었을 것이다. 따라서 그는 지지를 거의 받지 못한 채 고립되어 적대와 조롱의 대상이 되기도 했다. 그리고 이는 외향적이기보다는 내향적인 그의 성향을 더욱 강화시켰음에 틀림없다. 따라서 1934년 Fairbairn의 개인적 학문적 상황이 최악이었을 때, 그가 아버지와 똑같은 신경증을 앓게 된 것은 어쩌면 당연한 일이었을 것이다. 그는 다른 사람이 옆에 있을 때에는 소변을 볼 수 없을 정도로 심한 정신적 압박에 시달렸다. 그의 불안감은 자살 우려가 있을 정도로 심각한 것이었고, 심각성의 정도가 시간에 따라 변화하기는 했지만 불안감은 평생 동안 그를 따라다녔다.

그는 자신의 증상이 가진 상징적 의미를 찾기 위해 철두철미한 분석을 받았다. 그 과정에서 가장 현저하게 나타나는 것은 심각한 긴장감과 말 그대로 다른 사람 앞에서 정신을 잃게 되는 것에 대한 두려움이었다. 그가 집을 비우거나 여행을 가지 못하는 것을 통해 그가 스스로에게 지운 사회적, 직업적 삶의 제약은 자신의 아내에 대해 가지고 있던 분노와 죄책감 모두를 보여 준다고 할 수 있다. 즉, 아내가 열망했던 활동을 박탈하고, 그가 관여한 사회적 업적을 통해 얻게 된 직업적 기회와 인정에서 스스로를 제한시킨 것에 대한 분노와 죄책감이라고 할 수 있다.

그는 꾸준히 글을 써서 자신의 이론을 개발해 나갔지만, 가장 독창적이고 활발한 그의 임상적 업적은 1930년대와 1940년대에 나왔다. 우리가 이후 장에서 만나게 될 Harry Guntrip은 1950년대에 Fairbairn에게 분석을 받았다. Guntrip은 그를 형식적이고 내향적인 사람이며, '이론보다는 실제에 더 정통한 사람' (Guntrip, 1975)이라고 묘사하기도 했다. 이는 Freud의 이론에 대담하게 도전하면서 가정 안팎에서 공격을 받았던 사려 깊고 초조해하며, 갈등에 휘말려 있는 사람과는 사뭇 다른 모습이라고 할 수 있다. Mary는 이 무렵 사망했고, Fairbairn의 건강은 급격히 악화되었다. 그는 몇 차례나 치명적인 독감의 고비를 넘겼으며, 파킨슨씨 병에 걸리기도 했다.

그러나 다른 면에서 보면, 그의 삶은 훨씬 순조로워졌다. 그의 업적은 영국은 물론 미국에서도 인정받기 시작했으며, 그의 동료이자 그의 전기문 저자인 Jock Sutherland가 Guntrip과 더불어 그가 생을 마감하는 날까지 그와 친밀한 관계를 유지했다. 1959년 Fairbairn은 Mary와의 결혼

생활 동안 함께해 주었던 기존의 비서 후임으로 들어온 비서인 Marian Mackintosh와 결혼했다. 그리고 그녀는 그가 1964년 사망하는 날까지 중요한 지지자가 되어 주었다. 한 가지 감동적인 사실은 그가 자신의 건강 악화로 여행이 곤란했던 1960년 당시에 Melanie Klein의 장례식 참석을 위해 런던에 왔었다는 점이다.

정신분석가 사이의 논쟁과 토의가 활발하게 벌어지고 있었던 런던에서 멀리 떨어진 에딘버러에서 그가 생활한 점은 독창적이고 혁신적인 사고를 발전시키는 데에 전혀 걸림돌이 되지 않았던 것 같다. 비록 그는 일상적으로 동료와 함께하면서 얻을 수 있는 피드백이나 자극을 받지 못했지만, 기존의 견해를 수용하라는 계속된 압력을 받지 않았기에 Freud의 이론을 해체하고 비평하는 데 더 큰 자유를 느꼈을지도 모른다. 몇몇 분석가가 그의 논문에 답변을 하기도 했지만, 고전적 정신분석에 대한 그의 비평은 Freud와 Klein의 글 및 Fairbairn 자신에게서 나온 것이라고 할 수 있다.

그는 외적인 삶보다는 내적인 삶의 풍요로움을 가졌던 내성적이고 지적이며, 명석한 사람이었다. 그가 초기에 꿈꿨던 심각한 책임과 부드러움을 동시에 유지하는 '강건한 기독교'는 자기 스스로에 대한 다짐이었을 것이다. 그는 적은 수의 친구와 동료를 가졌지만, 그들은 Fairbairn이 친밀감보다는 거리를 유지하는 경향이 있음에도 불구하고 따뜻하고 재미있고 친절한 사람이라고 이야기했다. 그는 사회적 양심과 고통 경감에 대해 헌신하면서, 늘 열심히 사상을 탐구하며 독창적인 사고를 하려고 노력했다. 따라서 그가 정신 분열증의 존재 방식에 집중적인 이론적 관심을 쏟고 있는 것은 그다지 놀라운 일이 아니다. 우리는 삶에서 큰 실망을 할 때, 다른 사람과의 관계에서 물러나고 내적 갈등을 경험하게 되기 때문이다. 그는 아동이나 정신병자, 정신적 외상(trauma) 환자를 돌보면서, 가장 기본적인 정서적 욕구와 방어에 대해 탐색하고 개념화할 수 있는 기회를 얻었다. 그리고 이런 욕구와 방어에 대해 크게 공감했다. Freud나 Klein에 대해서와 마찬가지로 우리는 Fairbairn에 대한 통찰을 통해 그가 어떤 사람이었는지를 쉽게 알아볼 수 있다.

페어베언의 이론

개 요

Fairbairn은 Freud의 글을 세심하고 비판적으로 해석하면서 정신분석 연구를 시작했다. 그는 독일어에 능통했기 때문에 Freud의 글을 원본 그대로 읽을 수 있었고, 철학을 공부했었기 때문에 Freud의 이론이 담고 있는 전제와 구조를 뽑아낼 수 있었다.

그러면서 그는 Freud의 연구가 전제로 두고 있던 과학적 기초가 시대에 뒤떨어져 있다는 결론에 도달하게 되었다. 과학이 점차 발전되어 감에 따라 정신분석의 규율 역시 수정되고 개정될 필요가 있었던 것이다. Freud의 이론은 19세기 Newton의 물리학에 기초를 두고 있었는데, 이에 따르면 에너지와 물질, 힘과 본질은 근본적으로 분리된 다른 현상이라고 할 수 있다. Freud의 성격과 본능 이론은 본능적인 에너지가 고정적인 원초아(id), 자아(ego), 초자아(super-ego)로 분리되는 것을 전제로 하고 있다. 1930년대에 물리학은 변화를 맞이했다. 그 당시 Einstein은 물질과 에너지가 같은 현상이라는 점을 주장했었다. 예를 들어, 빛은 상황에 따라 역동적인 파동이 될 수도 있고, 구체적인 원자가 될 수도 있는 것이었다. 즉, 전통적인 과학의 이분법이 더 이상 통용되지 않는 시대가

온 것이다.

Fairbairn은 Freud의 틀을 서서히 그러나 급진적으로 바꿔 나가면서 물질과 에너지, 구조와 본능 사이의 구별을 버려야 한다고 주장했다(Fairbairn, 1952). 그는 자아('나')는 생애 처음부터 존재하며, Freud나 Klein이 이미 말했듯이 자아의 존재가 인간의 상징적인 시작이며, 리비도는 단지 자아의 활동을 보여 준다고 주장했다. 한 사람 자체가 구조화된 에너지이거나 역동적인 구조인 것이다. 따라서 우리는 자기를 구조적인 것으로 볼 때에는 '자아'라는 단어를 사용하고, 역동적인 것으로 볼 때에는 '리비도'를 사용해야 한다. 그런데 Fairbairn은 Freud와 같은 용어를 사용하면서도 이를 다른 의미와 다른 전제를 가지고 사용하기도 했기 때문에, Fairbairn의 주장은 오랫동안 혼란과 모호함을 불러오기도 했다.

그는 사람이란 다른 '나'와 관계를 맺고자 하는 중요한 목표를 가진 리비도적인 '나'라고 보았다. 리비도 혹은 리비도적인 능력을 가진 사람은 만족을 추구한다기보다는 대상을 추구한다. 그리고 다른 사람과 관계를 맺고자 하는 욕구가 우리를 근본적으로 동기화시키며, 이런 바람은 신체적인 만족에 대한 바람보다 훨씬 강한 힘을 가지고 있다고 그는 주장했다. 따라서 우리가 가진 가장 근본적인 불안은 우리의 신체적, 정신적 생존을 위해 의지하고 있는 다른 사람을 상실할지도 모른다는 불안, 즉 분리 불안이라고 할 수 있는 것이다.

그렇다면 Fairbairn은 Freud와 Klein의 이론 모두에서 중점적으로 다루어지던 죽음 본능과 공격성을 어떻게 보았을까? 그는 공격성을 일차적인 현상으로 보지 않았다. 왜냐하면 이는 리비도적인 관계에 대한 욕구와 상반되기 때문이다. 대신 그는 공격성이란 리비도적인 관계 욕구가 막히거나 좌절되었을 때에 나타나는 반동적인 현상이라고 이해했다. 따라서 그는 죽음 본능이나 일차적인 파괴 욕구란 있을 수 없는 것이라고 생각했는데, 이는 Freud나 Klein 학파와 완전히 상반되는 것이라고 할 수 있다.

게다가 Fairbairn의 구조에 따르면 원초아는 매우 장황한 개념이었다. Freud가 원초아를 본능의 저장고이자 무의식적인 에너지가 '펄펄 끓고 있는 용광로' 라고 보았던 반면, 구조와 에너지를 통합한 Fairbairn의 이론에 따르면, 원초아의 존재이유는 사라지게 된다. 만약 저장고가 저장된 물질과 분리될 수 없고, 죽음 본능이 없고, 리비도(에로스)는 단지 자아의 활동적인 면을 보여 주는 것이라면, 원초아가 존재할 필요가 없는 것이다. 그리고 Fairbairn은 오이디푸스 콤플렉스의 결과물로 나왔다는 Freud의 초자아 발생론을 거부하고, 초자아에 대한 정의를 다시 내렸다. 그는 초기 자기 분리 과정에서 나온 복잡한 구조를 초자아라고 지적하면서 Freud와 Klein과는 전혀 다른 관점에서 초자아를 바라보았다.

분열성 양태

Freud는 생애 초기의 유아는 연관성 없는 분리된 부분으로 이루어져 있으며, 점차적으로 통일되고 통합되어 가는 존재라고 했다. 반면 Fairbairn은 생애 초기가 우리의 시작이라고 가정할 수 있으며, 유아는 통합적이고 전체적인 존재라고 주장했다. 다만 출생 직후에 외상과 스트레스를 경험하면서 우리의 일차적인 통합이 깨질 수밖에 없는데, 그로 인해 우리는 내적으로 분리되고 스스로에게 반하게 되었다는 것이다. 그는 이런 일차적 분리를 분열성 양태라고 불렀으며, 모든 사람이 보편적으로 같은 과정을 거친다고 주장했다. 이는 우리 모두가 분열적 성격을 가졌다는 것이 아니라, 우리 모두가 분리와 갈등을 경험하며, 내적 분리와 갈등을 통해 스스로를 형성해 나간다는 것을 말해 준다.

내적 단절을 일으키는 일차적 외상은 어떤 특성을 가지고 있을까? Fairbairn은 일차적 외상 때문에 유아가 외부세계에 있는 사람, 즉 대상과 완전한 관계를 가지지 못하게 된다고 했다. 유아가 다른 사람과 관계를 맺도록 궁극적으로 동기화되어 있다면, 관계에서 철수하는 것은 매우 근본적인 갈등을 야기하게 된다. 그리고 그에 따르면 근본적인 욕구에서 벗어나는 것은 결과적으로 두 가지 상황을 불러올 수 있다. 하나는 유아가 자신의 대상(예를 들어, 자신의 엄마)이 자신을 사랑하지 않는다고 확신하는 경우이고, 다른 하나는 유아가 자신의 대상에게 쏟은 자신의 사랑이 사랑으로 받아들여지지 않는다고 인식하는 경우이다. 이렇게 간단하면서도 심오한 일차적 외상의 정의를 통해 우리는 보편적으로 나타나는 관계의 실패 경험을 살펴볼 수 있다. 이 세상 어떤 누구도 자신이 있는 그대로 무한한 사랑을 받고, 가치 있다고 확실히 느낄 수는 없다. 다만 때때로 다른 사람에게 희망을 갖게 해 주거나, 그들이 중요한 존재라는 것을 보여 줄 수 있을 때, 우리가 제공하는 서비스나 외모, 재능 때문에 우리의 가치를 인정받곤 한다. 이렇듯 실제적이거나 지각된 무관심, 방치, 분노는 생애 초기부터 계속해서 우리의 친밀한 관계 속에 나타날 수밖에 없다.

유아의 입장에서 이러한 초기의 유기(abandonment)는 지독하게 견딜 수 없는 것이다. 그럼에도 유아는 이를 다루는 방법을 찾게 된다. 유아는 관계를 맺고 싶은 절대적인 욕구와 자신이 충족하지 못한 관계적인 욕구의 정서적 결과에서 스스로를 보호할 수 있는 존재 방식을 형성해 나가야만 한다. Fairbairn은 이를 위해 유아가 할 수 있는 일은 오로지 외상적 경험을 분리시켜 내부에 이를 재배치할 수밖에 없다고 주장했다. 유아는 피해를 최소화시키기 위해서(damage limitation) 정신적 외상을 스스로의 주관적인 세계에 통합시켜서 내적 갈등을 일으킨다. 결국 유아는 외부의 인물과 계속해서 관계를 맺을 수 있지만, 분리된 나쁜 경험은 관계의 위험으로부터 그녀를 철수하게 만든다.

Fairbairn은 분열성 양태(split position)가 초기에 어떻게 발생하는지를 설명하는 도표를 제시했다(Fairbairn, 1952: 105). 우리는 이를 따라가며 단계적으로 도표를 그려 나갈 수 있다. 총체적이고 손상이 없는 자아(자기)는 본래 다른 사람과 완전하고 문제가 없는 관계를 형성하고 있었다([그림 3-1] 참고).

리비도적 또는 애정 어린 관계가 깨지거나 막혀 있거나 손상될 때, 유아는 이제 양면성을 띠는 관계를 내적으로 받아들여야 한다. 그리고 이렇게 혼란스러운 혼합물을 견딜 수 있는 부분과 견딜 수 없는 부분으로 분리시킨다. '이상적인 대상' 이라고 불리는 견딜 수 있는 부분은 '중심 자아' 라고 불리는 자아의 주요한 부분과 연결된다. 따라서 중심 자아와

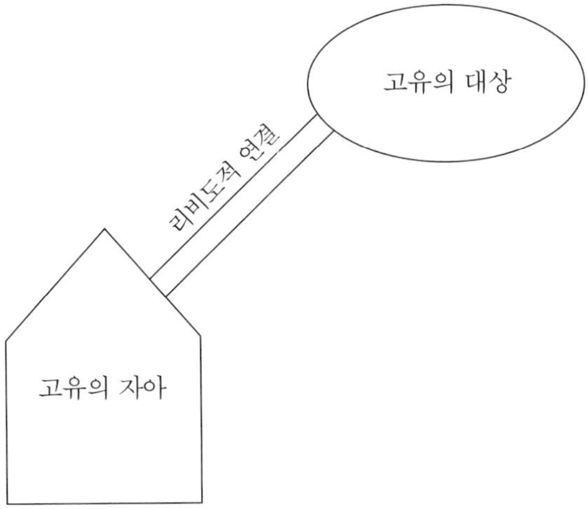

[그림 3-1] 자아와 대상의 초기 관계

이상적 대상은 계속해서 내적 관계를 유지한다([그림 3-2] 참고). 중심 자아는 우리가 '다시 정상적인 나로 돌아왔다.' 고 느낄 때의 자기감과 관련이 있다. 이상적 대상은 우리가 원하는 다른 사람의 모습이라고 할 수 있다. 이 두 가지 요소는 우리가 가장 편하게 느끼는 관계의 양상을 보여 준다고 할 수 있다. 즉, 분노나 욕구가 지나치지 않은 비교적 부드러운 관계를 말한다. 중심 자아와 이상적 대상은 나쁜 경험을 이겨 낼 수 있게 해 주는 통제 가능한 내적 관계를 의미한다.

견딜 수 없는 관계의 면도 역시 내면화되는데, 이는 두 가지 요소로 더욱 분리된다. 강하게 의존하는 자기와 애타고 감질나게 하는 다른 사람의 면은 '흥분시키는 대상' 과 '리비도적 자아' 의 내적 결합으로 내면화된다([그림 3-3] 참고). 리비도적 자아는 본래 자아의 파편이라고 할 수 있는

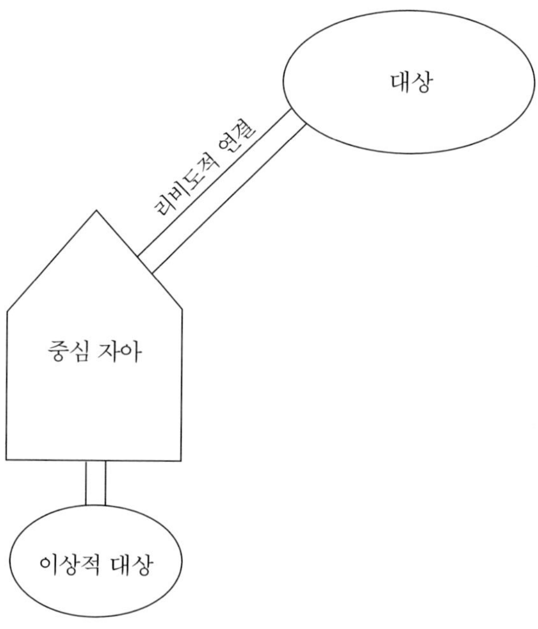

[그림 3-2] 중심자아와 이상적 대상

데, 이는 공식적으로 수용되는 중심 자아에서 떨어져 나온 것이다. 결국 유아는 외적 관계에서 견딜 수 없는 자신의 극심한 의존성을 분리시킨다. 유아의 의존성은 유아를 흥분시킨 본래 대상에 대해 가지고 있는 욕구를 보여 준다. 리비도적 자아와 흥분시키는 대상의 모습은 지나친 의존 욕구로서 억압에서 나타난다. 우리는 이것이 어떤 방식으로 중심 자아/이상적 대상과 결합하고 있는지 더 의식적인 방식으로 알 수 있다. 예를 들어, 우리는 경험상 전화하기로 약속한 애인이 전화를 하지 않을 것

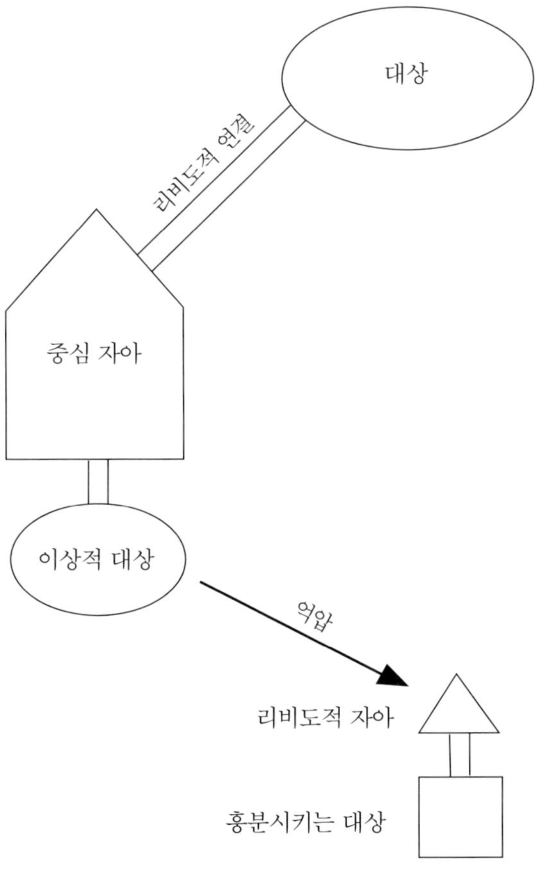

[그림 3-3] 리비도적 자아와 흥분시키는 대상

이라는 것을 알고 있다. 그럼에도 전화기 옆에서 애인의 전화를 기다리면서 고통스러운 열망에 시달린다.

그와 동시에 견딜 수 없는 박탈과 거부는 '반리비도적 자아'와 결합된 '거부적 대상'으로 내면화된다([그림 3-4] 참고). 반리비도적 자아는 거부적 대상과 연결된 분리된 자아라고 할 수 있다. 우리는 이를 의존성에 대해 경멸하는 자기의 한 부분인 '거부적인 나(anti-wanting I)'라고 부를 수 있다. 거부는 견딜 수 없는 분노를 야기시키고, 이는 중심 자아나 자

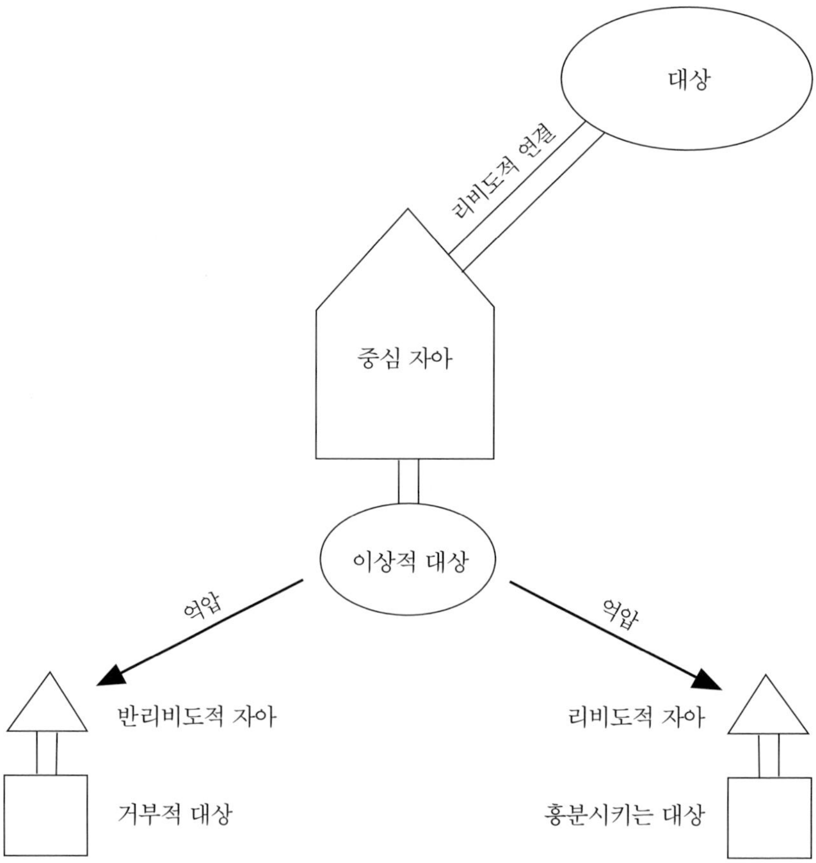

[그림 3-4] 반리비도적 자아와 거부적 대상

기에서 분리되고 떨어져 나오게 된다. Fairbairn은 본래 이 요소를 '내적 파괴자(internal saboteur)' 라고 불렀다. 왜냐하면 이는 우리의 욕구를 인정하기보다는 경멸함으로써 우리가 원하는 것을 추구하거나 얻지 못하게 하는 특성을 가지고 있기 때문이다. 반리비도적 자아와 거부적 대상의 배치는 우리가 인정하기에는 너무 위험할 만큼 적대적이고 냉소적이면서 분노에 찬 자기의 모습을 보여 준다. 이것이 억압에서 나올 때 우리는 학대적인 죄책감과 결합한 혼란스러운 분노와 혐오의 감정을 느끼게 된다. 이것이 의식적인 중심 자아/이상적 대상과 결합해서 나타날 때, 우리는 다른 사람이나 스스로를 나약하고 불쌍하게 바라보게 된다. 우리는 우리가 가치 없는 것이라고 말하고 싶지만, 우리를 애타고 흥분하게 만드는 대상을 향한 애처로운 의존성을 뻔뻔스럽게 꾸짖으면서 "뭐, 그 여자 애랑 잘해 보고 싶은 마음이 애초부터 없었어."라고 이야기한다.

홍분시키는 대상과 연결된 리비도적 자아와 거부하는 대상과 연결된 반리비도적 자아는 억압을 받고 분리되어 있다. 그리고 중심 자아/이상적 대상은 그들을 인식하지 못하게 하는 역할을 한다. 더 나아가 리비도적 자아/홍분시키는 대상(욕구)은 반리비도적 자아/거부하는 대상(분노)에 의해 거부당하고 버려진다. Fairbairn은 이를 이차적 혹은 간접적 억압이라고 묘사했다([그림 3-5] 참고). 중심 자아/이상적 대상은 본질적으로 억압되고, 무의식적인 다른 배열에 가려져 있지만, 인정하고 수용하고 의식적인 활동을 하는 자기의 주요한 부분이라고 할 수 있다.

따라서 도표들은 본래의 자아가 분리되는 과정을 보여 주는 것이라고 할 수 있다. 즉, 외부의 좌절된 관계에 직면하여 계속되는 관계의 욕구에 따라 내적 관계는 복잡하게 분리된다. 나쁜 것을 경험함으로써 겪는 부정적 감정을 내면화함으로써 우리는 우리에게 필요한 외부 사람을 좋게 보고, 그들을 믿고, 그들과 관계 맺는 행위를 계속해 나갈 수 있게 된다는 것이다. 다시 말해, 외적 안정감은 내적 불안과 갈등을 통해 유지된다는 것이다. Fairbairn은 이를 '도덕적 방어'라고 부르고 Freud의 초자아와 연결시켰다. 그는 이런 내적 학대를 다루기 위해 우리는 좋은 경험을 내면화함으로써 부정하고 있는 자아/대상의 모습을 내면화할 수도 있다고 했다. 이는 이상적 대상을 강화시키고, 거부적이고 흥분시키는 대상이 가진 견디기 힘든 면과 각각의 자아 분리를 상쇄시키는 역할을 한다고 한다.

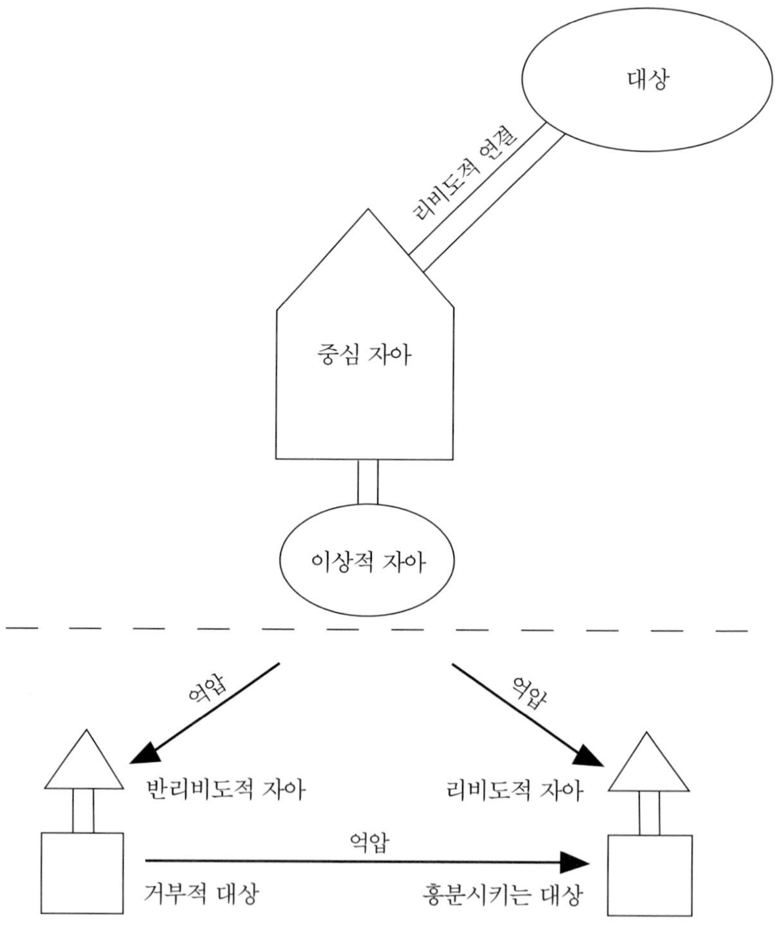

[그림 3-5] Fairbairn의 자아/대상의 완성된 구조

Fairbairn은 결국 Freud의 세 가지 성격 구조와 표면적으로 비슷한 세 가지 구조를 내놓았다. 중심자아/이상적 대상은 Freud의 자아에 해당한다고 할 수 있고, 반리비도적 자아/거부적 대상은 초자아에 해당하며, 리비도적 자아/흥분시키는 대상은 원초아에 해당한다고 할 수 있다. 하지만 Freud와 Fairbairn은 전혀 다른 방식으로 이들을 이해했다. Fairbairn의 중심 자아는 외적인 압력과 내적인 압력에 포위된 이차적 구조를 나타내는 Freud의 자아와 비교해서 훨씬 역동적이며 큰 역할을 한다. 그리고 Freud 이론에서 원초아는 모든 정신 에너지의 근원이나 저장고 역할을 하는 격양되고 혼란스러운 본능적 동요인 반면, 리비도적 자아/흥분시키는 대상은 다른 사람과 계속된 애타는 관계에 대한 억압된 의존성을 의미할 뿐이다. 또한 Freud의 초자아는 반리비도적 자아/거부적 대상보다 후에 나타나는 것이지만, Fairbairn의 초자아는 반리비도적 자아/거부적 대상과 중심 자아와 관계를 맺고 있는 이상적 대상에 의해 제공되는 포부와 기대를 포함하고 있다.

그리고 Fairbairn의 구조는 Eric Berne의 세 가지 자아 상태 모델과도 비슷한 점을 가진다(Berne, 1961). Berne은 교류 분석을 창설하기 위해 정신분석을 떠났는데, 미국 정신분석 학회에 속한 다른 학자처럼 Fairbairn의 이론에 정통한 편이었다. 반리비도적 자아/거부하는 대상은 도덕적 설교를 하는 부모님에 해당하며, 리비도적 자아/흥분시키는 대상은 의존적이고 충동적인 아이와 같으며, 중심 자아/이상적 대상은 현실에 기초한 성인의 모습을 담고 있다. '승자와 패배자(topdog/underdog)' 의 양극화는 반리비도적 자아/거부적 대상과 이중적 억압을 받는 리비도적 자아/흥분시키는 대상과 닮아 있다. Berne의 자아 상태 모델은 이론적 구성이라기보다는 도구라고 할 수 있으며, Fairbairn의 자아 배치처럼 의식과 무의식으로 분리되지 않았다. 이런 이론과 실제 사이의 관계를 탐구해 보는 것도 매우 흥미로운 일일 것이다(이런 연구 중에는 Kathi Murphy의 연구가 대표적인 것 같다.).

분열성 상태

Fairbairn은 분열성 양태(position)란 모든 종류의 성격 발달에 기초가 되는 일차적인 자기 구조라고 보았다. 분열적 성격을 가진 사람은 본래의 분열과 억압을 유지하고 극대화시키지만, 정신 분열증 환자가 가진 정신 파편화는 아직 보이지 않는다(Fairbairn, 1940). 극단적인 분열성 양태를 나타내는 분열성 상태(state)는 공허함, 생기 없음, 덧없음이라는 단어로 나타낼 수 있다. 많은 사람이 어쩌다가 이런 감정을 경험하기도 한다. 그러나 분열적인 사람에게 이는 정상적인 존재방식으로 나타난다. Fairbairn의 용어에 따르면 너무 많은 욕구나 분노가 분리되거나 억압되어서 중심 자아/이상적 대상은 비어 있는 상태로 남겨지게 된다. 분열적 상태에 있는 많은 사람이 마치 세계에서 분리된 것과 같은 비현실감을 느끼거나 자신의 느낌도 유리막으로 잘려 있는 것과 같은 괴리감을 가지게 된다. 대상관계에서 관계는 인간 삶의 핵심이라고 할 수 있기에 관계가 피폐화될 때 우리는 공허함을 느낀다. 다른 사람에게 느끼는 욕구 때문에 절망을 느끼는 분열증 환자에게 사랑과 관계는 위험한 것이다. 이는 결국 내적 충돌의 악순환을 가져온다. 만약 사랑 자체가 파괴적이라면 삶은 의미나 목적이 상실된 것이라고 할 수 있기 때문이다.

타인과의 관계가 견딜 수 없는 것이 되었기 때문에, 분열증을 가진 사람은 갈등적이고 문제가 있으며, 억압하는 내적 관계로 대체한다. 외적 세계보다는 내적 세계에 집중하는 것은 타인보다는 자기에게 에너지를 집중하고, 자기애적인 특성을 보이는 분열증 환자에게서 나타난다. 분열증 환자는 좀 더 이성적이고, 지적인 정신 영역에만 집중하기를 선호하고 위험한 정서를 피하면서, 신체적 욕구나 열정을 경멸한다. 다른 사람을 단지 기능적으로만 보면서 그들을 있는 그대로 보기보다는 부분/대상과 같이 자기에 속한 것으로 대한다. Freud는 분열증 환자는 다른 사람에게 무관심하거나 경멸적인 태도를 가지고 있기 때문에 분석가와 전이관계를 형성할 수 없다고 보았고, 그러므로 정신분석적으로 치료할 수 있는 대상이 아니라고 보았다. Fairbairn이 생생하게 공감 어리게 묘사한 분열 환자의 무시무시한 내적 상태는 이를 완전히 이해할 수 있는 장을 열어 주었으며, 이로 인해 고통받는 사람을 어떻게 치료할 것인가에 대한 지침을 준다. Fairbairn은 사랑이 파괴를 가져오는 것처럼 보이는 분열성 양태와 유아 후반에 나타나는 우울 양태를 구별했다. Klein이 잘 묘사해 준 우울 양태의 딜레마는 분노와 혐오의 감정을 어떻게 다룰 것인가와 관련이 있다. 우울적 상태에서 우리는 사랑은 좋은 것이고, 혐오는 나쁜 것이라고 알고 있다. 화가 나는 것은 피할 수 없기에 우리는 우리가 사랑하는 사람을 몰아내거나 파괴할까 봐 두려워한다. 이 때문에 우리는 공허감이 아닌 절망감에 시달리게 된다. 우리는 여전히 관계의 긍정적 가치를 믿지만, 우리 스스로를 지킬 수 없는 것만 같은 느낌을 받게 되는 것이다.

Fairbairn은 분열성 양태와 우울 양태, 불안은 우리에게 근본적인 두려움을 직면시킨다고 주장했다. 이는 우리가 우리의 사랑이나 미움 때문에 자기와 타인을 파괴할지도 모른다는 두려움과 관련이 있다. 우리는 그런 견딜 수 없는 상태에 빠지지 않기 위해 안간힘을 쓴다. 어떤 상황이든 견디기 힘들지만, 사랑 자체가 나쁘다는 믿음을 가져야 하기 때문에 분열성 양태는 더욱 견디기 힘든 것이다. 따라서 분열성 양태는 우울 양태가 시작되기도 전에 이를 악화시킨다. 분열성 양태 속에서 리비도적 자아/흥분시키는 대상, 욕망하는 자기는 위협이라고 할 수 있다. 그리고 우울적 상태에서는 반리비도적 자아/거부적 대상, 화난 자기가 두려움의 대상이 되며 억압되게 된다. Fairbairn은 모든 정신적, 신경증적 상태가 인간의 기본적인 두 개의 양태와 관련을 갖는다고 생각했다. 사람들은 분열성 양태로 치닫게 한 원시적인 욕구 경험에서 큰 문제를 겪었거나, 그 후에 필요한 사람을 미워하는 경험에서 나온 우울양태에서 더 큰 문제를 겪었느냐에 따라 한 가지 경향을 더 두드러지게 보인다.

그는 아이들을 매일 홀로 두는 20세기 서양 아동 양육 방식이 소외되고 분열된 존재 양상을 야기시켰다고 생각했다. 분열성 양태를 인간 조건의 핵심이라고 보았던 실존주의 학자들은 분열적인 특성을 가진 무의미성(schizoid sense of meaninglessness)을 깊고 자세하게 탐구했다 (Sartre, 1938). 그들에 따르면 우리는 이를 극복하거나 부정하는 것 중에 하나를 선택할 수밖에 없다.

정서적 발달

Fairbairn은 Freud가 제시하고 Abraham이 세분화한 성적인 구강기, 항문기, 남근기, 성기기의 리비도적 발달 단계를 다시 검토하였다. 이 모델에서는 아이들이 흥분되는 초점이 다른 신체 부분이나 성적 영역으로 옮겨 가는데, 이러한 과정에서 아이에게 본능적 충족이나 좌절을 주면서 흥분을 야기하는 데 중요한 역할을 하는 외적 대상과 상호작용을 하기 위한 분위기와 구조를 만들어 주게 된다. 다른 신경증—우울증, 히스테리, 강박적인 신경증—은 아동의 본능적 욕망을 너무 많이 충족시켰거나, 너무 많이 좌절시킨 결과 리비도적 발달 단계의 특정 지점에서 고착되거나 정지되어서 나타난다고 보았다. 따라서 항문기에 고착된 사람은 청결과 더러움, 정돈과 어질러짐, 간직하는 것과 버리는 것에 계속해서 집착한다고 한다. 그들은 확인하고 청소하는 의식을 통해 그들의 더러움을 벗어 버리려는 끊임없는 노력을 쏟는다. 또한 정서적 표현을 엄격하게 통제하고, 신체적으로 변비에 걸려 있거나 '규칙 따르기' 를 고집스럽게 거부하기도 한다고 한다.

Fairbairn은 추동보다 관계가 더 중요함을 반영하여 리비도적 발달을 성적인 용어보다는 정서적인 용어로 표현했다(Fairbairn, 1941). 그는 '유아적 의존성' 에서 '성숙한 의존성' 으로 이동하는 것을 전환기 단계를 통해 이야기했다. 그는 성숙을 독립으로 보지 않았는데, 왜냐하면 타인과 타인에 대한 우리의 욕구가 시간에 따라 우려가 변화하기는 하지만 우리는 항상 다른 사람을 필요로 하기 때문이다. 그는 신경증을 전환기 단계에 두었고, 이들이 편집증, 공황장애, 강박증, 히스테리 기술에 기초한다고 보았다. 이런 기술은 고착이 아니라 우리가 유아적 의존성에서 성숙한 의존성으로 분투해 나가는 과정에서 사용하는 다른 방법이다. 신경증은 유아적 의존성을 넘어서는 것과 성숙한 의존성에 도달하는 데 필요한 모든 것을 나타낸다.

유아적 의존성

Fairbairn은 유아적 의존성을 대상과의 동일시에 기초하며, 받는 태도를 통해 나타나는 리비도적 연결—원하는 연결(wanting connection)—이라고 묘사했다. 그는 이 연결 구조를 '일차적 동일시' 라고 이름 붙였다(Fairbairn, 1941). 이 상태에서 아이는 타인을 타인으로 보기보다는 자신의 한 부분이라고 느낀다. 아이는 자신의 애착을 타인이 먹여 주고, 양육해 주는 것을 통해 느끼며, 본질적으로 다른 사람에게 무언가를 받는 것이라고 생각한다. 이와 반대로 성숙한 의존은 타인의 분리를 인정하는 데 기초를 둔 리비도적 연결이라고 할 수 있다. 성숙한 애착이란 받는 것은 물론, 주는 것도 함께하는 것을 의미한다.

유아적 의존성 안에서 아이는 자기와 타인 사이의 차이점을 거의 인식하지 못한다. 그러기에 부모의 태도와 분위기, 움직임, 정서를 빨아들여서 자신의 존재를 채워 나간다. 아이는 자신의 욕구와 부모의 욕구 사이에 어떤 갈등도 느끼지 못한다. 그리고 자신의 몸이 그러하듯이 타인도 자신이 원하는 방식으로 자신에게 주기 위해 존재한다고 믿는다. 아이의 쾌락은 아이의 욕구를 완벽하게 부합해 주는 인생 목표를 추구하는 타인의 쾌락이라고 할 수 있다. 타인에게서 받는다는 것은 진정한 사랑 행위를 의미하며, 두 존재가 충족감을 공유하는 연합체로 둘이 하나가 되는 것이다. 우리는 존경받는 부모나 양육자가 이런 식으로 받는 것만을 사랑의 표현으로 느끼지 않을 수도 있다는 사실을 알고 있다. 때때로 그들은 스스로의 욕구 때문에 아이의 욕구가 귀찮고 부당하며 심지어는 자신을 공격하는 것이라고까지 느끼기도 한다. 따라서 자아가 분리되는 것은 이론상으로는 병리적이지만 실제 세계에서는 불가피하고 보편적으로 나타나는 현상이다.

전환기 단계와 전환기 기술

분열성 양태가 세워지면, 아이는 외상적 경험을 내부에 안고 전처럼 다른 사람과 관계하려고 노력한다. 아이는 나쁜 요소를 내부에 안고 있는 것이, 외부에 방치하는 것보다 더 안전하고 통제 가능한 것이라고 생각한다. 왜냐하면 부모를 좋게 바라볼 수 있어야 안정감을 느낄 수 있기 때문이다. 유아적 의존기 이후에 나타나는 가장 원시적인 단계의 분리

과정 동안 아이는 타인이 자신과 같지 않다는 점을 깨닫게 된다. 스스로의 통제력에 위협을 받으면서 아이는 점점 무기력해지고, 스스로가 취약하다고 느끼게 된다. 동시에 다른 모든 억압된 요소처럼 억압된 자아 영역은 의식 세계로 치고 올라오기 시작한다. 이것은 아이가 외부 대상을 마치 자신의 내적 대상인 것처럼 대하는 데서 나온다. 아이는 거부적이거나 흥분시키는 내적 대상을 자기 주변에서 상호작용하는 사람에게 투사해서 대한다.

따라서 전환기 단계는 자기와 타인이 정서적으로 분리되는 과정이라고 할 수 있다. 내적 세계의 요소를 외적 세계로 투사하는 것은 내적 투쟁을 쉽게 하지만, 그럼으로써 유아는 자신이 가진 어려움을 제거할 수 있을지도 모른다는 착각을 하기도 한다. 전환기 기술은 우리가 우리의 내적 대상을 조종하는 방식을 말한다. 그럼으로써 우리는 분열적 상태가 극대화되는 것을 막을 수 있다. 분열적 상태는 내적 죽음으로 뒤덮인 끊임없는 박해나 해결되지 않은 내적 갈등에 의해 나타나는 우울적 불안을 동반한다.

그는 공포증 기술(phobic technique)은 대상의 분리된 속성을 인식하는 것과 일차적 동일시 상태로 퇴행하는 것 사이의 딜레마라고 보았다. 만족과 안정을 약속하는 흥분시키는 대상과 파괴에 대한 위협을 가하는 거부적인 대상 모두가 위험과 구원을 동시에 안고 있는 외부 세계에 투사된다. 공포증을 가진 사람은 두려움에 차서, 자신이 거부적인 대상으로 투사했던 어떤 사람이나 상황에서 도망쳐 자신이 흥분시키는 대상이라고 투사했던 대상에 퇴행적으로 매달린다. 아이는 자신의 정체성과 개인성을 잃을지도 모른다는 두려움 때문에 흥분시키는 대상을 거부하는 대상으로 바꾸게 될 때까지 이 대상과 동일시하게 된다. 예를 들어, 밀실공포증은 대상과 융합되기를 갈망하면서도 이 과정에서 대상에 의해 압도당할까 봐 두려워하게 한다.

공포증과 마찬가지로 강박기술은 분리와 동일시 사이의 갈등을 나타낸다. 그러나 여기서 거부하는 대상과 흥분시키는 대상은 외적인 것이 아니라 내적인 것으로 경험된다. 그리고 서로 분명히 나누어지지 않는다. 강박증이 지닌 문제는 흥분시키는 대상의 매력적인 면에 매달리면서, 그들의 위험스러운 거부적인 요소는 외부 세계로 이동시키는 것이다. 이것은 독이 있는 무기이자 귀중한 선물이기도 한 배설물을 간직할 것인가, 버릴 것인가라는 주요 갈등에 직면한 Freud와 Abraham의 항문기와 직접적인 관련이 있다. 강박증을 가진 사람은 이 문제를 해결할 수 없음을 회고한다. 예를 들어, 계속해서 손을 씻는 행위는 비록 아주 잠깐 동안은 안도감을 얻었다는 착각을 주기도 하지만, 우리에게 진정한 안도감을 주지 못한다. 우리의 감정은 씻는다고 사라지지 않기 때문이다. 특히 우리가 그것을 원치 않을 때에는 더더욱 그렇다.

히스테리와 편집증 기술은 대상이 가진 흥분시키는 면을 수용하는 것과 좌절시키는 면을 거부하는 것 사이의 갈등에 기초한다. 히스테리한 상태에서 우리는 자신의 중심 자아를 거부하는 대상과 동일시하고, 흥분시키는 대상을 다른 것에 투사한다. 그럼으로써 그 사람은 스스로를 자원으로 받아들이지 않고, 우리를 애타게 만드는 수수께끼 같은 타인에게 필사적으로 매달리게 된다.

우리가 스스로를 흥분시키는 대상과 동일시하고, 거부하는 대상을 외부에 투사할 때 이는 쉽게 편집증으로 나타날 수 있다. 그럴 때 우리는 자기 자신은 완전히 좋고 착하기만 한데, 세상은 적대와 위험이 도사리고 있는 곳이라고 생각한다. 편집증은 아마도 비교적 견고한 존재 방식이거나, 히스테리 기술이 실패했을 때 나타난다. 히스테리를 가진 사람은 흥분시키는 대상이 자신에게 충분한 안도감을 주지 못할 때 언제든지 대상을 갈아치운다. 히스테리를 가졌다가 편집증을 가지게 되면, 스스로를 적대적이고 악한 대상의 무고한 희생자라고 여기게 된다.

그는 내적 분리의 분열적 상태와 해리의 히스테리 상태 사이에서 병렬적 관계를 발견했다. 그는 이런 두 가지 존재 방식 사이에 연결점이 있음을 깨닫고, 이 둘이 교대로 나타나는 빈도에 관심을 가졌던 최초의 정신분석가였다. 흥분시키는 대상이라고 여겨지는 타인을 갈망했다가, 그 사람이 일단 반응을 하면 두려워서 후퇴하는 것은 흔히 볼 수 있는 양상이라고 할 수 있다. 관계를 갈망하는 것과 친밀감을 두려워하는 것 사이의 갈등은 구원을 받는 것과 관계 속에 갇히는 것 사이의 갈등으로 과장되게 투사되기도 한다. 이는 '들락날락 프로그램(in-and-out programme)' (Guntrip, 1968)이나, '히스테리 분열증 분리' (Lake, 1966), '밀실-광장공포증' (Lake, 1968)이라는 다양한 이름을 가지게 되었는데, 현대 대상관계 이론의 핵심이라고 할 수 있는 경계선 장애와 자기애적 상태를 포함하고 있다.

분열적 상태는 내적 집착과 외적 분리를 나타내는 반면, 히스테리 상태는 내적 대상을 투사함으로써 관계를 왜곡하는 것으로 나타난다. 히스테리를 가진 사람은 위험한 정서의 세계에서 더 안전한 감각의 세계로 후퇴한다. 그 사람은 정서적 유대의 여부와 상관없이 그들에게 필요한 타인을 붙잡고 있는 것에서만 안정감을 느낀다. 이들은 타인을 전체적인 사람으로 대하지 않는데, 이는 부분/대상관계로 후퇴하는 것과 같다. 또한 이들은 자신의 문제를 정서적인 것이라기보다는 신체적인 것이라고 생각하기에 외적인 해결방식을 찾으려고 한다. 이들이 일반적으로 보여 주는 알 수 없는 신체적 증상은 '개인적 문제를 신체적 상태로 대체한' 모습을 보여 준다고 할 수 있다(Fairbairn, 1994a: 29).

히스테리를 가진 사람이 몸에 집중하는 것은 개인적인 관계는 고려해 보지도 않고 고통을 경감시키고 만족할 수 있는 방법을 찾는 Freud의 쾌락 법칙을 그대로 보여 주는 것 같다. Fairbairn은 이것이 완전한 정서적 관계를 잃어버린 데서 나타난다고 보았고, 대상관계 악화라고 생각했다. 그리고 쾌락추구란 대상추구를 만족스럽지 못하게 대체하는 방식이라고 믿었다.

Fairbairn은 관계의 전환기 단계에서 성숙한 의존으로 가는 과정을 살펴보지 않았다. 그러나 전환기 기술은 주요 신경증적인 양상을 보이기 때문에 심리치료가 이를 따라야 한다고 생각했다. 그는 환자가 폐쇄적인 내적 자아/대상 구조를 버리고, 실제적인 사람들과 왜곡되지 않은 관계를 가질 수 있게 하는 것이 심리치료의 목적이라고 보았다. 그리고 전이에만 바탕을 둔 것이라기보다는 진실하게 좋은 치료적 관계가 환자의 변화를 촉진한다고 생각했다. 그는 성숙이란 분열적 양태를 억압하고 분리하거나 전환기 투사를 하는 것에 의존하지 않고 경험을 다룰 수 있게 되는 것이라고 생각했다. 이때에 심리치료는 성숙한 의존으로 향할 수 있도록 도와주는 역할을 한다(Fairbairn, 1994a: 73-92).

Fairbairn은 정신병(psychosis)의 발병이나 치료에 대해 크게 관심을 두지 않았지만 이에 대해 핵심을 찌르는 정의를 내리기도 했다.

> 신경증 환자들은 외적 현실을 내적 현실로 받아들이는 경향이 있지만, 정신병 환자들은 내적 현실을 외적 현실로 받아들이는 경향이 있다(Fairbairn, 1994a: 85).

우리가 우리 내부 갈등에 영향을 받는 정도는 우리의 심리적 건강을 결정한다. 정신병 환자는 내적 세계가 커져 감에 따라 외적 세계가 사라지는 것을 경험하게 된다. 따라서 완전히 성숙한 의존성의 상태라면 우리는 우리의 감정을 조절할 수 있고, 다른 사람을 있는 그대로 바라보게 된다. 우리 대부분은 대개 그 전환기 상태에 머물러 있다. 즉, 우리가 가진 기대와 욕구에 따라 타인을 대하게 되고, 그들을 보는 관점은 그때그때 우리의 감정에 따라 달라지기도 한다. 엄청난 유아적 의존기를 거친 우리 모두는 한두 가지의 전환기 기술을 선호하는 경향이 있다. 그리고 이에 따라 우리의 지각을 왜곡하며 살아간다.

오이디푸스 콤플렉스

Fairbairn은 오이디푸스 콤플렉스에 대해 간략하지만 아주 깊은 관심을 가지고 설명했다(Fairbairn, 1952: 119-25). 그는 Freud처럼 이를 정서 발달의 중심에 두지 않고, 전환기 단계에서 관계 맺음에 영향을 미치는 문화적 변인의 입장에서 바라보았다. 그는 서양 아이들이 한 부모를 원하고, 다른 부모를 두려워하거나 미워하는 것이 흥분시키는 대상과 거부하는 아이의 내적 대상을 나타낸다고 생각했다.

그는 아이가 양쪽 부모 모두 좌절과 만족, 흥분시키기와 거부하기를 주는 것으로 인식한다고 주장했다. 그리고 때때로 이는 아이가 통제할 수 없는 범위에서 일어난다고 보았다. 따라서 아이 내부의 거부적 대상/흥분시키는 대상은 양쪽 부모 모두와 맺는 관계를 포함하고 있으며, 이는 아이가 초기에 엄마나 엄마 역할을 하는 대상에서 일차적으로 분리했던 것과 깊은 관련을 맺으며 융합되어 있다. 이를 좀 더 명료화하기 위해 아이는 전환기 단계 동안 한쪽 부모는 절대적으로 흥분시키는 대상이라고 정하고, 다른 한쪽은 거부하는 대상이라고 정함으로써 대상의 역할을 부모에게 투사한다.

Fairbairn은 다른 모든 관계처럼 오이디푸스 콤플렉스가 본능적인 만족보다는 정서적 접촉에 중심을 두고 있다고 주장했다. 그는 오이디푸스 대립이 성적인 방식으로 나타나는 것은 정서적 관계를 신체적 흥분으로 대체하고 싶어 하는 아이의 방어적 태도와 부모의 유혹이 결합하기 때문이라고 했다. 격렬하고 고통스러우며 위태로운 Freud의 오이디푸스 콤플렉스와는 달리, Fairbairn은 이를 초기 박탈과 내적 분리의 관점에서 설명했다. 그리고 아이가 더 만족스러운 관계를 가질수록 오이디푸스 단계는 더 순조롭게 지나가고, 덜 중요한 것이 된다고 생각했다.

그는 개인이 경험하는 오이디푸스 시기의 관계가 후에 나타나는 성적 지향과 관계를 가진다고 간략하게 말하기도 했었다. 이 시기 아이의 경험은 생물학적 특성과 더불어 어느 쪽 부모가 더 흥분시키는 존재이며, 어느 쪽 부모가 더 거부적인 존재인지를 결정하며, 이것이 어떻게 나타나는지를 보여 준다. 그는 Freud가 양쪽 부모 모두를 욕망의 대상이자 잠재적인 라이벌로 봄으로써 오이디푸스 콤플렉스를 두 배로 부풀려 보았다고 생각했고, 오이디푸스 콤플렉스는 단지 아이가 흥분시키고 거부하는 대상을 각각의 부모에게 투사한 것이라고 믿었다. 그에 따르면, 이성애적 성적 지향은 반대쪽 성을 가진 부모를 흥분시키는 대상으로 보고, 같은 성을 가진 부모를 거부하는 대상으로 보는 것에서 나타난다. 그리고 동성애적 성적 지향을 가진 사람의 경우에는 반대의 과정을 거쳤을 것이라고 생각해 볼 수 있다. 마지막으로 양성애자는 양쪽 부모에 대한 투사가 더 고르고 동등하게 이루어졌을 것이라고 볼 수 있다.

그는 이런 생각을 더욱 정교화하지 않았고, 그가 속한 사회와 집단이 가진 고질적인 동성애 혐오를 없애고자 노력하지도 않았다. 그러나 그가 이 주제에 대해 잠시 관심을 쏟았던 결과 우리는 병리적 요소를 완전히 배제시킨 성적 지향에 대한 설명을 할 수 있게 되었다. 다만 그가 이런 생각을 더 개진해 나가지 않았다는 점은 매우 안타까운 사실이다.

치 료

Fairbairn의 이론이 영향을 미치기 전에, 정신분석가들은 기법이 정신분석의 효율성을 결정한다고 믿었다. 분석적인 환경은 분석가가 명료히 하는 환자의 무의식적인 갈등이 나타나고 집착이 투사될 수 있는 중립적인 화면 역할을 했다. 분석가들은 특히 전이를 해석하고 푸는 데 중점을 두었다. 전이는 환자들이 어린 시절 부모나 중요한 사람과의 관계에서 나온 자신의 느낌과 인식을 분석가에게 가지는 것을 의미한다. 이때에 환자와 분석가가 가지는 관계 자체는 중요하지 않으며, 환자의 투사가 분명히 나타날 수 있도록 그들의 관계는 중립적이어야 한다. 분석가의 해석은 활동적인 요소로 작용하여, 환자가 가진 숨겨진 전제와 충동을 인식하게 함으로써, 이를 해결하고 더 만족스러운 결론에 도달할 수 있도록 해 주었다.

충동보다는 관계를 우선시한 Fairbairn의 관점은 정신분석의 전제 자체를 변화시켰다. 그는 환자를 변화시키는 단 한 가지 가장 중요한 요인은 분석가와 맺는 전이 관계가 아니라 실제적인 관계 자체라고 믿게 되었다. 환자가 자신의 내면에 있는 부정적 대상에 대한 애착을 버리기 위해서는 분석가와의 진정한 관계 맺음을 통해 이를 대체할 수 있어야 한다고 생각했기 때문이다. 분석가와의 관계는 해석의 정확성보다 더 중요한 역할을 했으며, 분석가의 이해와 관심을 전하는 데 유용했다.

그는 그것을 염두에 두고 기존의 분석 장면을 수정해 나갔다. 비록 이는 그가 상상했던 것보다 덜 완전한 방식으로 이루어졌지만 말이다. 그는 누워 있는 환자에게 등을 돌리고 앉아 보이지 않는 곳에서 작업을 하는 분석가의 모습이 환자가 가진 초기 유기와 박탈에 관련된 외상을 재현하는 데에 효과적이라고 굳게 믿었다. 그래서 그는 큰 책상 뒤에 앉아 그를 반쯤 마주 본 상태로 앉아 있는 환자를 맞았다. 확실히 그는 그런 장애물이 가질 수 있는 영향을 생각해 보지 않은 채 이런 배치를 편하게 느꼈던 것 같다. 그는 실제로 전달할 수 있는 것보다 더 크게 공감했으며, 그 자신이 친밀감을 어려워했기 때문에 정신분열병 환자가 가진 고통을 더 크게 절감할 수 있었다.

그는 환자 내부에 있는 대상에 대한 환자의 헌신이 변화에 가장 큰 저항을 가져오는 것이라고 믿었다. 우리가 내적 세계에서 불만족스러운 관계에 매달리는 것은 결과적으로 외적 세계의 관계도 불만족스럽게 만든다. 상황을 판단하고 예측할 때 익숙하게 사용하는 방식을 비롯한 기존의 존재 방식을 거부하는 것은 무척이나 위험한 것처럼 보일 수밖에 없다. 왜냐하면 외부 관계를 유지하려는 우리의 욕구는 절제적이었고 그때 채택한 방식은 바로 우리가 어렸을 때 외부관계를 유지하려고 할 때 우리에게 주어진 단 하나의 방법이었기 때문이다 . 만약 우리가 그동안 익숙하게 고정되고 닫혀 있던 이런 내적 관계 체계를 열어 변화에 노출시키면, 초기 외상이 다시 나타나면서 공허와 정신 혼란, 굴욕과 같은 어지러운 공황상태에 빠질지도 모른다는 극심한 두려움에 휩싸이게 될 것이다. 이런 이유 때문에 분석가와 환자가 맺는 진실한 관계가 매우 중요하다. 분석가나 치료자에게 확실한 신뢰를 갖지 않는다면, 우리는 자신을 변화시키기 위해서 내적 대상을 버리는 위험을 감수하지 않을 것이다.

그의 도표에 따르면, 정신분석이나 심리치료의 목적은 진정한 관심과 이해, 도전을 통해 환자가 스스로 가진 분노와 욕구를 분리하는 능력을 되찾고, 이를 중심 자아/이상적 대상에 통합할 수 있도록 해 주는 것이라고 할 수 있다. 그러면 그 환자는 분리와 갈등이 더 적은 내적 세계를 가지고 다른 사람과 더 풍요로운 관계를 맺을 수 있을 것이다. 그리고 스스로에 대해서는 물론, 다른 사람과의 관계를 더 온전하고 진실하게 경험할 수 있을 것이다.

논 평

Fairbairn의 이론은 정신분석의 혁명이나 다름없지만, 그의 많은 논문은 1994년에 이르러야 출판되었다(Fairbairn, 1994a, 1994b). 주류 정신분석 세계에서 지리적으로나 심리적으로 떨어진 곳에서 살았던 그는 Winnicott처럼 말을 잘하는 것도 아니었고, Klein처럼 개척정신을 갖춘 전사도 아니었다. 그는 많은 저작 활동을 하지도 않았고, 스스로 만족할 때까지 각 논문을 공들여 고쳐 나갔다. 또한 그는 자신의 생각을 알리기 위해 여행을 하지도 않았고, 자신의 이름을 단 정신분석학파를 창설하는 데 열을 올리지도 않았다. 이 모든 요인은 그가 Freud 이론에 대해 놀랄 만한 도전을 했다는 사실을 비롯한 그의 연구를 진지하게 받아들이려는 노력을 지연시켰다.

그럼에도 몇몇 분석가는 그의 연구에 대해 비평하기도 했고, 그가 이에 응답하기도 했다. 이들 중 가장 잘 알려진 것이 Winnicott과 Khan(1953)의 서평이라고 할 수 있다. 그들은 Fairbairn이 내놓은 생각의 몇 가지 부분에 대해 비평하면서 Freud에 대한 Fairbairn의 비평이 잘못되었다고 지적했다. 특히 그들은 사람은 본질적이고 일차적으로 대상을 추구한다는 Fairbairn의 관점이 유아적 의존성이나 일차적 동일시라는 Fairbairn 자신의 개념과 양립하기 힘들다고 주장했다. 만약 우리가 다른 사람을 필요로 하는 욕구가 분리보다는 동일시에 기초하고 있고 인생 초반에 자신과 대상을 구별할 수 없다면 어떤 점을 들어 유아와 다른 사람 사이에 관계가 있을 수 있으며, 유아가 관계를 '원하고' '필요로 한다' 고 말할 수 있을까? Winnicott과 Khan은 당연히 유아가 원하는 것은 쾌락이며 이는 유아가 엄마와의 관계를 통해 얻을 수 있다고 주장한다. 따라서 리비도가 쾌락을 추구한다고 했던 Freud의 생각이 리비도가 대상을 추구한다던 Fairbairn의 생각보다 더 낫다고 이야기한다. Balint(1957b) 역시 이와 같은 결론을 제시했다.

이런 분명한 모순은 최근에 출판된 그의 글을 보면 어느 정도 풀리는 것 같다. Fairbairn은 자신의 글에서 아이가 출생 후 보여 주는 일차적 동일시는 인지적인 과정이 아니라 정서적 과정이며, 전체적이라기보다는 부분적인 특성을 가진다고 밝히고 있다. 아이는 다른 사람이 분리된 존재라는 것을 지각적, 인지적인 면에서 알 수도 있다. 그러나 정서적인 면에서는 마치 다른 사람이 자신과 같은 세상을 공유하고 있다고 느낀다. 그러면서 다른 사람은 자신이 원하고 필요로 하는 것과 상반되는 관심, 감정, 지각, 사고를 가지고 있지 않다고 느낀다. 아이에게 사랑이란 자기 주변에서 자신의 욕구를 만족시키기 위해 다른 사람이 제공해 주는 것을 받는 것을 의미한다. 마찬가지로 아이는 다른 사람이 풍기는 아주 사소한 분위기나 감정에도 큰 관심을 보인다. 그러면서 아이는 그것들이 마치 자신의 감정과 지각인 것처럼 무조건적으로 받아들인다. 이런 면에서 유아적 의존성은 불가사의한 결합이라기보다는 성인이 되어서도 항상 빠지곤 하는 미성숙한 관계 양상이라고 할 수 있다. 그래서 우리는 우리에게 중요한 사람도 자신만의 인생이 있고, 주관적인 경험 세계를 가지는 것이지, 단지 우리의 욕구만을 만족시켜 주기 위해 존재하는 것이 아니라는 점을 자주 망각한다.

Fairbairn은 아이가 출생하기 이전에 정서적으로나 인지적으로 엄마와 완전한 동일시를 경험한다고 실제로 주장하기도 했었다. 더 나아가 그는 아이가 출생 전에 가졌던 축복과 안정 상태로 돌아가기 위해 다른 사람과 헛된 동일시를 시도한다고 쓰기까지 했다(Fairbairn, 1946). Fairbairn

이 유아는 출생 후가 되어서야 비로소 진정한 인간이 된다고 암시하지 않는 한, 아이가 타인이라는 개념이 없는데 어떻게 타인에 대한 욕구를 경험할 수 있는가에 대한 혼란이 남게 된다.

그는 자신을 향한 비평에 응답하면서 동일시란 아이가 다른 사람에게 느끼는 절대적인 욕구 때문에 만들어진 착각이며, 상태라기보다는 행위라고 규정했다. 즉, "동일시라는 역동은 욕구이다."(Fairbairn, 925) 이 말은 그가 분리와 취약성이라는 원치 않는 현실에 대응하는 초기 방어로서 일차적 동일시를 생각했다는 점을 시사한다. 아동은 다른 사람과 동일시를 통해 무한한 친밀감에 대한 착각을 가지게 되고, 그럼으로써 안정감을 갖는 것이다. 이런 면에서 쾌락은 진실한 일차적 욕구 관계를 확인시켜 주기 때문에 쾌락이다.

그러나 Fairbairn은 일차적 동일시가 분리감 이전에 나타나는 사건이라는 점을 인정하기도 했다. 그는 다음과 같이 말했다. "나는 집중하고 있는 주체에서 아직 분리되지 않은 대상의 카섹시스(cathexis)[심적 에너지가 어떤 대상에 집중하는 것 혹은 그 대상-역주]를 가리키는 데 '일차적 동일시'라는 용어를 사용한다."(Fairbairn, 1946) 다시 말해 아이는 출생 외상과 같은 특정 단계에서 분리를 인식하게 된다는 것이다. 그러나 아이는 다른 사람과 동일시함으로써 분리를 인식하는 것에서 스스로를 방어하며, 이는 이차적 동일시로 나타나게 된다. 혹은 다른 사람의 개별성을 완전히 인식하는 과정을 천천히 겪으면서 일차적 동일시에서 벗어나게 된다고 할 수도 있겠다.

Fairbairn은 Klein과 Freud처럼 출생을 시작점으로 보았기 때문에, 출생 전 경험은 자세하게 탐구하지 않았다. 그는 이 분야를 중점적으로 연구하지 않았기 때문에 이에 대한 자신의 언급 가운데 많은 모순이 있다는 점을 알아채지 못했다. Klein이 출생과 동시에 본능적 추동이 작동하기 시작한다는 사실에 의존했던 것처럼, Fairbairn은 적극적 형태의 관계형성으로서의 일차적 동일시가 출생 외상에서 시작된다고 보았다.

따라서 우리는 인간 본성에 대한 두 가지 관점, 즉 Freud의 쾌락 추구나 Fairbairn의 대상 추구라는 관점에서 출생 이전의 축복 상태가 가진 의미를 알아볼 수 있다. 타인을 고려하지 않는 Freud의 관점에 따르면 아이는 자신이 오로지 쾌락을 원한다는 사실만 인식한다. 그래서 대상이나 타인은 이차적으로 만족과 연합된다. 이런 관점은 의식적인 심리적 경험에 기초한다.

대상관계의 관점에서 아이는 관계적인 욕구를 완전히 충족할 수만 있다면 축복을 얻게 된다. 아이는 자신의 욕구 충족을 깨뜨리는 외상이나 박탈의 경험이 없는 한 타인을 인식하지 못한다. 타인에 대해 아이가 느끼는 욕구는 분리라는 관계상의 경계선을 만들어 낸 타인의 부재 때문에 나타난다. 이는 아이가 분리를 경험하기 전에는 대상을 원하지 않았다는 것을 의미하는 것이 아니라, 아이는 분리를 경험하기 전까지는 자신이 원하는 것을 인식하지 못한다는 것을 의미한다. 이 관점은 의식적인 과정과 무의식적 과정을 모두 포괄한다.

이런 차이는 최근 James Grotstein이 모은 Fairbairn에 대한 다양한 회고록에서 나타난다(Grotstein & Rinsley, 1994). Grotstein은 Freud와 Klein의 이론은 아동이나 유아가 자신의 경험을 회상한 것이지, 객관적인 사실이라고 받아들일 수 없다고 주장했다. 아이들이 마치 "내 안에는 창조적인 것도 있고, 파괴적인 것도 있어요. 내가 통제할 수 없는 힘이 나를 움직이기도 하죠."라고 말한 것처럼 말이다. 이런 무의식적인 힘은 의식할 수 없는 것이기에 생물학적인 것이라고 여겨졌다.

Fairbairn은 의식적인 것에 덜 의존하는 편이었다. 그로 인해 그는 외부에서 자기(self)를 바라볼 수 있었고, 심리적 영역에서 의식적인 단계와 무의식적인 단계 모두를 아우를 수 있었다. 역설적이게도 그는 경험에 덜 의존하는 관점을 통해 방대한 무의식과 자기의 근원에 직접 닿는 것이 궁극적으로 불가능하다는 것을 보여 주는 좀 더 심리학적인 이론을 얻어 냈다. Freud와 Klein은 이런 불가능성 때문에 심리학이 생물학 속에 묻히게 된다고 보았다. 반면 Fairbairn은 우리가 절박하게 우리 속의 한 부분을 단절시켰던 것은 외부의 힘을 얻음으로써만이 재구성될 수 있다고 믿었다.

Fairbairn이 가진 또 다른 문제는 그가 제한된 범위의 분야에만 관심을 쏟았다는 점이다. 그는 자아가 "출생시기부터 존재한다."(Fairbairn, 1994a: 155)라는 이유를 들어 자아의 기원 그 이상의 단계를 탐구하려 하지 않았다(Grotstein & Rinsley, 1994). 또한 그는 자라나는 아이의 양육과 수용 이외의 욕구를 탐구하지 않았다. 그는 개별적인 부모의 역할이 가져오는 이익이나 이차적 어머니로서 아버지가 할 수 있는 더 많은 역할에 대해 언급하지도 않았다. 그리고 그는 유아적 의존성과 비교해 성숙한 의존성에 관심을 두지 않았고, 그의 전환기 단계 역시 짧은 변화만을 언급하고 있다. 그의 신경증 기법은 흥미롭기는 하지만, 분열증 상태에 대한 포괄적이고 공감적인 분석보다는 덜 정교하고 임상적 경험과 관련이 적은 편이라고 할 수 있다.

Fairbairn은 내면화를 병리적인 과정이라고 보았으며, 구조화된 정신(structured psyche)을 약간 부자연스러운 것이라고 생각했는데, Klein을 비롯한 많은 정신분석가는 이를 비판했다. 이에 대해 Fairbairn은 Klein의 내적 대상은 사고하고 지각하고 해석할 수 있는 자아의 독특한 부분이라기보다는 자아가 가진 환상에 불과하다고 주장했다.

Richard Rubens(Grotstein & Rinsley, 1994)는 Fairbairn의 이론에 맞춰 자신의 피폐(impoverishment)를 가져오는 내면화와 자기의 풍요를 가져

오는 내면화의 의미를 구별했다. Rubens는 나쁜 경험을 통해 나타나며 자기의 분리와 억압을 가져오는 내면화를 '구조 내면화(structuring internalization)' 라는 용어로 설명했다. 반면 '비구조 내면화(non structuring internalization)' 스스로를 풍요롭게 하고, 세상과의 연결을 더욱 굳게 만들어 주는 중심 자아/이상적 대상으로 내면화된다. 자기 분리를 건설적인 과정으로 보는 사람은 없으며, 이겨 낼 수 있는 경험을 통해 우리가 성장한다는 사실을 부인하는 사람 역시 없을 것이다. Fairbairn은 내면화가 주는 이런 이점을 자세히 다루지 않았는데, 이는 아마도 그가 정신적 발전과 분열된 주관성 사이의 차이를 인식하지 못했기 때문인 것처럼 보인다.

분열성 양태에 대한 그의 이론은 외상을 주지 않는 환경이 이론적으로 가능하며, 자기의 구조 분리 없이 살 수도 있다는 것을 전제로 세워졌다. 그러나 그가 외상을 주지 않는다고 생각했던 단 한 가지 환경은 절대적으로 자기와 끊임없는 연계성을 가진 환경이었다. 만약 그것이 사실이라면, 이는 이미 환경이라고 할 수 없다. 분리란 유기체와 환경 사이를 규명하는 것을 의미하기 때문이다. 이론적 '정상성' 이란 논리적으로 불가능한 상태에서 정서적 발전의 발판을 병리적인 것으로 보았다는 점에서 Fairbairn의 이론은 약점을 안고 있다고 할 수 있다.

그가 Freud의 이론을 크게 개정한 것은 정신분석은 물론 더 나아가 심리 치료 분야에 보이지 않는 큰 영향을 미쳤다. 그의 이론은 환영받지 못했지만, 그의 이론이 가진 실제적인 함의점은 널리 퍼져 나갔다. 다양한 정신분석가가 정확한 해석과 좋은 기술보다는 환자와 맺는 진실한 관계가 더 중요하다는 사실을 받아들이기 시작한 것이다. 비록 그는 인정받지 못했지만 그의 인간적인 접근이 늘어나기 시작했다는 사실은 그의 동료들이 조용히 그의 생각을 받아들였다는 점을 보여 준다.

이제 다양한 접근 방식을 취하는 임상가들은 오랫동안 빛을 발하지 못했던 Fairbairn의 생각을 받아들이고 있다. Fairbairn의 이론은 불완전하고 혼란스러울 때도 있지만, 생리적인 것이 아닌 관계적인 것에 기초한 최초의 일관된 분석이라고 할 수 있다. 그의 연구 내용은 다른 사람과의 관계를 갈망하는 우리의 일차적 욕구를 설명해 주고 확인시켜 준다. 그리고 그의 내향적이고 폐쇄적인 성격은 관계를 맺지 않고 지내는 것이 얼마나 고통스러운 것인지 잘 말해 준다.

4

도널드 위니콧: 자기의 출현

외향적이면서도 신비로운 인상을 지닌 Winnicott은 쉽게 정의 내리기 어려운 대상관계 학자로 알려져 있다. 그는 정치적, 이론적으로 혼란스러웠던 전쟁 기간 동안 자신만의 독특한 길을 개척했다. 그는 수년 동안 Melanie Klein과 친밀한 관계를 유지하면서 그녀의 아들을 분석해 주기도 했는데, 그럼에도 자신만의 자율성을 유지했다는 점은 특이한 부분이다. Winnicott과 Freud 대 Klein의 논쟁에서 떨어져 독단주의보다는 융통성과 개방성을 가지고 중립적 혹은 독립적인 편에 섰던 대표적인 학자였다. 그는 강한 호기심과 실험정신을 가지고, 매우 독창적인 방식으로 소아과와 정신분석이라는 자신의 전문 분야를 연구했다. 또한 그는 다양한 분야에 걸쳐 길고 짧은 강연회를 열고 논문을 발표하기도 했다. 강렬하고 힘이 넘치는 그의 글은 그의 풍부한 임상 경험에는 물론이고 응용정신분석의 세계에 커다란 영향을 미쳤다.

한 가지 역설적인 점은 그의 글은 매우 매력적으로 쓰였지만 대부분 전문적인 특성이 강한 글들만 접근할 수 있다는 점이다. 그의 개인적인 삶은 그 자신이나 그의 미망인인 Clare Winnicott, 그의 추종자들에 의해 매우 이상적인 방식으로 제시되었다(Davis & Wallbridge, 1981; Clare Winnicott, 1983; Donald Winnicott, 1989). 그래서 그의 개인적 삶 그리고 개인적인 일과 어떤 관련성이 있는지를 평가하는 것은 어렵다.

위니콧의 생애

Donald Winnicott은 1986년 영국 플라이마우스에 있는 중산층 사업가 가정에서 막내이자 외동아들로 태어났다. Clare Winnicott(1983)은 그의 부모님이 종교적이면서도 엄격하지 않았고, 자유롭고도 개방적이며 애정 어린 양육 방식을 가졌다고 묘사했다. Winnicott은 그의 어머니, 누나들, 고모, 가정부, 가정교사의 관심을 집중적으로 받으며, 거리감이 있는 아버지와 함께 크고 여유로운 가정 속에서 자라났던 것 같다. 그보다 나이가 많은 사촌들도 그의 집 근처에 살고 있었다고 한다.

Winnicott의 가정은 따뜻하고 여성적인 편이었는데, 그는 이 속에서 가치 있고 존중받는 사람으로 자라났다. 그는 9세 때 잠시 스스로가 '너무 착하다.' 고 고민하기도 했지만, 이를 제외한 나머지 그의 인생은 갈등이나 불행 없이 순조로웠다. 13세 때 기숙학교에 들어간 것은 하나의 모험이었다. Winnicott의 아버지는 그가 '저주한다(drat)' 라는 말을 한 것이 거슬려서 그를 그곳에 보내기로 결심했다고 전해진다. 비록 그것이 그 결정에 핵심적인 역할을 한 것은 아니겠지만, 후에 Winnicott은 이런 아버지의 권위를 긍정적인 것으로 받아들이면서, 그가 실제로 당시에 질이 나쁜 친구들과 실제로 어울렸었다고 말했다. 그때 그가 보낸 편지를 보면, 그가 가족과 친밀한 유대를 계속 유지하면서 학교라는 큰 공동체 생활을 즐기고 있었다는 것을 알 수 있다.

그는 목뼈가 부러진 적이 있었는데, 그 당시에는 자신이 평생 의사에게 의존하고 싶지 않은 마음에 의사가 되고 싶어 했다. 그의 아버지는 장손인 Winnicott이 집안 사업을 물려받기를 내심 기대하고 있었기 때문에 Winnicott은 이런 자신의 결정이 아버지를 실망시킬까 봐 두려워했고, 이 결정을 따라가기 위해 친구의 지지와 중재를 얻으려 했다. 그는 캠브리지 대학교에서 약학을 공부했고, 아직 학생이던 제1차 세계대전 동안 의학부에서 군복무를 했다. 그때 전사한 그의 친구와 동지는 평생 동안 그를 슬프게 했다(Winnicott, 1989: 11).

Winnicott의 첫 번째 결혼에 대해서는 언급이 거의 없는 편이다. 그는 1922년 27세의 나이에 Alice Taylor와 결혼했는데, Clare Winnicott에 따르면, 그 당시 그는 집안에서 독립을 하는 데 어려움을 겪고 있었다고 한다. Alice에 대해서는 도예가였다는 말도 있고, 오페라 가수였다는 말도 있으며, 심리적으로 불안정했다는 말이 있을 정도로 다양하게 묘사되어 있다(Goldman, 1993: 68-9). 그들의 결혼 생활은 겉으로도 힘겨워 보였다. 그리고 Winnicott은 Alice가 혼자 살아갈 수 있을 때까지 함께해 주었다고 한다. 또한 그는 집안 사업을 이어받기를 원했던 아버지의 희망을 저버렸다는 불안감 때문에 아버지가 살아 계신 동안에는 Alice와 헤어지지 못했던 것 같다. 그와 Alice 사이에는 자녀가 없었으며, 그들은 1949년에 마침내 헤어졌다. 그는 2년 후에 재혼을 하고 나서도 Alice와 연락을 하고 지냈다고 한다. 정신분석가인 Margaret Little은 그 당시 그의 환자였는데, 첫 번째 결혼이 실패로 끝났을 때 그가 매우 우울해했고, 그를 평생 괴롭히던 심장병을 앓기 시작한 것도 이 무렵이었다고 회상했다.

그의 두 번째 부인인 Clare Britton은 제2차 세계대전 동안 Winnicott과 함께 일을 했던 정신 사회복지사였다. 그들은 전쟁 피난민 중에 위탁 가정에서 키우기에는 정신적 상처를 너무 심하게 입은 아이들을 위한 합숙소를 짓고 함께 운영했다. Clare 역시 후에 정신분석가가 되었고, 그가 살아 있는 동안은 물론, 그의 죽음 이후에도 그의 사상을 가장 열렬히 지지하고 응원했다.

Fairbairn의 첫 번째 부인인 Alice Winnicott은 그들 결혼생활에 어려움을 안겨 준 주요인으로 알려져 있으며, 그의 남편이었던 Winnicott은 그녀를 돌보기 위해 자신의 젊은 시절을 희생한 것으로 묘사되어 있다. 그러나 이들이 헤어졌을 때, Winnicott이 겪어야 했던 심리적 고통을 생각해 볼 때 이는 단지 부분적인 견해에 불과한 것 같다. 『역전이에서의 혐오(*Hate in Countertransference*)』라는 글에서 Winnicott은 전쟁이 일어난 3개월 동안 그와 함께 살았고, 자신의 치료를 받았던 9세짜리 남자아이에 대해 이렇게 적기도 했기 때문이다. "내 아내는 그 끔찍한 3개월 동안 그를 데리고 정성스레 보살폈다. 그 아이는 가장 사랑스러우면서도 가장 짜증스러운 아이였는데, 종종 화를 내며 강하게 째려보기도 했다. 우리 모두에게 그 아이를 돌보는 것은 가지고 있는 시간 전부를 쏟아야 하는 힘든 일이었다. 그리고 가장 끔찍한 일은 내가 나가 있는 동안 벌어지곤 했다." (Winnicott, 1975: 199-200)

우리는 이를 통해 Alice가 완전히 무능력하고 의존적인 사람은 아니었다는 점을 발견할 수 있다. 그리고 Winnicott이 그녀의 관대함과 아이를 기꺼이 돌보는 모습을 강조하는 것으로 보아 그녀에게 많은 것을 부탁하고 있었던 것도 같다.

Winnicott이 집에서 돌본 환자는 그 남자아이 외에도 더 있었다. 그의 동료인 Marion Milner는 퇴행적이고 의존적인 분열증 환자 'Susan'과 함께한 작업을 출판했다(Milner, 1969). 사실 그녀에게 Susan을 맡기고 치료비용을 대 준 사람은 Winnicott이었다. 그리고 그는 6년 동안 그녀를 집에서 맡아서 치료하기도 했다. Milner에 따르면(1969: 3) Susan을 병원에서 빼내서 함께 살자고 제안한 사람은 바로 Alice였다고 한다. Alice의 가장 큰 부담은 Winnicott이 하루 종일 일하거나 하루 종일 글을 썼다는 데서 비롯되었다. Susan은 Alice와 Winnicott이 이혼할 때까지 그들과 함께 살았는데, 정말 오랜 기간 동안 그들과 함께 지낸 셈이다. Dodi Goldman(1993)은 다른 여성과 함께 지내는 것이 그들의 27년 결혼생활을 결국 이혼으로 끝나게 한 것에 어떤 역할을 했을지도 모른다고 추측하기도 했다.

Winnicott은 자신을 돌보는 사람이라고 생각했고, 가끔은 자신이 퇴행적인 환자를 너무 열심히 돌보는 게 아닌가 하는 생각도 했다(Little 1990). Alice 역시 도움이 필요한 사람을 기꺼이 가정에서 돌보는 역할을 맡았다. 이는 그들이 관대하고 친절하다는 점을 어느 정도 드러내기도 하고, 그들 사이에 자녀가 없었기 때문에 타인에 대한 관심을 그렇게 표현할 수 있었던 것 같다. 아마도 그들에게는 자신이 가진 의존성을 투사할 수 있는 약한 타인이 필요했고, 이것이 그 과정에서 그 둘 간의 보호막 역할을 했던 것도 같다. Alice는 자녀가 없는 것을 고통스럽게 생각했는데, Goldman은 Winnicott이 실제로 아버지 노릇 하는 것을 제한적이고 힘든 일로 받아들이지 않았을까 생각했다. 어쩌면 실제로 아버지 역할을 하는 것은 그가 가진 삶의 방식을 속박했을지도 모른다. 그는 환자에게는 이상화되고 거리감이 있는 아버지 역할을 함으로써 자신의 실제 아버지와 닮은 모습을 보였다.

Thomas Horder는 Winnicott에게 무엇보다도 환자의 이야기를 들어주라고 장려했던 혁신적인 내과 의사였는데, Winnicott은 그의 영향을 받아 정신분석에 관심을 가지게 되었다. 또한 그 당시 그는 스스로를 억압하게 되고, 자신의 꿈을 기억하지 못하는 것과 관련된 개인적인 문제에 부딪혔던 것으로 보인다(Hughes, 1989: 19; Jacobs, 1995: 10). 그리고 그가 Alice와 결혼한 직후에 분석을 공부하기 시작했던 점을 더 눈여겨볼 필요가 있다. 그는 Ernest Jones의 충고에 그는 Freud에게서 직접 분석을 받고, Freud의 글을 번역했던 James Strachey를 만났다. Strachey는 그가 아동을 치료하는 것을 생각하여 Klein을 슈퍼바이저로 추천해 주었다. 따라서 그는 소아과 의사로서 발전하기에 좋은 환경을 얻게 되었다. 그는 영국에 도착하자마자 Klein과 함께 일하게 되었는데, 대표적인 Klein학파 학자인 Joan Rivière의 분석도 받았다.

결국 Winnicott은 시작부터 Freud와 Klein 학파의 정신분석을 충분히 경험할 수 있었던 셈이다. 그런데 그는 때때로 그 두 학파의 분석방식이 마음에 들지 않았다. 그리고 Strachey에게 10년 동안 분석을 받고, Rivière에게 5년 동안 분석을 받았지만, 그렇게 만족스러운 결과는 얻지 못했던 것 같다. 그는 Strachey에 대해 모순된 평가를 하면서, Jones에게 이렇게 말했다. "그는 전통적인 기법을 냉담한 방식으로 저에게 적용했는데, 저는 그것에 대해 항상 감사하고 있어요." (Goldman 1994: 74) 그는 Strachey가 발달에서 관계의 중요성은 과소평가하면서, 분석과정에서 해석의 역할은 과대평가하는 면이 있다고 생각했다. 그리고 Strachey는 Strachey대로 Winnicott이 분석료를 늦게 낼 뿐만 아니라 정통 Freud에서 벗어난 잘못된 판단을 하고 있다고 생각했다.

Winnicott은 Joan Rivière와의 분석 역시 실망스러우면서도 많은 것을 깨닫게 해 준 것이라고 생각했다. 그리고 그는 Klein의 사상에 깊은 감명을 받았지만, 자신의 다른 연구를 Klein이나 Rivière에게서 인정받는 데에는 실패했다. John Padel이라는 분석가는 Winnicott의 많은 논문이 Klein으로 하여금 자신의 이론을 고치게 하는 데에 목적을 두고 있었다고 주장하기도 했다. 만약 그것이 사실이라면 이것은 시작부터 절대 이룰 수 없는 계획이었다고 할 수 있다. 그가 추구했던 사상은—본능적 갈등보다는 환경의 중요성에 기초한 관점—Klein의 사상과 정면으로 충돌한다고 할 수 있다. 만일 Klein이 Winnicott의 관점을 수용했다면 그녀의 이론적 관점도 흐려졌을 것이고 그녀가 영국 정신분석학회 내에서 가진 정치적 입지도 약해졌을 것이다. Winnicott은 Klein에 대한 분명한 반대 입장을 취할 수 있었고, 또 그러한 입장차이는 결코 해결될 수 없었을 것이다. 그러나 그는 그렇게 함으로써 자신의 생각을 좀 더 명료하게 정리할 수도 있었을 것이다.

Winnicott은 평생 동안 소아 약학과 정신분석이라는 두 분야에 헌신하고 이를 발전시켰다. 그는 런던에 있는 패팅턴 그린 소아병동에서 40년 동안 의사로 일했고, 런던 동쪽 끝에 있는 퀸 엘리자베스 소아 병동에서 일을 하기도 했다. 그의 아내와 동료들은 그가 6만 명 이상의 환자를 진료했다고 추정했는데, 그래서 그는 다른 정신분석가보다 더 넓은 경험을 쌓을 수 있는 기회를 얻었던 것 같다. 그는 분석적 치료를 받을 수 없었던 가족이나 아이들을 위해서 정신분석적 개념과 태도를 사용해서 새로운 방법을 개발하기도 했다. 그의 많은 논문은 유아나 아동을 잠깐 만났던 것을 묘사하고 있거나, 아동의 발달에 장애물이 되는 요소를 제거하기 위해 어쩌다 한번 직관적으로 수행했던 가족 지지에 대한 것이다 (Winnicott 1955, 1960a). 또한 그는 정상적으로 진행되는 치료에 대한 대안으로 불규칙적이고 '급박한(on demand)' 치료가 필요한 아이들을 실험해 보기도 했다. 그런 치료과정은 『피글(*The Piggle*)』이라는 책에서 다루어졌다(Winnicott, 1977).

그는 제2차 세계대전 동안 아동 피난민을 관리하는 곳에서 광범위하게 일을 했다. 그는 위탁 가정에 맡겨졌다가, 문제 행동을 일으켜서 가정을 붕괴시켰던 아이들을 위한 합숙소의 설립에 참여하고 합숙소 운영에 대한 자문에 응했다. 그는 여기서 비행아동의 치료뿐만 아니라 관리도 그것이 자신이 아동 발달을 돕는 중요한 요소로 보았던 환경이라는 점에서 매우 중요하다는 점을 보여 주었다(Winnicott, 1984).

경계선 환자를 다루는 정신분석에서 관리와 치료를 구별하면서, 그는 상태가 심각하지 않은 환자에게는 치료적 거리를 유지하는 것이 도움이 될지 몰라도, 경계선 환자에게 치료적 거리를 유지하는 것은 도움이 되지 않는다고 생각했다. 그는 퇴행이 방어라기보다는 치료적 기회라고 생각했다. 그래서 그는 발달의 초기 단계로 퇴행한 의존적인 환자의 심리적 성장을 촉진시킬 수 있는 여러 가지 방법을 실험해 보았다. 이런 방법에는 가끔 몇 시간 동안 진행되는 개방적 회기, 신체적으로 안아 주기, 요구에 따른 회기, 회기 밖에서 이루어지는 지지활동 등이 포함된다. 그는 이런 실험을 통해 정신분석 분야에 새로운 인간미를 불러왔다고 환영을 받았지만, 결과가 나빴던 몇몇 비슷한 실험에서 배울 점이 무엇인지를 숙고하지 않았고, 누구든지 다 치료할 수 있다는 오만한 태도를 보였다는 점에서 비난을 받았다.

진실은 단순하기보다 언제나 복잡하게 전개된다. Winnicott의 많은 환자는 그의 진실한 관심과 보살핌을 통해 도움을 받았을 것이다. 그리고 융통성 있고 상상력이 풍부한 방식으로 환자의 지나친 요구까지 들어주고자 했던 그의 노력은 매우 인상적이다. 그러나 어떤 환자는 모든 보살핌을 혼자서 다 제공하려고 했던 그의 섬세함 때문에 고통을 받았을지도 모른다. 그 때문에 그는 더 정기적으로 치료를 했을 그의 동료에게 환자를 보내기보다는 비정기적일지라도 자신이 환자를 보려고 했다.

Winnicott은 보통 장난기 어리고 충동적이며, 기지 넘치고 매우 공감적인 사람으로 묘사된다. 사람들은 그를 피터 팬이나 '숨겨진 프리마돈나(crypto-prima donna)' 라는 이름으로 부르기도 했다(Grosskurth, 1986: 399). 어떤 사람은 그가 보이는 분명한 사교성에도 불구하고 그를 외로운 사람이라고 표현하기도 했다. 그가 경험했던 두 차례 세계 대전의 절망적인 영향에 대한 그의 연구는 내용과 분위기 면에서 이상하리만큼 가라앉아 있다. 아마도 그의 비관주의는 낙관주의에서 어느 정도 비롯되었을 것이다. 그리고 이것은 냉소적인 면을 감추고 있는 그의 희망주의를 더욱 매력적인 것으로 보이게 한다.

Winnicott은 그의 글에서 주로 나타난 자발적이고 관대한 면 이상으로 다른 측면을 가지고 있었던 것 같다. 그는 의식적으로 민감성을 유지하면서도 자신이 진료하는 상황과 환자를 빈틈없이 제한했다. 그가 그의 독자들이 관심을 가졌던 자신의 환자를 손쉽게 내보내는 것은 우리를 깜짝 놀라게 만들기도 한다. 그것은 그가 진료했던 환자의 수를 생각해 볼 때 당연한 것인지도 모르지만, 그의 따뜻하고 공감적인 글에서는 분명하게 드러나지 않는 철저한 자기중심성을 보여 준다고 할 수 있다.

이중 부정, 시적인 표현과 자서전에 적힌 역설적 기도문을 보면 그의 놀라운 상상력뿐만 아니라 자의식도 엿볼 수 있다. "신이시여, 내가 죽을 때에도 생생하게 살아 있게 해 주시옵소서."(Winnicott, 1989: 84)라는 기도문은 어쩐지 연구하여 만들어진 것처럼 느껴진다. 어쩌면 그는 온정과 상상력을 통해 자신의 고립감을 감추려고 했는지도 모른다. 그럼으로써 사람들을 자신의 통제하에 놓는다기보다는 자신의 영역에 끌어들일 수 있었다. 가끔식 그는 아이를 다루는 듯한 말투를 사용했는데, 특히 엄마들과 이야기할 때 두드러졌다. 이러한 말투와 그가 사용한 '평범한 헌신적인 엄마' 라는 말에서조차 그의 감춰진 오만함을 보여 준다. Winnicott의 더 복잡한 면은 그가 잠시 언급했던 개인적인 어려움으로 나타난다. 그리고 이것은 감춰진 전 상징적 상처(pre-symbolic wounds)를 보여 준다. 그는 겉으로 소리 내지 않고 말하는 것처럼 자신이 듣는 모든 소리를 자신의 후두를 움직여 따라 하는 증상과 자신의 머리 중심에서 뭔가 썩어 가는 것 같은 지속적인 느낌에 대해 언급했다(Winnicott, 1968). '그녀의 소생은 나의 삶' 이라는 시구는 그의 유쾌한 삶이 우울하고, 생기 없는 그의 어머니의 인생을 부활시키는 방식이었음을 드러낸다(Goldman, 1993: 45).

우리는 유아에서 비행 청소년, 경계선 환자에 이르기까지 어느 누구와도 쉽게 이야기할 수 있는 특별한 능력을 가진, 자신의 일에 헌신하고 창의적이며 독특한 한 남자의 모습을 그려 볼 수 있다. Winnicott의 성품 중에서 자기애적인 측면이 초래한 어려움 때문에 그는 존재의 원시적 상태에 관심을 갖게 되었다. 이는 "자기의 핵심이란 극히 개인적인 것이고, 닿을 수 없고, 의사소통할 수 없는 것" 이라고 했던 그의 이례적인 주장과 관련이 있는 것 같다(Winnicott, 1963b). Winnicott의 숨겨진 부정적인 면은 Clare가 묘사했던—런던의 하버스톡 언덕에서 자전거 손잡이 위에 발을 올려놓은 채 질주해 내려오고, 나무 꼭대기에 올라가기도 했던(Clare Winnicott, 1983)—장난꾸러기 노인의 모습과 매우 다르다.

Winnicott은 1971년 애정과 존경심으로 그를 보았던 그의 추종자와 반대자 그리고 그를 잘못되고 게으른 사상가로 보았던 사람들을 뒤에 남기고 평화롭게 죽음을 맞이했다. 그의 사상을 전하기 위해 세워진 런던의 스퀴글 재단(Squiggle Foundation)은 그가 아이들과 했던 낙서 게임에서 이름을 따왔다(Winnicott, 1964-68). 이 이름은 단순하면서도 기지 넘치는 그의 정신분석 세계를 드러낸다. 또한 이 이름은 Winnicott을 한 인간이라기보다는 신화적인 존재로 보게 하는 복잡성을 접어 두고 우리에게 친숙한 아이 같은 Winnicott을 있는 그대로 받아들이고 싶은 생각을 갖게 한다.

위니콧의 이론

개 요

Guntrip은 Winnicott이 다른 무엇보다도 임상가였으며, 사교적인 사람이라고 말했다. 그리고 Fairbairn과는 달리 "이론보다는 실제 진료에서 더욱 혁명적"이었다고 했다(Guntrip, 1975). Winnicott이 대상관계 이론에 끼친 공헌은 이론보다도 현실적인 적용과 관계가 있다. 그는 개념을 창조적으로 사용하기 이전에 스스로 만들어 내는 것이 필요하다는 점을 다른 어떤 것보다도 강조했다.

Winnicott의 문체는 분석적이라기보다는 인상적이다. 그는 독자에게 분명한 논거를 제시하기보다는 그들로 하여금 자신이 글을 쓰고 있는 상태를 느끼게 해 주고 싶어 했다. 그래서 그의 글은 정서적으로는 매력적일지 몰라도 제대로 이해하기가 무척이나 어렵다.

그는 역설과 전환, 모호성에 중점을 두는 편이었다. 초기 발달, 정서적 혼란, 비행, 정신병을 다루면서 그는 자기(self)가 어떻게 나타나고 변화하는지를 그려 내고자 했다. 그의 영역은 내부와 외부, 자기와 타인, 객관과 주관 사이에 걸쳐 있었다. 그리고 그는 도발적이고 강력한 어조로 "홀로 존재하는 아이란 없다."라고 주장하기도 했다(1952a). 왜냐하면 아이가 있는 곳에는 언제나 아이를 돌봐 주는 성인이 함께하기 때문이다. 그는 인간의 절대적인 사회성을 지적하면서 개인은 공동체의 맥락에서 언제나 불완전하게 나타난다고 주장했는데, 그 공동체는 자기 안에도 존재한다고 생각했다. 그럼으로써 그는 대상관계 이론 학파에서 자신의 입지를 확고하게 세웠지만, 추동 이론이나 본능적 만족설은 버리지 않았다. 대신에 그는 우리 신체적인 삶을 흥분을 담아내고 그것의 의미를 발견하는 능력을 발휘하기 어렵게 하는 요인이라고 보았다. 우리의 육체성(physicality)은 우리의 자기감(sense of self)을 쉽게 압도하기도 하지만 그것은 그가 '참 자기(true self)' 라고 묘사했던 실제감의 핵심이라고 할 수도 있다.

Winnicott은 본능적 갈등을 우선시하는 Freud와 Klein의 관점에 아주 외교적인 태도로 반대했다. Winnicott(1959~64)은 죽음의 본능이라는 개념이 잘못되었다기보다는 불필요한 것이라고 주장했다. 그는 내적 갈등에서 비롯된 무의식적 환상을 강조한 Klein의 입장에 대해 환경과 환경의 영향을 좀 더 넓게 포함시킴으로써 Klein의 주장에 균형을 맞추고자 했다. 그리고 자신 특유의 긍정적인 방식으로 Klein의 '우울적 양태' 를 '배려 단계(stage of concern)' 로 달리 명명해야 한다고 주장하기도 했다. 다른 정신분석가와는 달리 그는 보통 사람을 건강하다고 보았다. 그에 따르면 인류는 세대를 거쳐 자신의 자녀를 충분히 좋게 보살펴 줌으로써 잘 발전되어 가고 있는 것이다. 그의 많은 사례기록에는 "그는 넓은 의미의 정상인이라고 할 수 있다."라는 표현이 나타난다(Winnicott, 1971: 8).

그는 유아가 '충분히 좋은 엄마' 의 보호적인 보살핌을 통해 사적인 자기를 가지게 된다고 생각했다. Winnicott이 '일차적인 모성적 몰두(primary maternal preoccupation)' 라고 불렀던 유아와의 동일시를 통해 엄마는 유아와 자신이 하나라는 환상을 기르게 된다. 그러면 유아는 안정감을 가지고, 심지어는 전지전능하다는 착각도 하게 된다. 강력하고 직관적인 초기 관계가 성립되어 가면서, 이는 점차적으로 덜 집중적이고 더 광범위한 일상생활의 존재 양상으로 확대되어 간다. 유아는 조금씩 좌절 경험에 대한 내성을 기르고, 자신이 가진 힘에 대한 환상이 어느 정도는 사실이지만 한계가 있다는 점도 깨닫게 된다. 엄마는 유아가 태어나자마자 유아에게 가졌던 집착에 가까운 몰두에서 자연스럽게 벗어나면서 이 과정을 더 수월하게 수행한다. 엄마는 자신의 삶을 다시 찾아가고, 유아는 스스로 살아가는 법을 배우게 된다. Winnicott은 애정이 담긴 보살핌을 주는 '보통 기대할 수 있는 환경'에서 개인적인 정체성을 형성하는 연속성과 일치성을 가지게 된다고 말했다. 그리고 Winnicott이 '자아 관계성'이라고 이름 지었던 '함께함'이라는 정서적 뿌리를 얻게 된다. 그리고 이런 내적 관계성은 자율성과 독립성의 기초가 된다.

초기 발달에 대한 이러한 사회적인 관점은 자기의 중심을 반사회적인 것으로 보았던 Winnicott의 관점과 합일점을 찾기가 어렵다(Winnicott, 1963b). 이렇게 완전히 사적인 자기가 어디서 나오고 이를 지탱시키는 것이 무엇인지에 대한 언급은 찾아볼 수 없다. 이 생각은 아마도 Freud의 죽음의 본능처럼 지적인 사고보다는 정서적인 신념에서 나온 것 같다. 그가 묘사한 바에 따르면, 완전히 개인적인 자기는 지역(zone)으로서가 아니라, 한 지점(point)으로서 역동적인 영역의 중심부에 자리 잡고 있는 것 같다.

Winnicott은 이렇게 환상을 가지고 있다가 환상에서 벗어나게 되는 발달 과정에 계속 관심을 가졌다. 비록 그는 이에 대해 일관적인 이론적 구조를 구축하지 않았지만 이에 대한 그의 관점과 생각은 많은 시간이 흘렀음에도 정신분석 사상의 중심부에서 사라지지 않고 남아 있다. 그리고 종종 사회적 인식 가운데 나타나기도 한다.

결핍과 정신병

Winnicott은 정신병이란 '환경적 결핍증'이라고 했다(Winnicott, 1949a, 1952b). 그가 정신병에서 유전적 요인을 완전히 무시하지는 않았지만, '절대적 의존성' 이라고 불리는 가장 초기의 자기 형성기에 보살핌을 받지 못한 것이 정신병을 일으키는 주요 이유라고 보았다(Winnicott 1963c). 이 시기에 아이는 자기와 환경을 변별하지 못하기 때문에 환경과 타인을 분리된 것으로 보지 못한다. 따라서 아이가 느끼는 상처는 자신이 반응이라도 할 수 있는 외적인 결핍이 아니라 그의 주관적 세계를 통틀어 흐르는 외상 혹은 분리이다. 그는 이를 '결핍(privation)' 이라고 불렀다. 이는 아이가 제대로 발달하고, 성숙하기 위해 필요한 요소가 부재함을 나타내는 말이다. 따라서 Winnicott은 정신병이 초기 관계의 실패에서 나온다고 정의했다. 특별히 취약한 아이는 이 관계의 실패를 피하기가 더 어려울 것이다.

아이가 자신과 분리된 사람을 인식하기 전에 아이와 엄마의 관계는 어떤 특성을 가질까? 그는 아이가 추동을 가지고 있다는 점을 인정하더라도, 그들을 신체적 만족만을 추구하는 존재라고 보아서는 안 된다고 했다. 그러면서 그는 아이들을 스스로 '생각할 수 없는 불안감에 직면한 것' 을 인식하고 있는 사람이라고 주장했다(Winnicott, 1962b). '충분히 좋은 엄마(good enough mother)' 는 아이의 요구와 상태에 맞춰 아이를 안는다. 그러면 아이는 그녀가 완전히 분리된 존재가 아니라 자신을 감싸고 있는 존재라고 인식한다. 그래서 Winnicott은 엄마를 어린 유아가 '환경이라는 엄마' 로 경험하는 존재라고 불렀다(Winnicott, 1963d).

처음에 아이는 자신의 행복만을 인식하거나 반대로 견딜 수 없는 상태에 실제로 빠지거나 거기서 나오는 위협만을 인식하게 되는데 Winnicott은 이를 '멸절(annihilation)' 이라고 불렀다. 그의 생생한 묘사에 따르면, 이 경험은 세상에서 방향성을 잃고, 의사소통 수단이 하나도 없으며, 완전한 고립의 상태에서 산산이 조각나고, 영원히 떨어지며, 신체 감각이 없는 '원초적 고뇌(primitive agonies)' 라고 할 수 있다. 이는 후에 존재를 위협하는 정신병적이거나 경계선적인 불안으로 나타나는 공포라고 할 수 있다.

Winnicott은 엄마가 유아를 이런 경험에서 보호하는 세 가지 방법, 즉 '안아 주기(holding)', '다루어 주기(handling)', '대상 제시(object-presenting)'를 밝혀냈다. 이런 영역에서의 문제는 특정 불안과 관련성을 가지며, 다른 정서적 능력 발달을 저해한다.

안아 주기는 신체적인 것과 정서적인 것 모두를 포함한다. 충분히 좋은 엄마는 수많은 혼란스러운 경험에서 보호해 주고 공감해 줌으로써 아이의 정서와 충동을 다루고 조절해 준다. 보호적인 안아 주기는 엄마가 유아를 데리고 다니고, 움직이고, 먹여 주고, 유아에게 이야기하는 모습, 반응하는 모습, 유아의 욕구와 경험을 이해하는 모습을 통해 나타난다. 엄마는 갑작스러운 움직임이나 신체적 고통과 아픔, 큰 소리, 눈부신 빛이 유아에게 주는 충격을 미리 감지한다. 그리고 이것을 유아가 자신의 존재를 닫아 버리지 않고도 이런 충격을 스스로 다룰 수 있을 때까지 계속한다. 그때쯤이면 유아는 '비통합(unintegration)'의 상태에 머무를 수 있게 된다. 즉, 자신의 다른 경험도 깨지지 않은 흐름으로 함께할 수 있는 여유롭고 방어하지 않으며, 수용하는 태도를 가지게 되는 것이다. 안아 주기는 자연스러운 존재 경험인 유아의 '참 자기'가 통일성과 연속성을 가질 수 있도록 해 준다. 비통합 기간 동안 유아는 존재론적으로 현실감 있고, 개인적으로 진실한 한 사람으로 시간과 공간 속에 존재하고 있다는 느낌을 내려놓게 될 것이다.

엄마가 유아에게 필수적인 안아 주기와 보호를 제공하지 못할 때 유아는 충격과 반발(reaction) 속으로 내쳐진다. 유아는 '그대로 존재하기'보다는 갑작스러운 소리와 같이 외적인 위협이나 배고픔이나 관계의 욕구와 같은 내적인 위협에 대항해 스스로 싸우려고 한다. 여기에 반응하지 않는 것은 끔찍한 비통합 경험을 가져올 것이다. 이것은 아이가 온 힘을 다해 싸우는 멸절의 경험을 말한다. 그러나 유아는 여기에 싸우면서도 연속성이 없으며, 안간힘을 쓰지 않아도 진실로 살아 있음을 느낄 수 있는 통일된 존재감을 가질 수 없게 된다. 이런 반응이 계속해서 자주 나타나면 아동이 되었을 때 유아는 현실감을 잃고 '산산이 부서질까 봐' 두려워하게 된다. 아이는 '거짓 자기' 로 '참 자기' 를 숨겨서 잘하고 복종하는 겉모습 안에 고통받는 내면을 드러내지 않을 것이다(Winnicott, 1960b). 이것이 실패하게 되면 정신병자의 분열현상이 드러나게 된다. 정신병자는 부분적으로만 자신을 경험하고, 마치 다른 사람인 것처럼 행동하며, 전체성과 일관성 및 자기 연속성을 가지지 못한다.

초기 미분화된 관계의 두 번째 측면은 엄마의 다루어 주기에서 나타난다. 가장 이상적인 경우라면 유아는 엄마의 민감한 손길과 신체에 대한 세심한 배려를 통해 통합된 방식으로 신체적, 정서적 만족을 경험할 수 있을 것이다. 이는 유아로 하여금 감각과 정서의 세계를 연결할 수 있게 해 주고, 그럼으로써 마음과 신체의 안정적인 통합을 가지게 해 준다. 인생 초기에 민감한 다루어 주기를 경험한 사람은 자신의 정신적, 정서적, 신체적 능력이 '참 자기' 의 삶 안에서 서로 연결되어 있으며, 개인적인 것이라는 경험을 하게 된다. 반면 어떤 유아는 자신의 신체적 기능이 비인간적으로 다루어지고 있다고 느끼거나 정서적, 신체적으로 자신이 견딜 수 있는 것보다 더 오래 홀로 있어야 할 수도 있다. 그러면 유아는 자신의 신체적 욕구를 경멸하고 신체적인 경험에서 멀리 떨어져서 자신의 몸보다는 마음과 동일시함으로써 이를 다루려고 한다. 유아는 자신의 '참 자기' 가 신체적이기보다는 실체가 없는 영적(ethereal)이라고 느끼게 된다. 그러면 유아는 '신체와의 관계 부재' 가 주는 고통을 다루려고 노력할 것이다. 이는 후에 비현실감, 비인격화, 신체적 자기에 고정되지 않고 마치 진공 속을 부유하는 것만 같이 느끼게 되는 것과 관련 있다. 이런 비현실감과 모호성은 신체를 포함한 세상과 특별한 연계성을 느끼지 못하는 '방향 상실' 과도 관련이 있다. 최악의 상황에서는 말 그대로 무엇이 기쁨이고 절망인지, 무엇이 안이고 밖인지, 무엇이 앞이고 뒤인지를 구별하지 못하는 상태에까지 이르게 되는 것이다. 마치 기준점이 사라지거나 뚜렷하지 않을 때 끊임없이 진공 상태를 떠다니거나 핑글핑글 도는 것처럼 모든 것이 희미하고 서로의 연결이 끊어져 있다.

대상 제시는 Winnicott이 엄마 되기의 세 번째 측면이라고 지적했던 것이다. 이것은 엄마가 외부 세계를 유아에게 가져다주는 방식이라고 할 수 있다. 대상 제시가 잘 이루어지면 유아는 수용하고 탐색할 준비를 할 수 있게 되고, 엄마는 어느 정도의 독립성을 기꺼이 허락해 준다. 그는 먹여 주기의 관점에서 대상 제시를 묘사했다. 민감한 엄마는 유아가 젖이 자기 앞에 있다는 것을 알아차리기 전에 젖꼭지를 아이 입에 들이밀거나, 유아가 견딜 수 있는 것보다 너무 오래 유아를 기다리게 하지는 않는다. 그리고 유아가 적극적으로 젖이나 젖병을 찾도록 해 준다. 마찬가지로 그들은 유아가 장난감을 발견하고 웃을 때 거기에 반응을 해 준다. 이를 통해 유아는 자신의 노력으로 변화와 만족을 가져왔다고 생각하게 된다. 유아는 마치 자신이 세계를 창조하고 있는 것처럼 느낀다. 이때 유아는 아직 새롭지만 즉시 자신의 일부로 받아들였던 '주관적인 대상' 의 세계에 살고 있는 것 같다. 그리고 이 대상들은 자신의 마술적인 통제 아래에 있다. 유아의 상태에 맞춘 방식으로 대상과 경험을 제시함으로써 어머니는 초기에 아이들이 가지고 있던 전지전능함에 대한 확신과 현실에 대한 각성에 필수적으로 선행하는 '이중적 통일체' 를 가지도록 해 준다. 유아는 일치감과 세상에 대한 신념을 개발하고, 그럼으로써 타인과 자신이 연결되어 있으면서도 분리되어 있다는 인식을 기를 수 있다. 유아는 먼저 다가가 관계를 맺고 세상을 변화시킬 수 있다는 자신감을 얻게 된다. 그리고 세계가 자신을 이해하고 자신에게 관심을 가진다는 기대를 하게 된다.

대상 제시 영역에서 많은 문제가 나타날 수도 있다. 초조한 엄마는 유아가 배고파 하기도 전에 밥을 주기도 하고, 유아가 깨기도 전에 들어올리기도 하고, 유아가 같이 놀아 주기를 원하지 않을 때 놀아 줌으로써 유아의 움직임을 지레 짐작하기도 한다. 반대로 우울하거나 고통 속에 있거나 자신에게만 몰두해 있는 어머니는 유아의 요구에 충분히 반응하지 못하거나, 거기에 맞추지 못할 수도 있다. 이 모든 경우에 유아는 현실적인 자존감을 발전시키는 데에 어려움을 겪는다. 자율성을 침해받은 유아는 자신의 노력 없이도 세계가 자신의 욕구에 맞춰 돌아갈 것이라고 기대하게 된다. 유아는 타인이 자신을 조종하거나 압도시킬까 봐 두려워하고 개인 영역을 개발하지 못한다. 유아에게 충분히 반응하지 않는 부모를 가진 유아는 세계가 자신을 이해하고 공감해 줄 것이라고 기대하지 않는다. 그래서 자신이 실제로 원하는 것을 표현하기보다는 다른 사람의 요구에 맞추는 '거짓 자기'의 관점으로 세상과 관계하는 데서 더 안정감을 느낀다. 대상 제시에 실패하는 최악의 경우 유아는 사람들은 분리되어 있을 뿐만 아니라 고립되어 있다는 믿음을 가지게 된다. 이것은 스스로는 물론 어느 누구와도 의사소통을 할 수 없다는 원시적인 고통이라고 할 수 있다. 불신과 공허, 외로움은 더 자주 나타난다. 다른 사람과 관계를 맺는 것이 소용없어 보일 때, 이들은 혼자서 모든 것을 수행하는 것이 더 낫다고 느끼거나 충분하다고 느끼게 된다.

아직 분리를 인식하지 못한 아이는 안아 주기와 다루어 주기, 대상 제시가 결핍된 것을 외적 실패라고 여기지 않는다. 대신 유아는 평화로운 상태를 깨뜨리고, 자신이 다룰 수 없는 내외적 자극에 압도당한다.

Winnicott은 이런 외상적 경험을 '침해(impinegement)' 라고 불렀다. 완전성에 금이 간 것이라고 할 수 있으며, 유아는 단지 이를 받아들일 수밖에 없다. 이것이 극심한 경우 유아는 걱정 없이는 살아가지 못하며, 견딜 수 없는 불안에 대항해서 방어적인 생존 태도를 구성해야 한다. 거짓 자기로 사는 것이나 정서적으로 철수하는 것, 적극적으로 분열을 조장하는 것은 외상을 입은 참 자기를 위한 보호막이라고 할 수 있다. 그때에 참 자기는 감춰지거나 깨지고, 잘 개발되지 못하지만 절대로 사라지는 일은 없다. Winnicott은 열성적으로 참 자기의 존재를 믿었기 때문에 전두엽 백질 절제술과 같은 정신과적 치료 방식에 대해 항의했다(Winnicott, 1949b). 그는 이 방법이 가장 소중한 인간성을 파괴한다고 보았다. Winnicott은 인생 초기에 거치는 위험과 여기에서 나오는 고통에 대해 민감하게 반응했고, 이로 인해 그는 정신병자나 경계선 환자에게 매우 공감적인 태도를 가지게 되었다. 그는 그들이 절대적 의존기에 있는 아이와 같다고 생각했다. 그래서 정신적인 붕괴를 두려워하는 환자는 잘 모르는 상황을 두려워하지 않지만, 그 전에 겪은 끔찍한 유기 상태로 돌아가는 것은 두려워한다고 주장했다(Winnicott, 1963a). 이런 통찰은 정신적인 분열을 두려워하는 사람들에게 진정으로 도움이 된다. 그는 정신병적 불안(원시적 고뇌)의 위협 아래에 있을 때, 우리가 필요한 것은 우리의 문제에 대한 분석이 아니라 '충분히 좋은' 엄마가 자연스럽게 자신의 어린 자식에게 주는 민감하고 헌신적이며, 감상적이지 않은 보살핌이라고 주장했다(Winnicott, 1967a).

만약 치료자와 환자 모두 초기 의존성이라는 퇴행을 참아 줄 수 있다면, 환자는 더 공감적인 보살핌을 경험함으로써 자기 안의 분열과 파편화를 고칠 수 있을 것이다. 거리를 두고 전문적인 진료를 한다는 것은 거짓되거나 회피적인 것이라고 할 수 있으며, 진정으로 인간미를 갖춘 사람만이 환자의 회복을 도울 수 있는 것이다. 이와 관련해서 Winnicott은 다음과 같이 썼다.

> 내가 분석가의 기술과 전문적인 태도라고 부르는 장애물을 경계선 환자는 서서히 무너뜨린다. 그리고 융합에까지 이르는 가장 초기의 직접적 관계를 요구한다(Winnicott, 1960c).

전환기 현상

전환기 현상 이론(Winnicott, 1971)은 그의 이론 가운데 가장 널리 알려진 것이라고 할 수 있다. 그의 예리한 관찰력 덕분에 어린 시절 우리에게서 떼려야 뗄 수 없었던 헝겊 조각이나 담요, 곰인형이 집중적인 관심을 받기 시작했다. 그는 아이들의 초기 경험에 관심을 가졌다. 어린아이를 돌보는 것은 엄마만의 일이라는 양육 방식이 당연시되던 전후 영국에서 그는 아이들이 보여 주는 강렬한 집착에 대한 생각을 발전시켰다. 아이들은 젖을 먹을 때 기쁘고 긴밀한 접촉을 했다가 다시 홀로 남겨지기를 반복했다. 그리고 9개월 무렵에 젖을 떼었다. 즉, 아이들은 단 한 명의 주 양육자가 주는 강렬한 보살핌 아래서 정기적으로 홀로 남겨져야 했다. Winnicott은 전환기 현상이 보편적인 것이라고 보았지만, 문화 특수적인 특성이 있는 것 같다(Jacobs, 1995: 105-7).

전환기 현상은 아이와 어머니의 초기 융합과 분리에 대한 깨달음 사이에 존재한다. 즉, 절대적인 의존기와 상대적인 의존기 사이의 전환기를 나타낸다고 할 수 있다. 전환기에 아이는 특정 물체, 소리 혹은 다른 일을 통해서 분리되거나 홀로 남겨지는 두려움을 다루는 방법을 찾게 된다. 전환기 대상[이 책에서는 'transitional object'를 전환기 대상으로 번역한다.

'transitional' 의 개념은 특정 기간만을 뜻하는 것이 아닌 현실 세계와 현상학적 세계의 전환기에 있는 대상, 현상 등을 의미하는 것으로서 우리나라에서는 종종 '중간' 으로 번역되고 있지만, 이 책에서는 용어의 사용에서 모호한 부분이 있어 원문에 맞추어 모두 '전환기' 로 사용한다.-역주]은 아이가 잠을 자기 전에 안거나 빨 수 있는 담요나 걸레, 장난감을 가리키며, 유아는 그것을 하루 종일 가지고 다니기도 한다. 전환기 현상은 우리가 노래나 이야기처럼 비물질적 대상에 보이는 애착이라고 할 수 있는데, 유아에게도 같은 역할을 한다.

전환기 대상 혹은 현상은 유아에게 많은 것을 제공해 주고, 유아를 수용해 주고 양육해 주는 어머니와 분리된 내적 통일성을 상징적으로 드러낸다. 이는 어머니가 자신과는 신체적이나 사고 면에서 분리된 사람이라는 것을 깨닫고 어머니를 놓아 주기 위해 분투하면서도, 안정감을 얻기 위해 아이가 잡고 있는 것이라고 할 수 있다. 이런 이유 때문에 유아는 잠을 자러 갈 때나 불안감을 떨쳐 버리기 위해서 실제적인 엄마보다 전환기 대상을 필요로 한다. 그리고 그것은 엄마와 유아 사이의 초기 행복한 융합이 밖으로 향해 있었음을 보여 준다.

전환기 대상의 분리는 아이의 전지전능성에 한계가 있음을 나타낸다. 걸레와 담요는 상상에서 나온 것이 아니라 실제적인 것이다. 대상이 외부에 존재한다는 점은 엄마가 외부에 존재한다는 점을 상징한다. 비록 아이들은 이런 대상과 자신이 일치성을 가진다고 느낌으로써 대상이 외부에 존재한다는 깨달음을 완화시키려고 하기도 하지만 말이다. 대상을 가진 아이들은 하나라는 착각이 주는 안도감과 더 이상 부정할 수 없는 분리감 사이에 휴식처를 얻게 된다. 아이는 이렇게 대상과의 특별한 관계를 통해 안도와 분리를 동시에 느낄 수 있게 되고, 아이와 함께하는 성인이나 다른 아이는 직관적으로 이를 지지해 주는 역할을 한다. 예를 들어, 레스토랑에 있는 사람은 아이와 함께 온 곰인형에게 숟가락과 접시를 주고, 버스를 탄 아이는 곰인형을 좌석에 앉혀 둘 수 있다. 그러면서도 음식 값이나 버스비는 낼 필요가 없다. 이렇듯 아이를 키워 본 적이 없는 많은 사람도 아이의 소중한 전환기 경험을 함께 나누며, 이를 즐겁게 수용해 준다.

Winnicott은 전환기 대상의 중심 특성을 이렇게 요약했다. 대상은 아이에게 속해 있으며, 아이는 대상을 원하는 대로 대한다. 그와 동시에 대상은 아이에게 마술적인 통제감을 줄 정도로 약해서는 안 된다. 아이와 대상의 관계는 동일시에서부터 애증 관계까지 다양한 모습을 보이며, 대상은 아이가 초기 관계 맺음 방식대로 험하게 다루더라도 살아남아야 한다. 대상은 소리, 재질, 움직임, 온기와 같이 관계에 영향을 미치는 특성이나 삶의 방식을 가지고 있다. 따라서 이들은 외적인 대상이나 현상—담요, 장난감, 음악상자, 깔개의 무늬—이지만 복사하거나 대체할 수 있는 성질의 것이 아니다. 그리고 아이가 부여하는 의미를 통해서만이 상징적인 힘을 가지게 된다.

엄마를 상징하면서도 엄마가 아니라는 점 때문에 전환기 대상은 중요한 의미를 가진다. 이것은 아이가 상징을 창조하고, 환상을 가지고, 놀고, 사고하기 시작했다는 것을 나타낸다. Winnicott은 전환기 현상이 '4, 6, 8개월에서 12개월 사이'에 나타나기 시작한다고 주장했다(1971). 아이가 연결과 독립 모두를 당연하게 받아들일 수 있게 되는 동안 분명한 전환기적 상태는 점차적으로 사라지게 된다. 전환기 대상은 유아가 의식적으로 포기하거나 잃어버리는 것이 아니다. 이것은 천천히 가장자리로 물러나 침대 뒤나 선반 위에 남겨지게 되는 과정을 겪는다. 그때쯤이면 아이는 더 넓은 전환기적 경험의 기회를 세상에서 받게 된다.

Winnicott은 우리가 단일 대상에서 벗어나 단어, 놀이, 문화, 예술, 종교를 경험하게 된다고 했다. 이런 경험은 사회적인 것이지만 우리는 이에 대한 우리의 반응을 설명하지 않아도 된다. 이 모든 분야에서 우리의 내외적 세계는 우리에게 특별한 의미를 주고 우리 삶을 증진시키며, 개인적인 면을 가진 특정 영역을 만나게 된다. 그러나 우리는 성인이 되어서도 '특별한' 대상을 가지고 있다. 즐겨 쓰는 컵이나 익숙한 의자, 작가의 펜, 음악가의 악기는 논리적으로는 설명할 수 없는 친밀감을 준다. 그것들은 우리 안에 소중하게 남아 있고 우리가 본래 느꼈던 융합의 유물이라고 할 수 있다.

그는 치료적 환경이 매우 전환기적이라고 묘사하기도 했다. 치료자는 자기 자신과 치료적 공감을 전환기적 경험을 위해 사용한다. 그러면 환자나 내담자는 의존, 사랑, 반항, 경멸, 미움과 같이 관계를 통해 경험하는 진실을 가지고 '놀이를 통해(playing)' 가장 효과적으로 반응하게 된다. 그리고 환자와 치료자는 이런 반응을 사적인 것으로 오해하지 않음으로써 허용하고 참아낸다. Winnicott은 놀지 않는 것은 치료가 아니라고 생각했다. 왜냐하면 환자가 놀 수 있어야 성장과 발전이 자연스럽게 따라오기 때문이다.

박탈과 비행

제2차 세계대전 동안 Winnicott은 옥스퍼드 지역에서 영국 정부의 피난 계획을 관리하는 자문 정신과 의사로 일했다. 여기서 그는 위탁 가정에서 맡기에는 정신적 고통이 극심한 아이들을 돌보는 합숙소를 관리하는 역할을 맡았다. 그는 그곳에 있는 대부분의 아이가 부적합하거나 붕괴된 가정에서 왔다는 사실을 발견했다. 그래서 그는 아이들이 가족에게서 떨어졌을 때 보이는 어려움은 물론 초기 박탈과 후기 비행 사이의 관계를 탐구해 볼 수 있는 기회를 얻었다. 결국 이런 아이를 직접 치료하거나 가족 지원을 통해 다루면서 그는 평생 동안 이 분야에 관심을 가지게 되었다. 더불어 사회가 비행과 범죄를 일으키는 사람을 어떻게 다루어야 할지에 대해서도 관심을 가졌다(Winnicott, 1984).

그는 Freud나 Klein처럼 공격성이 완전히 분리된 본능이라고 보지 않고, 시간이 지남에 따라 사랑과 구별되는 관계의 한 부분이라고 믿었다. 그는 공격성이란 사랑하는 대상이 분리되어 있으며, 약한 존재라는 것을 깨닫기 이전에 나타나는 무자비하고 자기만족적인 흥분의 한 면이라고 주장했다. 그리고 아이가 점차적으로 융합과 전지전능감의 환상에서 벗어났을 때 자신의 강렬한 욕구가 다른 사람에게 미칠 수 있는 영향을 고려할 수 있게 된다고 했다. 자신의 다양한 느낌과 충돌을 알아 가고 엄마를 지각해 나감에 따라 사랑과 미움, 사랑스러움과 악함을 동시에 가진 두 명의, 연결되어 있으나 개별적인 사람에 대한 통합적 관점을 가질 수 있게 된다는 것이다. 그는 관계에서 자신의 역할에 더 큰 책임감을 가지고 창조성과 복구 과정을 통해 스스로의 분노와 파괴성을 대체해 나간다. Winnicott(1963d)은 이 성취를 '배려 단계' 라고 불었다. 이는 우울한 불안을 풀어 나감으로써 어느 정도 안정된 상태인 Klein의 우울 양태와 비슷한 양상을 보인다. 자기 자신과 타인에 대한 유아의 관심은 초기 인생의 원초적 고통에서 자신을 충분히 보호해 줄 수 있는 지속적이고 개인적인 관계 맥락에서만 발달할 수 있다. 이러한 보호 속에서 쌓이는 안전감과 신뢰가 없이는 전지전능의 환상을 벗어나 그 이상으로 성장하려는 위험 감수를 하지 않게 되고, 전지전능의 환상은 그 자체로 지나치게 긴장하게 된다. 이렇게 되면 아이와 엄마가 생존할 수 있고 채워지는 관계를 이루는 분명하게 차별화되는 상태를 구별할 수 있는 일관된 경로를 잃게 될 것이다.

안정적이고 연속적인 배려를 경험하지 못한 아이는 일관성 있는 자기감을 얻고, 관계의 다른 면을 통합하는 데 더 큰 어려움을 겪는다. 그는 같은 사람에게 느끼는 분노와 사랑의 영향을 깨달을 기회를 얻지도 못하고, 그럴 필요성조차 느끼지 못한다. 따라서 그 차이를 알지 못하고 배려하는 태도를 발전시키기 위해 이들을 통합하지도 않을 것이다. 그런 사람은 자신 주변의 가족, 집단, 사회를 느끼지 못하며, 소속감을 가지고 타인에 대해 책임감을 느끼지도 못한다. 이런 극단적 상황은 긴밀한 개인적 유대를 가질 기회가 없었거나, 그런 유대가 계속해서 깨진 곳에서 돌보는 사람이 자주 바뀌었던 아이 가운데서 나타난다. 이는 지금보다 1940년대나 1950년대에 더욱 빈번하게 나타났다. 그리고 이는 Winnicott과 Bowlby의 노력으로 현재에는 훨씬 적은 수의 아이들이 비인간적이거나 혼란스러운 상황 속에서 자라게 되었다는 점을 의미한다.

그러나 아이가 자신의 분리감을 인식할 수 있을 때 관계에 실패하게 되면 배려하는 능력을 개발하는 데 취약점이나 틈을 야기하게 된다. Winnicott은 이를 '결핍' 과 구별해서 이를 '박탈(deprivation)' 이라고 불렀다. 이는 상대적인 의존에서 나타나는 '반사회성' 을 불러온다. Winnicott은 아이가 외부에서—보통 부모에게서—오는 상실감을 인식할 수 있을 때, 좋은 경험을 상실하는 것을 박탈이라고 불렀다. 이 상실은 아이가 견딜 수 있는 것보다 더 오래 지속되어 결국에는 아이가 부모나 세계에 대해 가지고 있는 신념이 깨지게 된다. 이 때문에 아이는 절망감이라는 일차적 고통에 빠지게 되고, 자신을 잡아 주는 사람 없이 내적 붕괴를 경험하게 된다. 결국 아이는 스스로를 다잡거나 위험에서 빠져나옴으로써 재앙이 오기에 앞서 행동을 취하려고 노력하게 된다. 그리고 이런 위험한 세상에 맞춰 스스로의 욕구보다는 외적 욕구에 적응할 수 있도록 복종적 자리를 구성한다. 따라서 상실과 혼란 직전에 아이는 이상하게 '좋아질 수' 도 있다. 이런 '거짓 자기' 를 간직함으로써 자신의 '참 자기' 를 보호하는 것이다. 그리고 결과적으로 삶의 연속성은 깨지고 진실한 욕구, 사랑, 분노를 가진 관계를 맺는 것은 불가능해진다.

아이가 세계에 대해 긍정적인 반응을 얻을지도 모른다는 희망을 다시 가지게 될 때 그들은 반사회적인 행동으로 이를 나타낸다(Winnicott, 1956, 1963f). 이런 희망으로 아이는 자신의 박탈감에 대해 대항하려고 하고, 이를 바르게 고치려고 한다. 아이는 아마도 무의식적으로 누군가 그에게서 '훔쳐 간' 것을 실제로 '훔치는' 행위를 통해 되찾고 싶어 한다(물론 대개 부모의 것을 훔친다.). 그러고는 거리낌 없이 타인의 물건을 가져갈 권리가 자신에게 있다고 주장한다. 마치 외상적 분리 이전에 그가 맺었던 거리낌 없는 관계처럼 말이다. 그리고 그는 다른 사람이 그의 상실감을 인정하고 신뢰할 수 있는 관계를 다시 세우기 위해 상징적인 형태로 변화해 줄 것을 요구한다. Winnicott은 아이들이 잠시 물건을 훔치는 시기가 있다는 점을 지적하면서, 의지할 만한 애정 어린 배려를 통해 이를 해결할 수 있다고 주장했다.

또한 반사회성을 파괴성을 통해 나타내기도 한다. 파괴적인 행동은 분노뿐만 아니라, 증오나 복수심 없이 아이를 수용하고 통제할 수 있는 강한 부모의 모습을 요구하는 것이라고 할 수 있다. 애정 어린 성인의 강한 반응을 맞아 아이는 세계가 다시 자신을 받아 줄 수 있다는 확신을 얻게 된다. 그리고 더 이상 불안한 긴장감에 스스로를 몰아넣지 않는다. 성인이 자신을 책임져 줄 수 있다는 확신을 가질 때 방어적인 거짓 자기가 아닌 참 자기의 모습으로 다시 살 수 있게 되는 것이다.

반사회적 행동은 대부분 가정생활 내에서 나타나고 해결된다. 부모는 아이가 사랑, 확신, 기대 완화를 필요로 한다는 것을 깨닫고 직관적으로 언제 아이들에게 재량권을 주어야 하는지 알게 된다. 부모는 아이가 세상에 대해 가진 신뢰가 깨지기 전에 아이의 요구에 즉각적으로 반응하고, 아이가 겪는 어려움을 '보상해 준다.' 비록 아이와 부모 모두 그것이 무엇인지 모르지만 말이다. 또한 부모는 그들이 언제 아이에게 시간 규제를 해야 하는지 알고 절대 여기에서 벗어나지 못하게 한다. 이렇게 일관성 있고 확고부동한 태도는 강한 부모를 원하는 아이의 반응에 맞춰져 있다. 강한 부모란 아이의 파괴성을 어느 정도 통제해 주며, 그럼으로써 아이를 안심시킨다.

반사회성은 일시적이고 사소한 것일 수도 있고 심각하거나 연속적인 외상에 대한 반응이라고 할 수도 있지만, 충분히 좋은 경험에서 따라오는 것이다. 아이가 자기와 타인을 분리할 줄 알기 때문에 이는 정신병적 구조라고는 볼 수 없다. 거의 정상적이거나 신경증적인 것에서부터 분열되고 정신증적인 것에 가까운 성격의 일부로 자리 잡게 된다.

작은 박탈에서 비롯된 반사회성을 가진 아이를 점차적으로 안정된 환경에서 다루는 것은 상대적으로 간단한 일이다. 그러나 아이나 성인이 반사회성을 삶의 방식으로 취하고 있다면 그것은 완전히 다른 문제라고 할 수 있다. 극단적 반사회성은 고질적이고 충동적인 특성을 보이며, 더 오래 지속될수록 더욱 고정적이고 복잡한 양상을 보인다. 초기 박탈에 압도당할 때, 아이는 견딜 수 없는 내적 상태를 몰아내기 위해 필사적으로 노력하면서 다른 사람이 자신을 잡아 주기를 원한다. 이것이 뜻대로 되지 않을수록 아이는 안정감을 얻기 위해 더 열심히 매달린다. 아주 어린 유아처럼 비행 아동은 박해와 분열이 거의 사라지지 않는 견딜 수 없는 불안감을 가지게 된다. 그 아이들은 물건을 훔치거나 공공물을 파괴함으로써 탈출구를 찾는데, 그럼으로써 사회에는 스스로 통제할 수 없는 것을 통제해 달라는 도전거리를 안겨 준다. 극단적인 경우, 훔치거나 마약 거래를 하거나 폭력을 행사하는 것은 사회의 통제적인 반응과 만나 통제하는 환경에 있다는 착각을 주기도 한다. 이는 더 완전한 만족감이 있으리라는 보장이 없을 때 특히 더 억제할 수 없는 힘을 발휘한다. 계속해서 범죄를 저지르는 사람은 아마도 자신의 방식을 변화시키기에는 너무 많은 것이 걸려 있는 것인지도 모른다. 그의 비행은 그와 친구들에게 자부심을 느끼게 해 준다. 그리고 이는 그의 행로를 결정해 주고, 감옥에서 직장을 구해 주기도 한다. 또한 절도를 통해 물질적인 것을 얻게 되고 정서적 흥분감을 경험하게 될 뿐만 아니라, 다른 사람을 지배하는 힘도 준다. 절망, 분열, 고립 속에서 이 모든 것을 포기하는 것은 생각조차도 할 수 없는 일인 것이다.

Winnicott은 이를 염두에 두고 비행과 범죄 영역에서 치료는 관리와 별개로 진행되어야 한다고 생각했다. 치료는 그 사람이 자신의 반사회적인 방어를 포기하고 깨뜨려서 신뢰에 기초를 둔 새로운 성장을 촉진할 수 있는 방식으로 보살핌을 경험하는 것이어야 한다. 이는 강한 동기와 탁월한 준비가 수반되어야 가능한 것이며 강한 혼란 속에서 고통을 가져올 수도 있다. 반면에 관리는 반사회적인 사람이 부족한 내적 통제를 대체할 수 있는 환경을 조성하는 것으로 이루어진다. 경미한 경우에 신뢰와 관계를 회복하는 것은 가능하다. 그러나 비행을 저지른 사람이 외적 통제에 더 의존할수록 행동 이상의 깊은 변화를 가져오는 것은 전략이라기보다는 현상 유지책(holding operation)에 가깝다. 인간적인 관계를 더 적게 이용할수록 관리는 더 비인간적이고 엄격하게 이루어져야 한다. 표준적인 환경에서 박탈을 경험한 사람은 괜찮은 삶의 질을 경험하도록 안정감을 얻게 될 것이다. 통제를 풀어 주면 견딜 수 없는 고통이 다시 나타날 것이다. 그러면 내적 압력을 경감시킬 수 있는 잘못된 행동을 또다시 시작하고 외부에서 이들을 다시 통제해야 할 것이다.

이런 이유 때문에 Winnicott은 극단적으로 반사회적인 사람에게는 엄격한 스파르타 식의 규율이 효과적이며, 인간적인 것이라고 생각했다. 그러면서 그는 위탁가정이 늘어나고 있는 상황 속에서, 그런 따뜻한 가정에서 아이들을 맡아 기르는 것이 계속해서 실패하게 될 수도 있다고 지적했다. 두려워하고 화를 내는 아이들에게 친밀감과 융통성은 위협이자 거부라고 느껴질 수도 있다. 그럼으로써 내적 통제는 더욱 무너지게 되는 것이다. 이런 상황에서 파괴성이 증가하는 것은 내적 분열을 외면화하는 것이다. 더 효과적인 내적 통제감을 찾기 위한 필사적인 노력보다 덜 희망적인 것처럼 보인다. 비록 이런 아이가 새로운 환경에 약간의 희망을 걸기는 하지만, 그는 극단적인 방식으로 그 환경을 '시험해' 볼 것이다. 희망과 절박함에서 혼재되어 나왔든 그렇지 않든 조종하려 들고 거짓말을 일삼으며, 파괴적이고 폭력적인 행동을 보이는 것은 위탁 가정이 받아들이기에는 너무 큰 것이다. 그래서 많은 아이가 자신이 속한 곳의 안정이 완전히 깨질 때까지 위탁 가정을 전전하다가 결국에는 소년원에 가게 된다.

박탈과 비행에 대한 Winnicott의 관점은 Bowlby와 상당히 상반된다. Winnicott은 모성 박탈이 아이에게 얼마나 지대한 영향을 미치는가에 대한 Bowlby의 연구를 보고, 어떤 일이 있어도 아이는 부모와 함께 있어야 하고, 기관이 아닌 위탁 가정에 맡겨져야 한다고 믿었다. 그 결과 많은 고아원이 문을 닫았다. Winnicott은 이에 대해 박탈된 아이들의 요구에 대한 이해를 감소시키는 현상이라고 생각했다.

박탈에 대한 Winnicott의 관점은 우리에게 막대한 영향을 미쳤다. 부모와 교사는 이제 관심을 끌고 싶어 하는 짧은 전환기에 아이들이 보이는 혼란스러운 행동과 절도를 더 잘 이해하게 되었다. 법체계는 여전히 어린 비행 청소년이 범죄자가 되는 것을 막고 싶어 하고, 고정된 반사회적 공동체 내에서 감금하는 것보다는 사회적 제제를 가하는 것을 지지할

지도 모른다. 그러나 최근 나타난 자유주의에 대한 반동은 투옥과 보복에 대한 이해를 어렵게 하는 결과를 초래했다. Winnicott은 처벌은 범죄자와 관련이 전혀 없지만, 사회에 이것이 필요하다고 주장했다. 체계적인 사회의 처벌을 강조함으로써 범죄자가 그 안에서 안전을 느낄 수 있을 정도로 충분히 엄격한 체제를 유지하고, 여기에 자금을 대 주도록 동기를 부여했다. Winnicott은 사회에 필요한 것을 적절하게 인식하지 못하는 것은 물론, 박탈자에게 필요한 강한 통제를 무시하는 데서 이런 움직임이 나왔다고 보았다.

논 평

Winnicott은 정신분석의 어느 학파에도 속하지 않고, 독립적인 활동을 했던 인물이었다. 그는 진료와 글을 통해 약학, 정신분석, 부모 되기, 전문가 분야를 포괄하는 관계적 깊이를 보여 준다. 정신분석가로서 그는 병리적이고 가혹한 Klein의 시나리오에 상상력 넘치고 창조적인 긍정적 바람을 불어넣었다. 그는 Freud의 이론적 구조나 Klein의 개념적 발전을 다시 쓰지 않았지만, 이들의 이론을 발판 삼아 정서발달에 미치는 환경의 역할을 새롭게 강조했다. 그의 정신분석은 과학이자 예술이었으며, 사고보다는 공감을 요구했다. 그는 정서적 친밀감과 개인의 경계를 풀 수 있는 능력, 타인과 재치 있는 조화를 이루는 것을 중요하게 생각했다. Marilyn Senf(1995)는 Winnicott의 활동 덕분에 정신분석에서 여성성이 중요시되었다고 보았다. 그의 사고와 진료 업무, 저작이 가진 친밀성은 Freud와 Klein의 개인중심성에 산뜻한 상호주관성이라는 개념을 더해 준다.

Winnicott과 Klein의 목표는 유사하다. “나는 유아가 아주 어렸을 때에 아픔을 겪는다는 것을 보여 주고자 한다. 그리고 적합하지 않은 이론은 바꿔야 한다."(Winnicott, 1989: 575) 그는 Klein이 그랬듯이 마지못해 기존 생각에 맞춰 그의 생각을 전개해 나가야 했다.

Winnicott은 실제 진료와 이론에서 기계적인 접근이 아닌 관계적인 접근을 취했다는 점에서 Freud와 다르며, 정서 발달에서 환경이 본능만큼 중요한 역할을 한다고 보았다는 점에서는 Klein과 다르다. 그러나 그는 본능 이론을 완전히 버리지 않았으며, Klein의 이론과 약간의 차이만 있었던 Freud의 이론에서 많은 착안을 얻었다. Goldman(1993: 137)은 Winnicott이 Freud와 이중 관계를 유지했다고 주장했던 Guntrip의 의견을 적기도 했다. 즉, 그가 개인적으로는 동의하지 않으면서 대외적으로는 Freud를 지지했다는 것이다. 그는 정신의 독립을 선언하면서도 이전 학자의 의견을 뒤집어엎는 행위를 강도 높게 비난하면서 Fairbairn에 대해서 이렇게 말했다. "그는 Freud를 무너뜨리고 싶은 마음에 자신의 좋은 업적을 망가뜨렸다."(Guntrip, 1975) Winnicott이 Freud와 Klein 모두를 쉽게 비난하지 못했던 것은 Darwin과 더불어 그들이 Winnicott에게 미친 지대한 영향과 그들에 대한 Winnicott의 애정 때문인 것 같다. 또한 그의 보수적인 세계관과 아버지를 거역하기를 두려워했던 그의 특성도 이에 영향을 미쳤다.

Greenberg와 Michell은 Winnicott이 Freud와 Klein에 반대하지 못한 것이 그의 이론적 전제를 모호하게 만드는 결과를 가져왔다고 보았다. 그래서 그들은 Winnicott이 Freud와 Klein의 개념에 대해 크고 작은 해석상의 오류를 범하게 되었다고 지적했다.

> Winnicott은 정신분석의 역사를 실제 발달했던 대로 기술하기보다 Freud가 좀 더 분명하고 부드러운 선구자로 드러나게끔 기술하는데, 이는 Winnicott 자

신이 원했던 바이다(Greenberg & Michell, 1983: 198).

Greenberg와 Michell은 Winnicott이 자신의 그의 이론과 임상실제에서 관계성을 중시하지만, 추동이론과도 표면적으로는 연계를 가지고 있다고 주장했다. 다시 말하면 그의 이론은 생물학적 요구와 의미 추구를 핵심적으로 제시함으로써 발달의 이중 경로를 함축하고 있는 셈이다.

사실 Winnicott의 이론에 담긴 전제는 참으로 모호하다. 그는 Freud의 용어와 개념을 사용하지만, 별다른 언급 없이 그들의 주요 특성을 바꾸어 사용했다. 예를 들어, 다음을 보면 그는 원초아를 본능적 삶의 영원한 무의식적인 자원이 아니라 특정한 신체적 경험을 나타내기 위해 특수하게 사용하고 있다는 점을 언급하지 않았다.

예 아이는 젖을 빨고 만족해한다. 이 사실 자체만으로는 아이가 자아-동조적(ego-syntonic)인 원초아 경험을 하고 있는지, 아니면 반대로 유혹이라는 외상, 사적인 자아 연속성에 대한 위협, 혹은 자아-동조적이지도 않고 또 다른 자아가 다룰 준비도 되어 있지 않은 원초아 경험으로 인한 위협 때문에 고통을 받고 있는지 알 수 없다.

Winnicott은 인간의 발달과정에는 두 가지 가닥이 있는데, 이것들은 부분적으로나 아주 서서히 종합될 수 있을 뿐이라고 했다. 한 가닥은 의미와 관계라는 인간적인 가닥으로, 참 자기와 거짓 자기의 발달에 관한 그의 설명에 특히 명료하고 철저하게 밝혀져 있다(Winnicott, 1960b). 다른 한 가닥은 비인간적인 신체적 본능으로서 그는 그것을 이차적 지위로 낮추었으며 관계적인 맥락으로 통합시키지 않았다.

Winnicott은 자아가 사람과 동일한 의미를 가진다고 보았다. 왜냐하면 사람이 경험한다는 전제 없이 발달을 이야기하는 것이 무의미하기 때문이다. 그는 "시작부터 자아가 존재했을까?"라는 질문을 던지고 스스로 이렇게 답변했다. "자아의 시작이 시작 자체를 의미한다." 그리고 모호한 말을 덧붙였다. "그 시작은 모든 시작을 한데 모은 것이라는 점도 기억해 두는 것이 좋다."(Winnicott, 1965: 56) 그러면서 그는 뇌의 많은 부분이 손상된 상태로 태어난 유아에 대한 예를 들었다. 그 유아는 경험할 수 있는 능력이 없기 때문에 유아의 생리적 기능은 자아 기능이라고 부를 수 없다. 즉, 그는 경험하는 자아가 유기체적 인간을 만들어 내기 때문에 본능적인 발달과 생물학보다는 자아 발전과 주관성이 더 중요하다고 보았다.

이로 인해 Winnicott은 자아('나') 와 별개인 '원초아 경험' 이라는 요소를 개념화했다. 그리고 자아가 어느 정도 강해야 본능적 욕구가 개인의 정체성에 위협이 되지 않고 긍정적으로 작용한다고 생각했다. 그는 '원초아 경험' 을 가져오는 '본능' 이란 배고픔, 성적 흥분, 배설 욕구와 같이 정점에서 고통을 경감시켜 주어야 하는 신체적 욕구라고 말했다. 이런 욕구는 자아가 아직 연약할 때는 유아의 통일성과 정체성을 침입한다. 따라서 엄마는 정서적으로 일치하는 방식으로 유아의 신체적 상태를 관리해 주는 역할을 해 주어야 한다. 유아를 먹여 주거나 쓰다듬어 줌으로써 제공되는 만족감은 '유혹' 으로 경험될 수 있는데, 여기서의 유혹이란 유아의 인간성은 무시되면서 유아의 신체적 욕구나 흥분을 이기적으로 이용하는 것을 의미한다.

> 유아의 구강기 욕구를 만족시키고, 그렇게 함으로써 유아의 자아기능을 훼손할 수도 있다. 그렇게 훼손되지 않는다면 자아기능은 성격의 핵심인 자기로 철저하게 보호된다(Winnicott, 1962b).

따라서 Winnicott은 인간 발달이 대상 추구와 욕구 충족의 뿌리로부터 이루어진다고 본다. 이는 Balint의 의견과 동일하며, Fairbairn의 이론 구조의 토대와는 상반된다. 그는 의미와 관계를 형성하는 자아 경험과 자아 경험으로 통합될 때까지 의미를 가지지 않는 원초아 경험을 구분했다. 그러나 그는 '원초아 경험' 이라는 용어를 사용함으로써 본능적 삶은 경험될 때에만 관련성을 가진다는 점을 분명히 했다. 이는 그의 이중 견해를 약화시키는 것 같다. 왜냐하면 만약 본능이 경험 속에 통합된다면 그의 이론은 본능과 주관성 모두에 기초한다기보다는 주관성에만 기초를 둔 것이라고 할 수 있기 때문이다. 그가 더 이상 탐구하지 않은 그의 이론은 매우 실험적이지만 혼란스러운 면이 있다.

Winnicott이 죽음 본능을 거부했다는 점 역시 많은 문제를 안고 있다. 그는 공격성이란 활발한 자기 주장성과 비슷한 원시적 사랑의 한 부분이며, 파괴적이라고 할 수 없다고 주장했다. 그는 이것이 인간의 원죄를 정신분석학적으로 표현한 것으로서, 이것은 유아가 자신을 완전히 반대하는 사람을 비난하는 것도 포함한다고 주장했다. 그러나 그는 공격적인 충동이 성적 충동에서 본래 떨어져 있다고 말했다. 그는 '성적 근원' 에 대해 말하면서, '공격적 근원' 을 본능적 삶에서 분리시켰다(Winnicott, 1950-55). 죽음 본능과 에로스의 결합이라는 Freud의 생각을 받아들인 그는, 공격성과 욕구가 분명히 관계적 요소를 형성하는 시기인 초기의 '전 융합' 단계를 가정한다. '융합' 은 배려하는 능력의 발달과 관련이 깊은 심리적 과업이다. '반 융합' 은 배려하는 능력이 부분적으로 혹은 전체적으로 무너질 때 사랑과 미움이 분리되면서 나타난다.

만약 대상관계에서 욕망하거나 공격적인 면이 각각 다른 근원을 가지고 있고, 점진적으로 통합되는 것이라면, 죽음 본능을 거부하는 Winnicott의 의견은 근거를 잃게 된다. 자기 주장성을 파괴성과 차별화하여 사용한 것처럼, 이름을 바꾸는 것이 개념 자체를 버리는 것보다 더 나은 방법인 것 같다.

Winnicott은 '환경적 엄마'와 유아가 초기에 융합된 상태에 놓여 있는 상태를 가정함으로써 Klein의 편집-분열성 양태 이전의 양태를 전제로 하고 있다. Freud 역시 일차적 자기애라는 관점을 통해 이야기한 바 있으며, Klein과 Fairbairn은 이를 출생 전 인생이라고 불렀다. 자기와 타인이 분리되기 전에 아니라, 분리된 이후에야 융합이 관계 양상을 띨 수 있다는 증거를 제시한 Stern(1985)은 초기 발달이 융합에서 개별화되는 과정과 관련이 있다는 일반적인 전제에 도전하기도 했다. Stern은 유아가 출생 시부터 타인 중심적이며 자기와 타인에 대한 인식은 이전의 연대감에서 생기는 것이 아니라 아무것도 없는 데서 나오는 것이라고 했다. 그는 연구 결과와 정신분석적 전제를 비교함으로써 초기 발달에 대한 일반적인 정신분석적 전제를 완전히 뒤집어 볼 것을 제안한다. Winnicott은 이런 의견을 들어 볼 기회가 없었고, 아이와 부모를 직접 관찰하는 것보다는 퇴행적인 환자의 초기 발달 과정을 따라가는 것이 더 쉽다고 생각했다. 따라서 융합과 개별화에 대한 그의 전제가 크게 단순하거나 잘못된 수순을 밟고 있을 수도 있다.

Winnicott이 가진 생각의 전제에는 여러 가지 모순이 있다. 그의 생각은 종종 현학적이고 중심에서 벗어나기도 했는데, 이는 체계적인 사고 부족을 나타내는 증거로 제시되기도 했다. 그는 분석적이기보다는 시적으로 글을 쓰는 몽상가로 알려지기도 했다. 그의 독자는 그의 강렬한 자기 표현력을 통해 그가 묘사하고 있는 개념이나 의미를 경험할 수 있게 된다. 그것이 전환기적 영역(transitional area)이거나 원시적 고통, 환자의 정신 상태 혹은 원초아 경험이든지 그는 정신분석가 가운데 가장 선명하게 의사 전달을 하는 편이었다. 그럼에도 불구하고 그는 자신이 창조적인 표현에만 집중하는 것이 아니라, 과학적인 방식도 따르고 있다고 주장한다. 이는 그의 창조성을 뒷받침하고 있는 전제를 그냥 간과해서는 안 된다는 점을 보여 준다.

Winnicott의 비판자들은 그가 환자에게 열중하느라 이론적 구조에 힘을 잃었다고 지적했다. Guntrip은 Winnicott이 "임상적으로는 혁명적일지 몰라도 순수한 이론에 충분한 관심을 두지 않았다."(Goldman, 1993: 137)라고 주장했다. Winnicott은 자신이 말하고 있는 것이 어디에서 나온 것인지에 관심을 두지 않는 매력적이고 창조적이며, 장난꾸러기인 아이처럼 청중에게 자신을 드러냄으로써 이런 인상을 어느 정도 수용하는 편이었다. 그의 동료인 Masud Khan은 Winnicott에게 새로 출판된 책을 읽으라고 권유했을 때 Winnicott이 했던 반응을 이렇게 회고했다. "나에게 무엇을 읽으라고 하든지 소용없을 걸세. 그 책이 지루하면 첫 장을 읽다가 잠이 들 것이고, 그 책이 재미있으면 그 장 끝부터 내가 다시 쓰기 시작할 테니."(Winnicott, 1975: xvi) Khan은 Winnicott의 많은 글을 편집하고 준비시키는 책임을 맡았다. 그리고 그는 Winnicott의 생각을 다른 사람과 연결하도록 종용하기도 했다. Winnicott은 특히 자신의 생각을 발견하게 될까 봐 두려워 정신분석에 관계적 접근을 초기에 도입한 Ferenczi의 글을 읽지 않았다. 그러나 그가 생애 막바지에 이를 무렵 자신의 동료와 나눈 비공식적인 강연회에서 그는 겸손한 태도로 자신의 생각을 다른 사람의 생각과 연결하지 못한 데 대해 아쉬움을 전하고, 다른 사람의 공로를 인정하기도 했다.

그를 게으르고 자기도취적인 사상을 가진 인물로 비하하는 것은 옳지 못한 일인 것 같다. 오히려 자신의 사고에 대해 자신감이 부족한 모습을 보여 주는 증거가 더 많기 때문이다. 짤막한 그의 논문들은 주제를 잡고 발전시켜 나가는 데 그가 어려움을 느꼈다는 점을 말해 준다. Goldman

은 다양한 편지를 인용하면서, 그가 가진 지적 열등감 때문에 동료와 의논을 하는 것도 꺼렸으며 "Freud를 해석하는 것을 억제"하기도 했었다고 지적했다(Goldman, 1993: 146). 그는 교장 선생님이 자신에게 했던 말을 농담 삼아 말하곤 했다. "그다지 똑똑하지는 않지만 뭔가는 해내겠지."(Winnicott 1989: 11) 그는 이 말을 항상 염두에 두고 있었다. 그가 온화했다는 아버지를 거역하거나 실망시키는 것을 두려워한 점은 경쟁에 대한 두려움을 나타내는 것이라고 할 수 있다. 그리고 그의 아버지가 자신의 교육을 방해했던 학습장애에 대해 민감했다는 사실은 꽤 흥미롭다(Jacob, 1995: 3). Winnicott의 연상적이어서 때론 비논리적인 사고 능력, 글을 읽을 때 후두를 통해 소리 없이 말하는 특성 등은 난독증과 같은 특정 학습장애와 관련이 있다. 그의 아버지가 그런 어려움에 고통을 받았고 그가 잠재적으로 혹은 아버지와의 동일시를 통해 이런 행동을 따라 했다는 점은 분명한 사실인 것 같다. 따라서 그가 지적 취약성보다는 창조적인 강점이라고 믿었던 역할을 수행한 것은 어쩌면 당연한 일이라고 할 수 있다.

Winnicott의 이론은 Freud의 글과 직접적인 관련성을 찾을 수 있으며 Klein의 영향도 크게 받은 편이었다. 그와 Klein 모두 일차적 정신과정과 관련된 최초의 단계에 중점을 두었지만, Klein이 정신 발달의 무의식적인 환상, 공격성, 본능의' 역할을 강조한 반면, Winnicott은 환경의 영향에 지적인 관심을 가질 것을 강조했다.

이로써 우리는 Winnicott-Klein 연합의 한 부분을 통해 그를 해석할 수 있다. Klein의 이론을 Winnicott의 이론의 비관적인 면으로 보고, Winnicott의 이론을 Klein 이론의 낙관적인 면으로 본다면, 이 둘의 공헌을 동시에 증대시킬 수 있다. Winnicott이 죽음 본능을 필요 없는 것으로 인식한 점은 균형을 잡아 주는 추가적인 중심 요소를 제공하는 역할을 했다는 점에서 어느 정도 이해가 된다. 그리고 그가 언급했던 '외적' 이며, 내용이 없는 것 같은 본능적 충돌(impingement)은 Klein의 무의식적 환상이라고도 할 수 있다. Klein의 무의식적 환상은 죽음 본능에서 나온 내적 위협 때문에 본능이 투사된 심리적 결과물이다. 비행을 희망으로 보고 안락한 핵가족과 서양 사회의 복지를 보여 준 Winnicott의 그림은 암울한 내적 세계와 개인주의를 그린 Klein의 큰 그림의 한 부분으로 볼 수 있다. 그는 예외적으로 자기의 핵심은 외부에서 절대 닿을 수 없는 것이라는 Klein의 입장에는 동의했다. Winnicott과 Klein은 개인적인 친분이 두터웠고, 초기에는 서로에 대해 깊은 호감을 보이기도 했지만, 서로 다른 이론적 양상을 받아들이는 데에는 어려움을 느꼈다. 그들은 서로가 가진 입장을 불유쾌하게 느꼈을 것이다.

겉으로는 명료하고 간단해 보이는 Winnicott의 글을 이해하는 것은 그리 쉬운 일이 아니다. 그는 자신과 자신의 이론을 이상화하거나, 혹은 반대로 무시함으로써 자신의 독특한 주장을 받아들여 보라고 우리를 격려한다. 그에 대한 더 엄격한 평가를 통해 우리는 그가 제시하려고 했던 것보다 더 큰 것, 다시 말하면 그의 영감 어린 창의력을 강화시켜 줄 이론의 구조적 확장을 성취할 수도 있다.

5

마이클 발린트: 조화로운 상호침투적 혼합

Balint가 정신분석에 기여한 부분이 제대로 인정받은 적은 드물다. 그는 초기 대상관계이론의 선구자 가운데 그 생애와 이론에 대한 연구에서 주요 대상이 되지 못한 유일한 인물이다. 치료실 밖 세상에 대한 관심 때문에 Balint는 다른 전문 영역, 특히 의학과의 협력을 통해 접근하기 쉬운 형태의 심리치료를 개발하게 되었다. 정신분석 분야에서 Balint는 초기 인간발달과 그것이 임상 실제에 갖는 함의에 대한 자신만의 관점을 발전시켰다. 그는 분석가의 역할에 대한 비판적인 시각을 견지하면서 정신분석적 장면과 그것의 이론적 틀이 환자에게 미치는 영향에 대해 불편할 만큼 명료하게 지적했다. 다양한 관심사와 논쟁을 불러일으키는 스타일로 인해 Balint는 정신분석학계의 주류에서 밀려나게 되었다. 동료들은 '순수한' 정신분석을 넘어서려는 그의 움직임을 불신했고, 또 분명히 그의 신랄한 비판에 불편함을 느꼈을 것이다.

발린트의 생애

Michael Balint는 1896년 Michael Bergmann으로 태어났다(Haynal, 1988 참조). 그의 가족은 부다페스트에 거주하면서 독일어를 사용하는 유대인 집단에 속했다. 이 헝가리의 수도는 오스트리아-헝가리 제국의 붕괴로 인해 당시 국제적인 문화 중심지였던 비엔나와 비슷하게 타격을 입었다. Balint 외에도 놀랄 정도로 많은 정신분석가가 헝가리 출신이었다. 이들 중 Sandor Ferenczi, Margaret Mahler, Geza Roheim, Thomas Szasz는 가장 잘 알려진 분석가다. Ferenzi를 제외하고 이들은 모두 미국으로 이주했고, 그곳에서 Ferenzi와 Balint처럼 독창적이고 독립적인 정신으로 전통적 이론과 실제에 대한 도전적인 접근을 개발했다.

Balint는 많은 유대계 중산층처럼 유니테리언파(unitarianism)[삼위일체설과 그리스도의 신성을 부인하고, 신격의 단일성을 주장하는 기독교 신교의 일부. 일반적으로 자유주의적 경향을 띠며, 교회와 교리보다는 윤리를 중요시함-역주]로 개종했고, 또한 독일화에 대한 유대인의 항거에 동조하여 자신의 이름을 바꾸었다. 당시 사회상황에서 이런 행동은 유별난 것은 아니었지만, 가부장적 문화를 따르는 그의 가족 전통에 대해서는 명백한 거부였다. Balint의 가족생활에 대해서는 공식적으로 알려진 바가 거의 없으나, 특히 그의 개명으로 인해 고통받았던 아버지와의 적대적인 관계와 어머니를 보호하려는 그의 감정을 암시하는 단서들이 있다(Haynal, 1988: 112).

Balint는 두 자녀 중 첫째였고 활달하고 사교적이며 호기심이 많았다. 그는 의학을 공부했는데, 나중에 반농담식으로 일반개업의였던 아버지를 기쁘게 하기 위해서였다고 말했다. 이것은 아버지의 심기를 불편하게 하지 않는 것과 아버지에게 대항하는 것 간의 초기 오이디푸스적 갈등이 있었음을 암시한다. 그는 짧은 기간 동안 제1차 세계대전에 참전했고, 엄지손가락에 부상을 입은 뒤 의학을 열정적으로 공부하는 모습으로 돌아왔다. 그의 부상에 대해 거론되는 두 가지 설명, 즉 그것이 고의적인 자해였다는 것과 수류탄에 대한 서툰 호기심의 결과였다는 것은, 이후에 그의 동료들이 그에게 가졌던 양가적인 태도, 즉 그를 불신하면서 동시에 그에 대해 애정을 갖고 있던 것을 반영한다.

Balint의 가족과 첫 번째 아내인 Alice Szekely-Kovacs의 가족은 부다페스트에서 서로 알고 지냈고, 그와 Alice는 Freud에 대한 세미나에서 만난 후 가까워졌다. Alice의 어머니는 정신분석가였고, Balint는 Alice 그리고 정신분석과 동시에 사랑에 빠졌던 것으로 보인다. 그가 두 사람의 친밀하고 거의 융합된 관계에 대해 기뻐하며 쓴 글은 감동적이다(Balint, 1952: preface). 그들은 나란히 분석을 받으며 훈련을 받았고, 초기에 발표된 논문은 서로 간의 지속적인 논의를 거쳐 나왔다. Balint는 그들의 일과 개인적인 삶이 서로 얽혀 있는 이상적인 사랑의 그림을 보여 준다. 한 가족사진에서 Alice를 향한 그의 애정이 빛을 발한다(Haynal, 1988: 110). 그들 간에 있었을 수도 있는 갈등은 그 일부가 외부로 향해 동료와의 관계로 전가되었을지도 모른다.

헝가리에서 반유대주의가 커져 가고 있었기 때문에 Balint와 Alice는 1919년 정신분석 훈련을 시작하기 위해 베를린으로 이주했고, 이때 Balint는 생화학 분야에서 박사과정을 동시에 시작했다. 그들은 Hitler가 등장하기 이전의 활기찬 베를린의 분위기를 즐겼고, Balint는 Melanie Klein이 처한 곤경에 대해 동정심을 나타낸 몇 안 되는 분석가 중 한 사람이었다. 그러나 그들은 그들의 분석가인 Hanns Sachs가 독단적이고 지배적이라고 느꼈고, Ferenzi에게 훈련을 받기 위해 부다페스트로 돌아왔다.

1930년대에 정부가 교체되어 Hitler를 지지하는 정권이 들어서자 정신분석가는 점점 더 속박과 박해의 대상이 됐다. Balint 부부는 나치의 손에 의해 죽을지도 모를 위험을 피하기 위해 1939년에 아들 John과 함께 영국으로 건너갔다. 유럽에서 건너간 다른 분석가 대부분이 런던에 정착했던 것과는 달리 Jones는 Balint 가족이 맨체스터에서 살도록 주선해 주었다. Freud와 Ferenzi 사이에 있었던 심한 견해 차이의 여파로 생긴 Ferenzi와 Jones 간에 오래 지속된 불화가 그 이유였던 것으로 보인다. Balint는 Ferenzi에게 열렬하게 충성했고 Balint와 Jones 사이의 알력은 Jones가 Ferenzi가 죽기 전에 정신분열증을 보였다는 소문을 옮겼을 때 악화됐다. Balint는 공개적으로 이를 반박했고(Haynal, 1988: 96), Jones가 Ferenzi에 대해 냉소적으로 말하는 것을 비판했다(Balint, 1968: ch. 23).

Balint는 병원과 아동 지도 기관에서 정신과 업무를 맡았고 유아 발달에 대한 연구를 수행했다. Balint 부부가 영국에 도착한 지 몇 달 후 Alice가 동맥 파열로 사망했는데, 이는 충격적인 일이었다. 이것은 예견된 일이었지만 쓰라린 타격이었다. 그리고 1945년에 Balint의 부모는 나치에 의해 체포되기 직전에 자살했고, 이는 종전에 너무도 가까운 시기에 일어난 일이어서 특히 가슴 아픈 소식이었다. 1944년에 Balint는 두 번째 결혼을 했는데, 이 결혼은 오래가지 못했다. 이런 비극적인 상실에 이어 그는 타국에서 오로지 아들의 보살핌을 받으며 외롭고 고통스러운 몇 해를 보냈을 것이다.

Balint는 정신분석 작업에 정신분석의 유익을 사회 전반에 확대시키려는 노력을 접목시켰다. 그는 1948년에서 1961년까지 런던의 타비스톡 클리닉에서 집단치료와 부부치료를 개발했고, 또한 새로운 국가의료서비스 제도 내에서 적용될 수 있는 일종의 단기 치료를 개발했다. 그는 타비스톡에서 그의 세 번째 부인 Enid Eichholz를 만났는데, 그녀는 사회복지사로서 정신분석가가 된 여성이었다. 그녀는 가정심의국(Family Discussion Bureau, 이후 결혼연구소[the Institute of Marital Studies]가 되었음)을 설립했던 사람이었고, 그녀와 Balint는 사례 회의 세미나를 주최했는데, 가정의(家庭醫)에 맞게 세미나를 발전시켜 놀라운 성공을 거두었다. 노년층의 일반개업의 가운데 놀랄 정도로 많은 사람이 직접 참여했거나 들어 본 적이 있는 이 'Balint 집단' 에 대해 열성적으로 이야기하는데, 이 집단은 영국의 의학 훈련에 비록 제한적이지만 뚜렷한 영향을 미쳤다.

파당적이지 않고 독립적이었던 Balint는 동료와 다양한 관계를 가졌던 것으로 보인다. Fairbairn의 전기작가였던 Jock Sutherland는 Balint를 '영국 기준에서 볼 때 자기주장적' 이라고 묘사했다(Sutherland, 1971). 그가 부다페스트와 베를린에 있을 때부터 알았던 Klein은 개인적으로 그녀에게 보여 주었던 그의 지지와 거리낌 없이 말하는 태도를 좋게 평가했다(Grosskurth, 1986: 330). Winnicott은 피상적으로는 그와 가장 많은 공통점을 가졌으나 사이가 좀 더 멀었던 인물이었던 것으로 보인다. 아마도 이는 경쟁 때문이었을 것이다. Balint는 Winnicott이 이론적으로 자신과 Ferenzi에게 진 빚을 언급할 때, 자신들을 놀리는 농담식으로만 인정한다고 불평한 적이 있는데(Goldman, 1993: 6), Balint는 Winnicott이 이론에 대한 '논쟁' 에서 자신이 불리한 입장이라고 느꼈던 분석가 가운데 한 사람이었을지도 모른다. Enid 다음으로 Balint의 가장 가까운 친구이자 동료는 John Rickman이었는데, 그 또한 Ferenzi에게서 분석을 받았고 Balint가 영국에 오도록 도와주었다. Balint는 영국정신분석학회에서 존경받았고 교육위원회 위원장과 회장으로 선출됐다.

Balint는 제2차 세계대전 후 영국과 유럽의 정신분석가 간의 연계를 만드는 일에 도움을 주었고, 헝가리의 붕괴된 정신분석가 모임을 방문했으며, 심지어 독일의 정신분석을 재건하는 일을 지원하기도 했다. 그는 미국과 영국 각지를 널리 여행했고, Alice와 그랬던 것처럼 Enid와도 가깝게 함께 일하고 저술활동을 했다. 1960년대에 찍은 한 사진에서 그가 경애의 눈빛으로 그녀를 바라보고 있는 모습을 볼 수 있다(Haynal, 1988: 114). Alice와 Enid와 Balint의 관계는 '조화로운 상호침투적 혼합(the harmonious interpenetrating mix-up)', 즉 모든 대상관계가 그것에서 발전한다고 그가 느꼈던 관계를 떠올리게 한다.

Balint는 말년에 당뇨병과 심장 질환을 앓았고 1970년에 사망했다. Enid Balint는 1994년 죽을 때까지 실용적인 정신분석과 초기 발달 분야에서 활동을 계속 이어 갔다.

Balint는 따뜻하고 쾌활하며, 감정 표현이 풍부하고 독단적 태도에 반대하는 놀랍도록 광범위한 관심사와 열성을 지닌 사람으로 기억된다. 그가 Alice나 Enid와 가졌던 평온하고 만족스러운 관계는 부모가 죽은 뒤 제수에게 보낸 편지에서 그가 어머니를 그리워하며 표현했던 사랑을 반영한다. 동일한 편지에서 그와 아버지 관계의 양가감정을 엿볼 수 있다. "내가 오랫동안 아버지를 소홀히 대했다는 건 사실입니다. 우리는 잘 지낸 적이 단 한 번도 없었습니다."라고 썼고, 다음과 같이 덧붙였다. "하지만 나는 나의 지혜와 논리적 사고, 일할 수 있는 능력을 아버지에게서 물려받았습니다."(Haynal, 1988: 112)

Ferenzi는 Balint에게 좋은 아버지였던 것으로 보이며, 아마도 의학 분야에서 Balint가 한 일은 모두 일반 개업의였던 두 아버지를 그의 마음속에서 결합시켰을 것이다. 그의 작업의 많은 부분에는 상반되는 것을 화해시키려는 노력이 포함되어 있는데, 이것은 아마도 그의 삶의 내적 갈등과 외적 갈등을 반영하는 것인지도 모른다. 이런 갈등에 대해 그는 한쪽으로 치우친 면은 있으나 행복했던 관계에서, 그리고 일에서도 실용적이고 이론적인 가치 있는 기여에서 유달리 창조적인 승화를 했던 것으로 보인다. 정신분석학계에서 Balint가 상대적으로 주류에서 밀려난 것은 여러 전문 분야에 걸쳐 이루어진 그의 활동과 파당주의에 반대하는 입장 그리고 무시되고 불행했던 Ferenzi와 그가 연결되었던 데서 비롯됐을 것이다.

발린트의 이론

Balint는 헝가리의 전통을 영국과 대상관계이론에 가져왔다. 그는 Ferenzi에 의해 깊은 영향을 받았다. Ferenzi는 Klein의 첫 번째 분석가였고, 독립적인 사고로 인해 Freud와의 사이가 멀어지기 전까지 Freud의 절친한 친구이자 동료였다. Ferenzi는 Freud가 정신분석 치료를 받기에는 지나치게 자기애적이라고 여겼던 환자와의 작업에서 새로운 경지를 개척했다. Ferenzi는 이런 환자는 생래적인 본능의 갈등이 아니라 애정 결핍 때문에 외상을 경험한 것이라 믿었고, 놀랍도록 일찍이 대상관계이론의 가설을 제안했다. 그는 이런 재정향(再定向, reorientation)이 치료에 주는 실제적 의미를 추적하는 데 전문가로서 자신의 삶을 투자했다. Ferenzi는 이런 환자에게는 애정이 결핍되었다고 생각하여 애정을 주려고 시도했는데, 이런 시도는 성공을 가져다주기도 했지만 어려움도 뒤따랐다. 그는 결국 휴가에 한 환자와 동행했고, 그의 정부(情婦)와 그녀의 딸과 이중관계에 얽히게 됐으며, 정부의 딸이 이후 그의 환자가 되기도 했다. 이와 비슷한 상황이 Ferenzi의 동료, 특히 Freud를 심란하고 당혹하게 만들었고, 결국 그의 분석 작업은 Balint가 그의 온정적이고 탐구적인 접근방식을 정신분석의 주류로 가져올 때까지 배척받았다.

Ferenzi처럼 Balint의 주된 초점은 새로운 이론적 구성의 창조보다는 이론이 실제에 미치는 영향이었다. 그는 Freud와 Klein의 논쟁에서 중도적인 입장에 서서 Winnicott과 비슷한 입장, 즉 인간은 그들의 본능적 삶에서 쾌락을 추구하면서도 대상을 찾는다는 입장을 견지했다.

정신분석의 관습과 전통에서 물러설 수 있는 Balint의 능력, 실제에 초점 두기, 좀 더 넓은 시각의 필요성에 대한 주창에 힘입어 그의 연구는 정신분석 내부와 외부의 실무자에게 관련성을 갖게 되었다. 접촉과 기법, 배타적인 태도에 대한 진솔한 논의를 통해 그는 상담과 심리치료를 하는 많은 사람의 공통된 관심사를 다루었다.

조화로운 상호침투적 혼합

초기 발달에 대한 Balint의 관점은 주로 환자와의 경험에서 나온 것이다. 공인된 Freud의 관점에서 대상관계의 발달 시점은 아기가 '원초적 자기애'라 불리는, 타인과의 연결보다는 만족을 추구하는 자기몰입의 초기 단계 이후이다. 반면에 Klein의 관점은 아기가 출생 직후부터 분리에 대한 원시적인 감각과 대상관계에 대한 정향을 갖는다고 제안했다.

이런 서로 다른 전제는 반복적으로 논쟁으로 이어졌고(King & Steiner, 1991), 인간의 일차적인 상태에 대한 Freud의 다양한 설명에 내재된 암묵적인 모순에 대한 Balint의 주의 깊은 연구는 거의 주목을 받지 못했던 것으로 보인다. Freud는 대상관계가 일차적이고 이후 자기애로 이어진다고 하고, 또 다른 곳에서는 자기애나 자가성애(auto-erotism)가 일차적이고 이것이 이후 대상관계로 이어진다고 한다(Balint, 1968: ch. 7). 미완성 저서 『정신분석의 개요(*Outline of Psychoanalysis*)』(Freud, 1938a, S. E. 23)에서 Freud는 일차적 자기애가 대상관계에 앞선다고 주장한다. 이것이 '공식적인 견해'가 됐고, 이에 앞선 그의 생각은 잊혔다. Balint는 Freud의 변동적인 입장을, 인간의 최초의 정신 상태가 일차적 자기애가 아닌 대상관계, 하지만 특별한 종류의 대상관계라는 자신의 제안을 지지하는 데 사용했다.

Balint는 사랑을 주기보다 받는 것이 주된 욕구인 원초적인 애착을 묘사하기 위해 Ferenzi의 '수동적 대상 사랑(passive object love)'이라는 개념을 받아들였다(Balint, 1935). 이후에 그는 이런 최초 형태의 관계성을 표현하기 위한 시도로 '원초적 사랑(primary love)', '원초적 대상관계(primary object relationship)', 최종적으로 '조화로운 상호침투적 혼합'이라는 용어를 만들어 냈다. 그는 이런 상태에서 타인은 자기도 아니고 분명한 대상도 아닌, 그가 '어머니'와 어원이 같다고 지적한 '물질(matter)'로 경험된다고 했다. 이런 '물질'과 우리의 최초 관계는 긍정적이고 잔잔한 뒤섞임이고, 너무도 온화해서 우리는 그저 이따금씩 그것을 지각할 따름인 '조화로운 상호침투적 혼합'이다. 그는 이것을 물고기와 물의 관계 혹은 우리와 공기의 관계에 비유했다(Balint, 1968: ch. 12). 자기를 구성하는 물질(self-matter)과 타인을 구성하는 물질(other-matter)을 구별하려는 노력은 우리 폐 속의 공기가 우리의 일부인지 아니면 대기의 일부인지를 놓고 논쟁하는 것과 마찬가지로 무의미할 것이다. 대부분의 시간 동안 우리는 우리의 매개자와 조화로운 상호관계 속에서 살고 있고, 단지 그것이 결핍될 때만 그것을 민감하게 자각한다. 이와 비슷하게 Balint는 태아는 오직 위기의 순간, 가장 극적으로는 출생이라는 위기의 순간에만 환경을 뚜렷하게 구분된 어떤 것으로 자각한다고 말한다. 그렇지 않는 한 그저 배경에 남아 있는 자각만이 존재한다.

이렇게 Balint는 함께 존재하는 상태(being-with), 즉 우리의 일상생활과 치료 장면에서 쉽게 간과되는 고요한 적절상태(a quiet rightness)에 대한 그의 관점으로 우리를 감동적으로 이끈다. 그는 우리가 그 안에서 움직이고 넘나드는 우리를 둘러싸고 있는 아련한 배경에 우리 관계성의 기반이 있다고 보는데, 이런 기반의 존재는 그 부재로 말미암아 우리가 당연시하는 안녕이 흔들릴 때만 분명해진다.

대상관계의 발달

Balint의 조화로운 혼합은 분화가 거의 존재하지 않는 세계에 속한다. 출생 이후 새로운 세상에 이르러서야 우리는 대상의 단단함과 대상 사이에 존재하는 공간의 비어 있음과 만나게 된다. 우리는 극명하게 분리된 존재로 이루어진 이 세상을 당연한 것으로 여기게 되고, 그러는 동안 '조화로운 상호침투적 혼합' 은 배후로 밀려난다. 공기와 땅, 어둠, 물질 및 공간과 우리의 관계, Winnicott이 묘사한 전환기 경험(transitional experience), 엄마가 아이와 가질 것이라고 기대되는 특별한 관계 속에서 이것은 계속 남아 있으나 거의 인식되지 않는다.

Balint는 대상관계를 출생 이후 자기 애착과 대상 애착이라는 이중의 트랙으로 대체된 원초적인 조화로운 혼합을 재창조하려는 시도로 보았다. Balint는 자기애 혹은 자기 사랑이란 본래의 혼합 상태의 자기 물질에 대한 아기의 지속적인 애착을 반영하고, 반면에 대상 애착은 대상 물질과 아기의 유대를 지속시킨다고 제안한다. 따라서 조화로운 혼합이 균열된 이후에 그 상태에 대한 아기의 관여는 양분된 형태로 지속된다. 조만간에 아기는 자기 애착의 많은 부분을 주변 사람에게 전가할 수 있다.

그러나 아기에게 세상이 주는 보상이 너무 없으면 아기는 자신의 희망을 안으로 돌려 내면에 담아 둘 수밖에 없을 것이다. 병리적인 자기애는 Freud에서 시작해서 계속 관심의 초점이 되어 왔는데, 이것은 타인에 대한 사랑을 자기애로 계속해서 대체하는 것으로 구성된다.

출생 이후 대상과 공간의 세계에서 예전에 존재했던 조화로운 상태의 파편만이 개인적인 관계에서 지속된다. 이런 파편의 가장 큰 부분은 아이가 엄마에 대해 갖고 있는 기대 혹은 엄마에게 가질 수 있어야 한다고 느끼는 기대 속에 남아 있다. 엄마에 대한 일상적이면서 특별한 기대는 엄마는 자신의 안녕의 선결조건으로서 자녀의 행복을 관심의 중심에 두어야 한다는 것인데, 이런 기대의 한 예는 엄마와 아기 간에 지속되는 조화로운 혼합으로 생각해 볼 수 있는 Winnicott이 말하는 '원초적인 모성적 몰두(primary maternal preoccupation)'다. Alice Balint는 '원시적인 자기중심주의(naive egotism)'를 탐색했는데, 이것은 그녀가 「어머니에 대한 사랑과 어머니 사랑(Love of the Mother and Mother Love)」(A. Balint, 1939)에서 논의했던 어머니에 대한 태도에서 지속된다. 이 논문은 그녀와 Balint가 공동의 이해를 갖기 위해 얼마나 서로 밀접하게 작업했는지를 보여 준다.

그러나 일반적으로 유아기 초기 이후에는 아기가 그 대가로 아무것도 하지 않은 채 사랑 받기만을 계속 기대한다는 것은 비현실적이다. 아이는 상호성을 향해 나아갈 수밖에 없는데, Balint는 이것을 일종의 교환으로 다소 염세적으로 본다(Balint, 1968: ch. 13). 우리가 진정으로 원하는 것은 다른 누군가의 사랑을 당연한 것으로 여길 수 있는 것이지만, 이런 사랑의 대가는 그들의 사랑에 보답하기 위해 우리가 힘들게 노력해야 한다는 것이다. 사랑받는 동안, 가장 완전하게는 파트너와 상호 오르가슴을 느끼는 동안 느끼는 이전의 더없이 행복했던 조화의 일시적인 메아리는 성숙한 관계를 가치 있게 만든다. Balint는 관계를 만들어 가는 것을 '정복의 작업(the work of conquest)' 이자, 즉 누군가의 우정을 얻어 내는 일 그리고 이와 동시에 '대상에게 적응하기', 즉 타인의 욕구에 맞추기라고 규정한다(Balint, 1947). 따라서 분리된 두 사람이 각자 자신의 조화의 경험을 찾아가는 가운데 공동의 동맹관계를 만들어 간다.

Balint는 Fairbairn처럼 미움은 이차적인 현상, 즉 그 자체가 목적이 아니라 좌절에 대한 반응이라고 생각했다. 이것은 조화를 얻으려는 시도의 실패에 대한 실망의 외침 혹은 조화의 제공에서 다른 사람이 그들이 맡은 부분을 유지하거나 개선하도록 강압하는 수단일 수 있다. 그는 적극적인 미움이 아니라 비도덕적인 파괴성이 상호침투적인 혼합의 내재적인 일부분일 수 있다고 말한다. 그러나 우리 자신의 이익을 위해 이런 파괴성 대신 배려를 보여 줄 필요가 발생하는데, 그렇지 않으면 우리의 공격성이 우리에게 조화의 경험을 제공해 줄 수도 있는 사람을 몰아내는 좋지 않은 결과를 초래할지도 모른다. Balint는 고착된 미움을 초기 의존성을 넘어서지 못하는 신호, 말하자면 '부정적 신호를 가진' 원초적인 애착으로 보았다(A. Balint, 1939; M. Balint, 1951).

오크노필과 필로배트

출생 후 관계에는 원래의 조화를 상실했다는 인식과 동시에 이런 인식에 대한 부인이 포함된다. 현실은 우리와 동등하고 분리된 다른 사람들의 지위라는 사실을 우리에게 들이밀지만, 진정한 상호성은 순간적일 뿐이다. 우리가 자신의 행복만큼 다른 사람의 행복을 염려하는 때는 짧은 순간 이상 지속되는 경우는 드물다. 홍미로운 저서 『전율과 퇴행(*Thrills and Regressions*)』(Balint, 1959)에서 Balint는 우리가 이런 모순을 표현하는 타협 형성에 대한 기발한 관점을 보여 준다. 그는 대상과 공간의 세계에 대한 우리의 대조적인 반응을 '오크노필(ocnophil)' 과 '필로배트(philobat)' 라고 불렀는데, 이 둘은 각각 소심함과 무모함을 의미한다.

오크노필 반응에서 우리는 대상의 본질을 안전한 것으로, 그리고 대상과 대상 사이의 공간을 위협적인 것으로 인식한다. 우리는 일차적 물질과 동등하게 여겨지는 견고한 대상에 자신을 애착시켜 조화를 되찾으려고 노력한다. 그러나 이전의 태평스러운 조화는 출생이라는 중단사태와 함께 영원히 사라졌고, 버려질 것이 두려워 우리는 안전의 표상에 매달린다. Balint는 Bowlby의 애착이론은 오크노필 경향성, 즉 안전감을 주는 누군가를 붙잡고 있으려는 우리의 최우선적인 욕구에 대한 연구라고 말한다.

Balint는 오크노필한 성인을 과장된 표현으로 유머러스하게 묘사한다. 오크노필한 사람은 편안함과 예측가능성을 좋아한다. 그녀는 그네와 회전목마, 스키 타기를 싫어하는데, 이런 것은 그녀를 무섭게 하고 속이 울렁거리게 만들기 때문이다. 그녀는 놀이기구를 타기보다 지상에서 가장 좋아하는 사람 가까이에 안전하게 있으면서 솜사탕을 사 먹는 데 돈 쓰기를 선호한다. 그녀는 사방이 현기증을 일으킬 정도로 아무것도 없는 탁 트인 야외보다는 보호물이 될 수 있는 화물차 뒤에서 길가 쪽 차선으로 운전하기를 더 좋아한다. 집에 오자마자 라디오를 켜고 집에 누군가 먼저 와 있는 상태를 더 좋아한다. 대상에 대한 오크노필한 태도는 우울해지기 이전(pre-depressive) 상태다. '그녀의' 사람은 그녀에게 매우 중요하지만, 그녀 자신은 그 사람에 대한 배려를 느끼지 못한다. 오크노필한 사람은 완벽한 안전함으로 보듬어져서 상대방에 대해서는 완전히 잊어버릴 수 있기를 열망한다. 출생이라는 외상적인 분리 때문에 그녀는 버려질까 봐 두려워하며 살고, 그래서 미친 듯이 절박하게 매달린다. 접촉은 그녀가 좋아하는 감각이고 신체적 가까움은 그녀에게 최적의 상태다. 그녀는 필로배트한 사람들의 생활방식을 이해하지 못한다. 그런 생활방식을 동경하는 동시에 혐오한다.

이와 대조적으로 필로배트한 사람은 에워싸인 상태를 폐소공포로 받아들인다. 안전하고 신뢰할 만하다고 느껴지는 것은 대상과 대상 사이에 존재하는 넓은 공간이고 견고한 대상은 미덥게 보이지 않는다. 조화에 대한 감각은 공간과의 능숙한 교감에서 되찾아지는데, 공간은 이들에게 일차적 물질의 무한성을 반영한다. 그는(일반적으로 '남성' 임) 거추장스러운 것에서 벗어날 때 가장 '자기 자신' 이 된다고 느낀다. 비행기를 조종하고 스키 점프를 하는 도중에, 고속 운전이나 약물복용 혹은 고독한 창조적 활동이나 내적 탐험의 흥분을 통해 전율이 느껴지는 감각을 추구하는 동안 이런 느낌을 갖는다. 필로배트는 길가에서 가장 먼 중앙 차선으로 달리고, 앞에 펼쳐진 도로에 나타나는 어떤 차든 추월해야 하고, 뒤에서 앞지르는 차가 있으면 짜증을 낸다. 그는 대상 추구적이기보다 공간 추구적이다. 오크노필이 위안을 주는 대상 사이에 있는 '두렵고 싫은 빈 공간' 과 두려워하며 협상하는 반면에, 필로배트는 위험한 대상에 의해 훼손되기만 할 뿐인 '광활하고 친화적인 공간' 을 즐긴다. 그가 낙하산을 타고 떠다니는 대기나 넘나드는 관념적인 영역은 짜릿하게 그의 능숙한 통제 아래 있다. 위험은 지면 아래에 있는 암석 혹은 풀리지 않아 일을 망쳐 놓는 특정한 계산이나 이미지에 들어 있다.

그러나 필로배트도 현실 세계에 살고 있기 때문에 특정한 대상에 의지할 수밖에 없고, 이것을 그들만의 독특한 초연한 방식으로 해낸다. 스키 타는 사람의 스키, 조종사의 제어기, 화가의 붓 등 그의 '지상관제' 가 되는 사람은 누구든 예외적인 지위가 주어진다. 그는 이런 사람에게 매우 의존적이고, 그 어떤 것도 이들을 대체할 수 없다고 느낀다. 하지만 그는 오크노필처럼 이런 사람도 이들이 갖고 있는 유용함과 충돌할 수도 있는 이들만의 욕구나 관심사가 있을 수 있다는 생각은 하지 않는다. 이들은 조화로운 세계 이후에 허용할 수 있는 대상이다. 필로배트가 선호하는 양식은 공간 속 시야다. 그는 딱할 정도로 제한된 오크노필한 존재양식을 경멸한다.

Balint는 필로배트한 양식이 오크노필한 양식보다 이후 단계에 출현하는 것으로 본다. 공간과 독립, 시야는 출생 훨씬 이후 시기에 맞고, 필로배티즘이 남근기와 연관성이 있다고 말한다(Balint, 1959: ch. 2). 필로배틱한 양식은 '진보에 의한 퇴행'으로 새로운 기술과 힘의 발달을 통해 먼 옛날의 안전감을 추구하는데, 이에 비해 오크노필한 양식은 좀 더 분명하게 자궁 같은 상태다(Balint, 1959: ch. 10). 오크노필한 양식은 또한 좀 더 근본적인데, 우리의 안전이 독립보다는 타인과의 연결 속에 있음을 반영한다.

Balint의 유머러스한 구분은 한편으로 히스테리성 양식(the hysterical mode)과 상관되며, 이런 양식에서 다른 사람은 우리가 매달리는 대상이고 내적 현실은 두려운 것으로 여겨진다. 이 구분은 다른 한편으로 분열성 양식(the schizoid mode)과 연관되는데, 이런 양식에서는 접촉이 두렵고 내적 현실이 이상화된다. 서구 사회에서 남성성은 좀 더 분열성이거나 필로배틱한 것으로, 여성성은 좀 더 히스테리성이거나 오크노필한 것으로 간주되지만, Balint는 성에 의한 구분을 지나치게 강조하는 것을 경계했다. 이들은 실제 사람이 아니라 이상적인 유형이며, 각 유형의 요소는 변동하는 개별적인 패턴을 구성한다.

삼자, 양자, 일인 양식

Balint는 문제를 사랑과 미움 간의 오이디푸스 갈등으로 개념화하는 공인된 Freud식 접근을 통해 도움을 받지 못하는 환자 집단에 각별한 관심을 두었다. 그들은 세상에 대한 지각이 심하게 왜곡된 경계선 환자다. 그들의 관계는 어렵고 사람들을 어리둥절하게 만들며 치료적 동맹은 언제나 깨질 위협에 놓여 있다. 그들의 자기감은 연약하고 변하기 쉽고 불안은 극심한 수준이다. 그들은 종종 치료자의 해석을 그가 의도하지 않았던 방식으로 받아들인다.

Balint는 이런 환자가 흔히 지적이고 예민하며 자신의 고통스러운 내면세계를 유난히 자각하고 있다는 점을 지적했다. 그들의 원시적인 관계 양식과 함께 이런 특성은 치료자가 그들의 고통에 엮이게 할 수 있다. 치료자는 이런 환자의 불안을 덜어 주려는 시도에서 하나의 '거대한 실험'으로 정상적인 치료의 틀을 바꿀 수 있는데, 이런 실험은 너무도 자주 '비극적이거나 영웅적인 결말' 로 이어질 뿐이었다. Balint는 그 이유를 밝히려고 나섰다(Balint, 1968: ch. 18).

이런 영역에서 작업하는 치료자와 환자에게 주된 어려움은 Balint가 삼자(three-body)라고 부른 것 혹은 오이디푸스 수준의 기능이 붕괴하는 데서 발생한다(Balint, 1968: ch. 3). 일상적인 생활의 순조로운 운영은 이 수준에 달려 있고 이것 없이는 협력이 극히 어렵다.

오이디푸스 수준에서 우리는 우리 자신의 존재를 삼각 구도의 상황에서 유지할 수 있다. 우리 자신이 그 일부가 아닌 파트너 관계 혹은 상황, 전형적으로는 어머니와 아버지 간의 관계가 있음을 받아들인다. Balint는 오이디푸스적인 삼자 수준을 3개 항을 가진 기능 양식과 연결시켰고, 어머니와 아버지 및 아이를 자기와 타인 그리고 (분리된) 대상, 혹은 다른 표현으로 자기와 대상 그리고 상징이라는 3개 항으로 바꾸었다.

이런 삼자 양식에서 아이는 단어나 상징이 그 단어의 사용자로서 자기 자신과 다르고, 또한 그 단어가 표상하는 것과도 다르다고 경험한다. 하지만 이것은 자기 자신 및 표상과 연관되는 부분이 있다. 이것이 의미하는 바는 아이가 생각을 전달하기 위해 언어를 사용할 수 있다는 것인데, 그 이유는 의사소통하고 있는 양자 모두에게서 분리된 어떤 영역이 존재하기 때문이다. 따라서 치료자의 해석이나 기술적인 체계는 수용될 수도 혹은 거부될 수도 있는 하나의 가설이나 관점 혹은 제안으로 들릴 수 있다. 이것은 Klein이 말하는 우울한 양태인데, 이런 상태에서 우리는 타인을 우리와 분리된 존재로 경험한다. 또한 상징이 한편으로는 그것이 상징하는 어떤 사물이나 경험과 반독립적인 관계를 갖고, 또 다른 한편으로는 상징화하는 자기와 그런 관계를 갖고 있음을 인식할 수 있다.

양자(two-body) 혹은 이항(二項, two-term) 양식은 더 원시적이다. 자기와 타인에게서 분리된 어떤 것을 위한 공간은 거의 없거나 혹은 아예 존재하지 않고, 심지어 자기와 타인조차도 본래의 조화로운 혼합 상태와 그저 막연하게 구별될 뿐이다. 상징화(symbolization)는 가능하지 않은데, 그 이유는 상징화하기는 관계하는 두 사람 외부에 존재하는 어떤 현실을 전제하기 때문이다. 이항 양식에서는 상징적 공간이 없고 그저 두 사람의 존재 자체만 있을 따름이다. 단어나 상징은 그것이 지칭하는 대상과 동일한 것으로 경험되고(Hanna Segal이 말하는 '상징적 등등화[symbolic equation]'), 또한 다른 누군가에 의해 사용되면 그 사람 존재의 발산이나 행위로 경험된다. 따라서 여기서는 중립적인 지대가 존재하지 않는다. 환자가 이항 양식으로 퇴행하는 한 그녀는 치료자의 말이 어떤 생각의 전달이 아니라 어떤 행동의 실행으로 경험한다.

그러면 온갖 종류의 오해가 발생할 수 있다. 치료자가 환자의 어려움에 대해 아무리 공감적으로 표현하며 명료화하더라도 환자는 이런 반응을 자신의 부적절함을 억지로 인정하도록 만드는 행위로 느낄 수 있다. 혹은 반대로, 환자의 강점에 대한 인정을 사랑의 고백이나 신체적인 충족과 유사한 것으로 느낄 수 있다. 게슈탈트와 같은 접근에서 내담자는 쿠션이나 푹신한 베개 같은 것을 어떤 부재한 사람이나 내담자 자신의 한 측면의 상징으로 이용하지 못할 것이다. 왜냐하면 쿠션은 바로 부재한 사람이거나 혹은 그 사람과는 아무 관련이 없는 것이 될 것이기 때문이다. 이들에게 접촉은 다이너마이트가 될 수 있는데, Balint는 양성적 퇴행과 악성적 퇴행을 구별하면서 이를 논의했다. 치료자는 양자 양식으로 빠져들어 자신이 환자에 의해 집요하게 괴롭힘을 당하거나 노출된다고 느끼거나, 혹은 자신의 정상적인 관점을 유지하지 못하고 자신에 대한 환자의 이상화가 사실이라고 믿도록 유인될 수 있다.

Balint는 성인의 의사소통에 대해 치료자가 갖고 있는 가정이 환자의 퇴행적인 원시적 의사소통 방식과 만날 때 발생할 수 있는 혼란스러움을 다룬 Ferenzi의 논문을 언급한다. 이 논문은 또한 불가해한 감정과 반응을 초래하는, 환자 내면의 유아적인 존재양식과 상대적으로 성인다운 존재양식 간의 갈등으로 환자가 겪을 수도 있는 당혹함에 대해서도 지적하고 있다(Ferenczi, 1932).

Balint는 일항 존재양식(one-term mode of being)도 있다고 제안했는데, 흥미롭게도 그는 이것이 기본적인 이항의 조화로운 혼합에 선행하기보다 그것에서 나온다고 본다(Balint, 1968: ch. 5). 그는 이것을 '창조의 영역(the area of creation)'이라고 불렀는데, 가끔씩 환자와 함께 있을 때 그들에게 외부가 존재하지 않는 듯이 보였던 경험에서 이 개념을 발전시켰다. 이 창조의 영역은 몽상과 몰두의 경험을 포착하는 개념으로, 방어적으로 차단되지 않지만 외부 세계를 포함하지 않는 상태다. 그것은 자기 자신에게서 홀로 무엇인가를 창조하는 과정이다. 이 창조의 순간은 그것이 어떤 증상이든 어떤 생각이든 혹은 회복이나 어떤 이해를 얻기 위한 움직임이든 간에 다른 사람과 공유될 수 없다. 이것은 Winnicott의 '자아 관계성(ego-relatedness)' 의 개념, 즉 소외되지 않으면서도 홀로 있을 수 있는 능력에서 드러나는 관계의 내면화와 연결된다(Winnicott, 1958). Balint는 분석 작업에 쏟았던 각별한 감수성을 통해 전적으로 환자에게만 속했던 이런 상태를 알아차리고 가치 있게 여기게 되었는데, 분석가로서 그는 이런 상태를 관찰할 수는 있었지만 참여할 수는 없었던 것이다.

기본적 결함

Balint의 '기본적 결함(the basic fault)' 이라는 용어는 한 사람의 존재 전반에 걸쳐 있는 부서진 느낌(a sense of brokenness)을 묘사한다. 이것은 이항 단계에서 일어난 조화로운 혼합이 너무 급작스럽게 혹은 결정적으로 깨졌던 외상적 경험의 잔재인데, 이런 불운은 좀 더 명백한 외상에서뿐만 아니라 아기와 양육자 간의 조율의 결여에 의해서도 발생할 수 있다. Balint는 출생이 불가피한 조화의 파괴임을 제시하면서, 출생은 언제나 개인에게 어느 정도의 혼란을 야기한다고 암시한다. Winnicott의 박탈(privation)의 개념과 같이 기본적 결함은 이후의 박탈경험에서 초래되는 것보다 좀 더 광범한 영향을 미친다. 자기와 타인이 별개의 존재라는 감각이 확립되기 전에 그 재앙이 일어났기 때문에 이 결함은 주관적 현실 전체를 포함하고 또한 존재 자체가 훼손되었다는 느낌을 준다.

Balint의 개념은 지질학적 결함, 즉 연속적인 구조의 표면 아래 파묻힌 균열에 비유한 것이다. 비록 표면의 층들이 겉으로 온전해 보인다 해도 이것은 특정한 스트레스로 인해 막연한 단절감이나 절박한 불안과 원시적인 방어기제의 분출로 노출될 수 있는 약한 지점이다.

우리는 일상적으로는 이 기본적 결함과 그것에 내포된 극심한 불안의 수준보다 높은 수준에서 살아가려고 애쓰며, 고뇌가 뚫고 나오려고 위협할 경우 우리가 쓸 수 있는 어떤 방어기제라도 사용하고 또한 방어기제의 강도를 높인다. 우리는 다른 사람을 위험하다고 보고 관계를 피함으로써 망각된 우리의 재앙이 되풀이되는 것을 피하려고 시도할 수 있다. 혹은 다른 사람을 구원자로 보고 그들에게 거머리처럼 달라붙으려고 애쓴다. 따라서 필로배트하거나 오크노필한 개인적 양식은 자신과 세상, 존재 자체에 대한 신뢰의 붕괴에 대처하려고 노력하는 가운데 분열성적인 패턴이나 히스테리성 패턴이 될 수 있다.

심리치료는 신뢰의 붕괴에 대해 개인이 이전에 했던 자신의 적응과 재타협하는 과정을 포함한다. 이런 작업이 기본적 결함 수준에서 심각한 불편함을 불러일으키고 치료자와 내담자 혹은 환자가 감당할 수 있다고 느낀다면, 좀 더 일상적인 작업에 이어 깊은 수준의 퇴행이 나타날 수 있다. 사람들은 '기본적 결함'을 자기 존재의 근간에 손상이 있는 것으로 표현한다. "난 제대로 된 인간이 아니에요." "난 반쪽짜리 인간이에요." "잘못된 건 바로 나죠." 이에 대한 부분적인 조치는 이들에게 기본적 결함 수준 위에서 좀 더 건설적으로 사는 데 도움을 줄 수 있지만 기본적 결함에 별다른 차이를 가져오지는 못한다.

환자는 만약 평생 지속되어 온 불안에 다가가려면 자신이 극도로 상처받기 쉬운 의존상태로 들어가야 하고, 그 결과가 어떨지 전혀 알지 못하는 상태에서 재앙의 위험을 겪어 내야 한다는 것을 알게 된다. Balint는 방어가 떨어져 나가는 이런 상태를 '새로운 시작'이라고 불렀다. 이런 상태는 한 번이나 혹은 여러 번, 잠깐 동안이나 혹은 하나의 국면 동안 종종 치료가 종결되는 시점에 나타날 수 있다. 이것은 치료자에게 불안하게 매달리는 것도 유사독립도 아닌 조화로운 신뢰로 되돌아가는 것이다. Balint는 단순히 존재하는 것에서 느껴지는 열려 있고 적절하다는 느낌을 표현하기 위해 독일어 'arglos' 라는 단어를 제안했는데, 이것은 표현이나 통찰 혹은 단어에 고착된 치료자에 의해 간과되거나 잘못 해석될 수 있다(Balint, 1968: ch. 21).

퇴행한 환자는 그것이 위협이든 안전이든 간에 치료자를 크고 강한 존재로 지각하고, 치료자는 이에 공모하기 쉽다고 Balint는 경고한다. 치료자 역시 자신의 기본적 결함을 상기하게 되는 것을 좋아하지 않는다. 이런 공모는 각자가 상대방의 존재를 당연시할 수 있는 새로운 시작인 은근하게 친밀한 라포에서 멀어지게 한다. Balint는 치료자와 환자 간의 위계적인 거리를 좁히는 유동적이고 일상적이며 잔잔하게 함께 존재하는 상태를 묘사한다. 그러면 환자는 구조나 탈출을 찾는 것이 아니라 취약한 상태에서 그저 다른 사람과 함께 존재하는 것을 경험할 수 있을지 모른다(Balint, 1968: ch. 25). 이것이 Balint가 '원초적 사랑(primary love)'이라 불렀던 것이고, 우리는 사랑하는 것과 사랑받는 것 사이의 구분이 얼마나 불분명한 것인지 알 수 있다. 이런 상태는 두 사람에게 별다른 노력을 요구하지 않지만 부주의나 두려움의 순간에 쉽게 원래의 궤도를 벗어난다. Balint는 원초적 사랑이 한 사람의 과거를 지울 수는 없지만 깨진 신뢰의 회복에 기초한 대상관계의 새로운 시작의 일부가 될 수 있다는 점을 상기시켜 준다.

악성적 퇴행과 양성적 퇴행

퇴행한 환자와의 치료적 관계에 내재된 위험성에 대한 Balint의 탐구는 고통받고 있는 사람을 치료하는 데 중대한 기여를 한다. Ferenzi의 경험에 기초하여 그는 평온하게 조화로운 관계가 '새로운 시작' 으로 이어지는 '양성적 퇴행(benign regression)' 과 요구의 소용돌이가 시작되는 '악성적 퇴행(malignant regression)' 을 구별한다. 악성적 퇴행은 좌절감을 주고 파괴적인 과정인데 상담 전문직에 있는 대부분의 사람은 이것을 알아볼 것이다. 이것은 불안과 욕구에 대한 극단적인 오크노필한 혹은 히스테리성 반응에서 비롯된다.

극심하게 의존적이고 히스테리 성향이 있는 환자가 감당하기에는 치료자의 정상적인 분석작업의 틀이 너무 경직되고 박탈감을 준다는 치료자 자신의 느낌이 이런 반응을 초래할 수도 있다고 Balint는 주장한다. 치료자는 치료 회기의 시간이나 횟수 늘이기, 회기와 회기 사이에 접촉하기, 선물 주고받기, 안심시키기 혹은 접촉하기에 동의하거나 혹은 먼저 제안할 수도 있다. 처음에는 이런 가외의 것이 도움이 되고 환자가 더 진정되는 것처럼 보여 치료자는 이런 행동을 계속하도록 고무될 수 있다. 그러나 곧 요구가 늘어나고 중독처럼 커지는 요구의 소용돌이가 몰아쳐, 늘어나는 환자의 파괴적인 요구가 충족되지 않으면 환자나 치료자 어느 쪽도 살아남을 수 없다고 그들 둘 다 느끼게 된다. 이렇게 진정으로 악성적인 사태가 악화되는 가운데 환자는 자신이 매달릴 수 있는 강력하게 욕구 충족을 해줄 수 있는 인물을 찾게 되는데, 환자의 겁에 질린 추구는 치료자의 잠재적인 과대성(grandiosity)과 연합한다. 비록 이런 환자 때문에 겪는 자신의 힘든 경험에 대해 공개적으로 말하는 전문가들은 별로 없지만, Ferenzi가 결국 환자에게 주말과 휴가 중 그리고 밤에도 치료

회기를 제공하게 됐던 처지를 대부분의 전문가가 용인하지는 않더라도 이해할 수 있을 것이다.

Balint는 이런 상황에서는 겉으로 드러나는 모습이 어떻든 간에 환자는 감정적인 접촉을 두려워하며, 관계가 아니라 욕구충족을 추구하고 있다고 주장한다. 그리고 치료자도 똑같이 하고 있는 것처럼 보인다는 것이다. 그러므로 감정적 성숙은 일어나지 않고 어떠한 욕구 충족도 결코 충분하지 않을 것이다. 악성적 퇴행은 히스테리성 과정이 신체적 접촉으로 감정적 이해를 대체하는 것이라고 보는 Fairbairn의 설명을 경험적으로 보여 준다. 치료자와 환자가 함께 만들어 낸 창조물인 악성적 퇴행이 얼마나 자주, 그 책임이 치료자에게 있는 환자나 내담자와의 성적 행위에서 극점에 달하는 전능함의 한 요소가 되는지 연구해 보면 흥미로울 것이다.

Balint가 묘사하는 유형의 악성적 퇴행은 감정적 접촉에 대한 히스테리성 방어에서 기인하는 것이다. 분열성 환자가 보이는 관계에 대한 냉담한 회피는 이와 유사하게 악성적이지만 반대 방향으로 퇴행하는 양식이다. 이 둘 다 본래의 조화가 상실된 후 생애 초기에 이에 대처했던 방식으로 퇴행하는 것을 포함하고 있다. 악성적 퇴행의 세계는 더없는 기쁨을 주거나 괴로움을 주는 박해로 위협할 수 있는, 자기와는 별개의 대상이나 혹은 부분 대상의 세계이고 신체성은 관계에서 철저하게 분리되어 있다. 퇴행은 극단적인 두려움이나 쾌락에 의해 방해받지 않고 본능적 욕동에 의해 무너지지 않는 조화에 대한 원초적인 감각에 도달하는 데까지 이르지는 못한다.

악성적 퇴행은 이런 패턴의 방어기제를 쓰는 경향이 있는 히스테리 환자에게 각별히 위험할 수 있고, 대인관계가 빈약한 이들에게 특히 위험하다. 이것은 성숙한 관계를 할 수 있는 능력, Balint가 대상을 협력적인 파트너로 바꾸는 능력이라고 묘사한 이런 능력을 이런 환자가 거의 갖고 있지 않음을 나타낼 수 있다. 그래서 이런 환자는 관계에 대한 강렬한 두려움과 함께 압도적인 심리적 궁핍상태와 Balint가 그 자체로 하나의 요소로 봤던 신체적 욕구 충족(접촉과 성)의 실제적인 부재를 견뎌야만 하는 상태에 특히 취약하게 될 수 있다.

모든 치료자에게는 각자 빠지기 쉬운 함정이 있다. Ferenzi의 접근방식과 같이 생애 초기의 박탈이 삶의 문제로 직접 이어지고 치료적 과제는 정체된 발달을 재개하기 위해 박탈경험을 보상하는 것이라고 가정했던 치료접근에서 악성적 퇴행은 함정이 될 수 있다. Balint와 같은 헝가리 출신인 Franz Alexander(1954)가 정신분석학적으로 설명한 '교정적 정서 경험(corrective emotional experience)'을 통해 치료에 접근하는 많은 관점이 있다. 이런 관점에서 치료의 틀에 어떤 변화를 주는 것이 갖는 함의는 복잡하다.

겸허함(humility)은 치료자가 악성적 소용돌이를 불러일으키는 상황을 피할 수 있도록 돕는 주된 자질인데, 이것은 치료자의 강력함에 대해 환자가 갖는 가정에 쉽게 빠져드는 것을 경계하도록 해 주기 때문이다. 겸허한 치료자는 환자를 '고쳐야' 한다는 책임감에 맞서 좀 더 잘 버틸 수 있을 것이다. 이런 치료자는 환자의 경험은 치료자가 반드시 제공해야 하는 어떤 것이 아니라 환자 자신의 경험이라고 생각할 것이다. 그리고 그는 궁극적인 해답이나 해결책을 갖고 있지 않은 그저 또 한 사람의 인간으로 자신을 보여 줄 것이고, 환자에게서 감사나 관심을 보여 달라고 하거나 혹은 상담자에게 맞추라고 요구하지 않으면서 기꺼이 환자 곁에 함께 존재하려고 할 것이다. 그러면 치료자와 환자가 서로 얽히는 상황이 풀릴 가능성이 더 높고 또한 취약한 상태가 되는 것은 자율성을 잃는다는 뜻이 아니다. 환자는 아마도 서운함이 있겠지만 치료자가 자신에게 결코 치료자 이상의 존재가 될 수 없다는 사실을 인정할 수 있게 된다. 오이디푸스 드라마 속 아이처럼 환자는 자유롭게 치료자에게 가능한 것만을 원하게 되고, 다른 사람과 좀 더 풍성한 삶을 살기 위해 그들에게 의지하게 된다.

그러면 퇴행은 악성적이 아니라 '양성적인' 것이 되며 끊임없는 악순환이 아니라 새로운 삶을 향한 움직임이 된다. 언제나 그저 부분적으로 채워질 수밖에 없는 욕구 충족의 대체물을 끝없이 추구하는 대신 환자는 치료자와 느긋하게 함께 존재하는 상태로 들어갈 수 있고, 치료자를 '나와 비슷한 사람', 나를 판단하거나 비판하지 않고 나에게 쉽게 조율하며 완벽하기를 기대하지 않기 때문에 실패를 견딜 수 있는 사람으로 경험한다. 환자의 욕구는 이제 본능의 만족이 아니라 자신의 존재에 대한 인정이다. 이런 접근이 치료의 틀을 다소 느슨하게 하는 것을 포함한다 해도 그 목적은 고통을 줄이는 것이 아니라 개방성과 신뢰의 분위기를 조성하는 데 있다. 양성적 퇴행은 새로운 시작의 운영 방식이다.

Balint는 잠재적으로 악성적인 퇴행의 일화가 어떻게 좀 더 양성적인 양상으로 바뀔 수 있는지 그 자신의 임상 경험에서 한 가지 예를 제시한다(Balint, 1968: ch. 24). 환자는 한 회기에서 별로 얻은 게 없다고 느꼈고, 그 회기는 주말이 되기 전 마지막 회기였기에 그는 다가올 이별이 두려웠다. 그는 한 회기를 추가로 요청하면서 한 번 더 만나지 않으면 견딜 수 없을 것이라고 말했다. Balint는 이전에 이런 요청을 가끔씩 받아 주었는데, 이런 가외의 회기는 위안을 주는 것 같이 보였지만 그 이상은 아니었다. 그는 이번에는 환자의 요청에 '예' 혹은 '아니요'로 답하지 않고, 그저 그 환자의 감정을 인정해 주고 한 번 더 갖는 회기가 환자가 원하는 것을 해 줄 만큼 강력한 회기가 될 것 같지는 않다고 말했다. 그것은 그저 또 하나의 회기가 될 뿐이라는 것이었다. 환자는 자리를 떴고 어느 누구도 썩 만족한 상태는 아니었다. 주말에 환자는 Balint에게 전화를 걸어 자신은 괜찮은 상태니 한 번 더 만나기를 원치 않으며, 다만 금방이라도 울음이 나올 것 같다는 말을 하고 싶었을 뿐이었다며 두서없이 말했다. 주말을 견뎌 내기 위해 그에게 필요했던 것은 이것이 전부였다.

신체적 접촉

접촉에 대한 Balint의 논의는 그것을 완전히 배제하지 않는 치료자라면 어떤 치료자에게든 즉각적으로 관련된다. 성숙한 삼항 양식(three-term mode)에서 접촉은 기술적인 촉진적 요소 혹은 제한된 형태의 공감으로 지각될 수 있는 데 반해, 이항 양식(two-term mode)에서는 지뢰밭으로 가는 입구가 될 수 있다. 많은 치료자는 쓰라린 경험을 통해 접촉이 어떻게 퇴행이 악성적인 방향으로 틀어지도록 유도하거나 강화할 수 있는지를 알고 있다.

신체적 접촉에 대해 처음에는 환자의 요구가 절제되어 있으나 이런 요구는 절박한 갈망으로 커질지 모른다. 치료자는 마술을 부리는 손끝으로 환희와 구원을 가져올 수 있거나 혹은 손을 내밀지 않음으로써 환자가 비참한 불충분함의 상태에 빠지게 할 수 있는 신과 같은 존재로 보인다. 흔히 결말은 치료관계의 혼란스러운 붕괴인데, 이는 환자에게 절박한 불만감을 남기고, 이런 불만감은 치료에 대한 불만으로 소송을 제기하는 절차나 치료자의 사생활 침해, 자살 위협이나 행동으로 이어질 수 있다. 이 모든 것은 생존을 위해 필수적인 것처럼 보이는 오크노필한 대상에게 매달리려는 최후의 시도다. 그러는 동안 치료자는 수치스러운 실패감과 명백하게 자신을 조종하고 침해하는 환자에 대한 격렬한 증오심을 갖게 될 수 있다. 두 사람 다 한 개인으로나 혹은 전문가로서 자신의 생존이 강력한 상대방의 악의적인 손아귀에 달려 있다고 느낀다. Balint는 기록된 최초의 악성적 퇴행은 최초의 정신분석 환자 '안나 오(Anna O)'가 Freud와 Breuer에게 치료를 받고 있던 중에 일어난 것이라고 주장한다(Balint, 1968: ch. 22; Breuer & Freud, 1895, S.E. 2; Gay, 1988: 63-69). Breuer는 그 여성 환자가 덥석 그를 끌어안고 둘 사이의 상상의 아이를 출산하려고 상상 분만 상태로 들어갔을 때 몹시 당황해서 달아났다. Freud는 좀 더 강건한 자질을 갖고 있어서 이 사태를 이용하여 전이에 대한 개념을 발전시키는 데 도움을 얻었다. 그렇지만 Freud가 전통적 정신분석에서 '접촉 금지'라는 규칙을 만든 것은 놀라운 일이 아니다.

그러나 Balint는 하나의 고정된 규칙이 해답이라고 믿지 않았다. 가외의 회기를 원했던 환자에 대한 반응은 그의 융통성을 보여 준다. 그 환자는 그와 짧게 통화할 수 있었으나, Balint는 이런 허용을 치료자를 강력한 존재로 만들 수 있는 어떤 소망을 허용하는 것과는 구별한다. 이와 마찬가지로 그는 양성적 퇴행 중인 취약한 환자의 경우 계속해서 느끼기 위해 어느 정도의 접촉이 필요할 수 있다고 제안한다. 이것 없이는 다름(difference)에 대한 부조화의 감각이 환자의 '지속해서 존재하기(going-on-being)'를 방해하고, 기본적 결함은 치유되는 것이 아니라 반복된다(Balint, 1968: ch. 21). 만일 치료자가 자신이 구원자나 제공자가 아니라 촉진자라고 느낀다면, 접촉이나 혹은 치료 틀의 다른 변화는 그런 행위에 대한 그 자신의 욕구에 의해서가 아니라, 환자가 그와 조화로운 혼합을 재창조하는 것을 방해하지 않으려는 시도에서 나온다. 이것은 고도로 흥분된 접촉이 아니라 절제된 접촉, 예컨대 치료자의 손가락을 잡는 것과 같은 것일 것이다. 이것은 신뢰에 맞서 방어하는 것이 아니라 신뢰에 다가가는 방식이고, 그래서 악성적 퇴행으로 이어지지 않는다. 환자는 그저 개방된 상태를 지속하도록 힘을 얻고 치료자에 의해 인정받는다고 느끼며, 따라서 자신을 좀 더 인정하고 수용할 수 있게 된다.

Balint의 통찰력 있는 분석은 치료의 틀을 바꾸는 것이 언제, 어떻게 작업의 진전을 가져오는지, 그리고 언제 이것이 악성적 퇴행이라는 막다른 골목으로 이어질 가능성이 있는지에 대해 치료자에게 유용한 지침을 제공한다.

치료계 문화

Balint는 정신분석학계를 자극하는 내부의 초기 비평가였다. 그는 정신분석 치료실 세팅이 심리적 과정을 밝히고 치료하는 완벽한 실험실이라는 기존의 관점에 도전했고, 이런 세팅이 '특이하고, 한쪽으로 치우친 양자 관계' 라고 하면서, 이것이 어떤 영역은 조명하지만 다른 영역은 모호하게 하거나 왜곡한다고 했다(Balint, 1957a). 그는 다른 상황과 마찬가지로 정신분석도 한 사람 전체를 포괄할 수는 없다고 했다. 정신분석은 관계를 위한 기회를 제공하지만 신체적 만족은 주지 않기 때문에 본능의 극(極)에 비해 관계의 극을 훨씬 더 많이 드러낸다. 창조의 일항 영역 또한 정신분석가가 놓치기 쉬운 영역이다.

이런 비평은 모든 심리치료 접근에 적용될 수 있는데, Balint는 이에 덧붙여 특정한 치료의 틀은 환자나 내담자가 무엇을 경험하고 그것을 어떻게 표현하는가에 결정적인 영향을 미친다고 주장했다. 치료자는 신념이 의문시되는 것을 막고 이론적 분열을 해소하기보다 강화하는 자기충족적 예언을 통해 분석과정에서 드러나는 자료를 자기 이론에 대한 확증으로 받아들일 수 있다.

Balint의 논문 「양육과 정신분석적 치료에서 언어의 문제(The Problem of Language in Upbringing and Psychoanalytic Treatment)」(1968)의 제목

자체가 이를 말해 준다. 그는 독일어와 헝가리어, 영어에 유창했고, 이런 능력에 힘입어 언어가 생각과 경험을 형성하는 힘에 대한 흥미로운 논의를 할 수 있었다. 다양한 언어는 동일한 영역의 경험 안에서 미묘한 차이를 드러낼 수 있는 정도가 서로 달라서, 어떤 개념은 한 언어로는 표현할 수 없으나 다른 언어로는 쉽게 표현할 수 있다. 어떤 단어나 표현을 둘러싼 '한 무리의 연상'은 번역을 힘든 작업으로 만들며, Balint는 Freud의 영어 번역과 독일어 원전 사이의 몇 가지 차이점을 부각시킨다. 언어적 표현을 둘러싼 분위기는 보이지 않는 반의식적인(semi-conscious) 과정이 의사소통과 이해를 중재하는 심리치료에서 특히 중요하다.

Balint는 모든 심리치료 학파는 그 학파에 중심적인 독특한 언어와 개념에 감정적인 애착을 갖는다고 지적한다. 핵심적인 전문용어와 관련하여 연상되는 것과 분위기, 심지어 그런 용어의 역사는 외부인에게는 효력을 미치지 못할 가능성이 있다. 치료자는 전문가로 성장하는 형성기에 그들의 심리치료 언어를 '배우기' 때문에 자신이 그것을 사용한다는 것을 자각하지 못할 수 있다. 그래서 치료자가 환자의 언어와 가정과 세계관에 조율해야 한다는 것은 논란의 여지가 없는 반면에, 환자 역시 자신의 치료자에 대해 똑같이 이렇게 해야 한다는 사실에 대해서는 인식이 부족하다. 의사소통이 가능하려면 개개의 환자는 자신의 치료자가 채택한 이론적 틀의 언어와 관습 및 그 안에서 표현 가능한 내용을 받아들일 수밖에 없다.

Balint는 전통적인 정신분석은 성숙으로 이끄는 관계가 아니라 통찰로 이끄는 해석에 근거한다고 말한다. 그것은 온전한 자기감과 함께 의사소통을 행위로 경험하는 것이 아니라 생각으로 활용할 수 있는 능력을 갖춘 환자를 위해 개발됐다(Balint, 1968: ch. 2). 또한 환자는 분리된 온전한 한 사람으로서 분리되고 온전한 존재인 다른 사람과 관계하고 신뢰

있게 언어를 통해 상호작용하며 경험적으로 삶을 영위하고 있는 존재라는 가정을 갖고 있었다. 이 접근법은 주의 깊게 선발된 환자에게 잘 맞았고, 이들은 오이디푸스 콤플렉스의 중요성과 해석 중심적 접근의 유용성을 확인시켜 주었다. 그러나 Freud도 발견했듯이, 이 접근법은 자기애적 환자와 경계선적 환자, 정신병 환자와는 난관에 부딪혔는데, 그 이유는 이 환자들은 치료가 요구하는 수준에서 기능할 수 없었으므로 이런 가정이 타당하지 않았기 때문이었다.

Klein의 정신분석접근에 대한 Balint의 비판(Balint, 1968: ch. 17)도 이 접근에 고유한 개념적 틀이 앞의 예와 비슷하게 도출된다고 암시한다. 원초적 충동에 대한 즉각적인 해석을 함으로써 분석가는 강력하고 논쟁적인 인물로 비춰진다. 초기 Klein 접근방식에서는 이상화와 시기심이나 미움은 이해될 뿐만 아니라 예상되는 것이며, 이런 관점은 환자나 원초적인 인간 존재 자체보다 이 치료적 접근방식에 대해 더 많은 것을 말해 주는 것 같다. 상징화 이전의 과정을 성인의 의사소통 방식으로 표현하는 것은 불가피한 오해와 혼란을 초래하며, 초기 Klein 학파의 특수한 언어는 외부인에게는 정신 나간 소리처럼 들렸다. 이런 단점은 Freud와 Klein의 이론과 실제가 발전해 나감에 따라 어느 정도 줄어들었다.

따라서 Balint는 Freud 이론이 필로배트한 경향으로 기울어져 있다고 보았다. 즉, 자율적인 발견과 통찰에 대한 강조는 그것에서 도움은 받을 수 있는 대상을 제한했고 드러날 수 있는 문제를 일정한 방향으로 치우치게 했다. 이와 대조적으로 모든 환자의 의사전달을 전이의 관점에서 해석하는 Klein 학파의 경향은 환자 자신이 창의적으로 새로운 것을 발견할 여지를 거의 남기지 않았다. 하나의 접근으로서 이것은 오크노필한 쪽으로 편향되어 있었다.

Balint는 전이와 역전이의 영역이 확장되고 치료자의 영향력 밖에 있는 개념적 영역을 줄이거나 혹은 심지어 없애게 됨에 따라 정신분석이 점점 오크노필한 양식에 한정되어 간다고 보았다. 그는 이것을 치료자가 환자를 통제하려는 불안의 결과로 보았다. 정신분석가는 환자에게 방향을 지시하거나 대신 결정해 주는 것을 세심하게 피하지만, 그럼에도 불구하고 그들은 은밀하게 영향을 미친다고 Balint는 주장한다. 환자와 내담자는 대개 치료자의 관점과 가치, 때로는 말하지 않은 생각까지도 비교적 정확하게 포착한다. 이런 현상이 개인적인 유능감을 느끼려는 치료자의 불안에 의해 심해지는 경우 치료자가 전이 해석이나 다른 설명에 과도하게 의존하는 경향이 발생할 수 있고, 이런 경향은 환자에게 억지로 먹이는 식의 치료가 될 수 있다. 이론은 치료자가 원초적 불안을 피해 숨을 수 있는 피난처를 제공할 수 있다고 Balint는 주장한다.

따라서 Balint의 많은 개념은 습관적 관습과 가정 그리고 치료자 개개인의 특성이 치료 실제에 미치는 영향에 각별히 초점을 맞춘다. 아마도 그는 정신분석가 동료를 대상으로 의견을 개진한 것이 아니기 때문에, 일반개업의를 위한 그의 '연구 훈련 집단' 에 대한 재치 있는 기술에서 이런 생각을 특히 거침없이 표현했고, 이런 생각의 많은 부분은 모든 형태의 심리치료와 상담에 직접 관련이 있다(Balint, 1957a). 이 집단은 "지금까지 일반 진료에서 가장 흔히 사용된 약은 의사 자신이었다." (Balint, 1957a: 1)라는 주장과 함께 시작되었다. 의사는 별로 인식되지 않고 그 효과도 거의 밝혀지지 않은 하나의 약이었다. "우리의 주된 목표는 늘 변화하는 의사와 환자의 관계에 대한 상당히 철저한 연구, 즉 '의사' 라는 약의 약리학 연구다." (Balint 1957a: 4) 따라서 그는 치료 관계를 중심 주제로 다룬다.

Balint는 보통 '상식' 을 가장하여 작동되는 의사 개개인의 저변의 신념과 가정이 치료에 미치는 효과를 부각시키는데, 환자와 의사가 함께 건설적인 작업을 하려면 의사는 환자가 어느 정도 이것을 공유하도록 유도해야 한다는 것이다. 그는 이를 의사의 '사도적 기능(the doctor's apostolic function)' 이라고 부른다(Balint, 1957a: chs. 16, 17). 이것은 심리치료와 상담에서 치료적 동맹의 형성과 직접 관련될 수 있다. 충고하기와 안심시키기의 효용성과 오용에 대한 Balint의 탐구는 그가 던진 반복된 질문에서 집약적으로 나타난다. '안심시키기, 그러나 누구에게?' 라는 질문은 마찬가지로 자극적이다(Balint, 1957a: 108). 「어떻게 시작하는가」와 「언제 그만둘 것인가」라는 제목의 장에서는 치료적 관계의 특수한 상황과 관련된 전략을 다룬다. 자신의 병과 환자가 갖는 관계에 대한 탐구를 통해 Balint는 기본적 결함의 개념을 감정 영역뿐만 아니라 신체 영역으로 확대시킨다. 그리고 훈련에 대한 그의 논의는 모든 관련된 분야의 슈퍼바이저와 훈련담당자에게 관련성을 갖는다.

Balint의 주된 메시지는 다양한 접근법과 전문 분야가 각자 고립된 상태를 유지함으로써 너무 많은 것을 잃고 있다는 것이다. 그는 의학이 정신분석에서 배울 수 있듯이 정신분석 또한 의학과 다른 학문에서 배울 수 있다고 말한다. 각각의 접근법과 치료장면과 전문 분야는 각자 초점을 두는 영역과 전문성이 있고, 각자의 고유한 통찰로 기여할 수 있다. 다양한 상황은 그 상황에 고유한 치료의 틀과 기법을 요구하지만, Balint의 호소는 인간에 대한 좀 더 완전한 이해를 협력적으로 발전시켜 나가려는 노력에서 다수의 치료 접근법을 받아들여야 한다는 것이다.

논 평

Balint는 대상관계이론에 이론적이고 실제적인 통찰을 제공했다. 그는 생각이 어떻게 행동과 분위기로 전환되는지에 꾸준히 초점을 맞추었고,

그 결과 연구와 치료의 이중적인 목표가 서로 좀 더 밀접한 연관성을 갖게 됐다. 정신분석학계 내부뿐만 아니라 외부에 설 수 있는 능력에 힘입어 그는 분할된 학과 간의 학제 간 협력과 통합을 주장하는 상상력이 풍부한 주창자가 됐다. 자신의 연구를 통해 그는 생물학적이면서 심리학적이고, 쾌락을 추구하면서도 대상을 추구하는 존재인 전체적인 인간에 대한 관점을 제시한다.

Balint의 본래 의도는 대상관계 혹은 사랑, 성적 목표 혹은 쾌락이라는 쌍을 이루는 요소의 발달을 탐구하는 것이었다. 그의 주된 통찰은 이 두 줄기 가운데 첫 번째를 따라간 것이었고, 결국 그는 본능의 발달 그 자체에 대해서는 거의 관심을 두지 않았다. 그러나 그는 비록 정신분석적 장면이 본능의 요소에 대한 연구를 억제하지만, 그럼에도 불구하고 그것은 근본적으로 중요하다고 일관되게 주장한다(Balint, 1936). Fairbairn의 대상관계이론에 대한 그의 비판은 그 이론이 정신분석에서 배울 수 있는 것에만 타당할 뿐 전체적인 인간 존재를 포괄하지는 못한다는 그의 관점에 근거한다(Balint, 1957b; Fairbairn, 1994a).

흥미롭게도 Balint(1949)는 당시 정신분석 실제에서 관계를 점점 더 강조하는 가운데 기법이 이론에 앞서 진전하고 있다고 주장한다. 이것은 이중 요소에 대한 그의 관점이 실제로 얼마나 철저했는지에 대한 의문을 제기하게 한다. 만약 관계가 어떤 면에서 본능에 우선하는 것이 아니라면, 그는 기법이 이론에 앞서는 것이 아니라 일방적이 되어 간다고 보았을 것이다. 그는 정신적 측면과 신체적 측면 간의 신비로운 연관성에 대해 숙고하지만 전체적인 관점으로 발전시키지는 않는다. 이것은 아마도 그에게 정신분석학적 영웅이었던 두 사람, Ferenzi와 Freud가 갈라지는 지점에 자신의 입장을 두었던 것과 연관이 있을지도 모른다.

Freud의 주된 목표는 정신분석을 연구의 도구로 이용하여 마음에 대한 일관된 이론을 발전시키는 것이었다. 그는 환자 개개인의 힘든 상태에 대해서는 관심을 덜 기울였는데, 그 스스로 "나는 결코 치료에 열성적이었던 적은 없었다."라고 진술했다(Freud, 1933a, S.E. 22: 151). 비록 인간의 심리나 정신분석 상황에서 관계의 요소를 무시한 것은 아니었지만, 그가 개인적으로 창안한 정신분석은 변화의 동인으로서 통찰에 대한 그의 의존을 부각시킨다. Freud의 정신분석은 환자가 자신의 내면에 대한 연구를 수행할 수 있는 관계의 장을 제공한다.

반면에 Ferenzi는 치료에 열성적인 사람이었다. 그는 환자가 그에게 오는 주된 목적은 지식이 아니라 위안을 얻는 것이라고 믿었고, 그래서 그들을 돕기 위해 노력해야 할 의무감을 느꼈다. 그는 감정적인 어려움이 초기 박탈경험의 결과라고 보았기 때문에 환자에게는 단순히 자신을 좀 더 온전하고 진실되게 보는 방식을 발견하기보다 새로운 실제 경험이 필요하다고 믿었다. 이런 관점 차이의 결과는 이 두 주창자 간의 불화였고, 기법에 대한 더 이상의 실험을 금기시하는 것이었다. Balint가 서 있었던 지점은 이런 갈등과 금기사항의 중심점이었다.

통찰 대 치유의 질문에 대한 Balint의 최종적인 입장은 일단 환자의 상황이 이해되면 위안은 거의 저절로 주어지게 된다는 것이었다. 그러나 이해되어야 하는 경험이 드러나는 것은 치료자와 환자 사이의 분위기가 그것을 허용할 때만 가능하다. 이것이 뜻하는 바는 환자의 '상황'이 그녀의 과거와 현재 세계뿐만 아니라 일반적이고 즉각적인 치료적 관계도 포함한다는 것이다. 따라서 치료자의 개별성과 치료관계를 포함하지 않고 환자에 대한 이해를 바라는 것은 소용없는 일이다. 환자를 위해 더 나은 삶의 방식으로 나아가는 길은 새로운 실제 경험인 '새로운 시작'에 어느 정도 달려 있다. 그러나 이것은 치료자가 예측하거나 조작하거나, 조종하거나 혹은 줄 수 없는 것이며, 오직 환자에 의해 (그리고 또한 치료자에 의해) 경험되는 것이다. 치료자가 할 수 있는 전부는 경험이 전개되는 것을 막지 않도록 노력하는 것이다. 따라서 Balint는 치유의 수동성과 통찰의 활동성이 서로에게 좀 더 가깝게 있도록 한다.

반대되는 입장을 화해시키려는 열망에 휩싸여, Balint는 화해시키려는 자신의 시도가 성공을 거두지 못했음을 종종 인정하지 않았다. 이것은 특히 인간 존재에 대한 욕동에 기초하고 쾌락 지향적인 관점을 의미에 기초하는 관계중심의 관점과 나란히 두려했던 그의 시도에서 명백히 드러난다. 그는 '조화로운 상호침투적 혼합' 을 가장 원초적인 형태의 관계로 제시하지만 그 안에서 본능의 위치를 명확히 하지 않았다. 우리는 출생 전의 상태에서 아기의 본능적 욕구가 충족되고, 따라서 아기가 그 욕구를 경험하지 않는다고 추정해 볼 수 있는데, 이런 추정은 태어나지 않은 아기는 접촉에 대한 욕구를 경험하는 것이 불가능하다고 보는 Fairbairn의 관점과 같은 맥락이다. 그러나 자기와 타인의 구별이 본능적 영역이 아니라 관계의 영역에서 경험되어야 하는 이유는 명확하지 않다. 왜 태아는 자신과 조화로운 상태에 있다 해도 엄마 몸속 물질의 타자성(the otherness)을 인식해야 하지만, 본능적 삶의 압박은 인식하지 않아도 되는가?

Klein과 Fairbairn의 이론과 같이, Balint의 이론은 출생 이전과 출생 이후의 삶 사이에 급격한 전환을 가정하는데, 그가 근본적이라고 제시한 요소는 출생 이전에는 어떤 분명한 자리를 차지하지 않는다. Balint의 이론에서는 출생 이전의 본능의 자리가 무엇인지 의문스럽고, Fairbairn의 이론에서는 관계에 대한 욕구가, 그리고 Klein에게는 출생에 의해 움직임이 시작된다고 그녀가 상상한 본능의 위치와 활동이 의문스럽다. Winnicott의 원초적인 모성적 몰두와 환경적 어머니(the environmental mother)라는 개념은 Balint의 조화로운 혼합과 비슷하나, Winnicott은 원초적인 '조화' 라는 개념을 몹시 싫어했다. 그는 그런 용어가 원초적이라고 부르기에는 너무 복잡한 상황을 전제한다고 주장했다(Rodman, 1987: 127-129). 아마도 Balint는 다른 이론가를 구속한다고 그가 생각했던, 이론적인 최종 지점을 좇는 성향에 그 자신도 빠져 있었는지 모른다.

Klein처럼 Balint는 본능의 충족과 좌절의 경험을 출생 이후에 두고, 이 경험을 대상 및 부분 대상과 관계하는 하나의 측면으로 본다. 그는 암묵적으로 본능의 경험이 본질적으로 분리에서 파생되는 것으로 본다. 그리고 사랑, 진정하게 원초적인 사랑은 분리 이전의 조화의 연속으로 본다. 따라서 악성적 퇴행은 출생 이후의 외상적 경험에 대한 고착을 해소하는 것이 아니라 방어하는 것이며, 반면에 양성적 퇴행은 본능적 욕구가 충족되어서 주관적으로 볼 때 그런 욕구가 존재하지 않는 어떤 경험에 대한 고착을 넘어선 것이다.

본래의 이항 조화에서 발달하는 일항의 창조 영역과 삼항의 오이디푸스 양식에 대한 Balint의 시각은 신선하고 상상력이 풍부한 관점을 제공한다. 마찬가지로 그가 제시한 조화로운 혼합과 원초적 사랑에서 그것이 발현되는 양상, 새로운 시작과 양성적 퇴행의 개념은 임상적인 보석이다. 그러나 이런 개념에 대한 그의 매혹적인 묘사는 그가 성숙한 관계를 거의 냉소적인 거래인 것처럼 이론적으로 설명한 것과 연결되는 부분에서 설득력이 떨어진다. 그는 암묵적으로 인간 존재는 진리가 아니라 쾌락을 추구한다는 궁극적으로 절망적인 Freud의 입장을 반영한다. 인간관계의 가치가 그것이 각 개인의 유익을 위한 것에만 달려 있다면—Balint가 볼 때는 원초적인 조화에 대한 감각—Balint가 근본적이라고 여긴 다른 사람과 접촉하고자 하는 욕구는 실제로 피상적인 것으로 보인다.

Balint 사상의 이런 확장은 그의 공공연한 인간애와 낙관주의와 충돌하지만 그의 삶의 경험에 있었던 참사를 표현해 준다. 분명히 그것은 그의 사고의 숨겨진 취약점이고, 갈등의 중심에서 작업하도록 그가 내몰릴 수밖에 없었던 또 다른 징후다. 그의 이론에서 전반적인 구조의 결여는 이런 약점의 결과이고, 이것은 그의 독창적인 생각이 갖는 이론적 중요성을 제한한다. 아마도 그가 분명하게 표현한 양극단을 해소하는 능력이 때로는 그에게 없었는지도 모른다. 어쩌면 그는 Freud와 Ferenzi 사이의 대립에 자신이 엮여 있다고 느꼈을지 모른다. 그가 아버지에게 그랬던 것처럼, 최종적으로 한쪽이나 다른 쪽에 서거나 혹은 그의 생각의 근거가 되는 것이 양립할 수 없는 차이점이 아닌 다른 어떤 것이 될 수 있도록 그의 관점을 바꿀 수 없었던 것으로 보인다.

Balint는 절실하게 발전이 필요한 예리한 임상적 혜안에 근거한 단편들을 우리에게 감질나게 제공한다. 예컨대, 조화로운 혼합의 개념은 대상과 물질, 공간의 비인격적 세계와 우리의 관계로 곧장 이어지는데, 이런 관계를 간과하는 경향은 정신분석학에 많은 맹점이 있다는 Balint의 견해에 힘을 실어 준다(Searles, 1960 참조). 쾌락을 추구하는 것과 대상을 추구하는 것, 그리고 치유와 자기 이해를 통합하고자 한 그의 시도는 중요한 양극단을 명료화한다. 이론이 인위적인 것이라는 그의 비판은 좀 더 엄격한 치료적 태도로 나아가는 문을 열어 주는데, 유감스럽게도 여기에 대한 후속 작업이 제대로 이루어지지 않고 있다. 의학 분야에 그가 남긴 기여는 다양한 분야에서 새로운 가능성을 열어 주며, 물론 정신분석과 심리치료, 상담에서도 마찬가지다.

Balint는 자신의 많은 개념을 담아내는 틀을 발달시키지 않았기 때문에 그의 기여는 이론보다 치료 실제에 좀 더 많은 것을 제공한다. 그가 스스로 정했던 목표는 이론과 실제, 연구와 치료, 생물학과 심리학, Freud와 Ferenzi 사이의 조화를 함축적으로 이루는 것이었다. 그가 달성한 과제는 그에 앞선 모든 이론가를 인정하면서, 명료하고 상상력이 풍부한 방식으로 치료적 사고와 실제를 확장한 것이었다.

6

해리 건트립: 분열성 경험

Guntrip은 오래전부터 심리치료를 대중화한 사람이었다. 그는 사회복지사, 성직자, 일반인에게 직접적이면서도 그들이 이해하기 쉽게 글을 썼다. 그리고 그의 이론적인 연구는 건조하지 않았고 정서적인 색채가 강했다. 그가 심리치료에 기여했던 점 중에서 가장 기억할 만한 것은 그의 저술 곳곳에 드러나 있는 애정 어린 따뜻함이며, 그의 이런 점은 신경증 때문에 당시 비난받던 사람들을 좀 더 깊이 이해할 수 있는 계기가 되었다. 그는 Fairbairn과 Winnicott—Guntrip은 이 두 사람에게서 분석을 받았다—의 업적을 독특하면서도 효과적으로 전하는 전달자의 역할을 했다. 그의 목표는 Fairbairn의 이론과 Winnicott의 실제를 통합하는 것이었는데, 이렇게 함으로써 그는 자신이 좀 더 완벽한 대상관계이론에 기초한 심리치료를 만들어 내는 데 기여할 수 있을 것이라고 생각했다.

Guntrip은 고통스럽지만 열정적인 삶을 살았다. 그는 다른 사람의 심리적인 고통뿐 아니라 현실적인 문제도 돌보며 살았다. 그리고 심리치료에 대한 그의 열정은 그의 말년까지 그를 괴롭혔던 심리적 문제를 해결하려는 노력과 함께 계속 불타올랐다. Guntrip, Fairbairn, Winnicott 및 Balint는 초기에 가장 순수한 형태의 대상관계이론을 대표하는 사람들이다.

건트립의 생애

Harry Guntrip은 1901년, 불행하고 사이가 좋지 않던 부부의 맏아들로 태어났다. 그의 부모는 모두 일찍부터 각자의 원 가족과 결별했던 사람들이었다(Hazell, 1996 참조). 그리고 그들은 모두 종교를 열정적으로 신봉했다. Guntrip의 아버지인 Henry는 독자적으로 자신의 복음주의 교구를 시작했으며, Harry의 어머니 Harriet은 Henry의 열성적인 설교와 기독교적인 원리를 열광적으로 좇았다. Harry의 어머니는 자신이 어렸을 때부터 주변의 여러 형제를 돌보았는데, 그 형제 중에서 넷은 일찍 세상을 떠났다. 그녀는 형제를 돌보느라 교육을 더 이상 받을 수 없었고, 그녀의 아버지가 세상을 떠났을 때에는 가족 내의 사업문제로 다른 형제와 결별했다. Harriet은 자신이 도맡아야 했던 남편과 자녀를 위해 스스로 사업을 시작해야 했다. 그 가족 중에는 Harriet의 아버지가 혼외 관계를 통해 얻었던 여동생 Minnie도 포함되어 있었으며, 그녀는 일생 동안 Guntrip의 가족과 함께 살았다.

한편 Harry Guntrip의 아버지 Henry는 Harriet의 솔직함과 어려운 일도 척척 해내는 그녀의 능력에 반했다. 그들은 당시 미망인이었던 시어머니—그 어머니는 Henry가 거스르기 어려울 정도로 매우 지배적이었다—가 세상을 떠난 후 결혼했다. 그는 설교가의 일을 그만두고 좀 더 안정된 직업을 구할 수 있었지만, 1899년에 발발한 보어전쟁을 지지하는 서명을 거절함으로써 그 직업조차도 잃었다. 당황한 아내 Harriet은 포목상을 시작했는데, 그 사업은 모든 가족에게 무엇보다도 중요한 일이 되었다. 아내 Harriet은 가게를 운영하고 남편 Henry는 저녁에 장부를 정리했으며, 여동생 Minnie는 집에서 당시 어린 아기였던 Harry를 돌보았다. Harry는 첫 아이가 유산된 후 1901년에, 그리고 그의 남동생 Percy는 1903년에 태어났다. Harry Guntrip은 어렸을 때 그의 동생을 무척 좋아했는데, Harry가 3세가 되었을 때 겪은 Percy의 죽음은 그에게 큰 충격이었다. 이후 이 사건은 Harry Guntrip에게 일생 동안 그의 마음을 사로잡는 사건이 되었다. 그는 Percy가 엄마의 무릎 위에서 세상을 떠났을 때 느꼈던 절망적인 슬픔과 그 이후에 앓았던 병에 이르기까지 그 당시의 상황을 상세히 기술했다. 이처럼 동생의 죽음은 일생 동안 그를 괴롭혔던 신체화된 질병과 정서적 불안의 기점이 되었다.

Guntrip의 아버지는 자신이 가지고 있던 젊었을 때의 열정을 잃어갔고, 비록 온화하기는 했지만 자신의 삶을 포기한 것처럼 보이는 무능한 아버지가 되었다. 아내 Harriet의 지나친 지배성이 남편 Henry의 이런 변화나 Guntrip 자신의 어려움을 촉발한 원인이 된 것 같기도 하다. 그녀는 Guntrip이 어렸을 때 자주 그를 분별없이 대했다. 예컨대, 그가 기분이 나쁜 상태인데도 굳이 가기 싫어하는 옷가게에 데려가서는 종종 여자 옷을 입혀 보곤 했는데, 그런 일은 다른 고객이 그 옷은 그 아이에게 맞지 않는다는 이야기를 할 때까지 계속되곤 했다. Hughs(1989)는 이러한 경험으로 인해 Guntrip 자신이 어머니와 동일시하고, 또 자신의 분신처럼 Guntrip을 대하는 어머니의 태도를 받아들임으로써 자신이 여성이라는 느낌에서 벗어나기 어려웠을 것이라는 의구심을 가졌다. 아마 슬픔에 가득 차고 불행한 Guntrip의 세 가족 모두는 서로 분리할 수 없는 하나의 융합체로 느꼈을 것이다. Henry와 Guntrip은 Harreit의 지배하에서 반항하지 않고 순응하면서 살기로 결정했던 것 같다.

Guntrip은 어려서부터 그의 아버지처럼 자주 아팠고 또 몽상적인 아이였다. 그의 소극적인 태도는 어머니를 격노하게 했다. 그녀는 때때로 Guntrip을 자신도 어찌할 수 없을 정도로 심하게 매질했다. 그가 집에서 멀리 떨어진 학교에 다니고 여러 가지 취미생활에 몰입하고 열정적으로 일하는 습관을 가지면서 이러한 상황은 달라지기 시작했다. 아들의 독립으로 부담을 덜게 된 Harriet은 아들의 취미생활을 지원했으며, 사업이 잘되면서 가족의 생활 역시 개선되었다. Guntrip은 아동기 동안 그의 가장 절친한 친구였던 Alf와 떼려야 뗄 수 없는 사이였으며, 15세 되던 해에는 그와 함께 사회봉사를 하느라 학교를 그만두기도 했다. Alf는 Guntrip의 주변에 있던 몇몇의 '형제와 같은 인물' 중 하나였다. Guntrip은 청소년기 동안 구세군 활동에 열심히 참여했으며, 그의 종교생활에 대한 강박적인 태도는 그의 기도일지에 포함된 '삶과 일에서 지켜야 할 24개의 규칙'에서 분명하게 드러난다 (Hazell, 1995: 15). 그의 규칙에는 잠 덜 자기, 자신을 부정하기, '나태와 소심함을 극복하기' 등이 포함되어 있었다. 하지만 그는 구세군이 지나치게 권위적이라고 생각하여 구세군을 떠나 조합교회의 목사로 훈련을 받기 시작했다.

Guntrip은 그의 아내 Bertha Kind를 학생시절에 만났는데, 그녀는 그 후 일생 동안 Guntrip에게 따뜻하고 지지적이었다. 그들은 입스위치(Ipswich)에 잠시 머무른 후 리즈(Leeds)에 정착했으며, 그곳에서 딸

Gwen을 낳았다. Gunrtip은 목사로서 열심히 일했는데, 입스위치에서는 실직자를 위한 사업을 했고, 리즈에서는 난민센터를 운영했다. 그는 목회자의 길로 시작했지만 나중에는 심리치료에 종사했다.

그는 만성적 변비에서부터 불면증, 심한 축농증 등 여러 가지 증상 때문에 고통을 겪었다. 이러한 증상은 '형제와 같은 인물' 이 사라지거나 그의 어머니하고만 너무 오랫동안 외로이 지내는 상황이 벌어질 때마다 놀랄 만큼 정확하게 발생했다. 그는 1936년에 정신분석을 받기 시작했으며 그 이후 6년간 당시 타비스톡 클리닉(Tavistock Clinic)의 초대 소장이었던 Hugh Crichton-Miller에게서 정신분석을 받거나, 중간 중간에 그의 문하생이었던 Clifford Allen과 함께 '자기분석' 을 하기 위해 런던을 방문하곤 했다. 그는 철저하게 꿈과 분석내용을 아주 철저하게 기록하기 시작했는데, 그는 35년 후 이것이 정신분석적 자서전으로 출간되기를 희망했다. 이 과제는 그가 정신분석을 해 주었던 Jeremy Hazell(Hazell, 1996)에 의해 성취되었다.

Gunrtip의 아버지는 Guntrip이 Bertha와 결혼하기 직전에 세상을 떠났으며, 아버지의 죽음 이후 어머니 Harriet은 Guntrip과 Bertha에게 훨씬 적대적이다. 어머니 Harriet이 삶에 대해 느꼈던 깊은 실망감과 Bertha에 대한 신랄한 공격은 날이 갈수록 더 심해졌고, 결국 정신병이 발발하여 그녀는 더 이상 혼자 힘으로 살 수 없게 되었다. 1944년부터 그녀가 세상을 떠난 1953년까지 그녀는 Guntrip, Bertha, Gwen과 함께 살았으며, Guntrip의 아내 Bertha는 대부분의 부담을 떠안으며 살았다. 이런 상황에서 Guntrip이 덫에 걸려 짐을 진 것 같고 부적절감을 느꼈던 것은 어쩌면 당연한 일이었다. 그는 자신의 분석이 할 가치가 있다고 느꼈지만, 동시에 그는 불안한 합리화로 자신의 공허감을 숨기고 있었다. 1948년 일기에는 다음과 같은 내용이 있다. "나는 아직 내

속에 나 자신의 가치를 느낄 자원을 충분히 가지고 있지 않으며, 40대 후반의 내 삶은 무의미하게 사라져 가는 것 같다. 그리고 나는 아직 어떤 가치 있는 일을 성취하지 못한 것 같다." (Hazell, 1996: 67)

Guntrip은 삶의 이유와 그의 어머니에게서 벗어날 탈출구를 찾으려고 열망했던 것이 틀림없다. 그는 이 두 가지를 Fairbairn에게서 찾았다. Fairbairn의 초기 저작은 Guntrip의 대학시절에 그에게 큰 깨달음을 주었던 John Macmurray(1961)의 '인간관계' 철학을 반영하고 있었다. 그때쯤 Guntrip은 목사의 일을 그만두고 심리치료에 전념했으며, 부분적으로는 리드(Leed) 대학에서 심리치료에 관련된 연구를 수행했다. 그는 공식적인 정신분석 훈련을 받기보다 Fairbairn에게서 정신분석을 받기로 결정했다.

그의 분석은 그 이후 10여 년간 가족의 삶과 경제적 상황을 좌우했다. Guntrip은 일주일에 2일씩 에딘버러에서 보냈고, 나머지 5일은 매일 12시간씩 정신분석을 해 주면서 일했다. 최근에는 좀 달리 기술되기도 하지만(Hazell, 1996 참고), Guntrip 자신은 Fairbairn과의 정신분석작업이 결국에는 실망스러웠다고 기술하고 있다. Guntrip은 Fairbairn의 접근방식이 자신의 이론보다는 전통적인 Freud 접근에 가깝다고 느꼈다. 그리고 그는 Fairbairn에 대해 비판을 퍼붓고 수정을 가했다. 그는 처음에는 참아 보려고 했을 것이다. 그러나 그가 가지고 있던 엄청난 불안감 때문에 그는 자신의 말을 중단함으로써 Fairbairn이 자신이 하는 말의 미묘함을 깊이 느끼거나 생각하도록 여유를 주려고 하지 않았을 것이다. Guntrip은 그 두 사람 사이에 가장 생산적이었던 시간은 정신분석 직후 이론적인 토론을 할 때도, 자신이 스스로 Fairbairn의 생각을 긍정적으로 받아들이거나 설명하려고 할 때라고 느꼈다.

가장 심했던 신체화 증상을 Guntrip이 극복한 이후 몇 년간의 분석은 지지부진하게 진행되었다. 그러다가 Fairbairn의 건강이 갑자기 악화되면서 정신분석도 중단되었다. 두 사람 모두 Fairbairn이 죽을까 봐 염려했다. 왜냐하면 그의 죽음은 곧 그동안 Guntrip의 잃어버린 자기의 상징이었던 Percy의 죽음이라는 외상경험의 반복을 의미할 수도 있기 때문이었다. Guntrip은 그가 Fairbairn과 논의했던 치료적 퇴행에 대해 글을 썼던 Winnicott이 자신에게 Fairbairn이 제공하지 못했던 치료적 관계를 제공할 수도 있을 것이라는 희망을 가졌다. 그러나 그의 어머니가 사망한 이후 Guntrip은 아내 Bertha와 더 많은 시간을 보낼 필요가 있었고, 따라서 Winnicott와의 정신분석은 간헐적으로만 이루어졌다. Winnicott와의 정신분석은 Winnicott이 나이 들고 건강이 악화되었던 1969년까지 10년 이상이나 지속되었다.

뒤돌아보면 Guntrip은 당시 Fairbairn에 대해서는 비판적이었지만 Winnicott에 대해서는 매우 호의적이었다(Guntrip, 1975). 그러나 Winnicott에 대한 Guntrip의 관점 역시 명료하지 않았다. 그는 Winnicott의 정신분석을 받으면서 새로운 수준의 신뢰관계와 편안함을 경험했음에도 불구하고, 자기(self)의 핵심은 여전히 '독방에 갇힌 것'이라는 자기에 대한 Winnicott의 관점을 접한 후 두려움을 금할 수 없었다. Guntrip은 자신의 문제가 초기의 결핍이나 단절경험 때문에 발생했고, 그것들은 Percy의 삶 또는 죽음을 기억하지 못하는 현상으로 나타났다는 것을 굳게 믿고 있었다. Fairbairn처럼 Winnicott 역시 Guntrip의 관점에 대해 전적으로 동의하지 않았다. Winnicott은 Percy에 대한 Guntrip의 끝없는 집착은 슬픔과 동시에 질투심에 의한 것이라고 시사했다. 하지만 Guntrip은 그의 해석을 받아들이지 않았다.

영국 자선단체의 하나인 사마리탄(Samaritan)의 일원이면서 Guntrip의 전기작가였던 Jeremy Hazell은 Guntrip의 저술에서 풍기는 온화함에 이끌렸다. 하지만 그의 분석을 받으면서, Hazell은 그가 실제로는 온화함과는 거리가 멀다는 사실을 알게 되었다. Guntrip은 조바심이 많고 인내심이 부족했으며, 기침과 말, 낙서를 끊임없이 했다. 그러나 Hazell은 Guntrip이 Winnicott에게 분석 받을 당시에는 훨씬 조용하고 안정되어 있었으며, 그의 환자와 훨씬 더 깊은 작업을 했다는 사실을 발견했다. Hazell은 그의 글에서 Guntrip이 지역병원을 방문하여 심하게 퇴행했던 환자를 만나 치료했던 감동적인 이야기를 전했다(Hazell, 1991). 그 남자는 이불로 자신을 완전히 가리고 있었는데, Guntrip은 50분간 아무 말 없이 그 환자의 손을 잡고 있었다. 그의 이러한 행동은 그 환자에게는 커다란 전환점이 되었다. Guntrip은 그의 저술에 나타난 것처럼 실제에서도 완전히 내담자와 함께할 수 있었다.

이전보다는 내면적으로 훨씬 더 안정을 되찾았지만, Guntrip은 여전히 불안정하고 일에 매달렸다. Percy에 대한 기억을 되찾으려고 일생 동안 했던 그의 노력은 Winnicott이 사망하면서 시작된 일련의 꿈에 의해 결실을 보기 시작했는데, 그중 특히 두 개의 꿈을 결정체로 볼 수 있다(Guntrip, 1975). 하나는 Percy가 세 살 난 Guntrip 자신과 함께 유모차에 있는 것이었으며, 다른 꿈은 Percy가 얼굴, 팔, 가슴이 없는 엄마의 무릎 위에서 불행해 보였는데, Guntrip이 그 아이를 웃게 해 보려고 애쓰고 있는 내용이었다. 이 꿈은 오랫동안 지속된 그의 여정의 종착점인 것 같았다. 그는 이 꿈을 Percy를 찾는 동시에 그가 가지지 못한 어머니의 사랑에 대한 결정적 증거로 받아들였다. 그러나 그는 이때 이미 암으로 고통을 받고 있었고, 1974년에는 세상을 떠나게 된다.

당시 Guntrip의 건강은 악화되었지만, 그의 생애 중 마지막 몇 년은 끊임없이 지속되는 활동과 함께 그가 그동안 성취한 내면의 평화 속에서 가장 행복한 시간을 보냈다. 그는 아내 Bertha, 딸 Gwen, 사위와 손자 등과 함께하는 시간을 즐겼다. 그는 여러 차례에 걸쳐 미국에서 이루어진 강연회에 초청되었고 몇몇의 환자를 치료하면서 지속적으로 일했다. 그리고 세상을 떠나기 몇 주 전까지도 그는 강의와 저술을 계획하면서 열정적인 삶을 살았다. 그의 사위는 그를 위해 특별한 애정이 담긴 사망기사를 썼다. 정신분석 학계의 안팎에서 그의 업적은 점점 더 존경받고 널리 알려졌다.

Guntrip은 자신의 내면세계가 고통스러웠어도 그러한 고통을 관대하고 온화한 태도로 드러낸 사람이었다. 그는 자신이 과잉활동에 강박적으로 매달리고 있음을 고통스럽게 자각하고 있었다. 그는 자신의 과잉활동을 '기본적 존재에 대한 비존재감(non-existent sense of basic being)' 을 숨기기 위한 것이라고 믿고 있었다(Hazell, 1996: 259). Fairbairn과 Winnicott 및 주변 분석가들은 Guntrip의 궁극적인 문제는 Percy를 상실해서 겪는 슬픔이라기보다 Percy의 출생에 대한 분노일 것이라고 시사했다. 그리고 그 분노는 동생을 죽이고 싶은 환상이 현실적으로 드러나면서 배가되어 자신에게 되돌아왔을 뿐 아니라, 존재하지 않는 어머니상을 확인하려는 절박한 노력과 혼합되었다. Guntrip은 아동이 본질적으로는 선하다는 사실을 널리 알리는 일에 대해 선교사와 같은 사명을 느꼈으며, 그의 신경증적인 일상사는 두려움과 공허감을 대처하기 위한 방법에 지나지 않는다고 확신했다. Guntrip에게 파괴는 인간의 기본적 특성이라기보다는 장애의 징후일 뿐이었다.

Guntrip이 보여 주었던 경험에 기초한 스타일에 대해 어떤 사람은 이론적 엄격함을 갖추지 못한 감상적인 것으로 취급했지만, 다른 사람은 마음에서 우러나는 것을 가장 직접적으로 표현한 이론가로 평가했다. 이 양쪽의 관점은 모두 타당한 것으로 보인다. 그는 "사람을 돌보는 일이 생각을 돌보는 일보다 더 중요하다."(Guntrip, 1997: preface)라고 한 반면, 그가 다른 사람을 위해 베푼 돌봄은 때때로 강박적이었지만 동시에 진실했다. 그가 개인적으로 겪었던 어려움에 대한 양쪽의 관점 역시 일리가 있는데, 그의 취약함과 분노가 하나의 통합된 요인으로 설명되어야 할 이유는 없으며 각각의 설명방식이 모두 타당하다.

건트립의 이론

Guntrip은 정신분석의 두 가지 측면에 기여했다. 이론적으로 그는 Freud의 정신분석이론과 미국의 특성분석이론에서부터 대상관계이론이 발전해 온 과정을 역사적으로 분석했다. 그리고 Fairbairn의 이론적 모형에다 몇 가지 구체적인 요소를 첨가했다. 한편, 실제적 측면에서는 분열성 자리를 명료하게 기술하고 그에 적합한 심리치료적인 접근방법을 개발했는데, 그것들은 자신이 수행한 심리치료에서 보여 준 공감적 관여를 통해 감동적이면서 분명하게 드러난다.

Freud에서부터 대상관계로

정신분석에 관한 Guntrip의 첫 번째 저서, 『성격구조와 인간의 상호작용(*Personality Structure and Human Interaction*)』(Guntrip, 1961)은 1953에 완성한 자신의 박사학위논문을 확장시킨 것이다. 그는 의학적 정신치료이건 충동이론에 기초한 '심리생물학' 이건 경험을 생리적 과정으로 설명하려고 했던 환원주의적 입장에 대해 강력하게 반대했다.

심리치료(흥미롭게도 그는 이 말을 '정신분석'이라는 용어보다 더 자주 사용했다.)의 핵심주제는 인간의 기제가 아닌 사람 자체다. 이러한 관점을 구체화하기 위해서는 과학이나 과학적 방법을 훨씬 넓은 의미로 이해해야 할 뿐 아니라 관계를 기술하는 언어와 분석틀이 필요하다. 그는 이러한 점을 염두에 두어, Freud의 이론과 미국과 영국에서 발달한 정신분석을 다소 과장된 형태의 변증법으로 개관했다.

I. 정(Thesis): 역동적 심리생물학
II. 반(Antithesis): 역동적 심리사회학
III. 새로 등장하는 합(Emerging Synthesis): 외부대상과 내부대상의 세계(Guntrip, 1961: 53)

Guntrip은 심리학이 생리학으로 환원될 수 있을 것이라는 Freud의 초기 희망에 대해 언급하면서, 만약 Freud의 희망대로 된다면, 인간의 충동적 에너지는 화학적으로 조절될 수 있기 때문에 미래에는 정신분석이 불필요하게 될 수도 있다는 점을 지적했다. Freud는 원래 의학에 뿌리를 둔 사람이었기 때문에, 인간의 마음을 이해하기 위해 생물학적으로 접근할 수밖에 없었다. 그러나 Freud는 자신의 이론, 특히 자기 분석을 통해 발전시킨 개념에 대해서는 철학적이고 인간적인 요소를 가미했다. 따라서 오이디푸스 콤플렉스와 초자아 개념은 추동이라는 개념에만 의존했던 초기 이론과는 그 맥을 달리한다. 오이디푸스 콤플렉스와 초자아는 신체적 기능보다는 관계를 통해 형성되고 유지된다. Guntrip은 Freud가 결코 생물학적 심리학에 대한 자신의 희망을 완전히 버리지는 않았으며, 이 때문에 죽음의 본능—Guntrip은 이것을 근거 없는 추측에 불과하다고 했다—과 같이 이론적 일관성이 없는 개념이 등장했다고 주장했다. 또한 Guntrip은 Freud가 생리학적인 '사고의 틀'을 계속 가지고 있었기 때문에 좀 더 진정한 의미의 심리학적인 틀을 가진 이론을 개발하려는 움직임이 방해를 받았다고 했다(Guntrip, 1961: 64).

그 후 Guntrip은 논의의 초점을 정신분석 중에서 미국의 '문화패턴학파(Culture Pattern School)'로 옮겼다. Erich Fromm, Karen Horney, Harry Stack Sullivan(Fromm, 1942; Horney, 1945; Sullivan, 1953)을 간략히 소개한 후, 그는 그들이 사회적 환경의 영향력을 인정했다는 점은 긍정적으로 평가했다. 그러나 인간에 대한 관점이 상대적으로 피상적이라는 점에 대해서는 비판했다. 그는 Sullivan이 생물학적이고 기계적인 요소를 사회적인 요소로 교체했지만 여전히 기계적인 관점에 머물렀다고 했다. 그리고 이 이론가 중에서 그 누구도 무의식적 수준의 인간심리에 대해서는 다루지 않았다고 했다.

그는 다시 논의의 초점을 Klein의 이론으로 바꾸었다. 그는 Klein의 이론이 충동이론에서 벗어나면서 Freud 이론에다 좀 더 인간적인 요소를 가미할 수 있었다는 점을 지적하면서 그녀의 이론을 정신분석이론 내에 포함시켜야 한다고 주장했다. 다만 그는 Klein이 죽음의 본능 개념을 지속적으로 받아들이고 있고, 그 결과 관계에서의 일차적 공격성 개념을 수용할 수밖에 없었다는 점만 문제를 삼았다. 그는 Klein이 생생하게 기술한 편집-분열성 양태와 우울적 불안은 충동적 갈등 때문에 어쩔 수 없이 발생하는 것이 아니라 결핍과 좌절 때문에 나타나는 반응으로 이해할 수 있다고 생각했다. 그러나 Guntrip은 Klein이 일차적 과정, 내부대상, 무의식적 환상에 초점을 맞추었을 뿐 아니라, 특히 생물학에서 심리학을 분리해 냄으로써 인간의 존재를 생물학적이거나 사회적인 개념이 아닌 심리학적 개념으로 인간을 이해할 수 있는 틀을 제공했다는 점에서 그녀를 높이 평가했다. Guntrip은 바로 이 점을 이론적으로 더 발전시키기 위해 자신의 전문가적인 삶을 투자했다. 그리고 이 점에 대해서는 자기의 가장 본질적인 영역인 분열성 자리 개념에 대해 천착한 Fairbairn의 대상관계이론이 가장 정확하고 상세하게 설명했다고 생각했다.

Guntrip은 분열성 양태라는 개념이 Freud와 Klein의 이론에서부터 자연스럽게 발전할 수 있는 개념으로 보았다. Freud는 오이디푸스 콤플렉스에 초점을 맞추었는데, 이것은 가족이나 사회에서 자신의 확고한 자리를 찾으려고 노력하는 과정에서 성, 경쟁, 징벌에 대한 두려움 등이 나타나는 현상이다. 이러한 갈등은 역할과 기능이 분명한 자기를 소유한 온전한 개인이 충돌할 때 발생한다. 오이디푸스 콤플렉스는 문제가 덜 심각한 사람을 대상으로 한 정신분석에 적합한 이론적 기초를 제공했다. 그 이후 불안을 동반한 우울적 양태(depressive position)라는 개념(Guntrip은 이를 Klein이 만든 중요한 개념적 혁신이라고 생각했다.)이 등장했다. 우울적 양태는, 개인의 주관적 세계가 좋음(good)과 나쁨(bad)으로 이분되는 것이 아니라, 자기와 타자(others)로 나뉜다는 사실(여기에서 자기와 타자는 돌봄이나 적대적인 느낌을 경험하거나 촉발한다.)을 자각할 때 발생한다. 이처럼 Klein의 이론은 대인 간 갈등뿐 아니라 개인 내적인 갈등에도 초점을 맞추었는데, 그렇게 함으로써 이전에 Freud 이론만으로 할 수 있던 것보다 훨씬 더 광범위한 분석이 가능해졌다. 그러나 오이디푸스 콤플렉스나 우울적 양태 개념은 모두 심리적인 문제가 성이나 공격성 같은 비사회적인 충동, 그것들을 통제하는 능력의 부족에서 발생한다는 가정에 기초한다. 즉, 자기가 존재한다고 가정할 때 생각할 수 있는 개념이다. 하지만 그러한 자기조차 존재하지 않는 상태를 가정해 볼 수 있는데, 그 상태가 우울적 양태 이전의 분열성 양태(schizoid position)라는 상태이다. 분열성 양태는 잘 기능하는 자기의 존재 여부조차 가정할 수 없는 상태에 대한 개념이다. 이 개념을 받아들일 경우, 인간의 가장 원초적인 심리적 문제는 통합된 구조 속에 있는 본능의 갈등 이전의 문제로 그 기원을 찾아올라가게 된다.

Fairbairn처럼 Guntrip은 개인의 심리에 미치는 문화의 영향력에 관심을 두었다. 그는 20세기 서구사회에서는 이전에 비해 개인이 가족이나 사회적 구조에 안정적으로 통합되어 있지 못하기 때문에 불안정감이나 사회, 심지어 자기에게서의 단절 같은 분열 문제가 발생할 가능성이 높아질 수 있다는 관점을 조심스럽게 개진했다. 이것은 안정적이거나 또는 경직된 사회에서 전형적으로 나타나는 죄책감이나 지나친 우울감 같은 문제와 대조된다. 그는 나쁨과 죄책감보다는 약함과 두려움이 문제 성격의 핵심적 기반이며, 인간은 도덕적 갈등보다는 존재의 약함에 대한 자각을 훨씬 더 위협적으로 느낀다고 시사했다. Guntrip은 Freud와 Klein의 이론은 인간의 문제가 파괴성에서 야기된다는 가정에서 시작했다고 이해했으며, 이러한 가정 때문에 취약한 자기를 지탱하고 있는 방어적 성격구조 이상을 다루는 이론이 되지 못한다고 했다. "인간이란 '약한 비존재(weak nonentities)' 보다는 '나쁘지만 존재하는(bad somebodies)' 자신을 느끼고 싶어 한다."라고 말했다(Guntrip, 1968: 137).

Fairbairn의 이론은 분열성 양태가 일차적 외상에서부터 발전하는 과정을 묘사했으며, 분열성 내담자는 철회되고 마음이 괴로운 사람이라는 관점을 발전시켰다. Winnicott은 분열성 양태에 대해서 따로 언급한 것은 없지만, 퇴행한 분열성 내담자에게 효과적인 치료적 반응을 제공했다고 Guntrip은 생각했다. 여기에서 효과적인 치료적 반응이란 요구적이지 않고 부모처럼 내담자를 깊이 수용함으로써 그의 핵심적인 약함이나 취약함을 드러내고 새로운 성격이 발달하도록 돕는 반응으로, 해석을 통해 내담자의 숨겨진 충동을 있는 그대로 드러나게 하는 전통적인 중립성과는 대비되는 반응을 의미한다. 효과적인 치료적 반응에 대한 이 두 가지 관점은 관계 속에서 새로운 경험을 통해 개입하는 접근과 해석 및 통찰에 기초한 자기이해의 과정인 정신분석적 접근 사이에서 발생하는 또 다른 이론적 대립으로 보인다. 이 두 가지 중에서 Guntrip은 심리치료를 치유적 관계로 보는 쪽에 확고히 자리하고 있다. 그는 전이관계가 아닌 상담자와 내담자 간의 진정한 관계야말로 심리치료의 궁극적인 목표인 개인적 성숙을 촉진할 수 있다는 Fairbairn과 Winnicott의 입장을 강력하게 지지하고 있다.

분열성 양태와 우울적 양태

Guntrip은 우울적 불안과 편집-분열성 불안을 분명하게 구별했다(Guntrip, 1968: 24-27). 우울적 불안은 좌절과 결핍 때문에 '분노의 형태로 자란 사랑' 이다. 분노는 다른 사람이 좋은(good) 상태로 변화하도록 강요하려는 목적이 있으며 우리에게 필요한 것을 제공한다. 그러나 우리는 그 과정에서 다른 사람을 떠나게 할 것 같은 두려움이 발생한다. 요구할 수 있는 권리가 있다는 느낌은 자기나 타자와의 관계에서 이전에 경험했던 충분히 좋은 관계에서 나오는 자신감이 있을 때 가질 수 있다. 우울적 불안은 자기와 타자가 서로 관련되어 있지만 동시에 분리되어 있다는 점, 그리고 내가 화내고 있는 그 사람이 곧 나에게 필요한 사람이라는 점을 알 수 있는 능력이 있을 때 느낀다.

반면 분열성 상태는 '배고픔의 형태로 자란 사랑' 이다. Guntrip은 발달의 아주 초기나 정신적 생활의 기층에서 우리는 이 세상에 대항하여 분노할 힘이 없다. 좌절, 외로움 또는 다른 외상으로 인해 결핍감이 점점 증가하는데, 우리가 그 강도를 참아낼 수 없을 정도까지 증가한다. 우리는 분노보다는 결핍감 때문에 자신에게 필요한 타자를 파괴하게 될까 봐 두려워하는데, 이는 타자를 너무나 열망한 나머지 그들을 진공청소기처럼 삼켜 버릴 것 같은 두려움과 유사하다. 그는 다음과 같은 말을 했던 거식증 환자를 예로 들었다. "저는 사람들에게 적당하게 요구하는 방법을 모릅니다. 그래서 저는 아예 요구하지 않지요." (Guntrip, 1961: 37) 이것은 우리 모두가 조금씩은 하는 경험이다.

Fairbairn과 Gungrip은 발달 초기단계에서는 욕구와 사랑을 동일한 것이라고 생각했다. 따라서 분열성 상태와 분열성인 사람이 가장 두려워하는 것은 사랑 그 자체이기도 한데, 그 이유는 그 사랑이 자신을 다른 체계로 흡수되게 할 수도 있다고 느끼기 때문이다. 분열성인 사람은 다른 사람에게서 오는 사랑도 두려워하고, 동시에 그 자신의 사랑이 다른 사람에게 입힐 상처도 두려워한다. 타인과의 그 어떤 관계도 안전하지 않으며, 바로 이것 때문에 타자와 단절된 분열성 상태가 초래된다.

퇴행한 자아

Guntrip은 분열성 상태에서 보이는 갈등적이면서 취약한 상태를 강조했다. "분열성 특징을 가진 사람은 그 대상을 필요로 함에도 불구하고 그 대상과의 관계를 끊는다." (Guntrip, 1968: 18) Fairbairn은 분열성인 사람은 다른 사람에게서 철회하여 자기 자신에게 집중함으로써 외부와의 단절을 보상하기 위해 욕구, 분노, 좌절로 가득 찬 내면세계를 만들어 낸다. Guntrip은 Fairbairn의 이러한 관점에 동의하면서 한 걸음 더 나아갔다. 그는 외상을 입은 사람은 자기 내면의 관계에서도 철회한다고 했다. 다시 말하면, 이것은 활동의 중지 상태, 즉 '약하고 궁핍하며 자원이 부족한' 자기가 활동이나 책임, 심지어 의식을 중단하고 자궁으로 회귀하는 상태라고 상징적으로 기술했다. Guntrip은 이 같은 '퇴행한 자아'는 생후 모질었던 삶에서 경험한 두려움 때문에 철회한 사람의 특징인 동시에 아예 처음부터 타인과의 관계를 맺을 만큼 안전감을 느낀 적이 없었던 사람의 특징이라고 했다. 이것은 곧 Winnicott의 '발달하지 못한 잠재성(undeveloped potential)'과 '차가운 저장고 속의 진정한 자기(true self in cold storage)'에 해당한다.

Guntrip은 Fairbairn의 도식을 수정했는데, Guntrip은 Fairbairn이 자신의 새로운 도식([그림 6-1] 참고)을 지지했다는 사실에 대해 매우 기뻐했다(Guntrip, 1968: 77).

Guntrip에 따르면 특성을 파악하기 어려운 어떤 대상에 애착을 형성한 리비도적 자아는 항상 적극적으로 뭔가를 원하며 그 욕구를 만족시키기 위해 적극적으로 시도하는 생후 구강기적 자아이다. 이후 발생하는 분열(split)로 인해 또 하나의 부분적 자아가 생기는데, 그것은 리비도적 자아와 관련되어 있지만 분리된 것이다. 이것이 바로 수동적이고 퇴행한 자아이며, 리비도적 자아를 포함한 다른 모든 성격 부분에 의해 억압되어 있다. 퇴행한 자아는 그 어떤 내부대상에도 애착을 형성하지 않고 있다. 왜냐하면 그것은 자기와 구별되는 그 어떤 대상도 경험하지 못하는 태아기로 상징적으로 돌아가 모든 관계를 포기했기 때문이다. 심각하게 억압되고 자신을 그 무언가로부터 절박하게 방어하고 있는 퇴행한 자아는 의식적으로는 비존재, 수동적인 복종, 심지어 자살 같은 것으로 경험된다. Guntrip은 이것을 Freud가 죽음의

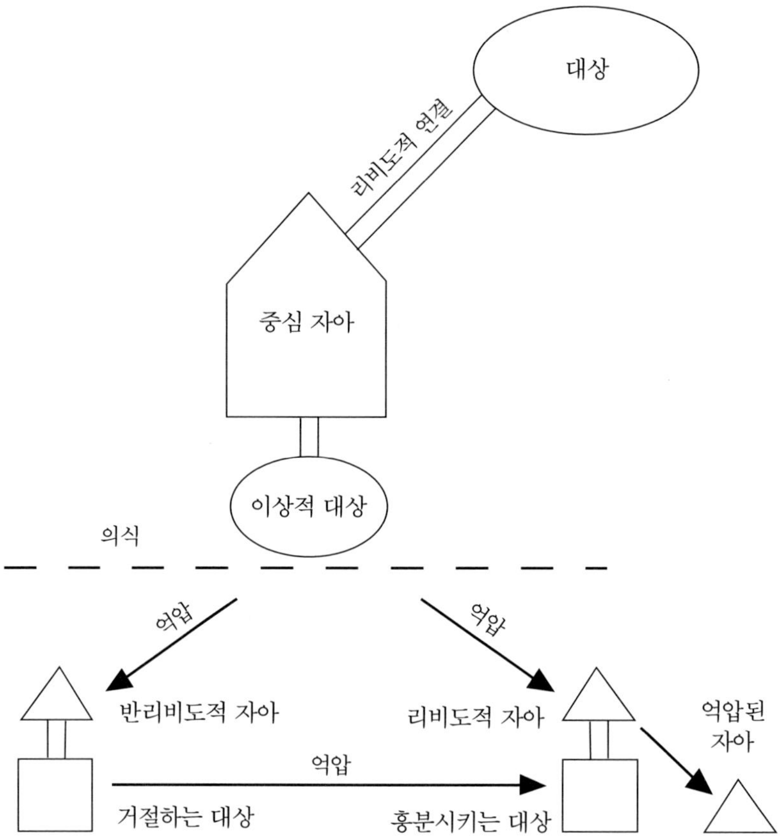

[그림 6-1] Guntrip이 Fairbairn이 고안한 구조를 수정한 도식

본능이라고 했던 것과 유사하다고 기술했다. 그것들은 같은 현상을 다른 방식으로 설명한 것처럼 보인다.

Guntrip은 모든 신경증이나 정신병에서 발견되는 심리적 과정을 궁극적으로는 완전히 쇠퇴하거나 비활동적 특성을 가진 퇴행적 자아에 대한 방어라고 생각했다. 그 어떤 것도 퇴행적 자아의 치명적인 유혹보다는 더 나으며 기능적이다. 그리고 비록 갈등이 심하긴 하겠지만, 퇴행적 자아만 아니라면 그 어떤 다른 존재방식도 삶이나 관계, 생후 세계의 현실에 머무르려는 노력의 일환으로 볼 수 있다. 내면적인 고통과 불만족스러운 관계를 경험하더라도 그것은 생후 세계에서 독립된 개체로서 생활을 유지하는 방법이 될 수 있다. 공격적인 관계는 조화롭고 지지적인 관계보다 더 안전하게 느껴질 수 있다. 왜냐하면 공격성은 다른 사람의 성격 속으로 흡수되는 것에 대한 두려움을 경감시킬 수 있기 때문이다. 이 같은 악순환 밑에는 절망감과 부적절감, 하나의 독립된 개체로서 이 세상에서 살 수 있는 자원의 결핍, 망각된 상태로 침잠해 버리고 싶은 소망 등이 자리 잡고 있다.

Guntrip이 언급한 퇴행한 자아는 외부세계, 내면적 대상관계에서부터 철회하여 환상 속의 자궁으로 회귀하고 그가 가장 기초적 형태의 관계로 간주한 상태로 회귀한다. 즉, 뭔가 분명하지 않은 어떤 '안전한 내부'에 대한 막연한 감각의 상태로 회귀함을 뜻한다. 이것은 Balint의 조화로운 혼합(harmonious mixup)이라는 개념을 상기시킨다. Balint의 개념은 여유롭게 확장되는 혼합을 의미하지만, Guntrip의 개념은 보호되고 폐쇄된 느낌을 좀 더 강조한다. 하지만 이 두 개념은 모두 생후에 다른 대상이나 부분대상과 맺는 관계와는 달리 어두컴컴하고 분화가 덜 되어서 모호한 느낌을 준다는 점에서 동일하다. Guntrip은 이처럼 모호한 상태가 Fairbairn이 제시한 태아의 완전한 의존(full prenatal infantile dependence)과 겉보기에는 동일하지만 완전히 같은 상태는 아니라고 했다. 내면의 뭔가에 대해 안전함을 느낀다는 것은 그것과 융합된 상태라는 것과는 다르다. 왜냐하면 융합된 상태란 그 어떤 형태의 경계도 없는 상태이기 때문이다. Guntrip이 말한 관계에서의 완전한 철회란 생후 경험할 수 있는 모든 관계에서의 철회임을 우리는 이해해야 한다. 그는 '안전한 내면세계(safe inside)' 라는 느낌은 태어나기 이전 상태에서부터 시작되었으며, 일상적인 존재 경험 밑에 항상 지속되고 있는 느낌이다.

퇴행한 자아의 상태는 죽음의 상태와 동일시되기도 한다. 자살가능성이 있는 분열성 내담자에게 죽음은 평화나 휴식, 이미 내면세계에 갇힌 갈등과 고통이 끝나는 것을 의미한다. 그러나 평화와 휴식은 경험이며 따라서 아직 삶의 영역에 속한다. 죽음은 아무것도 아니다. 죽음의 상태가 Guntrip이 묘사한 자궁 속의 삶과 동일할 것이라는 막연한 희망을 종교가 제공하지 않는 한 말이다. Guntrip은 자살을 기도하려는 사람이 느끼는 수동적이면서 끝없는 평안이 제공되는 세계에 대한 열망을 간파했다. 물론 그렇게 함으로써 자살행동의 파괴성을 간과하기도 했다. 그는 자살을 태아기의 안전한 상태로 향한 무의식적 철회라고 생각했다. 그런데 죽음은 다시 태어날 수 있는 가능성이 사라진 상태다.

따라서 퇴행한 자아로 돌아간 사람은 우울한 사람이나 분열성인 사람보다 현실세계에서 더 심각하게 철회되어 있다. 우울한 사람은 관계를 맺기 원하지만 그의 분노 때문에 상대편을 파괴하는 것을 두려워하는 사람이며, 분열성인 사람은 관계를 두려워하면서도 동시에 그 관계를 원하며, 다른 사람과의 관계가 불만족스러울 때에는 좀 더 통제 가능한 내면의 관계세계를 형성한다. 퇴행한 자아 상태에서 우리는 생후의 관계가 너무 고통스럽고 두려우며 대단히 요구적이기 때문에 그러한 관계를 포기하며 적극적이거나 분화된 상태에서의 관계 형성을 단념한다.

치 료

Guntrip의 관점에서 보면, 심리치료의 궁극적 목표는 퇴행한 자아로 돌아가거나 치료자에게 완전히 의존하게 함으로써 퇴행한 자아에 순응하게 하고, 그 후 상담자의 보호와 이해 속에서 온전한 존재로서 관계를 형성하는 상태로 점차 되돌아오게 하는 것이다. 치료자는 환자나 내담자가 신뢰할 수 있고 그들에게 요구하지 않는 '좋은 대상' 그리고 태어나지 않는 아이를 위한 자궁으로 남아 있어야 한다. 절묘하게 조율된 공감과 수용으로, 내담자의 가장 약하고 상처받기 쉬운 핵이 존재하고 있으며, 관계를 형성할 수 있다는 자신감을 회복시킬 필요가 있다. 점차 좀 더 견고하게 발을 붙이고, 자기와 정서적 세계를 회복함으로써 환자는 공포와 불안감에서 벗어날 것이며, 자기 파괴적인 방어를 덜 필요로 하게 될 것이다.

위에 기술한 과정은 매우 이상적이다. Guntrip은 그러한 상태가 쉽게 도달할 수 있는 것처럼 꾸미지 않았다. 그가 스스로 했던 작업에서 드러났듯이, 그 자신도 인생의 마지막 부분에서 이상적인 상태의 아주 작은 부분만 경험할 수 있을 뿐이었다. 그는 퇴행한 자아의 상태로 회귀하려는 힘에 순응하는 과정에서 가장 극복하기 어려웠던 장애물은 퇴행하지 않으려고 모든 것을 감수하고 필사적으로 앞으로 나아가려는 성향과 다른 사람을 신뢰하는 것에 대한 두려움이었다. 이 수준의 퇴행은 이전까지 자신의 방어기제에 의해 겨우 지탱해 왔던 보호와 지지를 해 주는 사람이 없었다면 파국을 초래할 수도 있는 심각한 수준의 붕괴를 의미한다. 퇴행은 '퇴행을 함께하거나 퇴행을 받아 줄 수 있는 실제 대상이 있을 때' 에만 이득이 있다(Guntrip, 1968: 56-57).

치료적 퇴행에 대한 Guntrip의 관점은 Winnicott의 관점과 유사하다. 그러나 그는 Winnicott에게서 분석을 받기 전에 그런 식으로 환자를 다루었다. Winnicott의 퇴행한 환자처럼 Guntrip의 환자 중 몇몇 역시 일정 기간 동안 입원해 있어야 했으며, Guntrip은 심리치료를 하기 위해 그 병원을 방문해야 했다. 다른 환자는 집에서 지지나 보호에 심각하게 의존적이 되었다. 몇몇은 그래도 회기 중에만 와해되었다. 그러나 어떤 환자에게는 이러한 접근이 요구했던 것, 즉 잠재적으로나마 와해되는 경험은 매우 힘들었다. 저항에 대한 Guntrip의 분석은 의도적인 와해가 얼마나 어려운지를 잘 보여 주었다. Guntrip의 심리치료는 치료자에게 전적으로 의존함으로써 새로운 삶으로 인도하는 것이었지만, 내담자에게는 삶 자체를 버리는 것처럼 느껴졌다. 즉, 상담이란 공감적이고 부모 같은 관계, 심지어 부가적인 환경적 돌봄을 제공함으로써 '퇴행을 재탄생과 재성장'으로 전환하는 기회였다(Guntrip, 1968: 71).

이같이 위험한 치료적 여정이 필요하거나 그것을 겪으려는 환자나 내담자는 많지 않은 편이다. 특히 이 작업은 일상생활에서 감당해야 할 책임과 피할 수 없는 갈등을 일으킨다. 치료자 역시 이 수준의 의존성까지 퇴행한 내담자의 극단적이고 예측 불가능한 욕구를 다룰 의향이나 능력의 수준이 다양하다. 비록 이와 같이 부담스럽고 위험한 상태를 다루어 보려는 의도가 있는 치료자도 일반적인 사람보다 훨씬 심한 정도로 발생하는 와해 현상을 다룰 수 없다. 따라서 Guntrip이 기술한 것은 극단적인 정도의 퇴행욕구와 경험이며, 이것은 대인관계에서나 심리내적인 영역에서의 갈등이나 어려움을 다루는 일반적인 접근보다 더 많은 것을 요구하는 사람에 대한 것이다. 이러한 욕구가 충족되지 못한다고 하더라도, Guntrip이 언급한 인간본성이 가진 정서적 방어를 고려할 때, 심리적 장애나 공격성을 가지고 있거나 관계에서 단절된 사람의 취약함에 대해 동정과 희망을 가지게 된다.

논 평

그 누구도 퇴행한 환자와 그가 자신의 온전함을 회복하기 위해 얻고자 하는 인간적인 이해와 지지에 대해 Guntrip만큼 열의를 가지고 설명한 사람은 없을 것이다. 하지만 그가 사고하기보다는 행동하는 사람이며, 이론의 구체적인 측면을 논증하기보다 도움을 주려고 했던 사람이라는 사실로 인해 여러 가지 문제가 파생되었다.

정신분석이론의 발달과정에 대한 그의 연구는 정확하기보다는 개략적이었다. 그는 흥미로운 방식으로 정신분석 문헌을 연구했지만, 그의 시도는 다소 제한적이었다. 그는 자신이 선호하는 생각에 대해서는 거의 무비판적이었으며, Jung이나 Adler와 같이 자신이 이미 거부한 이론가에 대해서는 몇 마디 말로 무시했다. Freud 이론에 대한 그의 반대는 타당한 것도 있지만 의구심이 드는 것도 있었다. 그는 인간의 경험이 신체적인 기제와는 다른 방식을 따르며, 그렇기 때문에 다른 개념적 틀이 필요하다는 아주 중요한 점을 지적했다. 그러나 한편 그는 충동을 중심으로 인간을 파악하는 것은 인간에게는 불명예이기 때문에 타당하지 않다고 시사하기도 했다. 즉, 그에게 이론은 진리로서의 가치도 중요하지만 받아들이기에 편안한 것이어야 하는 것처럼 보인다. 그의 이론적 기여는 개념적인 엄밀성은 잃었지만 그 대신 인간의 마음을 울리는 바는 있다.

이와 유사하게 Fairbairn의 이론에 대해서도 Guntrip은 Fairbairn의 엄밀성과는 달리 훨씬 따뜻하고 정서적인 색조를 띤 단순화된 방식으로 설명했다. 그는 Fairbairn의 이론과 자신의 이론 사이에 있는 분명한 차이를 명료하게 다루지 못했다. Fairbairn의 이론은 자아는 그 정의상 항상 관계 속에서 존재한다는 기본적 가정 위에 성립한다. 그렇기 때문에 외부의 관계가 끊어지는 만큼 내부의 관계가 형성된다고 본다. Guntrip이 반복적으로 주장하는 것, 즉 퇴행한 자아는 관계가 사라진 것이라고 보는 관점은 Fairbairn의 이론적 틀에 비추어 볼 때는 불가능한 것이었다. 물론 우리는 이것이 Guntrip이 궁극적으로 말하려는 관점이 아니라는 사실을 알고 있다. 하지만 그는 이와 같은 중요한 점을 분명하게 논의하지 않았다. 퇴행한 자아는 모든 관계에서 철회한 것이라는 그의 반복적 주장은 Fairbairn의 대상관계이론이 얼마나 극단적인지, 그리고 그가 자신의 개념을 제안할 때 그것이 어떤 중요성을 가지는지를 충분히 이해하지 못해서 나온 것이었다.

Guntrip에 따르면 자아가 적극적으로 노력하는 모든 상태는 수동적이고 퇴행한 상태에 대한 방어이다. 이러한 생각을 따르면, 내적 대상관계와 외적 대상관계는 그 근원이 관계에 대한 일차적 욕구에 있기도 하지만 항상 뒤의 퇴행한 자아 상태 쪽으로 잡아당기는 힘에서 벗어나기 위한 욕구 때문이기도 하다. Guntrip은 그것이 지나치게 고통스럽지 않은 한 우리는 관계를 추구한다고 보았다. 하지만 관계가 너무 고통스러운 경우 우리는 환상 속의 철회라는 수동적 상태로 들어가는데, 이것은 비관계적이기 때문에 여전히 두려움을 야기한다고 보았다. 이런 점을 감안하면, 그는 하나 이상의 목표—즉, 한편에는 분화에 기초한 관계, 다른 한편으로는 비관계적인 상태는 아니지만 거의 분화가 없고 관계에 대한 욕구나 열망이 없는 이전 상태—를 염두에 둔 복잡한 형태의 대상관계이론을 시사했을 수도 있다. 이러한 관점은 생후 관계형성의 목표는 태아기에 조화로운 융합상태로 돌아가는 것이라는 Balint의 관점과 닮은 점이 있다. 또한 그의 관점은 에로스의 반대인 죽음의 본능이라는 개념을 통해 설명하려고 했던 갈등과 유사하다. Guntrip을 이와 같은 방식으로 이해한다면, 그는 죽음의 본능이라는 개념을 거부하려고 했지만, 그것이 가진 부정성(negativity)의 문제를 적절하게 해결할 수 있는 대안적 설명체계를 제시하지 못한 사람으로 볼 수 있다.

Guntrip이 그의 자아개념에 대해 Fairbairn의 인정을 받기를 원했고, 또 실제 인정을 받았다는 사실은 다소 놀랍다. 아마 이것은 Guntrip이 개념적 적합성보다는 경험적으로 분명하게 기술하는 것을 더 중시했고, Fairbairn은 이론적인 정밀성을 다소 손상시키더라도 자신의 개념을 Guntrip이 좀 더 많은 대중에게 전하기를 소망하고 있었다는 것을 보여 주는 한 예가 될 수 있을 것이다.

Guntrip의 퇴행한 자아는 다양한 방식으로 묘사된다. 그중에는 관계를 가지지 않음, 관계에서 빠져나감, 관계로 돌아가기를 거부함 또는 태아기 형태의 관계 등이 포함된다. 이러한 개념상의 혼란은 Guntrip이 개념을 규정할 때 부주의했음을 보여 준다. 그는 유형이 다르거나 퇴행의 정도가 다른 환자를 생각하면서 자신의 개념을 발전시켰을 것 같은데, 이때 그는 자신이 관찰한 것 이상으로 자신의 생각을 정교하게 발전시키려고 하지 않았다. 그는 극단적인 형태의 퇴행한 자아를 생후 개별화된 관계에서 출발하여 연약하고 자원이 고갈되고 감금된 것 같은 느낌만 주는 태아기 상태로 들어가는 현상으로 묘사했다. 그러나 자살에서 나타나는 분열성 상태에서 발견할 수 있는 최초의 자궁상태는 아무런 공포감도 없고 그 어떠한 취약함이나 자원의 결핍감이 없는 '안전한 내면세계' 같다. 따라서 분열성 상태에서 경험하는 두려운 느낌은 다른 자아 부분이 만들어 낸 저항의 한 부분임에 틀림없다. 그리고 이러한 두려움은 의존할 수 있는 외부의 사람이 필요하다는 느낌을 촉발시킨다. 하지만 퇴행한 자아가 완전히 밀폐된 상태를 의미한다면, 퇴행한 자아는 밖으로 나갈 출구를 찾지 못한다. 왜냐하면 외부의 관계가 존재한다고 하더라도 그 관계는 개체에게 아무런 변화를 초래하지 못하기 때문이다. 그때 맺을 수 있는 단 하나의 관계가 있다면 그것은 담아내는 것(container)과의 관계가 될 것이다. 그것은 퇴행한 상태의 사람과 치료적 관계를 맺게 해 주는 좀 더 분화된 형태의 관계 속에 있는 대상의 한 부분일 것이다. 퇴행한 사람과 관계를 형성하기 어렵다 하더라도 그는 그의 폐쇄된 공간 밖에 무엇이 있는지에 대한 대략의 감각을 가지고 있으며 외부의 영향을 느낄 수 있다.

우리는 보호된 폐쇄 공간 내에서 자기의 한 부분인 퇴행한 자아를 가지고 태어난다. 그리고 외부의 관계를 형성하는 데 활용할 수 있는 나머지 다른 자아 부분도 가지고 있다. 만약 퇴행한 자아가 관계에서 발생한 것이 아니라 생후 관계와는 질적이나 구조적으로 다른 대상관계의 초기형태라고 한다면, Guntrip의 모형은 Fairbairn의 모형을 확장시킨 것이다. 퇴행한 자아는 뭔가에 애착을 형성했다기보다 아주 막연하게만 분화된 자궁 같은 대상, 즉 필요한 것을 제공해 주는 대상, 수용하는 대상, 감싸는 대상 또는 미형성 대상(pre-object)에 갇힌 것이다.

이때 이런 내면화된 구조가 외상경험의 결과인가라는 의문을 가질 수 있다. 만약 그렇다면 그 외상이 어떻게 내면세계에 갇혀 버리게 되는가? 그 외상은 태어나기 이전, 즉 어떤 구조가 분화되기 이전에 발생한 것은 아닐까? 만약 그렇게 본다면, 자원이 결핍된 수동적 상태인 공포감을 야기하는 퇴행 상태, 즉 퇴행한 자아가 핵심자아로 흡수되고 파괴될 것처럼 느껴지는 현상을 이해할 수 있다. 태아기 시절에 겪은 결핍이나 괴로움은 '봉쇄된 전-대상(pre-object)으로 퇴행한 자아' 라고 불리는 미분화된 덩어리 속에서 초기형태의 자기나 대상의 구조를 파편적으로나마 갖추게 된다. 이 구조는 다른 모든 자아구조에 의해 억압되지만 다른 것이 기능하지 못할 때에는 퇴행할 수 있는 대상이 된다. 만약 이 같은 내면의 구조가 없다면, 퇴행한 사람이 철회할 수 있는 분명한 장소를 가질 수 없을 것이다. Guntrip은 퇴행한 자아를 치료자가 도달해야 하는 폐쇄된 공간이라고 분명하게 지목했다. 이것은 정신분석을 폐쇄된 시스템을 뚫고 들어가는 과정으로 이해하는 Fairbairn의 관점을 따르는 것이다. 이런 관점으로 인해 그의 생각은 흥분시키는 대상/리비도적 자아 그리고 거절하는 대상/반리비도적 자아라는 개념을 별개로 보지 않고 묶어서 보는 Fairbairn의 관점과 유사하다. Guntrip은 면밀한 관찰과 지적인 추론을 통해 이와 같은 구조를 분명하게 구별하려는 노력을 하지 않았다. 그리고 그가 이해할 수 없는 한계에 다다랐을 때 그는 그 환자를 전혀 다른 존재로 잘못 이해했다.

한편 만약 피해가 없는 '안전한 내면' 의 감정이라는 것이 시사하듯, 외상도 없이 퇴행한 자아와 그것의 전-대상이 내면화될 수 있다면, 구조적인 내면화는 그 특성상 병리적이라는 Fairbairn의 주장은 도전을 받게 된다. Guntrip은 외상이 아닌 기억 때문에 발생하는 내면화라는 다른 형태의 개념은 제시하지 않았다.

Guntrip이 보여 준 치료에 대한 열정으로 인해 그는 자신의 새로운 생각이 가지고 있는 함의에 대해서는 깊이 생각하지 않은 것 같다. 그는 대상관계에서 벗어난 퇴행에 몰입하고 있었다. 왜냐하면 그 방법만이 자신이 경험했던, 희망은 있지만 여전히 혼란스러운 상태를 표현할 수 있기 때문이었을 것이다. 그는 퇴행이 발생할 수 있는 다른 방법이나 치료자와 퇴행한 환자 사이에서 발생할 수 있는 다른 형태의 관계에 대해서는 관찰하거나 생각하지도 않았다. 그는 악성의 퇴행이나 무익한 퇴행에 대해서는 주의를 기울이지 않았고 퇴행에 대한 다른 방식의 설명은 생략했다. 예컨대, 수동성이나 자원고갈의 특성을 보이는 퇴행한 자아를 내면적 죽음 상태가 성격 전체로 퍼져 나간 것이나 죽음 본능의 영향력하에 있는 자아가 하는 막대한 투사의 결과로 간주했던 Klein의 설명방식에는 관심을 가지지 않았다.

Guntrip은 그가 모든 유형의 퇴행에 기초가 되는 퇴행에 대해서만 언급했다. 그는 치료자가 잘 조율된 민감성과 수용으로 만족될 수 있는 순수한 동기, 그리고 방어의 부재상태를 가정함으로써 많은 치료적 관계를 파멸시키는 파괴적이고 방어적이며 경계선적인 과정을 이해하는 데 필요한 실마리는 거의 제공하지 못했다. 그러나 앞에서 볼 수 있었듯이, 이러한 절대적이고 취약한 순수성이라는 개념 자체는 혼란스러운 것이다. 만약 그것이 내면을 지배하는 내적 구조라면, 그것은 방어적이며 따라서 이차적이다. 하지만 만약 그것이 이전의 존재 방식으로 비방어적으로 돌아가는 것이라면, 그러한 구체적인 형태의 경험을 마음속에 품고 있으려고 할 이유가 없다. 만약 Guntrip이 태아기 경험이 비외상적으로 내면화될 수 있다는 점을 시사한다면, 그는 내면적 구조가 이차적이며 병리적이라는 Fairbairn의 견해에 도전하는 것이 될 것이다. 하지만 만약 그가 퇴행한 자아가 애착이 형성된 내부대상 없이 속에서 기다리고 있으며, 적절한 환경과 전-대상에게 수동적이나마 반응할 준비가 되어 있다는 점을 시사한다면, 그는 자아가 그 특성상 관계 속에 존재한다는 기본 가정을 뒤엎는 것이 된다. Guntrip의 지적인 부정확성 때문에 그의 이론이 대상관계에 입각한 치료과정을 정확하게 설명하지 못하는 것 같다.

태아기 상태는 더할 나위 없이 행복한 상태라는 가정이 연구를 통해 도전을 받았다(Stern, 1985). 물론 연구에 의해 제시된 증거나 관련된 논쟁을 결정적인 것으로 보기는 어렵지만 Guntrip의 퇴행한 자아, Balint의 조화로운 융합상태(mix-up), Fairbairn의 유아기 의존성, Freud의 일차적 자기애 등의 개념은 그들이 짐작했던 것보다 더 이후에 발생하는 것으로 드러났다. 만약 이러한 결론이 결정적이라면, 정신분석적 이론과 대상관계이론은 급격하게 수정되어야 한다. 그러나 분명한 것은 그 시점이 언제이든 이 모든 개념은 무시하기에는 너무나 강력한 영향력을 보이는 현상을 기술하고 있다는 점이다.

Guntrip은 환자가 현실에 대해 비교적 정확한 그림을 내면화한다고 가정했다. 일차적 파괴성이라는 개념을 사용하지 않고는 내부대상이 다른 사람의 영향일 뿐 아니라 내면에 있는 공격성의 반영이라는 Freud의 설명을 활용할 수가 없었다. Fairbairn이 내부의 성격구조는 '최대한의 욕구를 잠재우기 위해 최대한의 공격성' 을 활용한다는 점, 그렇기 때문에 성격구조는 조절기능을 가지고 있다는 점을 강조한 반면, Guntrip은 환자의 내면에 있는 처벌적 관계는 그가 부모, 특히 어머니와 함께 지내면서 겪었던 처벌경험(그는 이것이 유일하거나 지배적인 경험이라고 생각하지는 않았다.)을 그대로 복사한 것이라고 가정했다. 꿈에 대한 그의 강박적인 기록과 검토에서 그는 그 꿈들이 아주 직접적으로 자신의 경험을 표상하고 있다고 생각했다. 꿈은 기억이 아니다. 그러나 Percy에 대한 기억을 찾고자 하는 그의 노력은 Percy가 나타났던 꿈을 통해 만족되었다. Fairbairn은 그 꿈들이 소망을 충족시키려는 환상이기보다는 내면적 현실을 보여 주는 그림이라고 했다. 그러나 Fairbairn이 생각하는 내면적 현실이란 Guntrip이 생각하는 것보다는 훨씬 복잡한 것이었다. Guntrip이 초기 관계경험과 내면세계 사이의 관계를 직접 연결시킴으로써 Guntrip의 심리학에서는 미묘함이 사라졌다. 그 심리학에는 진정한 개별성을 위한 공간은 거의 없어 보였다. 그의 관찰에 따르면, 우리는 경험을 기계적으로 흡수하고 그 결과 우리의 잘못이 아닌 특성이나 구조를 만드는 것처럼 보인다. 내면의 생활을 이전에 겪었던 외부 생활경험이 개략적이고 간접적으로 반영한 것으로 보는 관점이 생겼는데, 이 관점으로 인해 Guntrip의 필사적인 외향성이 부분적으로는 그가 내면의 생활을 황량하고 고갈된 것으로 경험한 것에서 파생된 것이 아닌가라는 생각을 하게 한다.

Guntrip은 그의 온정이나 공감을 전하는 능력에서 타의 추종을 불허한다. 그러나 이론적인 측면에서는 반복적이며 종잡을 수가 없고, 때로 과장적이어서 자주 부정확하거나 산발적이다. 그리고 퇴행된 자아라는 특정한 상태에 초점이 맞추어져 있다. 그는 자신이 심각한 퇴행의 필수불가결한 전주곡이라고 했던 방어나 파괴적인 상태에 대해서는 논의하지 않았다. 뿐만 아니라 아동 또는 환자의 정서적 발달이나 변화하는 과정은 탐색하지 않았다. 목사라는 역할을 하면서 다양한 사람과 만났던 경험에도 불구하고 그는 다른 계층에 속하거나 문화적 배경을 가진 사람의 특성에는 별 관심이 없었다. 물론 그가 살던 당시의 상황을 고려할 때, 그 당시의 남자에게는 너무 많은 것을 요구하는 것이 될 수 있지만, 그는 매춘이나 동성애를 헌신의 결핍이라는 정도로만 보고 깊이 탐색하지 않았다. 치료자의 역할 역시 엄마의 역할처럼 지지적인 양육자로 생각했으며, 아버지의 역할 역시 그와 비슷한 용어로 설명했다. 그는 실패한 분석에 대해서는 그 어떤 수준의 질문도 하지 않았다. 다만 공감적이고 민감한 치료자는 대부분의 내담자와 상담할 때 퇴행한 자아라는 개념만 가지고 있으면 될 것처럼 여겼다. 대부분의 실패는 실제적인 제약조건이나 개인적인 한계 때문인 것으로 간주되었다. "만약 환자가 그것을 직면할 수 있다면, 그도 할 것이다. 그러나 만약 그가 할 수 없다면, 그 어떤 분석도 그로 하여금 직면하게 할 수 없다." (Guntrip, 1968: 297)라고 했다.

이 모든 것을 고려할 때, 그가 생각하는 치료적 관계는 '희생자와 구조자'라는 특성을 넘어서 치료자를 전지전능하며 호의적으로 그려질 수 있다. 그 어떤 사람도 장기간 동안 이렇게 하지 못한다. 심지어 상담료를 받는 50분 동안에도 그렇게 하기 어렵다. 역전이는 고려되지 않았으며, 상담에서는 갈등이나 불쾌한 상황이 발생할 여지는 없었다. 그리고 인간이 비록 약하지만 궁극적으로는 선하다는 시각은 그가 거부했던 Freud의 관점, 즉 "나쁘지만 강하다."라는 관점과 대비된다. 모든 파괴성은 고민과 걱정에서 나오며 두려움이란 곧 감상적이라는 것과 비슷하다고 보았다.

그러나 앞에 열거한 약점 중 그 어떠한 것도 Guntrip이 성취한 바를 훼손할 수는 없다. 그는 자신의 인간에 대한 대상관계적 관점을 심리치료 이상의 영역에 적용했다. 그는 신경증적인 사람을 이기적이기보다는 고통을 받는 사람으로 간주하고 그들의 이익을 대변했다. 또한 그는 심리치료를 치료적 관계에 대해서는 심리치료에서 가장 중요한 것으로 생각했다.

Guntrip의 여러 가지 생각은 앞으로 발전할 여지가 있다. 그가 부적절하게 개념화했던 퇴행한 자아와 그것이 성격구조 내에서 차지하는 위치에 대한 생각은 생후 경험에 기초한 전통적인 심리치료이론의 뿌리를 태아기 경험에서부터 찾도록 촉진한다. 이와 같은 시도는 오이디푸스적 또는 우울적 양태의 기능이 편집-분열성 양태의 원시적인 비합리성에서 파생되는 것으로 설명하는 것과 유사하다. Neville Symington (Grotstein & Rinsley, 1994에서 재인용)에 따르면 Frances Tustin의 자폐아에 대한 연구(Tustin, 1972)는 Fairbairn의 분열성 양태에 대한 연구를 발전시켰다. Thomas Ogden(1989)은 Klein의 편집-분열성 양태에 선행하는 자폐적-접촉성 양태 개념을 제시했다. 만약 태아기 상태에서 발생하는 현상을 개념화하려는 Guntrip의 노력을 감상적인 모호성이라고 무시하지 않고 좀 더 진지하게 받아들인다면, 그의 생각은 다른 사람보다 Balint, Ogden, Tustin의 생각을 통합할 수 있는 개념으로 이해할 수도 있을 것이다. 그 상태가 인간 발달초기의 어느 시점에 기초한 가설이든, 이론과 실제는 모두 발전할 수 있을 것이다.

Guntrip의 업적이 이제 출간되고 더 심층적으로 논의되기 시작했다는 사실은 상당히 고무적이다. 이것은 Jeremy Hazell(1994, 1996)에게 감사해야 할 일이다. 아마 Guntrip의 모호함이라는 대가를 치루면서 드러나는 통찰력과 치료적 재능이 실제뿐 아니라 이론의 정밀화와 발전을 촉진할 것이라고 믿는다. 또한 파괴성 밑에 고통이 있다는 그의 신념은 우리로 하여금 인간의 취약성을 더 존중하도록 촉진할 것이다. 인간에 대한 그런 정도의 깊은 존중은 오늘날 사라질 위험에 처해 있으며 찾아보기 어려운 태도다.

7

존 볼비: 애착이론

Bowlby의 애착이론은 대상관계이론에서 파생된 새로운 발전으로서 이후 독립적인 이론적 지위를 얻게 된 이론이다. 애착이론은 관계 욕구가 갖는 최대의 중요성과 자기의 관계적 구조라는 대상관계이론의 원칙에 근거하며, 좀 더 나아가 대상관계이론의 개념을 뒷받침하는 객관적인 증거를 어느 정도 제공한다. Bowlby는 정신분석이론이 과학적 뿌리를 잃어 가고 있다고 주장했다. 그러면서 그는 동물행동학과 체계 이론이라는 새로운 학문 분야에 의지하여, 이런 학문의 방법과 연구결과를 채용한 인간에 대한 이론을 구성하고자 했다. Fairbairn이 정신분석이론을 새롭게 수정하기 위해 철학을 이용했던 것처럼, Bowlby는 같은 목적을 이루기 위해 당시 새로운 과학적 발전을 이용했고, 또한 Fairbairn의 경우처럼 그의 공헌은 정신분석학계 내에서 의혹을 샀다. Bowlby는 정신분석이 개인을 위한 치료적인 작업에서뿐만 아니라 사회에서 예방 차원의 작업을 위해서도 잠재력을 갖고 있음을 깨달았다. 그는 사회정책을 바꾸고 아동과 가족에게 필요한 것에 대한 정부의 생각에 영향을 주기 위해 다른 어떤 정신분석가보다 많은 일을 했다.

볼비의 생애

John Bowlby의 활동은 정신분석학계에서 독특하다. 한편으로 그는 외향적이고 정확하며, 측정과 타당화에 관심이 많았다. 다른 한편으로는 아이들의 고통을 이해해야 한다는 호소에서 뜻밖의 열정을 보이면서 영국 사회를 아이들이 살기에 좀 더 나은 곳으로 만드는 데 전문가로서 자신의 삶을 바쳤다. 객관성과 감정이 뒤섞여 있는 이런 특징은 그의 양분된 어린 시절의 삶을 반영한다(Holmes, 1993 참조).

Bowlby는 1907년 6남매 중 넷째로 태어났다. 그의 가족은 유명한 상류계급 가족이었다. 그의 아버지 Anthony 경은 왕실 가족의 외과의사였다. Bowlby는 자신의 형 Tony와 친하면서도 경쟁적인 관계를 가졌고, 남동생 Jim에 대해서는 놀리기도 하고 보호하기도 했다. Jim은 느리고 서툴렀으며, 성공한 Bowlby 가문을 생각할 때 모순에 가까웠다. 그는 성공하지 못한 Bowlby였던 것이다.

Bowlby 가족의 생활방식은 일상적인 생활과 여름 휴가로 나뉘어 있었다. 그들은 런던에서 그들의 사회 계급에 전형적인 형식적이고 한정된 삶을 살았다. Anthony 경은 거의 집에 없었고, 전쟁 기간 중에는 특히 집을 떠나 있었으며, 유모와 하인이 살림을 꾸리고 아이들을 돌보았다. Bowlby의 누이 Evelyn은 그런 집안 분위기를 즐거움이 없었다고 묘사했다. 그러나 여름에는 온 가족이 스코틀랜드에서 6주를 보냈고, 가족활동과 나들이 그리고 훨씬 더 친밀한 관여, 특히 아이들과 어머니, 외할아버지 간의 관계가 좀 더 활기차고 따뜻하게 그려진다. 이런 여름 휴가는 Bowlby 안에 평생 지속된 자연에 대한 사랑을 불러일으켰고, 그는 이후 평생 동안 휴가를 스코틀랜드에서 보냈다. 거리감과 친밀감, 형식성과 재미는 그의 성격 안에 독특한 요소로 발전하게 됐던 것으로 보인다.

Bowlby와 그의 형 Tony는 제1차 세계대전의 발발과 함께 기숙학교로 보내졌는데, 표면상 이유는 공습의 위험 때문이었지만, Bowlby는 상류 계급의 교육적 전통에 따른 것이 더 큰 이유라고 느꼈다. 예상대로 그는 학교에서 잘해 냈고, 이후 해군에 들어갔으나 그곳의 지적인 한계와 뱃멀미로 고생했기 때문에 그곳을 싫어했다. 그는 돈을 써서 자신을 군에서 빼내 주면 그 대가로 캠브리지 대학교에서 의학을 공부하겠다고 제안하면서 아버지를 설득했다. Bowlby가 21세였던 당시 보수적인 사고를 가진 그의 아버지가 사망했는데, 아버지의 죽음으로 그는 대학과 병원에 기반을 둔 학업 사이에서 특이하고 급진적인 어떤 일을 할 수 있는 기회를 가졌다. 즉, 그는 정신 장애가 있는 아이들을 위한 비정통적인 진보적 학교에서 1년간 일했다. Bowlby는 그 학교에서 한 소년의 감정적 고립과 비행을 두고 학교 실무자들이 그의 혼란스러운 초기 삶의 탓으로 여기는 데 주목했다. 한 동료가 부적응하는 아이들과 소통하는 Bowlby의 비범한 능력을 알아차리고 그에게 정신분석 훈련을 고려해 보라고 설득했다. 전문가로서 그의 독특한 초점은 이렇게 나타나게 됐는데, 그것은 그의 무미건조한 과학적 엄격함과 아이들의 숨겨진 고통에 그가 마음을 둔 것이 결합된 부분이었다.

이어 Bowlby는 의학과 정신분석 훈련을 접목하려고 시도했다. 그의 분석가는 Joan Riviére였다. 1937년에 그는 정신과 의사와 정신분석가 자격을 얻었고, 새로 설립된 런던 아동지도 클리닉(London Child Guidance Clinic)에서 일하는 동안 Melanie Klein에게 아동 분석 훈련을 받기 시작했다. 신경증에 대한 환경적 원인이 과소평가됐다는 그의 확신에 대한 증거를 모으기 시작했던 곳이 바로 이곳이었다. 그는 아동기의 초기 몇 해 동안 아이를 엄마에게서 분리하는 것과 부모의 문제가 자녀에게 전해지는 현상을 특히 중요하게 여겼다. 1940년 그는 군의 정신과 의사로 임명됐고, Wilfred Bion과 Jock Sutherland를 포함하여 정신분석학에 관심이 있었던 정신과 의사 및 동료와 함께 일했다.

Bowlby가 받고 있던 Klein 학파 훈련의 주요 원리와 외적 관계 및 사건의 중요성에 대한 그의 신념 간의 괴리가 점점 벌어지고 있었다. 그의 견해는 Klein 학파 분석가들에 의해 주류에서 벗어난 것으로 취급됐고, 또한 그가 쓴 논문의 건조하게 객관적인 논조와 내면의 역동적 과정에 대한 그의 관심 부족을 불편해하는 다른 사람들에 의해 무시됐다. 그럼에도 불구하고 그는 Klein 학파나 Freud 학파 어느 한쪽에 동조하지 않은, 조직과 관련된 상당한 효율성을 갖춘 인물로서 영국 정신분석학회에 유용한 존재였다. 또 그의 가족 배경과 의학 자격증이 그 협회에서 그의 존재를 예외적으로 받아들일 수 있게 만들었다. 그는 그 학회가 새로운 국민의료서비스 제도에 대한 토론에 참여하도록 밀어붙였고, 정신분석적 방법과 관점을 포함시킬 것을 열렬하게 주장했다.

1938년에 Bowlby는 Ursula Longstaff와 결혼했는데, 그녀는 문학을 사랑하는 조용하면서도 독립적인 여성이었다. Bowlby의 방대한 작업에 그녀가 참여한 유일한 부분은 인용하기에 적절한 내용을 찾아 주는 일이었다. 그러나 Bowlby가 죽기 직전에 출판된 그의 마지막 주요 프로젝트였던 Darwin의 자서전을 위해 그녀가 그와 긴밀하게 작업한 일은 감동적이다(Bowlby, 1990). 그녀와 Bowlby는 둘 다 대가족에서 출생 서열이 중간인 아이들이었다. 그들은 4명의 자녀를 두었고, Bowlby는 자기 아버지처럼 아이들과 거리를 두었던 것으로 보인다. 아버지 역할에서 그가 느꼈던 불편함은 아이들이 학업에서 뜻밖의 어려움을 보이다 결국 그것이 난독증으로 확인되었을 때 악화된 것으로 보인다. 캠브리지 대학의 최고 학위를 가진 사람에게 이런 문제는 당혹스럽고 고통스러웠을 것이다. 아이들 또한 그를 이해하기 어려운 사람으로 여겼던 것 같다. 7세 된 그의 아들은 그가 어쩌면 도둑일지도 모른다고 생각했는데, 그 이유는 그가 늘 밤이 되어서야 집에 왔고, 하는 일에 대해서 단 한 번도 얘기한 적이 없었기 때문이었다(Holmes, 1993: 25). 그러나 그의 가족이 전하는 얘기에 따르면 Bowlby는 멋진 할아버지였다고 한다. 그리고 전원을 사랑하는 Bowlby 가족은 매년 스코틀랜드에서 긴 휴가를 보냈다.

Bowlby는 부모로서 자신의 단점을 자각하고 있었고, 또한 자신의 연구결과와 다른 문화권의 생활패턴을 예민하게 염두에 두었던 것 같다. Bowlby 가족은 여러 해 동안 Bowlby의 가까운 친구이자 노동당 소속 정치인이었던 Evan Durbin 가족과 함께 살았고, 이후에는 Jock Sutherland 가족과 살았는데, 이는 그의 두 가지 성향을 표현해 주는 비관습적인 조치였다.

제2차 세계대전이 끝날 무렵, Bowlby와 몇몇 동료 정신과 군의관은 순수한 노선이 아니라 절충적인 노선에 따라 운영되던 공공 심리치료 기관인 타비스톡 클리닉을 멀리 하라는 Ernest Jones의 지시를 따르지 않았다. Sutherland는 클리닉의 의장으로 임명됐고, Bowlby는 부의장이 됐다. 그는 1972년까지 타비스톡에 남아 있으면서 아동가족부를 신설하였고, Klein 학파인 Esther Bick과 함께 아동 심리치료 훈련과정을 만들었다. 그는 대부분의 시간을 연구에 쏟았다. 그는 James Robertson, Mary Ainsworth, Mary Boston과 함께 애착이론을 개발했고, 이후에는 Colin Murray Parkes와 함께 애도과정에 대한 연구를 수행했다.

Bowlby는 1940년대와 1950년대에 걸쳐 영국 정신분석협회에서 고군

분투했는데, 자신이 기여할 바가 있다고 확신했지만 그가 부딪힌 만연한 무관심과 적개심, 특히 그가 훈련받았던 Klein 학파 집단의 그런 반응에 낙담했다. 상류계급의 영국인이었던 그와, 영국의 중도학파 분석가들과 마찬가지로 히틀러 치하에서 외상을 겪었고 과학과 사실 및 통계보다는 예술, 감정, 상상을 편안하게 느꼈던 유럽 출신 유대인 사이에는 기질과 문화에서 괴리가 있었다.

비록 소규모로 치료업무를 유지했지만, Bowlby의 전문적 초점은 압도적으로 연구와 사회 정책에 있었다. 1960년대에 그는 정신분석학회에서 탈퇴하여 30년간에 걸친 연구를 집필하는 데 집중했고, 1969년에서 1980년 사이에 출판된 결정판 3부작, 『애착(*Attachment*)』, 『분리(*Separation*)』 그리고 『상실(*Loss*)』을 저작했다. 애착이론은 정신분석을 발달심리학과 동물행동학 및 체계이론과 연결시킨 심리학적 접근으로 국제적인 명성을 얻게 됐다.

노년에 Bowlby는 동료, 친구, 숭배자로 이루어진 자신만의 집단을 갖게 됐다. 그의 80세 생일 축하연에는 각국에서 온 다양한 연사가 모였다. 그는 스키 섬에 있는 스코틀랜드 저택에서 더 많은 시간을 보냈고, 그곳에서 1990년 뇌졸중으로 숨을 거두었다. 그는 진중함과 민감성, 수줍음과 거만함, 의례와 개성이 흥미롭게 혼합된 인물이었다. 그는 환자보다 절차를 더 편안하게 느꼈으나, 그럼에도 불구하고 그가 심리치료에 미친 영향은 해를 거듭할수록 커져 나갔다. 외부 환경에 의한 외상과 관계가 이제 모든 유형의 치료에서 좀 더 비중 있게 다뤄지고 있고, 생애 초기의 분리는 아이들에게 근원적으로 위험한 것으로 인식되고 있다. 그리고 애도 과정(the mourning process)은 방종하는 것이 아니라 필수적인 것으로 받아들여진다. 그러나 그가 미친 것으로 보이는 가장 큰 영향은, 영국과 그 이외의 나라에서 병원과 유치원, 보육시설 그리고 Bowlby가 아이들이 속한 곳이라고 열렬히 느꼈던 가정에서 이들을 위해 만들어진 사회적 조치에 관한 것이다.

볼비의 이론

개 관

Bowlby는 정신분석이론이 환경의 중요성은 거의 다루지 않고 궁극적으로는 기질적인 개인차로 집약되는 내적 갈등을 지나치게 강조한다고 비판했다. 그는 Freud의 초기 연구는 당시 가용했던 과학적 방법과 개념을 최대한 이용했지만, 이제는 더 이상 그렇지 않다는 점을 강조했다. 정신분석가들은 최신의 과학적 발달에 대해 대체로 무지하고, 새로운 발견에 비추어 이론을 지속적으로 수정할 필요성을 인식하지 못했다. 아동발달에 대한 정신분석적 이론은 문제를 가진 아이와 부모뿐만 아니라 정상적인 아이와 부모에 대한 직접적인 관찰이 아니라 상황에 대한 환자의 막연한 생각에 바탕하여 회고 형식으로 구성된 것이었다. Bowlby는 Anna Freud와 Malanie Klein과 같은 비과학자의 영향력 아래에서 정신분석학이 검증된 지식의 구성체가 아니라 의미와 상상에 관심을 둔 하나의 철학적 학문이 되어 가는 쪽으로 기울어지고 있던 것에 경악을 금치 못했다(Bowlby, 1988: 58).

Bowlby의 전략은 자신의 과학적 견해를 Freud의 생리학적 편향에 견주어 동료에게 호소하는 것이었다. 그는 자신의 연구가 정신분석이론의 많은 부분에 증거를 제공했고, 이런 타당화는 다른 과학적 학문과 연결되는 하나의 과학으로서 정신분석학의 위상을 높일 수 있다고 느꼈다.

그는 이론의 진보가 환자를 위한 치료의 향상으로 이어져야 하고, 또한 개인의 욕구를 고려한 사회적 틀의 발전을 통해 사회 전반의 유익으로 이어져야 한다고 강하게 느꼈다. 그가 원래 바랐던 것은 Klein 학파 동료들이 그의 기여를 환상에 대한 그들의 탐구에 추가적인 것으로 받아들여, 상상적이면서 동시에 사실적이고, 외부 사건과 내적 과정 그리고 이 둘의 관계를 망라하는 심리학으로 나아가는 것이었다.

정신분석에서 Bowlby가 영향을 받은 이론가는 초기 대상관계 분석가들이었는데, 특히 Klein을 비롯하여 Balint, Ferenzi, Fairbairn이었다. 그는 애착을 강조하는 것을 Freud의 후기 연구와 연결시켰는데, 여기서 '대상'은 리비도적 본능의 목표로 여겨지고, 오이디푸스 시기에서만큼 아동의 실제 경험에 비중이 주어진다. 『솔로몬 왕의 반지(*King Solomon's Ring*)』(Lorenz, 1952)라는 저서는 동물행동학이라는 새로운 과학, 즉 진화론적이고 기능적 관점에서 동물의 행동을 생물학적으로 연구하는 학문을 그에게 소개시켜 주었다. 당시는 학문적으로 각인의 시기(the period of imprinting)와 결정적 시기(critical periods)의 두 개념이 지배하던 때였다. 원숭이를 대상으로 한 분리 실험은 부모 역할을 하는 존재를 박탈당한 원숭이는 짝짓기 혹은 새끼 보살피기를 하지 못한다는 것을 보여 주었다. 또한 젖을 공급해 주는 철사로 만들어진 '엄마'와 좀 더 위안을 주는 엄마 사이에 선택권을 주었을 때 어린 원숭이는 천으로 싸인 대상을 압도적으로 선호했다(Harlow & Zimmerman, 1959; Bowlby, 1969). 이런 연구는 Klein과 Freud의 가정과는 반대로 애착이 수유에서 파생되는 것이 아니라, 감정적인 성숙을 위해 필수적인 것임을 입증해 주었다.

Bowlby는 욕동에 근거한 이론이거나 혹은 관계에 근거한 이론으로서 정신분석 간의 논쟁에서 특이한 입장을 취한다. 그는 관계 그 자체는 생물학적 기반을 가진 자율적인 체계를 통해 발생하며, 자연선택을 통해 특정한 행동과 욕구와 능력으로 연마된다고 제안했다. 인간이라는 종은 홀로 살아가도록 만들어지지 않았고 모든 인간, 특히 어리고 취약한 이들의 생존에는 강력하고 영속적인 유대가 필수적이다. 이런 체계는 외적 요인과 지속적으로 상호작용한다. 사람들이 관계 속에서 갖는 실제 경험은 자기와 타인 및 이들 간의 연결을 중재하는 관계에 대한 인지적, 감정적, 행동적 표상을 포함하는 세상에 대한 '내적 작동 모델(an internal working model)' 에 기여한다. 생존에 필수적이라고 느끼는 사람에게서 일시적이거나 지속적으로 분리되는 경험은 당연히 위기상황이며, 이런 위기감은 분리를 경험했을 때 전형적으로 나타나고, 애도과정에서 그 절정에 달한다.

Bowlby 저서의 많은 부분은 그가 주창하는 사회정책을 뒷받침하는 확실한 증거를 제시한다. 이런 증거는 어린아이는 가능하면 가족과 함께 지내게 해 주는 것이 가장 중요하고, 또 분리가 불가피한 경우 위안과 재애착에 대한 그들의 욕구를 채워 주어야 한다는 것과 주로 관련된다. 일상적으로 신생아를 엄마와 떼어놓는 것과 같은 전통과 사회적으로 용인되는 양육 방식의 엄격하고 억압적인 특징이 아이들에게 끼치는 해악에 대해 Bowlby의 감정이 느닷없이 분출되었는데, 이 속에서 그 자신의 고통이 모습을 드러낸다. 이 모든 것 가운데 가장 강력한 증거는 Bowlby의 동료인 James Robertson과 Joyce Robertson(1952, 1976)이 만든 필름인데, 이것은 어린아이가 집과 가족에게서 강압적으로 떨어져 나오게 될 때 이들이 겪게 되는 고뇌를 영상으로 기록한 재연하기 힘든 역사적인 기록 영화다. Robertson 부부가 애정 어린 보살핌으로 돌보았던 위탁아동조차 분리를 힘들고 고통스러운 경험으로 받아들였는데, 애착할 수 있는 대리인이 없었던 아이들은 깊은 외상을 입었다. 이런 필름은 Bowlby의 영향력이 확실한 효력을 갖도록 하고, 사회복지와 보육 및 심리치료와 상담 훈련 과정에서 계속해서 널리 보이고 있다.

애착이론

애착이론은 인간은 관계를 만들고 유지하는 생래적인 행동 패턴을 갖고 태어나며, 이것은 환경과의 상호작용 속에서 순차적으로 나타난다는 것을 전제한다. 인간사회의 기본 단위는 자녀와 함께하는 엄마이고, 여기에 포함될 수 있는 남자는 엄마의 아버지, 형제 혹은 이 단위의 일부이거나 혹은 그 주변에 머무는 한 명 혹은 여러 명의 성적 파트너다. 어떤 인간 사회 집단도 두 개의 가족보다 작지 않거나 혹은 200여 명의 사람보다 크지 않다. 애착행동은 이런 안정된 공동체를 이루고 유지시키도록 설계되어 있다. 서로 다른 문화는 이런 보편적인 주제에 대해 자신만의 다양한 패턴을 만들어 낸다.

인간의 발달은 일차적 애착대상과 다른 중요한 사람에 대해 애착을 형성하고 유지하는 과정으로 간주된다. 아이는 자라면서 자신의 가장 가까운 범위를 넘어서서 더 넓은 공동체에 있는 사람과 유대를 형성하는데, 흔히 또래 집단에 의해 서구 청소년이 겪는 격변은 가족에서 성적 파트너로 애착이 결정적으로 옮겨지는 현상의 부산물이다. 우리의 일차적 애착 대상은 우리가 돌아갈 안식처가 있음을 알면서 세상 속으로 힘차게 나아갈 수 있도록 해 주는 '안전기지(the secure base)' 를 이룬다. "우리 모두는 우리의 삶이 요람에서 무덤까지 우리의 애착 대상이 제공하는 안전 기지를 떠나 길거나 짧은 일련의 여행으로 구성될 때 가장 행복하다." (Bowlby, 1988: 62)

충분히 안전한 기지가 없으면 우리는 불안을 느낀다. 탐험할 수 있는 기회가 없으면 삶이 지루하다. 관계와 탐험에 대한 우리의 경험은 '내적 작동 모델' 에 부호화되는데, 이것은 우리 자신의 애착이 갖는 안전성이나 불안전성을 반영하며, 우리가 학습한 관계하는 양식과 탐험하는 양식을 포괄하는 우리 자신의 내적 기반이다. 이런 내적 표상은 일관성을 유지하지만 변화에 열려 있는 것이 이상적이다. 그러나 힘든 대인관계는 연결이 안 되어 있거나 왜곡된 내적 작동 모델로 이어지고, 이런 모델에서는 서로 분리된 영역이 얼어붙은 채 의식 밖에 남아 있다.

발달단계

Bowlby의 이론은 남자든 여자든, 아기와 친족관계가 있든 없든 간에 모든 주된 양육자에게 해당되지만, 현실적으로 최초의 애착 대상은 거의 항상 엄마다. 아기와 엄마 둘 다 서로 다른 시기에 서로 다른 방식으로 또 서로 다른 정도로 촉발되는 애착 행동 체계의 경험과 실행을 통해 애착을 형성하고 유지하는 데 기여한다.

아기는 사람의 목소리를 선호하고 사람의 얼굴에 매력을 느끼도록 태어난다. 아기는 눈으로 대상을 따라갈 수 있는 능력이 있고, 목소리와 접촉 그리고 성인이 아기를 안고 걸을 때 느껴지거나 혹은 이런 상태와 흡사한, 느리고 리듬감 있는 흔들림에 의해 진정될 수 있는 능력이 있다. 아기는 사람과의 접촉이 너무 오래 없었다고 느낄 때 고통을 경험하고 또한 이것을 표출할 수 있는 능력을 타고나며, 양육자를 불러오고 자신이 위안을 얻는 애정 어린 행동을 이끌어 내도록 고안된 방식으로 표출한다. 울기와 빨기, 미소 짓기, 매달리기, 뒤쫓아 가기는 학습된 행동이기보다 모두 본능적인 행동이다. 심지어 청각장애 아기도 미소를 짓는다. 출생 후 첫 몇 개월 동안 아기의 울기와 빨기나 미소 짓기는 엄마가 아기에게 반응하고 감정적으로 아기에게 몰두하도록 강압하고 유혹하기를 번갈아 한다. 비록 엄마나 다른 주된 양육자가 그들 자신의 내적 작동 모델에 의해 매개되는 애착에 대한 자신만의 의제(議題)를 갖고 있다 해도, 아기는 수동적으로 돌봄을 받기만 하는 존재는 아니다. 따라서 엄마와 어린 아기는 신체적으로 또한 감정적으로 서로에게 가까이 있으려는 강력한 동기를 갖는다. 너무 오래 떨어져 있으면 둘 다 불안해진다.

특별한 유대가 형성되어 가는 최초의 시기가 있다. 4~6개월보다 어린 아기는 보통 개별적인 애착보다 일반적인 애착을 보이고, 비록 엄마나 주된 양육자를 알아본다 해도, 아기에게 잘 반응하고 애정이 있는 다른 양육자가 대신한다면 힘들어하지 않을 수 있다. 초기 유아기 동안 아기 곁에 가까이 있도록 내적으로 압박감을 느끼는 사람은 엄마(혹은 양육자)다. 아기는 자신에게 반응해 주는 사람과 적극적으로 관계할 뿐 그 사람이 특정한 대상이어야 할 것을 요구하지는 않는다. 돌보는 성인의 위안을 주는 행동이 아기의 안전 기지이고, 움직임과 옹알이나 눈 맞춤을 포함하는 상호작용 게임은 사물에 대한 아기의 관심과 발달해 가는 자신의 기술을 연습하는 데서 느끼는 흥분과 함께 이 세상을 향한 아기의 탐험이다.

약 6개월이 지나면 대개 아기는 자신의 주된 양육자에게 강렬한 애착을 발달시키고, 특정 사람에게 이차적인 애착을 동시에 형성한다. 이때가 '낯선 사람에 대한 불안(stranger anxiety)'을 보이는 시기인데, 이때는 모르는 사람의 얼굴이 아기에게 즐거움도 흥분도 주지 않고, 그것이 엄마의 얼굴이 아니기 때문에 위험이 된다. 흥미롭게도 이 시기는 아기가 이동성을 갖게 될 가능성이 있는 단계와 때를 같이하며, 아기가 그렇게 할 수 없는 내면적인 이유를 갖고 있지 않는 한 엄마에게서 떨어져 기어 다닐 수 있다. 이제 아기는 가급적이면 엄마를 눈에 보이는 곳, 물론 아주 가까운 곳에 두려는 내적인 욕구를 갖는다. 아기의 빨기와 울기 및 매달리기의 행동체계는 양육자가 가까이 있는 한 이전처럼 쉽게 유발되지 않을 수 있는데, 이는 아기의 덜 의존적인 상태, 자신이 보고 들을 수 있는 것에서 정보를 추론할 수 있는 능력의 향상 그리고 내면의 안전 기지의 발달을 반영한다. 그러나 아기가 뒤쫓아 다니고 근접성을 유지하려는 행동체계는 이 시기에 매우 민감한데, 걸음마를 하는 아기를 둔 부모는 이에 대해 증언할 수 있다. Bowlby는 공원에서 2세 된 아이들을 관찰한 것을 묘사하는데, 실제로 모든 아이가 그들의 엄마에게서 반경 60여 미터(200피트) 내에 있었고, 엄마는 한곳에 머물러 있었다. 그들은 엄마를 자신이 탐험해 갈 수 있는 출발기지인 안전 기지로 사용했고, 물론 일정한 거리까지만 나아갔다(Bowlby, 1969: 306).

6개월부터 3세까지 아이들은 주된 양육자와 물리적으로 가까이 있으려는 강한 욕구를 갖는다. 그들은 단지 한정된 기간 동안, 가급적이면 친숙한 다른 사람과 함께 있으면 분리를 견딜 수 있다. 이 기간 동안 장기간의 분리는 주요 외상경험이며, 아이가 새로운 애착관계를 형성할 수 없다면 더 악화된다. 아이의 관계 패턴과 안전성은 그 아이의 관계 세계에 대한 내적 표상에 강렬하게 부호화된다. 대략 4세가 될 때까지의 기간이 우리가 어떻게, 어느 정도 많이 다른 사람과 관계할지를 설정하는 인간의 '결정적 시기'인 것처럼 보인다. 그리고 이렇게 설정된 패턴은 모든 심리치료 환자와 내담자가 알고 있듯이 이후에 변화시키기가 쉽지 않다.

두 번째 분계점은 3세경에 나타난다. 때로 놀라울 정도로 갑작스럽게 아이는 엄마가 어디에 있는지 혹은 언제 돌아올 것인지를 알고 있으면, 실제로 엄마가 눈에 보이지 않는 것을 견딜 수 있게 된다. 이제 아이는 다른 사람이 자신과는 분리된 존재이고, 그들만의 생각과 지각 및 욕구가 있으며, 자신의 존재가 그들에게서 독립적이라는 것을 이해할 수 있다. 아이는 자기중심적 관계보다는 언어를 통해 중재되고 공간과 시간에 대한 인식이 있는 상호적인 관계에 참여하기 시작한다. 이런 모든 이유 때문에 Bowlby는 3세가 되면 유아원을 다니는 것 같이 정규적으로 또래집단의 한 구성원으로 지내는 기간이 아이에게 유익할 수 있다고 주장한다. 이 시기 이전에 아이들은 비록 자신이 잘 알고 믿는 사람과 함께 놀 수 있는 기회를 즐길 수 있지만, 보조적인 양육자와의 개인적인 관계가 필요하다. 만약 이들이 대리 양육자에게 쉽게 접근할 수 없다면 좀 더 큰 집단의 일원이 되는 데 쉽게 대처할 수 없다. 이들은 아무리 잠시라도 부모가 떠나면 매우 힘들어하는 경우가 많다.

아이가 잠재적으로 탐험할 수 있는 영역은 아이의 내적 모델이 허용하는 정도까지 확장되는데, 이 내적 모델은 아이의 애착행동체계의 성숙도와 아이의 외적·내적 기지의 안전성 둘 다에 달려 있다. 일반적으로 학교에 다니는 아이들에게 매우 중요한 학교생활과 동아리와 친구집단은 이런 탐험의 기회를 제공한다. 청소년기에 또래집단은 부모보다 훨씬 더 중요하게 보일 수 있으며, 서구 사회의 십대가 부모에 대한 아동기의 의존성을 극복하려고 애쓰고 또래와 새로운 의존관계를 만드는 과정에서 분명히 더 영향력을 갖게 되는 것처럼 보인다. 그러나 그것이 부모의 집이든 성인이 되어 마련한 자신의 집이든, 집과 가족은 일생에 걸쳐 근본적으로 중요한 부분으로 남아 있고, 탐험과 방향을 제한하기보다 오히려 가능하게 만들어 준다. 비록 애착의 유형과 삶의 여건은 다를 수 있지만, 대부분의 사람에게는 그들이 의지할 수 있을 뿐 아니라 서로 중요하게 인정하고 인정받는 소수의 몇 사람이 필요하다. 이런 안전 기지가 없으면 우리의 내적 자원, 즉 우리 스스로 어느 정도 제공할 수 있는 안전 기지가 무리하게 사용되고 고갈될 수 있다.

대가족에서조차 그리고 여러 문화에 걸쳐 아이들은 서로 다른 사람에게 다양한 강도의 애착을 발달시키는 경향이 있으나, 가장 중요한 한 사람, 대개는 엄마에게 가장 강력하게 애착을 형성한다(Bowlby, 1969: ch.

15). 누가 아이의 주된 애착 대상이 되는가의 결정적인 요인은 함께 보내는 시간의 양이 아니라 관계의 질이다. Bowlby는 매일 장시간 함께 시간을 보내지는 않지만, 그렇게 하는 사람보다 훨씬 더 잘 반응하는 아버지나 다른 친척에게 가장 강하게 애착한 아기들의 예를 제시한다. 유사한 예로 키부츠에서 자란 아이들은 대부분의 시간 동안 그들을 돌봐 주는 보모보다 부모에게 더 강한 애착을 갖는데, 이는 아이들의 방문에 대해 부모가 중요성을 많이 부여하고, 그 결과 그들 간의 접촉 강도가 강하기 때문이다. 한두 명보다 여러 명의 보조적인 애착 대상이 있는 아이가 주요 대상에게 덜 애착되는 것이 아니라 더 강하게 애착된다는 점은 흥미로운 사실이다. 이것은 의심할 여지없이 그 아이의 우호적인 내적 작동 모델과 관계 세계를 자유롭게 탐험하는 성향의 결과일 것이다.

낯선 상황

Bowlby의 타비스톡 클리닉 동료 Mary Ainsworth는 애착이론을 함께 만든 사람으로 여겨진다. 그녀는 1세 된 아기와 엄마를 대상으로 수행한 관찰 실험 절차를 고안했고, 이 절차는 '낯선 상황 실험(The Strange Situation)'으로 알려져 있다(Holmes, 1993: 104-106; Ainsworth et al., 1978). 엄마와 아기, 연구자는 놀이방에 들어가 자리를 잡은 다음 엄마가 몇 분 동안 그 방을 떠난다. 그리고 이런 분리에 대한 아기의 반응과 엄마가 돌아왔을 때 엄마와 아기의 반응에 주목한다. 몇 분이 더 지난 후 엄마와 연구자 모두 다시 3분 동안 방을 떠나고, 혼자일 때와 엄마와 연구자가 돌아왔을 때 아기의 반응을 기록한다. 전체 과정은 비디오로 녹화되고, 엄마와 아기의 관계와 분리에 대처하는 아기의 방식을 평가하고 검토하는 데 사용된다. 이것은 관계에 대한 아기의 내적 모델을 드러내 주며,

이 모델은 엄마의 행동과 반응성(responsiveness)과 연관시킬 수 있다.

이렇게 드러난 관계는 안정애착에서 불안정애착에 이르는 세 개의 주요 범주로 분류된다. 안정애착 집단의 아기는 대개 분리 때문에 마음이 불편해지지만 엄마가 돌아왔을 때 엄마에게 보살핌을 요구하고 이를 받아들이고, 그런 다음 즐거운 기분으로 탐색하는 놀이를 계속했다. 좀 덜 안정된 아기는 엄마에게 회피나 양가적인 태도를 보였다. 불안정-회피 집단은 엄마가 떠났을 때 겉으로 마음이 불편해 보이지 않았고, 엄마가 돌아왔을 때 무시했으나, 민감하게 엄마를 지켜보고 자유롭게 놀이에 몰두하지 못했다. 불안정-양가적 집단은 분리됐을 때 극심하게 두려워했고, 엄마가 돌아왔을 때 엄마에게 매달리면서 동시에 엄마를 밀쳐 냈다. 또한 이들은 자신이 하던 활동을 재개하지 못했다. 이 가운데 가장 동요가 심한 집단은 불안정-혼란스러운 아기들로, 나중에 추가된 네 번째 범주다. 이들은 혼란스러워하고 혼돈된 상태였고, 당혹감을 나타내는 반복적인 움직임이나 얼어붙은 마비상태의 기괴한 행동 패턴을 보여 주었다(Bowlby, 1988: 125).

Ainsworth와 다른 연구자들은 더 나아가 아기들이 보여 준 애착 유형이 생후 첫 1년 동안 엄마가 그들에게 보여 준 반응성과 밀접한 관련이 있음을 입증하려고 시도했는데, 이런 시도는 흥미롭지만 의외의 일은 아니었다(Bowlby, 1988: 45-50; Holmes, 1993: 107). 안정애착 집단의 엄마들은 아기들에게 가장 잘 조율되어 있었고, 그들과 자유롭게 즐거워하며 상호작용하고, 그들의 신호를 정확하게 알아차리고, 그들의 불편함에 즉각적으로 반응했다. 불안정-회피 애착 집단의 엄마들은 아기들과 상호작용을 덜하고 아기들에 대해 인간적인 태도보다는 실제적인 태도를 갖고 있는 경향이 있었다. 불안정-양가적 애착 집단의 엄마들은 예측할 수 없게 반응하는 경향이 있었고 아기들의 신호에 상대적으로 민감하지 못했다. 불안정-혼란스러운 아기는 일반적으로 학대나 심한 방치 혹은 정신병을 포함한 극심하게 혼돈된 배경을 갖고 있었다. 이런 상관관계의 중요성은 환경의 영향과 기질의 영향을 구별하는 데 있다. 아기가 1세가 되었을 때 얼마나 안정적이 될 것인가에, 엄마가 아기에게 보이는 표현된 태도가 압도적으로 결정적인 요인임은 분명하다. 이것은 심지어 생후 첫 몇 개월 동안 아주 쉽게 동요되는 아기에게도 적용되는 패턴이다.

환경이 유전만큼이나 신경증의 강력한 원인이라는 Bowlby의 명제는 반복적으로 확증되어 왔다(Bowlby, 1988; Holmes, 1993: 109-114). 만일 엄마가 아기에 대한 감정과 행동을 변화시키도록 도움을 받으면, 아기가 불안정애착으로 시작했어도 안정된 애착을 발달시킬 수 있음을 보여 주는 연구가 있다. 일부 아기는 심지어 엄마와 아버지에 대해 각각 다른 애착 행동 패턴을 보이는데, 물론 엄마와 맺은 애착 패턴은 시간이 경과해도 주된 패턴이 되는 경향이 있다. 게다가 1세 아기가 보이는 애착은 이후의 발달을 예측한다. 안정되게 애착된 아기들은 6세가 되었을 때, 다른 사람과 더 잘 관계하고, 더 높은 집중력과 협동하는 능력을 가지며, 더 강한 자신감과 적응탄력성을 보일 가능성이 더 높다. 4년 후 이들은 또한 자신의 삶을 더 잘 이해하고 힘든 경험에 대해서도 차단하거나 혼란스럽게 되지 않으면서 대처해 나갈 수 있다. 심지어 성인의 신경증적 행동도 불안정하게 애착된 아기와 아동이 보여 주는 모습과 상관이 있음이 밝혀져 왔다.

'낯선 상황 실험' 은 엄마나 아이에게만 속한 어떤 것이 아니라 아이와 엄마 두 사람의 행동에서 나타나는 관계를 관찰한다. 아이의 내적 작동 모델은 이런 관계의 속성과 구조, 아이가 받아 온 보살핌의 유형을 반영한다. 안정된 아이는 사랑스러운 자기와 잘 반응해 주는 타인에 대한 내적 표상을 갖고 있고, 아울러 다른 사람과의 유쾌한 상호작용이 흥미진

진한 세상의 신나는 탐험과 번갈아 일어난다. 반면에 불안정-양가적 유형의 아이는 사랑스럽지 않은 자기와 보살핌을 받기 위해 조종하거나 강요해야만 하는 예측불가능한 타인에 대한 이미지를 갖고 있다. 불안정-회피 유형의 아이는 보살핌을 받을 가치가 없는 자기와 돌봐 주지 않는 타인에 대한 내적 모델을 갖고 있고, 이런 모델은 아이로 하여금 타인이 더 멀어지지 않도록 하기 위해 자신의 갈망과 분노를 억압하도록 강요한다. 이런 거리두기의 패턴에서 아이는 자신의 분노와 욕구, 불안, 양육자의 거부에 대한 인식을 부인하는데, Bowlby는 이를 '방어적 배제(defensive exclusion)'라 불렀다. 견딜 수 없는 고통을 포함하는 지각과 감정 및 초기단계 행동의 체계가 분열되고 얼어붙은 인지와 감정의 덩어리로 불활성화된다. 이들이 불활성화된 상태로 남아 있는 한 이런 체계는 수정되거나 통합될 수 없고, 그 결과 관계에 대한 부분적이거나 왜곡되거나 혹은 파편화된 내적 작동 모델이 된다. 전면적인 방어적 배제는 극심한 신체적 혹은 감정적 충격에 따르는 감정적 마비 상태에서 일어난다. 대개 이런 마비 상태는 외상을 입은 사람이 안정과 지지를 받으면 점차 사라진다. 그러나 이런 과정을 유발한 상황이 지속되는 경우 배제는 내적 작동 모델에 영구적으로 부호화된다.

많은 것이 배제되면 내적 모델에서 연결이 안 된 부분이 감정적인 거리두기로, 그리고 경험에 대한 명확하고 통합적인 묘사의 어려움으로 나타나는데, 이는 자기에 대한 파편화되고 응집되지 않은 감각을 드러내는 것이다. 방어적 배제가 거의 없으면 안정 유형의 아이나 성인은 다른 사람과 쉽게 관계하고, 자신의 삶에 대해 응집되고 연속적인 묘사를 할 수 있다. 이런 능력은 주로 아이의 최초의 관계에서 파생하기 때문에, 외부 현실을 지향하는 생애 초기의 정향이 Klein이나 Freud 이론이 가정했던 것보다 더 크다는 것이 분명하다.

분리에 대한 반응

Bowlby의 연구가 알려지기 전까지 아이는 성인과는 달리 감정적인 상실을 애도할 수 없다고 생각됐다. Freud와 Klein 학파 모두, 만약 아이들이 애도한다면 그것은 관계에 대한 애도가 아니라 상실한 사람이 제공했던 보살핌에 대한 애도일 것이라고 가정했다. 부모에게서의 분리, 특히 오랜 기간의 분리에 대한 어린아이의 반응에 관한 연구를 통해 Bowlby는 성인의 애도 과정에도 관심을 갖게 됐다. 그는 애착 대상 인물의 상실은 어린아이에게 진정으로 감정적인 재앙이고, 이들도 애착 대상을 죽음으로 잃은 좀 더 연령이 높은 아이나 성인처럼 반응한다는 사실을 명확히 밝힐 수 있었다.

오랜 기간 지속되는 분리는 6개월에서 3세 사이의 아이에게는 특히 해로운데, 이때는 강력하고 특별한 애착이 발달하는 시기지만 부모의 부재가 일시적이라는 사실을 아이가 이해할 수 있기 전이다. 이 연령집단 아이들이 분리에 대해서 보이는 전형적인 반응은 세 개의 국면으로 나눌 수 있다.

첫 번째 국면은 항거(protest)다. 아이가 분리를 견뎌 낼 수 있는 능력의 한계에 다다르면, 애착 대상이 돌아오게 하려고 자신이 할 수 있는 모든 것을 할 것이다. 연령이 낮은 아이들은 화를 내고 고통스럽게 울면서 그들이 마지막으로 부모를 보았던 곳에서 부모를 찾는다. 좀 더 연령이 높은 아이들은 부모가 돌아오기를 요구하고 울면서 그들을 찾는다. 항거 국면은 일주일까지 지속될 수 있다. 만약 이때 분리가 끝나면, 아이들은 화를 내고 안도하고 불안하게 매달리며 부모를 맞이할 가능성이 있다.

항거 단계 이후에 절망(despair)이 찾아온다. 아이는 자신이 상실한 사람이 돌아올 것이라는 희망을 점점 잃어 간다. 아이는 달랠 수 없을 정도로 울거나 무관심과 슬픔 속으로 물러날 수 있다. 화내고 불행해하던 아이가 조용하고 순종적이 되기 때문에, 이런 심리적 물러나기는 '진정되는' 것으로 잘못 인식될 수 있다. 1~3세 사이에 절망의 단계는 9일이나 10일까지 지속될 수 있다.

이 시기 이후에는 Bowlby가 거리두기(detachment)라고 묘사한 외견상의 회복(recovery)이 뒤따른다. 아이는 심리적 물러나기에서 벗어나 다시 주변에 관심을 갖기 시작한다. 아이는 상실한 사람과 자신의 관계를 억압하거나 그 사람에 대한 관심을 거두고, 그 사람을 대신하는 인물에게 자신을 애착시키기 시작한다. 그런데 만일 이때 아이가 부모와 재회하게 되면 상당한 어려움이 야기될 수 있다. Bowlby는 장기간 동안 분리된 후에 아이들이 자신이 그토록 그리워했던 부모에게서 예의 바르게 떨어져 있거나, 심지어 부모를 알아보지 못하는 가슴 아픈 사연을 자세히 이야기한다. 관계를 재형성하는 일은 고통스러운 과정인데, 그 이유는 아이가 애도의 감정단계를 거슬러 지나가면서 깊은 슬픔과 절망을 겪은 다음 화와 격분을 느껴야 하고, 흔히 오랜 기간 부모에게 매달려 있고 불안정하며, 장기적으로 볼 때 추가적인 분리에 취약한 상태를 유지하기 때문이다. Bowlby는 결정적인 이 초기 시기에 아이가 중요한 애착 대상에게서 일주일이나 그 이상 분리되면 어느 정도의 거리두기가 일어나는 것을 발견했다. 하지만 이때 거리두기의 정도와 가역성은 대신 주어지는 보살핌의 질과 아이가 돌아가게 되는 상황에 따라 다양하다.

만약 아이가 애착대상에게서 여러 차례 분리되는 경험을 할 경우, 특히 취약한 생애 첫해 동안 이런 경험을 한다면, 아이의 관계능력의 발달이 영구적으로 저지될 수 있다. 일관된 양육자가 없거나 여러 다른 환경으로 수차례 옮겨진 아이는 모든 관계에 거리를 둘 수 있다. 아이는 사람보다는 사탕과 장난감이나 돈 같은 사물에 관심을 쏟고, 자신을 돌보는 사람을 구별하는 일을 중단한다. 따라서 아이는 자신에게 어떤 유형의 보살핌이 주어지든 잘 적응하며, 보모나 보육 담당자가 당번제로 돌보거나 떠나더라도 힘들어하는 모습을 보이지 않는다.

친밀한 유대를 형성하는 능력의 결여로 인해 이런 아이는 집으로 돌아가거나 위탁 양육의 가족적인 친밀함에 정착하기가 어렵다. 위탁부모는 이런 아이가 무정하고 착취적이라고 본다. 이들의 거리두기와 함께 나타날 수 있는 파괴성은 비록 역설적이게도 그것이 희망적인 신호이기는 하지만 도움이 되지 않는다. 이것은 이들이 애착을 형성할 수 있는 능력의 파편에서 일어나는 항거의 불꽃이다. 파괴성은 애착대상을 상실한 아이에게서 좀 더 극단적으로 나타나며, 처음부터 애착을 전혀 발달시키지 않은 아이에게서는 덜 두드러지는 특성이다. 「44명의 소년 강도(Forty-four Juvenile Thieves)」라는 초기 연구(Bowlby, 1944)에서 Bowlby는 청소년 비행을 아동기의 분리와 연관시키면서, '무감정한 정신병질범죄자(the affectionless psychopath)'의 냉담한 거리두기가 어떻게 어린 시절의 외상, 즉 애통해하는 아이가 거의 모든 애착 형성 과정을 방어적으로 배제할 수밖에 없는 상태로 내몰렸던 경험에서 발전하는지를 보여 준다.

항거, 절망, 거리두기의 순서는 분명하고 순차적으로 나타날 수도 있지만 뒤섞여 나타날 가능성이 더 높다. 감정의 강도는 분리 기간 동안 아이가 일관되고 반응을 잘해 주는 애착 대상 대리인, 특히 아이에게 이미 친숙한 사람에 의해 지지를 받는지 혹은 무반응적이거나 냉담한 보살핌 속에 아이가 남겨졌는지의 여부에 의해 크게 좌우될 것이다. 기간이 좀 더 짧은 분리는 좀 더 오랜 분리보다 덜 해로우며, 좀 더 연령이 높은 아이가 연령이 낮은 아이보다 더 잘 대처한다. 그 밖에 완화시키는 요소로는, 심지어 동생이라 해도 알고 있는 누군가의 존재와 집에서 가져온 물건을 소지하는 것이다.

애 도

Bowlby(1980)는 성인과 아이의 애도(mourning)를 둘 다 연구했고, 애도가 억제되거나 미뤄지거나 왜곡되지 않는 한, 병리적이 아니라 건강한 과정으로 사회적으로 받아들여지도록 하는 데 영향력을 행사해 왔다. 아이가 특별한 애착을 발달시킬 수 있을 만큼 나이가 들면, 분리에 대한 아이의 반응은 애도 과정과 연관된다. 무감각의 초기 국면만 다를 뿐인데, 어쩌면 이 국면은 어린아이로서는 감당할 여력이 없을지 모른다. 아이가 어릴수록 그들의 생존과 안녕은 자신의 힘든 상태를 알리는 즉각적이고 효율적인 신호를 보내는 것에 좀 더 많이 좌우되기 때문이다.

Bowlby는 애도의 단계를 무감각(numbness), 갈망과 수색(yearning and searching), 혼란과 절망(disorganization and despair), 재조직화(reorganization)로 나누어 설명한다. 사망 소식을 접했을 때 거의 항상 나타나는 반응인 불신은 심하게 부상당한 사람들이 고통에 의해 무력해지지 않고 안전한 곳에 도달할 수 있게 해 주는 신체적인 차단에 상응하는 심리적인 차단이다. 최초 단계인 이런 무감각 상태는 몇 시간 혹은 며칠 동안 지속될 수 있는데, 당면한 상황의 진실이 비집고 들어오면서 상실을 경험한 사람이 자신의 감정을 내면에서 허용할 수 있다고 느낄 때까지다. 이후 무감각 상태는 분노와 고통의 분출과 번갈아 나타날 수 있다.

뒤이어 강렬한 슬픔이 일어난다. 애타는 그리움과 갈망의 물결이 밀려오는데, 그 강도가 압도적일 수 있고, 흔히 의사나 혹은 망자의 죽음에 책임이 있다고 생각되는 다른 사람에 대한 격분이 함께 나타난다. 남겨진 사람은 또한 자신이 상실한 사람에게도 분노를 터뜨릴 수 있다. 또한 자신을 위로하려고 애쓰는 사람, 특히 그 사람이 자신으로 하여금 그 상황의 현실을 받아들이도록 애쓰는 경우, 그리고 사랑하는 사람의 죽음을 막지 못했거나 그 사람이 살아 있는 동안 잘해 주지 못한 자기 자신에게도 분노를 터뜨릴 수 있다. 남겨진 사람과 죽은 사람 사이의 관계가 갈등적이고 양가적이었고, 남겨진 사람의 관계에 대한 내적 모델이 불안하고 양가적이고 불안정한 애착일 경우 죄책감과 분노가 유독 강렬하다.

남은 사람은 쉽게 짜증을 내거나 마음이 들떠 있고, 어떤 것에도 마음을 두지 못하며 계속 이리저리 왔다 갔다 할 수 있다. 이것은 아마도 상실한 사람을 찾으려는 본능적 시도 속에서 수색 체계가 활성화되고 있기 때문일 것이다. 이와 유사한 현상으로, 남은 사람은 죽은 사람의 목소리를 듣거나 그의 존재를 느낄 수 있으며, 죽음을 원상태로 돌리는 환상 속에서 과거를 재경험해 볼 수 있다. 갈망과 수색 국면은 몇 개월 혹은 때때로 남은 사람이 자신의 상실을 받아들이기가 유난히 어려운 경우에는 몇 년 동안 지속될 수 있다.

무감각의 단계, 갈망과 수색의 단계는 분리의 첫 단계인 항거와 유사하다. 현실과 상실의 불변성은, 심지어 그 원인이 죽음인 상황에서도 즉각적으로 받아들여지지 않는다. 그리고 분노와 갈망과 수색은 상실한 사람을 찾거나 회복하고, 그가 또다시 떠나는 것을 막을 것이라는 희망에 근거한 것이다.

애도의 다음 단계는 혼란과 절망이다. 남은 사람은 무의미와 파편화에 대한 점점 더 커져 가는 감각을 느끼며, 삶이 살 만한 가치가 없어 보일 수 있다. 이 사람의 내적 작동 모델은 중요한 인물의 상실로 무너졌고, 새로운 작동 모델은 아직 만들어지지 않았다. 이때가 자살 유혹을 느낄 수 있는 시기인데, 만일 주변에 돌봐 주거나 위로해 줄 사람이 별로 없거나 전혀 없다면 특히 심하다. 이 시기가 가장 고통스러운 사별의 단계일 가능성이 높고, 지금쯤은 회복하기 시작해야 한다는 기대로 인해 더욱 악화될 수 있다. 이 단계는 분리의 절망 단계에 상응하는데, 이때는 상실이라는 현실이 확연해진 이후이고 새로운 애착이 시작되기 이전이다.

마지막 국면은 재조직화인데, 이때 새로운 상황이 관계 세계에 대한 내적 표상에 반영된다. 무의미해진 예전의 일상이 새로운 습관에 자리를 내어 준다. 추억은 위안이 되고, 새로운 관계를 찾아나서는 것이 가능해진다. 재조직화는 분리의 거리두기 단계에 상응하는데, 이때 상실을 수용하고 새로운 애착을 찾는다. 건강한 재조직화에서는 새로운 애착이 가능한 상태로 남아 있고, 이전의 애착을 의식 밖으로 배제할 필요가 없다. 재조직화가 덜 성공적인 경우에는 관계하는 능력이 감소된다.

이 단계 가운데 어떤 것도 연장되거나 왜곡될 수 있는데, 이런 경우 다음 단계를 막으려는 필사적인 시도로 어느 한 단계에 매달리는 현상이 나타난다. 우울과 불안은 만성적인 갈망과 수색 상태를 나타낼 수 있다. 이와 비교되는 거리두기는 지속되는 무감각이나 재조직화의 실패를 나타내는 표시일 수 있다. Bowlby의 명확한 설명은 즉각적인 회복에 대한 기대 없이 접촉을 느끼게 해 주는 보살핌에 대한 남은 사람의 욕구를 자명하게 해 준다. 만일 상실감, 불안, 슬픔뿐만 아니라 죄책감과 분노의 감정도 남은 사람과 그 주변 사람에 의해 받아들여질 수 있다면, 애도과정은 촉진된다. 사망에 대한 충분한 정보와 죽은 이를 보고 만질 수 있는 기회는 남은 사람이 망자의 죽음이라는 현실을 받아들일 수 있게 한다. 애도 의식(儀式)은 위기의 시간에 구조를 제공하고 주변 공동체를 끌어들여 죽음의 충격이 가장 심한 사람을 위한 지지를 확보해 준다.

혼란된 애도는 이미 불안하고 양가적인 방식으로 다른 사람과 관계하는 사람이나 혹은 다른 사람을 강박적으로 보살피는 것에서 자신의 정체성과 자존감을 얻으려는 사람에게 특히 더 위험하다. 철저한 거리두기는 애착의 발달을 회피함으로써 애도의 고통에서 보호한다. 그러나 피상적인 거리두기는 불안과 슬픔 및 분노가 쌓여 재앙이 되는 것을 가릴 수 있는데, 이런 감정은 예측 불가능하게 폭발하거나 우울과 자살에 대한 생각으로 내면적으로 파열할 수 있다. Bowlby는 갑작스러운 죽음, 특히 자살로 인해 발생하는 어려움을 지적하는데, 이 경우 충격과 죄책감이나 분노가 유난히 극심한 고통을 야기하고 또한 해소하기가 힘들다.

애도에 대한 Bowlby의 연구는 부모를 잃은 아이를 돌보는 것과 관련된 권장사항으로 바꿀 수 있다. 나이에 따라 다른 무감각 단계와는 별개로, 성인의 애도와 아이의 애도 간의 차이는 주로 죽음의 의미가 무엇인가에 대한 아이들의 경험과 지식이 더 적다는 것, 그리고 아이들이 듣게 되는 말과 받는 대우에 대해 그들이 통제할 수 있는 부분이 적다는 것이다. 아이들은 성인에 비해 좀 더 현재에 살고, 따라서 그들의 애도에는 삶의 다른 측면에 속하는 활동과 여기서 유발되는 기분이 섞여 나타나는 일이 좀 더 흔하다. 아이들은 여전히 그들의 내적 모델을 만들어 가는 과정에 있고 또 주요 애착대상에 대한 욕구가 지속적이기 때문에, 그들은 사별 이후의 부적절한 보살핌에서 발생하는 발달의 왜곡에 특히 취약하다.

Bowlby는 아이들이 상실의 의미를 이해하기 위해서는 절대적으로 정보가 필요하고, 이런 정보가 이들의 이해 수준에 맞고 또 세심하게 주어져야 한다는 점을 강조한다. 죽음은 영속적이고 죽은 부모는 결코 다시 돌아오지 않는다는 것을 반드시 그들이 이해할 수 있도록 도와주어야 한다. 즉, 죽은 사람의 몸을 어떻게 처리했는지, 그리고 죽은 사람은 숨을 쉬거나 먹거나 느끼지 않는다는 것을 그들에게 말해 주어야 한다. 위안을 주려고 지어 낸 이야기는 혼란을 야기하고, 아이가 진짜 상황을 받아들이는 것을 불가능하게 만든다. 종교적 신념이 없는 성인이 아이에게 엄마가 하늘나라에 갔다거나 "영원히 잠들었다."라고 말하면, 아이는 그런 말이 진실이 아니라는 느낌으로 인해 혼란만 느낄 수 있다. 아이들이 받아들이는 것은 성인이 실제로 믿고 또한 그들에게 명확하게 말해 주는 죽음에 대한 관점이다. 부모가 자살한 후에 아이에게 모든 정보를 주기는 특히 힘들다. 실제로 일어난 일에서 아이를 보호하려는 성인의 선의의 시도나 자기 방어적인 시도는 아이가 받는 인상과 상충되고 또한 성인 세계에 대한 신뢰의 결여가 아이 마음에 자리잡게 한다.

성인뿐만 아니라 아이도 애도 의식에 참가하는 것이 필요하고, 감정을 표현하고 해결해 가는 과정에서 상실을 이야기할 수 있어야 한다. 아이는 남아 있는 부모를 지지하는 책임을 맡기보다 아이로 남아 있을 필요가 있다. 부모를 잃은 아이가 상처입지 않고 애도과정을 겪어 낼 수 있는데, 특히 죽은 부모와의 원래 관계가 좋고 사별 이후 아이가 충분히 지지받는 경우에 그렇다. 하지만 보통 이때는 친척들이 아이들에게 전적인 관심을 갖기가 가장 어려운 시기인데, 그들도 자신의 슬픔과 예기치 못한 죽음에 따르는 실제적인 위기상황에 놓여 다른 생각을 할 여유가 없기 때문이다. 따라서 가족 관계는 감정적인 스트레스와 경제적 제약, 종종 사별에 따르는 고립의 조합으로 인해 악화될 수 있다. 남은 아이 대부분이 추가적인 상실에 취약한 상태로 남는데, 초기 아동기 때 부모를 상실한 것이 성인기 우울과 유의한 상관이 있다는 것은 놀라운 일이 아니다. Bowlby는 애도가 죽음뿐만 아니라 부모의 이혼이나 분리의 결과일 수 있다는 점을 시기적절하게 상기시킨다. 부모의 관계가 깨지는 것이 자녀에게는 영구적인 상실로 이어질 수 있다.

감정적인 박탈

Bowlby는 감정적인 무반응은 간과하고 물리적인 분리의 효과를 강조한다는 비판을 자주 받는다. 그러나 그는 물리적 분리 없이 일어나는 덜 확연한 형태의 결핍에 실제로 관심을 둔다(Bowlby, 1988). 그는 아이를 버리겠다거나 심지어 죽어 버리겠다고 부모가 아이에게 위협하는 일이 드물지 않다는 사실을 발견했다. 이런 위협은 실제 분리만큼 아이의 안전감에 해롭고, 부모가 아이에게 보살핌을 구하는 뒤바뀐 관계를 만들 수 있다. 이런 아이는 학교에 가는 것과 같이 집 떠나기를 두려워하는데, 이는 그들이 돌아왔을 때 부모가 없을까 봐서다. 그들은 불안과 분노를 은폐하려는 시도로 강박적으로 남을 돌보는 패턴을 발달시킬 수 있고, 이런 패턴은 그들의 모든 관계에 걸쳐 지속될 수 있다.

Bowlby는 아이들의 감정이나 지각이 부인될 때 아이들이 겪는 부당함에 대해 열정을 가지고 글로 쓴다. 실제로 일어난 어떤 특정한 사건이 일어나지 않았다거나, 아이가 실제로 느끼는 감정을 느끼지 않는다고 하거나 느껴서는 안 된다고 하는 부모의 주장은 아이를 혼란스럽게 하고 고립시킨다. 현실에 대한 이런 부정을 아이가 해소할 수 있는 유일한 방법은 양립할 수 없는 내적 작동 모델의 형태 속에서 그것을 담아내거나 혹은 특정한 감정과 지각을 '나쁜' 자기의 일부로 여기고 배제하는 것이다. 극단적인 경우 방어적 배제는 다중 인격 장애를 유발하는데, 이것은 사고와 감정 및 행동의 독자적인 체계가 서로 아무런 관련 없이 활성화되는 상태다.

Bowlby의 후기 논문(1988)은 가정폭력과 학대 및 방치가 아이들에게 미치는 영향을 다룬다. 그의 초점은 언제나 어린 시절에 형성된 부모 자신의 내적 모델의 재현에 있으며, 비난의 소재를 찾는 것이 아니라 감정과 행동의 패턴이 어떻게 여러 세대에 걸쳐 지속되는지를 보여 주는 데 있다. 고무적인 점은 어린 시절에 외상적이고 불행한 경험을 했던 이들이 자녀에게 비슷한 고통을 꼭 주는 것은 아니라는 그의 지적이다. 우리에게는 다른 사람, 특히 아이들에 대한 반응적인 보살핌을 포함한 행동과 감정 체계의 생래적인 잠재력이 있기 때문에, 만약 우리가 우리에게 일어났던 일과 화해할 수 있다면 부정적인 패턴이 반드시 지배적이지는 않다. 과거 경험의 통합과 갈등하고 고통스러운 감정의 해소로 방어적인 배제가 불필요하게 된다. 과거를 감당할 수 있다면, 우리는 그것을 제대로 볼 수 있다. 즉, 현재 경험은 과거 외상의 재현이 아니라 새로운 경험이 될 수 있고, 과거 패턴은 수정될 수 있다.

치 료

Bowlby의 주된 기여는 사회 정책 분야지만 그는 소규모로 정신분석 업무를 유지했고, 심리치료에 대한 그 자신만의 접근법을 발전시켰다(Bowlby, 1988). 그의 제안은 대상관계이론 이전의 정신분석의 맥락, 즉 의존성이 본질적으로 유아적이고 애착은 신체적 욕구의 충족에 근거한다고 간주된 맥락에서 고려되어야 한다. Klein과 Freud 접근법 둘 다 신경증의 원인으로 외부 사건과 영향보다는 심리내적인 요인을 훨씬 더 강조했다. 따라서 심리치료에서 주된 초점을 두는 분야는 심리내적 과정이었다.

Bowlby의 주된 메시지는 Fairbairn과 마찬가지로 인간은 접촉을 추구하는 존재라는 것이다. 우리의 안녕은 대체로 우리가 맺는 관계의 상태에 달려 있다는 것이다. 비록 우리의 관계 양식은 발달하고 애착패턴은 변화할 수 있지만, 애착은 우리가 성장하면서 탈피하는 어떤 것이 아니다. 심리치료의 목적은 대개 환자나 내담자가 치료자와 관계하는 방식을 점검함으로써 그들의 애착패턴을 진단하고, 그들의 특정한 내적 작동 모델의 근원이 된 주요 사건과 영향을 발견하며, 현재 제한적이거나 자멸적인 패턴을 수정하고 조절하는 것이다. 이런 목표는 오직 치료관계 그 자체가 안전하고 신뢰할 때만 달성될 수 있다. 치료자의 역할은 관계의 최초 단계부터 분리에 이르기까지 아이에 대한 엄마의 역할과 많은 공통점이 있다.

심리치료와 상담의 주된 과제는 치료적 관계의 신뢰성과 일관성 속에서 안전기지를 만드는 것이다. 내담자나 환자가 치료자의 반응성과 공감에 대해 어느 정도 신뢰감을 느낄 때에만 위험한 영역으로 모험할 수 있다고 느낄 것이다. 그러나 치료자의 이해와 지지를 받으면 환자는 자신을 표현하고 이해하려는 노력으로 과거와 현재의 내적인 세계와 외적인 세계를 탐구하기 시작할 것이다.

애착 지향적인 치료자는 당연히 치료적 관계를 포함하여 내담자의 과거와 현재 관계에 특별한 관심을 기울일 것이다. Bowlby는 내적 작동 모델을 구성하는 기대와 가정 및 능력의 형성에서 관계의 질과 일관성이 사건, 심지어 외상적 사건만큼 중요하거나 혹은 그보다 더 중요하다고 강조했다. 따라서 치료자는 환자의 관계의 질에 세심한 관심을 기울여야 한다. 즉, 환자가 안정적, 양가적, 회피적 혹은 혼란된 애착 패턴을 보이는지, 그리고 이런 패턴이 어떻게 경험되고 실행되는지 주목해야 한다. 또한 관계에 대한 제한된 능력은 혼란과 깊은 불행감을 나타내는 징후라는 것을 의문의 여지없이 받아들일 것이다.

이런 치료자는 관계에 초점을 두는 것과 함께 사건, 특히 애착과 직접적으로 연관되는 사건에도 관심을 둘 것이다. 어린 시절 집과 가족과의 분리는 당연히 중요하며, 또한 암묵적이든 노골적이든, 직접적이든 아이가 우연히 듣게 되었든 간에 아이의 안전에 대한 부모의 위협도 중요하다. 같은 맥락에서 치료의 단절이나 현재의 다른 애착대상의 부재가 중요한 요인으로, 그리고 환자나 내담자가 그런 분리를 감당하기 위해 충분히 안전한 내적 기반을 가질 때까지 다소 어려움을 초래할 가능성이 있는 요인으로 다루어질 것이다.

Bowlby는 심리치료에서 내담자와 치료자 사이가 위계적이기보다 동등한 협력관계여야 한다고 주장한다. 그는 내담자에게 성장하고 발달할 수 있는 타고난 능력이 있음을 강조한다. 부모의 과제가 아이의 욕구와 성숙에 끊임없이 맞춰 주는 것이듯, 내담자에 대한 치료자의 태도도 독단적이며 권위주의적인 것이 아니라 유연하게 관계지향적이어야 한다. "심리치료자의 임무는 … 자기 치유가 가장 잘 일어날 수 있는 여건을 제공하는 것이다." (Bowlby, 1988: 152) 애착이 삶의 필수적인 부분이기 때문에, 치료적 관계는 주로 전이 문제를 나타내는 지표라기보다 그 자체만으로 중요하다.

심리치료의 종결은 청소년기에 비유될 수 있다. 충분히 안전한 내적 기지가 확립되고, 이것이 시사하는 능력, 즉 풍요롭고 가치 있는 관계를 발전시킬 수 있는 능력이 생기면 내담자는 치료자를 잊지는 않더라도 떠날 수 있다. 성공적인 치료 후에 환자나 내담자는 자신을 좀 더 이해하고 수용할 것이고, 다른 사람과 좀 더 온전하고 현실적으로 관계할 것이며, 어려움을 좀 더 쉽게 견뎌 낼 것이다. 내담자는 자기 자신과 자신에게 일어난 일에서 좀 더 응집되고 지속적인 이해와 경험을 하게 될 것이고, 여기에는 긍정적이고 부정적인 사건과 영향이 모두 포함될 것이다.

심리치료에 대한 Bowlby의 권고는 비처방적이고 비논쟁적이다. 이것은 본질적으로 인간의 삶에서 애착에 최우선의 중요성을 부여하라고 호소하는 것과 같다. 그는 대상관계 치료자의 공통적인 관점, 즉 새롭게 얻는 경험이 성장과 발달을 촉진하는 데 결정적인 요인이고, 통찰만으로는 결코 충분하지 않다는 관점을 공유한다. 중립적인 언어와 비교적 단순한 참조틀로 인해 Bowlby 이론은 많은 사람이 쉽게 접근할 수 있다. 여러 학문에 걸쳐 있는 그의 연구의 기반은 다른 학파와 전문 분야가 함께 일하기 위해 경쟁과 편견을 극복할 수 있다는 희망의 표현이다.

논 평

Bowlby는 Freud를 제외하고는 다른 어떤 정신분석가보다 영국 사회에 더욱 직접적인 영향을 미쳤다. 그러나 이런 영향은 오로지 그의 탐구 분야가 엄격하게 제한되어 있었기 때문에 가능했다. Bowlby는 사람을 인간 주체(a human subject)이기보다 인간 기제(a human mechanism)로 연구한다. 그가 강조하는 것은 내적 현상보다 사건과 외적인 삶, 주요 인물의 주로 물리적인 부재가 미치는 측정가능하고 행동적인 영향이다. 환상과 그것이 관계하기에 미치는 영향은 Bowlby의 내적 모델에서는 차지할 자리가 거의 없는데, 이 내적 모델은 외적 현실에 대한 사진과 같이 사실적인 인상이 행동과 감정적 색조로 이루어진 유전적으로 고정된 체계와 만나는 것으로 여겨진다. '항거'와 '거리두기'는 Klein의 탐욕과 시기심에 비해 순화된 용어이며, Bowlby가 감정 상태를 언급할 때도 그런 상태를 경험하는 것이 어떤 것인지는 좀처럼 상세하게 언급하지 않았다. 이처럼 감정이 빠져 있다는 것이 아마도 그의 동료들을 격분하게 하고, Winnicott으로 하여금 Bowlby의 연구가 그의 내면에 불러일으킨 '일종의 혐오감'에 대해 언급하게 하며, Guntrip이 Bowlby에 대해 "정신분석에서 필수적으로 중요한 것을 제외한 인간 행동의 모든 것을 설명하는 데" 성공했다고 신랄하게 말하도록 만든 요인일 것이다(Holmes, 1993: 28).

Bowlby가 다른 어떤 외상보다도 모성의 박탈(maternal deprivation)이라는 외상을 우선시한 이유는 그것이 그가 실제로 탐구한 유일한 요인이기 때문이다. 아버지는 부차적인 애착대상으로서가 아닌 고유한 가치나 역할을 갖지 않는다. 미묘하게 다양한 모든 가능한 경험과 관계에 대한 기대, 그리고 감정양식이 어떤 하나의 애착패턴으로 축소되는데, 이것은 인간의 무수히 다양한 신경증적이고 정신병적 과정과 패턴에 대한 빈약한 이해의 틀을 제공한다.

어떤 면에서는 Bowlby가 분리와 부모의 특정한 행동과 같은 어린 시절의 물리적인 사건의 효과에 대한 그의 주요 연구 분야 안에 머물렀다면, 그의 연구는 좀 더 응집력 있고 견고했을지 모른다. 아기의 울음에 대한 엄마의 반응성과 아기와 상호작용하는 데 엄마가 보내는 시간의 양과 같이 측정하고 기록할 수 있는 것은, 아기에게 일어난 것을 있는 그대로 표상한 것으로서 아기의 내적 모델 안에서 논리적인 자리를 차지한다. 아이와의 관계에서 말로 표현되지 않거나 느껴지지 않은 것이 미치는 영향은 그의 이론에서 쉽게 들어설 자리를 찾지 못하는데, 왜냐하면 이를 위해서는 너무나 긴 일련의 연역 작업이 이루어져야 하기 때문이다. 가족패턴의 유사성은 쉽게 발견될 수 있는 반면에, Skynner와 Cleese(1983)의 연구에서 언급되는 가족의 은유적 스크린 뒤에 놓이는 감정 및 지각과 유사한, 이런 역동을 만들어 내고 매개하는 좀 더 미묘하게 차이 나는 양상을 연구하려면 좀 더 의미에 기반을 둔 접근이 필요하다. Bowlby의 이론적 틀은 너무 행동 지향적이어서 주관적 세계를 제대로 다루지 않는다. 그의 접근법이 아우를 수 있는 영역의 한계를 그가 인정했다면 이런 비판은 성립하지 않을 것이다.

Bowlby는 명확하고 구체적이며, 당시 사회와 관련성이 있는 연구 초점을 선택하는 데 혜안이 있었다. 그의 관심 분야의 주제는 처음에는 그의 메시지가 수용되는 것을 촉진했으나, 후에는 이를 가로막았다.

전쟁 기간 동안 분리는 많은 사람에게 흔한 경험이었다. 남성은 오랜 기간 가족과 떨어져 있었고, 도시의 아이는 시골로 피난 보내졌으며, 여성은 배우자와 아이 모두를 잃은 경우가 많았다. 군인이 입은 외상은 Bion과 Sutherland, Fairbairn이 연구했다. Winnicott은 피난민 아이 가운데 위탁양육자가 쉽게 돌볼 수 없었던 아이의 욕구에 연구의 초점을 두었다.

그러나 여성의 고통은 Winnicott과 Bowlby가 가볍게 언급한 것 외에는 거의 다루어지지 않았다. 이것은 남성은 전사(戰士)로 좀 더 공개적으로 착취한 반면, 여성은 눈에 띄지 않는 후방에 남겨 두는 기사도 정신을 발휘하는 듯한 정치적 태도와 유사한 데가 있었다. 예컨대, 여성이 공장 노동인력으로 필요하게 됐을 때 탁아시설이 지어졌고, 이런 시설이 어린아이에게 줄 수 있는 유익성이 찬양되었다. 탁아소가 아이들을 좀 더 독립적이고 사교적으로 만들고, 또한 이들에게 공간과 자극을 제공할 수 있을 것이라고 주장했다. 전쟁이 끝난 후 전장에서 돌아오는 남성을 위한 일자리가 필요해지면서 탁아시설은 폐쇄됐다. 이제 여성의 자리는 가정이라고 했으며, 엄마가 하루 종일 돌보지 않는 아이들은 되돌릴 수 없는 손상을 입게 될 위험이 있다고 했다. '모성의 박탈' 은 전적인 돌봄이라는 양육의 표준에서 실패한 여성의 가슴에는 두려움을 심어 주었고, 아무리 원망스러워도 하루 종일 집에 머무는 여성에게는 거짓 자기만족을 주는 표어가 됐다. 사회적으로 유발되는 죄책감이 통제의 수단으로 이용됐다는 사실은 당시 병원과 시설의 정책에 의해 그 위선이 드러났는데, 이런 시설에서는 일상적으로 아이들은 부모에게서 분리되었고, 이에 대해 불평하면 '버릇없는' 아이로 간주됐다. 최근에 와서야 어린아이의 욕구를 좀 더 객관적이고 덜 단순화된 태도로 보게 됐고, 개별적인 가족의 상황을 고려할 수 있는 좀 더 복잡하고 유연한 접근이 가능해졌다.

이렇게 Bowlby의 연구 분야는 왜곡되고 불순한 목적을 위해 이용될 가능성이 높았고, 지금도 마찬가지다. Bowlby에 대한 여성주의의 저항이 강했던 것도 부분적으로는 이 때문이다. 그러나 당시 사회적 맥락을 염두에 두고 그의 저술을 읽으면, 비록 그가 전통적인 육아 제도를 선호하는 것은 분명하지만 이에 대해 광신적이기보다 온건하다는 인상을 받을 수 있다. 그는 대부분 문화권에서 발견되는 대가족 제도가 안전하고 즐겁고 느긋한 관계를 자연스럽게 조성한다고 격찬한 반면, 20세기 서구 사회의 핵가족의 고립은 개탄한다. 이에 대해 그는 자신의 집에서 다른 가족과 함께 생활함으로써 자신이 말한 바를 실천했는데, 이는 그와 같은 상류계층 남성으로서는 매우 이례적인 일이었다. 그는 어린아이를 도맡아 돌보는 일은 성인 한 명이 하기에는 너무나 고되고 고립된 일이라 여겼고, "공동체가 거기에 속한 아이들을 가치 있게 여긴다면 그들의 부모를 소중히 해야 한다."(Bowlby, 1953: 100)라고 강조했다. 또한 그는 아이의 주된 양육자 이외에 부가적인 애착 인물은 애착을 약화시키기보다 강화시킨다는 점을 지적했다(Bowlby, 1969: 249-250). 그는 아이들이 육아시설에 맡겨지는 것을 막고, 어린아이의 엄마들이 일하지 않아도 되게 경제적인 도움을 주어야 한다고 주장했던 초기 주창자 가운데 한 사람이었다. 그러나 그는 또한 일하는 엄마들의 아이에게 좋은 대안적인 보살핌이 제공된다면, 그들이 고통받는다는 증거는 없다고 밝혔다(Bowlby, 1953: 91).

Bowlby 자신이 어린 시절 겪었던 상대적인 박탈 경험은 그가 수십 년에 걸쳐 한 주제에 초점을 두고 연구를 지속하게 했던 원천이었음이 분명하다. 그리고 이런 감정적인 근원에서 나온 열정은 "아이들은 엄마가 돌봐야 한다."라는 그의 주장에 틀림없이 기여했을 것이다. 이 시점에서 우리는 기숙학교에 보내진 7세 아이가 엄마를 갈망하지는 않더라도 보모를 갈망하는 모습을 쉽게 기억해 낼지도 모른다. 그러나 Bowlby는 자신의 개인적인 관점이 연구의 객관성에 편견을 가져오는 것을 막으려고 애썼던 것으로 보인다. 온종일 아이 돌보기에 매이는 것을 원치 않는 엄마에 대한 그의 가혹한 표현은 세대 간의 가족 역동에 대한 그의 관점에 의해 완화되고, 신생아조차 엄마의 보살핌에서 떼어 놓는 당시 사회정책에 대한 그의 격분과 일치한다(Bowlby, 1988). 그는 3세 이하의 유아는 자발적이고 행복한 엄마가 키우는 것이 이상적이라고 제안했던 반면에, 엄마가 육아에서 물러나 휴식할 수 있는 시간을 갖는 상황도 상상해 보았다. 그는 3세 이상의 아이를 위한 보육시설을 권장했고, 일하는 엄마라는 개념은 싫어했으나, 전혀 불가능하다고는 여기지 않았다.

따라서 Bowlby의 시각은 제한적이지만 정확하며, 그의 스타일에는 Winnicott과 Guntrip 같은 이론가가 지닌 아주 매력적인 특징인 열정이 빠져 있다. 우리가 이런 제한점을 작업에 필요한 요소로 받아들일 수 있다면, Bowlby는 다른 이론가가 주목조차 하지 않았던 문을 열어 준다. 그의 목적은 정신분석에 과학적 엄격함을 복구하고, 다른 관련된 학문과 이어 주는 연결고리를 만들며, 감정의 혼란을 일으키는 외적 사건과 영향에 초점을 두는 것이었다. 이런 분야에서 그는 견고한 기반을 구축했다.

대상관계이론의 개관에서 Bowlby는 종종 간과되는데, 이는 그의 동료들이 그의 연구가 순수하게 심리학적이기보다 행동주의적이고 외면적인 것이라며 등한시했던 것과 비슷하다. 그러나 그는 언제나 자신이 대상관계이론에 나름대로 공헌하고 있다고 보았다. "나는 대상관계학파와 입장을 같이한다."라고 말했고, "그러나 나는 그것을 현대 생물학적 개념의 관점에서 재구성해 왔다. 이것이 나만의 독립적인 비전이다."라고 덧붙였다(Grosskurth, 1986: 404). 애착이론은 비추종적인 입장을 견지하지만 대상관계이론의 전제와 밀접하게 부합한다. 그것은 관계의 최우선적인 중요성을 주장함에 있어 철저하고, 이 점을 결정적으로 증명하는 유일한 이론이다. '작동 모델' 이란 개념은 내적 관계의 구조로 가득 찬 내면세계에 대한 무디기는 하지만 실용적인 설명이다. 좀 더 철학적으로 편향된 이론가들이 과학에 정통하도록 해야 한다는 Bowlby의 도전에 응하지 않아 왔던 것은 주류 정신분석학에 손실을 끼쳐 왔다.

따라서 애착이론은 행동과 감정의 심리생물학적인 결정요인에 대한 연구에서 필수적인 토대이고, 또한 다양한 이론적인 접근과 전문적인 접근에 걸쳐 사용될 수 있는 하나의 틀이다. Bowlby의 접근법은 좀 더 관찰 중심적인 미국 정신분석의 전통과 관련이 있다. Otto Kernberg는 Bowlby와 Fairbairn의 이론을 Margaret Mahler와 Edith Jacobson 그리고 다른 학자의 이론과 접목하기를 바라는 그의 희망에 대해 기술한다(Grotstein & Rinsley, 1994). Bowlby는 정신분석 내부와 외부에 존재하는 다양한 관점의 통합을 위한 기반을 제공한다.

아마도 Bowlby는 제한된 삶의 영역에 대한 잘 통제되고 상세한 연구에서 만족감뿐만 아니라 안전감을 찾았는지도 모른다. 그는 카리스마가 있는 인물이 되기보다 객관적이기를 열망했기 때문에 그가 부의장 직위에서 탁월하게 수행한 것은 분명 우연한 일이 아니었다. 하지만 역사적으로 거슬러 올라가, 과학적으로 존경받을 수 있는 심리학을 확립하고자 했던 Freud의 열망에 부응하고, 앞으로는 연구 분야의 선봉에 서고자 했던 그의 도약은 Klein과 Fairbairn의 사상만큼 나름대로 혁신적이었다. 그의 연구는 방법론적으로 엄격하기 때문에 좀 더 감정적으로 포용적인 스타일을 선호하는 이들에게는 딱딱하게 느껴진다. 그러나 그의 저술은 건조하고 추상적이기보다 유창하고 명쾌하다. 고통의 기묘한 파편이 그의 저술에서 예상치 못하게 드러나는데, 자신의 이론적 주안점의 예시로 설명하는 사례사(事例史)에서, 그의 저술 전반에 걸쳐 산재해 있는 적절하고 아름다운 시와 인용문에서, 사회에 의해 개인에게 가해진 손상에 대한 격분의 폭발에서, 그리고 말로 표현되지 못한 고뇌를 초래하는 보편적인 사회제도를 변화시키는 데 그가 보여 준 헌신 속에서 드러난다.

제2부

적 용

8

대상관계이론의 적용

대상관계이론의 발달과정에서 나타난 다양한 개념 간의 갈등과 충돌은 오히려 그 이론을 유연하고 창조적으로 적용할 수 있게 해 주었다. 대상관계이론의 관점에서 도출된 개념, 기법, 상담자의 태도 등은 정신분석, 심리치료 및 상담 영역에 직접 적용될 수 있다. 변화의 매개로서 치료적 관계의 중요성을 지혜롭게 강조함으로써 조력 전문가가 하는 일의 효율성을 증진시켰다.

대상관계의 이론적 틀과 개념은 우리가 다른 사람과 하는 상호작용을 좀 더 정밀하게 이해할 수 있도록 해 주었다. 우리는 그러한 각각의 틀과 개념을 다소 다루기에 민감한 영역인 개인적 삶의 철학에도 적용할 수 있다. 다른 이론적 접근을 채택한 상담자도 치료적 관계에서 좀 더 어려운 상황에서나 보통 수준의 장애보다 어려운 문제를 가진 내담자와 상담할 때, 내담자나 그의 욕구를 평가하기 위해 대상관계이론을 활용할 수 있다. 관계방식에 초점을 맞춤으로써 현재의 관계유형이나 지배적으로 나타나는 관계방식을 좀 더 깊고 상세하게 탐색하는 일이 가능하다.

관계적 틀

Balint(1968: ch. 15)는 특정 심리치료나 상담접근에서 사용되는 언어, 가정, 개념은 생각의 영역을 규정하고 그 영역에서 사용할 용어를 조직한다는 점을 지적했다. 대상관계접근으로 자신을 훈련하는 상담자는 상담을 위해 관계적인 개념 틀을 자연스럽게 발전시킨다. 그러나 다른 접근으로 자신을 훈련하는 상담자는 이러한 작업이 훨씬 더 어렵다. 이론을 실제에 적용하는 방법이 명료한 경우는 거의 없지만, 이 절에서 주로 초점이 되는 사람들은 대상관계이론 외의 접근을 사용하는 상담자이다. 특히 슈퍼바이저는 여기에 제시된 내용에 대해 흥미를 더 많이 느낄 것이다. 이 절의 의도는 효과적인 상담을 위한 지침을 제공하는 것이 아니라 이전의 여러 장에서 논의된 아이디어를 실제 경험과 연결시키고, 관계적 과정에 대해 좀 더 민감성을 높이려는 것이다.

다른 접근으로 훈련을 받는 많은 상담자는 '환자' 보다는 '내담자' 라는 용어를 사용하기 때문에 이 장에서도 내담자라는 용어를 사용하려고 한다. 이처럼 다른 용어를 사용하는 것을 보면서 심리치료와 상담 사이에 격렬한 적대관계가 있는 것을 감지할 수 있으며, 그러한 적대관계는 감정이나 판단적인 태도가 많이 개재되어 있는 경우가 많다. 이 책의 주요 목표 중 하나는 이론적인 성향 간의 의사소통과 포용력이며, 따라서 '환자' 와 '내담자' 는 같은 의미로 사용하고자 한다.

치료적인 상호작용을 관찰하고 분석하는 기본 틀은 Freud와 Abraham (Freud, 1905b, S.E. 7; Abraham, 1927; Jacobs, 1986)이 제안한 인간 발달

의 세 단계로부터 도출될 수 있다. 이 단계들은 Erik Erikson(1950)에 의해 유아기부터 노년기까지 여덟 단계로 확장되었다. 각 단계는 핵심적인 주제와 과제가 있는데, 첫 단계인 신뢰와 불신으로 시작해서 마지막 단계인 통합과 절망으로 마무리된다. Freud의 발달단계를 확장한 Erikson은 상담자로 하여금 내담자가 자신이 처한 특정 단계에서 직면해야 할 과제와 위험에 조율할 수 있도록 도와준다. 그러나 자신에 대한 신뢰와 타인과 관계를 즐겁고 효과적으로 형성할 수 있는 기초는 첫 번째 세 단계에서 당면하는 과제들의 조화로운 해결 여부에 달려 있다. 이 과제들이 순조롭게 해결되지 않을 때 그의 삶에는 결국 문제가 발생하고 내담자가 치료적인 도움을 구할 때 겪는 주요 핵심 문제는 이 영역에 관한 것이거나 그 영역에서부터 발생한다. 이와 유사하게 내담자가 심리치료에서 퇴행할 때, 이 세 단계에서 사용하는 존재 및 관계 형성의 방식으로 퇴행한다. 이 세 단계 이후의 단계로 퇴행하는 것은 문제가 덜 되며 쉽게 이해할 수 있고 대부분 쉽게 회복된다.

관계적 틀은 구강기, 항문기나 오이디푸스 콤플렉스와 같은 용어로 구체화된다. 이러한 용어는 마지막 것을 제외하고는 겉으로 보기에 관계적인 것 같지 않다. 그러나 이 용어는 대상관계이론 발전의 기초가 된 Freud 이론을 반영하고 있으며, 관계적인 역동과 방식 및 방어를 생생하게 포함하고 있다. 대상관계이론은 Freud가 오이디푸스 콤플렉스 시기를 강조한 것에 반해 구강기 경험을 좀 더 많이 강조하고 있다. 그렇다고 구강기 이후의 두 단계가 불필요한 것이 아니라 당연하게 연결되는 것으로 보고 있다. 이 세 단계를 모두 포함하는 관찰 틀을 가지고 있으면, 상담자는 개인의 발달에 큰 영향을 미치고 실제 상담에서도 도움이 되는 이후의 단계를 적용하는 데에도 좋다. Freud의 이론에서 시작한 대상관계이론은 생리학에 기반을 둔 가정을 관계에 기반을 둔 가정으로 대치했으며, 은유적으로 구분된 단계 내에서 설명될 수 있다.

구강기 단계

구강기는 대략 생후 1년 정도의 기간인데, 이 시기는 전기와 후기로 구분된다. 이 시기의 중요한 주제는 이 세상이 유아 자신을 사랑하고 돌보아 줄지에 대한 신뢰감을 유아가 얼마나 발달시키며, 그 결과 그 유아가 자신의 존재와 생존을 당연한 것으로 받아들이는지와 관련된다. 생존의 욕구와 의존성이 아주 중요한 요인으로 작용하는 시기이기 때문에 도움, 좋은 것(goodness), 힘 등은 자기의 외부에 있거나, 외부와 단절된 상태에서는 온전히 자기 내부에 있는 것으로 느낀다. 이것은 상호작용에서 외부를 이상화하거나 아니면 편집증적인 느낌을 초래하는데, 상담자나 심리치료자는 내담자의 이러한 욕구를 채우거나 그의 급박한 요구를 받아들임으로써 자신의 나쁜 부분을 부정하거나 좋은 부분을 확인하려고 하는 상태에 빠지게 된다. 구강기 단계의 역동에서는 입이 주요 관심의 대상이 된다. 흡연, 음주, 약물복용, 섭식장애 등은 그가 마술적인 엄마의 힘이 스며든 물질로 자신의 절박한 욕구가 만족될 것인지에 대한 불안이 실제로 나타난 것이다.

구강기 단계의 역동은 상담을 통해 다루기가 가장 어려우며, 가장 극단적인 형태로는 경계선적 장애나 정신병적 상태로 나타난다. 모든 상담과 심리치료에서 일반적으로 나타나는 이 형태의 역동에서조차 상담자 자신의 가장 원초적인 불안이 강하게 자극된다. 이러한 불안 때문에 상담자는 내담자의 경험에 좀 더 가까이 접근하게 될 뿐 아니라 즉각적인 해결책을 원하는 내담자의 절박한 요구에 이끌리게 된다. 구강기 단계에서 해야 할 과제는 어려운 상황도 견딜 수 있다는 자기감(sense of self)을 형성하는 것, 우리 자신의 소망대로 만들어진 세상이 아닌 실제 세상과 조화를 이루며 사는 것, 우리 자신이나 자신에 대한 느낌을 수용하고 그에 대해 책임을 지는 것, 그리고 다른 사람과 자신의 주관적 자기의 차이를 자각하는 것 등이다.

초기의 구강기 역동은 함입(engulfment), 경계의 소실, 사멸 또는 처벌 등의 형태—대상관계이론가 중 특히 Klein과 Fairbairn을 다룬 장에서 상세히 논의된 것—로 발생하는 자기 통합성의 상실에 대한 분열성 불안과 밀접하게 관련된다. 이 단계에서 사용되는 방어는 실제 발생하는 현상을 변화시키기보다 현상에 대한 지각의 변화를 목표로 하는데, 이는 불안을 피해 가려는 원시적인 형태의 시도다.

그중 하나가 부정이다. 즉, 내가 눈을 감아 버리면 내게 나쁜 느낌을 주는 상황은 없어지는 것처럼 느끼는 방어이다. 이러한 방법은 두세 달 동안 상담자를 만나 왔던 내담자 다니엘이 사용했었다. 그가 상담을 하러 직장에서 오는 것이 아니라 집에서 와야 하는 상황이 발생했는데, 그는 이러한 상황이 새롭고 또 익숙한 상황이 아니었기 때문에 불편해했다. 다니엘은 상담실에 40분 늦게 도착했는데, 그는 혼란스러워했고 잔뜩 겁을 먹고 있었다. 나머지 10분 동안 상담자는 그로 하여금 어떤 일이 발생했었는지 이해할 수 있도록 도왔다. 다니엘은 오는 길과 상황이 익숙하지 않다는 것 때문에 생긴 불안, 그가 그런 상황을 겪으면서도 방문해야 했던 상담자에 대한 분노 등을 두 가지 방식으로 대처했다. 첫째, 그는 그가 직장에서 떠났음직한 시간과 같은 시간에 집에서 떠났다. 둘째, 그는 그 지역의 지도나 교통안내서를 가지고 오지 않았다. 그 여정이 특별한 계획이 따로 필요할 것이라는 사실을 부정함으로써 그는 그날의 불안을 피할 수 있었다. 그러나 상담실로 오는 실제 상황에서 그는 극도로 당황스러웠고 자신의 시간과 회기의 거의 대부분을 '도둑맞았다'는 사실 때문에 극도로 분노했다.

투사적인 방어 역시 이 단계의 특징이다. 왜냐하면 유아는 다른 사람이 자신의 강렬한 감정의 일부가 되기를 바라는 욕구를 가지고 있기 때문이다. 초기 구강기 역동으로 관계를 형성하는 내담자는 무의식적이지만 효과적으로 치료자나 상담자를 내담자 자신의 내면에서 강제로 나쁜 부분으로 밀어 넣는다. 그러지 않으면 그 나쁜 부분은 자신을 침식해 들어갈 것이다. 아니면 그 반대로 내담자는 강력한 구세주를 투사적으로 창조해 냄으로써 자신의 세계를 안전한 세상으로 만들 수도 있다. 이 단계에서 분열적(splitting) 특성이 나타나는 것을 보면, 투사는 극단적이고 비현실적이며, 그렇게 극단적으로 하지 않으면 처벌이 있을지도 모른다는 암묵적인 위협을 함으로써 투사나 투사적 동일시를 하도록 하는 것 같다. 보통 정도의 능력을 가진 상담자가 내담자에게 많은 것을 허용하고 시간을 늘려 주며 자신의 사적인 정보를 지나치게 많이 노출하고 회기 간에 내담자에 대해 염려하느라 지나치게 많은 시간을 보내는 경우는 바로 이런 상황이다. 심지어 의도와 달리 상황을 더 악화시키기도 하는데, 상담자는 자신이 하는 과도한 노력이 내담자의 불안을 감소시키기보다는 오히려 증가시키고 있다는 것을 발견할 가능성이 크다. 치료적인 구조가 흐려지는 것과 그렇게 흐려지게 만든 상담자의 불안은 상담자가 자신이 겪는 견디기 어려운 감정을 자기 자신보다 더 잘 다룰 수 없다는 메시지를 전달할 수 있다.

로즈메리는 결핍과 폭력, 상실로 점철된 중년의 위기를 극복하는 과정에서 동정심 많은 상담수련생을 만났다. 그런데 그 수련생 역시 삶의 고통과 위기를 경험하고 있었다. 상담자는 그녀의 용기에 깊은 인상을 받았는데, 그녀가 느꼈던 불안과 절망은 상담자 자신도 느낄 수 있었다. 특별히 강렬한 작업을 했던 회기에서 내담자는 그 회기를 마치기를 두려워했으며, 상담자는 매주 한 회기씩 더 하는 것은 어떤지 제안했다. 이 제안 자체는 그리 나쁜 생각은 아니었지만, 그러한 제안을 한 시점 자체는 원초적인 결핍에 대한 상담자의 불안 때문에 자극되거나 상담자 자신의 어려운 경험뿐 아니라 내담자의 투사적 동일시 때문에 촉발되었던 것이다. 내담자는 자신의 내면에서 발생한 큰 혼란을 행동화함으로써 자신의 조정력과 자신의 유일한 친구를 잃는 경험을 했다. 그녀는 상담자의 제안을 마치 그녀가 자신의 강력한 감정과 외로운 삶을 대처할 능력이 있다는 데 대한 확신이 없다는 의미로 받아들였으며, 그가 그녀를 신뢰한다는 데 대한 확신이 없다면, 그녀는 스스로도 자신을 확신할 수 없었다.

부정적 형태의 의존성은 강요된 자기충족감이나 다른 사람에게 무관심한 척하는 형태로 나타난다. 이것은 초기 구강기에 다른 사람과의 관계에서 특별한 형태의 어려움이 있었음을 보여 주는데, 그 어려움이란 이 세상이 자신의 욕구를 만족시키거나 자신의 존재를 보존할 수 없을 것이라는 결론에 이르는 것을 의미한다. 그가 인정하고 싶지 않은 욕구는 신체적인 제약이나 열망을 지닌 약한 신체를 포함한 개인적인 취약성과 관련된 모든 것을 부정하는 형태로 드러난다. 또한 자기의 세속적인 본성이나 정서적인 욕구를 타인에게 투사하고 그를 경멸하며, 대신 자신은 극도로 추상적인 상태, 그래서 결코 상처입지 않는 수준에 도달하려는 열망을 가지거나 타인보다는 자신에게만 열중하는 현상을 보인다. 그의 의존성은 유아의 의존성만큼이나 심하지만, 그는 그것을 자각할 여력이 없다.

따라서 구강기의 관계형성방식은 다른 사람에 대한 자신의 욕구를 모두 끊어 버리고 대신 복잡한 내면세계에 몰입하는 분열성 형태, 상대편의 욕구나 소망에 대해서는 거의 관심이 없이 필요하다고 정해진 사람에게 격렬하게 매달리는 방식을 보이는 히스테리 형태, 고통스러운 현실을 자신의 내면세계에 넣어 두고 있기보다 다른 사람에게 투사해 버리는 편집증 형태, 그리고 아무런 보상을 해 줄 필요 없이 자신의 모든 개인적인 욕구를 만족시키는 답으로 물질(이 경우 물질은 사람과의 관계를 대신한다.)과 관계를 형성하는 모든 형태의 물질남용 형태 등을 포함한다. 경계선 장애와 정신병 장애는 통합된 자기감의 결여와 현실과 환상 간의 혼란이 겉으로 드러난 것이다. 정신병 장애가 망상적 세계를 창조하는 것은 극도로 위험한 현실에 대한 감각과 지각을 조절하려는 원초적이고 극단적인 전략의 예이다. 초기 구강기 단계로의 회귀는 타자와의 관계 속에서 자기를 형성하지 못하는 가장 기본적인 장애를 의미한다. 내담자의 심리적 생존 여부에 과도하게 관심을 가지면서 상담자나 치료자는 자신이 훈련받은 전문가로서의 성숙하고 표준적인 관점을 상실하고 내담자의 분열되고 고통스러운 세계관에 몰입되기 쉽다.

구강기 후기 단계에는 타인이 필요하거나 그러한 욕구 자체를 부정할 수 있다. 그러나 개체가 전적으로 무기력한 상태는 아니다. 이 단계에 이르기까지 자기와 타자가 융합되고 개별화되지 못할 것이라는 최악의 불안은 감소하며, 현실을 부정할 필요 역시 감소한다. 그러나 필요한 사람을 잃을 것에 대한 강렬한 두려움은 남아 있다. 유아는 자신의 무기력과 의존성을 자각한다. 그러나 그런 상황을 다룰 내적인 자원이 거의 없다.

분노와 파괴성에 대한 불안이 있는 우울적 양태는 많은 것의 초석이다. 외부로 향하던 분노가 내부로 향하기 시작하는 것은 우울의 특징인데, 그 결과 고통스러운 죄책감을 느낀다. 특히 편집-분열성 양태가 아직 해결되지 않았을 때에는 내면적인 처벌을 가한다. 동시에 우울한 사람은 숨겨진 방식으로 다른 사람에 대한 비난을 하면서 겉으로는 화해의 형태를 띠는 행동, 즉 “당신은 왜 저를 돕지 않나요?”라고 하거나 또는 질투심이 강한 공격, 예컨대 “그래요. 물론 당신은 모두 다 괜찮겠지요.”

라는 공격을 한다.

우울한 사람은 분노를 내면화하는 전략을 사용하는데, 그렇게 함으로써 분노 때문에 다른 사람이 상처를 입지 않는다. 우울 때문에 자기(self)가 훼손되는데, 그 결과 자신감의 결여, 다른 사람에게 '아니요' 라고 말하지 못하는 행위, 지속적으로 느껴지는 죄책감, 분노, 절망 등이 나타난다. 자기의 훼손은 불면이나 식욕 및 에너지의 상실 같은 신체적인 증상이 수반되는 심각한 임상적 우울을 증가시킨다. 극심하게 우울한 사람은 행동을 해 보라는 요구를 받을 때 자살에 대한 생각과 함께 일종의 묵직한 마비상태를 경험한다. 이때 느낌이나 행동은 에너지를 회복하는 첫 번째 신호가 되기도 한다. 이 모든 증상은 분노나 욕구를 다른 사람과의 관계에서 직접적으로 드러내거나 그것들을 심리내적 구조 속에서 담아내지 않고 그러한 분노와 욕구를 내면세계에서 현실화함으로써 발생하는 심리적 결과다.

후기 구강기 단계에서 주로 사용되는 방어는 자신의 지각을 치료하기보다 자신을 바꿈으로써 상황에 맞추려고 시도하는 것이다. 감정은 의식적으로 억제되거나 무의식적으로 억압된다. 우울한 사람 중에서 친절하고 즐거워 보이려고 애쓰는 사람, 다른 사람과 지속적으로 화해하려고 하는 사람, 비난에 대해 정당화하지 않으려고 하는 사람은 억제된 분노 감정과 실망, 자신이 생각하기에 받아들여지지 않을 것 같은 요구, 그리고 자신이 의존하는 사람을 완전히 파괴할지도 모른다는 두려움 등을 가지고 있을 가능성이 크다. 명백한 해결책은 아니지만, 억제는 초기 구강기 단계에서 사용되는 방어보다는 덜 자기 파괴적이다. 왜냐하면 이 방어는 그래도 실제 상황을 다루어 보려는 시도가 내포되어 있기 때문이다.

후기 구강기 단계에 속한 사람이 겪는 어려움으로는 때때로 '강렬한' 분노와 요구를 내면화하려는 시도, 그리고 내면에 더 이상 가두어 놓을 수 없어서 파괴성을 밖으로 표현하는 것 등이 있다. Winnicott(1984)은 이것을 비행 행위자의 강박적 파괴성이라고 했다. 이러한 비행 행위자는 내면의 고통과 분노, 처벌 및 욕구를 표현하되 사회의 반응을 확보하려고 한다. Abraham과 Klein은 조울증을 우울적 정신병으로 보았으며, 조증 방어를 우울을 완전히 부정하려는 방어로 생각했다(Klein, 1935, 1940).

항문기 단계

항문기 단계는 구강기 단계 이후의 시기이며, 대략 2~4세에 해당한다. 구강기 단계의 불안이 어느 정도 해결되면서 아이는 자기의 존재 및 통합성을 받아들이고 타인에 대한 신뢰도 구축하게 된다. 그는 갈등과 분노는 극복할 수 있고 자신은 부모나 보호자가 그리 '감당하기 어려운' 사람이 아니라는 사실을 발견한다. 물론 자각이 만족스럽게 형성되는 정도는 그가 경험하는 가장 중요한 관계의 지속성과 질에 따라 개인차가 있다. 이러한 관계의 질은 주변의 성인이 제공하는 관계특성에 의해 좌우되지만, 그 밖에 다른 요소, 즉 아이의 발달을 방해하는 신체 및 정신적 장애, 아이의 안녕을 해치는 외상 등 아이와 그들의 부모가 함께 이겨나가야 할 특별한 어려움 등도 중요한 요소이다.

힘은 항문기 단계의 주요 주제다. 여기에서의 힘이란 성숙하거나 협력적인 방식으로 서로 북돋우는 힘이라는 의미보다는 다른 사람을 지배하거나 다른 사람이 자신을 지배한다는 의미의 힘이다. 여기서의 핵심적인 질문은 누가 누구를 지배하는가이다. 자신의 존재에 대한 의심의 문제와 관계에서의 안녕감의 문제가 어느 정도 안정되면 아이는 그와 가까운 타자와의 관계에서 자신이 얼마나 가치가 있는지에 대한 질문으로 옮겨 간다. 후기 구강기에 나타나는 주제는 문화적으로 이유하는 방식에 의해 좌우된다. 이처럼 항문기 역동은 서구의 배변훈련을 통해 구현된다. 배변훈련은 아마도 아이와 부모가 상대방의 의지와 소망을 가장 처음 맞닥뜨리는 장이며, 자신의 신체를 스스로 통제하는 능력을 자신이 아닌 부모의 이익을 위해 사용하도록 기대되는 상황이 될 것이다.

항문기 갈등은 '미운 두 살' 과의 전쟁이라는 장면에서 구체적으로 드러난다. '참는 것' 과 '내보내는' 것은 아이가 의도적으로 활용할 수 있는 무기가 되는데, 이것은 아이가 화가 나 숨을 참으며 음식을 먹지 않는 것에서부터 화장실을 사용하지 않는 행동을 포괄한다. 아이는 때때로 부모의 상대적 행동과 충돌한다. 억지로 먹이려고 한다든지, 신체적인 처벌과 같이 주로 이 시기에 시작되는 행동을 포함해서 부모의 해결하지 못한 항문기 감정에서 나오는 행동이 그것이다.

치료적 상황에서 항문기 역동은 부모가 느꼈던 좌절감을 치료자나 상담자에게도 야기할 수 있다. 반항, '협조' 거부, 수동적 저항은 상담자를 화나게 할 정도로 자기 파괴적이다. 감정의 표현을 촉진하는 치료적 접근에서 내담자는 대체로 그들이 자신의 감정을 많이 표현하고 싶지만 그렇게 '내보낼 수' 없다고 주장한다. 집단상담 상황에서는 전체 집단이 어떤 한 집단원에게 그의 감정, 특히 분노를 폭발하거나 표현하라고 부추기거나 자극한다. 그런데 이때 감정을 표현함으로써 '항복' 하는 것은 곧 패배와 수치 그리고 자기를 상실하는 것이 된다는 무의식적인 갈등에 사로잡혀서 아무런 힘이 없는 무기력한 대상에 분노를 표현하도록 한다. 집단상담의 효과(감정이나 배설물을 제자리에 배출하는 것)를 두고 양측의 의지가 부딪쳐 발생하는 기 싸움은 대체로 파국을 초래한다. 여기에서의 실제적인 문제는 효과가 아니라 힘과 통제력을 두고 벌어지는 타협과 관련된 관계의 문제이다. 부모처럼 치료자 또는 상담자는 이 기 싸움에서 이기기 위해 내담자만큼이나 고집 세고 결의에 찬 태도를 보이기가 쉽다. 이러한 관계는 마치 두 어린아이가 쓸데없는 시시한 싸움을 하는 것처럼 비생산적이 될 것이다.

항문기 단계에 있는 아이나 항문기로 퇴행한 성인은 자신의 경계를 확고히 하고 자신의 자발성 확보하기 위해 갈등하고 반항하면서 관계를 형성한다. 만약 그렇게 하지 않는다면, 그는 단순히 부모나 치료자의 확장된 의지만 느낄 것이다. 바로 이것이 우리가 '그렇습니다' 라고 순응할 때 자기를 배신하는 것처럼 느껴지는 이유이다. '아닙니다' 라고 할 때에만 그는 자신이 경계를 가지고 있으며 그 경계가 제자리에 있다는 것을 확인해 준다.

치료자나 상담자가 할 일은 그것에 대해 보복을 하거나 순종하는 것이 아니라 엄격하면서도 강력한 만남이 이루어지도록 해야 하는데, 이때 상담자는 내담자를 이기거나 창피를 주려고 해서는 안 되고 치료적인 구조의 경계를 유지하면서 내담자가 그 구조 밖으로 나가지 않도록 해야 한다. 만약 상담자가 공격하거나 철회하지 않은 상태에서 엄격함만을 유지한다면, 그때에는 서로 구별된 두 사람, 즉 각각 자신의 힘을 가지고 있는 사람 간의 만남이 이루어질 수 있다. 내담자는 상담자가 자기 앞에서 무너지지 않는 것에 대해 실망하기보다는 안심하며 내담자는 한 사람의 힘이 다른 사람을 지배하는 것이 아니라 다른 사람과 함께 있으면서도 각각 힘을 가지고 있을 수 있음을 발견하는 기회를 가질 수 있다.

반항적인 항문기 단계와 상반되는 형태는 순종적인 자세인데, 이것 역시 상담자나 부모를 화나게 한다. 가학적이거나 지배적인 관계를 내면화한 내담자는 그러한 지배성을 받아들이는 쪽에서 그 존재에 대해 피학적으로 애착관계를 형성함으로써 자신이 할 일을 하고 있다고 느낀다. 그는 그에게 나쁘게 대함으로써 지배성을 보이는 타인의 지배를 받을 때에만 안전감을 느낀다. 자신의 분노와 힘에 대한 소망을 다른 사람에게 투사함으로써 자신을 순응적인 부분과 함께 공존할 수 있게 한다. 따라서 수동–공격적인 사람은 일정 수준의 가학성을 간접적으로 표현하고 다른 사람에 대한 지배력을 효과적으로 행사한다.

이러한 역동이 치료적 관계에서 나타나면 치료자나 상담자에게 닥치는 과제는 이와 같은 종류의 기 싸움에서 한 걸음 벗어나는 방법을 찾는 것이다. 내담자를 존중한다는 것은 그가 소망하는 자신의 모습, 즉 부분적이고 천한 모습으로 보지 않고, 내담자 자신이 결정하고 주장하며 분노할 수 있는 능력을 스스로 가지고 있다는 사실을 잊지 않는 것을 의미한다.

이것이 항문기 단계에서 관계를 형성하는 가장 일반적인 형태이지만, 다른 한편 배변훈련 자체를 거부하는 아이와 같은 역동을 보이는 내담자가 있다. 강박적으로 자신의 감정을 참는 것 대신 퇴행하고 미성숙한 내담자는 강박적으로 자신의 감정을 충동적이고 부적절하게 내보내며 '흘린다.' 이것은 지배나 사회적 규범을 거부하는 행위인 만큼 그 밑에 있는 역동은 유사하다. 내담자는 감정을 담아내는 것에 대해 비밀스럽게 불안을 느낀다. Abraham은 이처럼 배출하는 단계를 항문기 단계의 보유하는 단계보다 앞서는 것으로 보았다.

가학적이거나 피학적인 요소가 가장 일반적으로 나타나지만, 강박적인 형태로 나타나는 경우도 있다. 전등이 제대로 꺼졌는지, 화재를 일으키는 것은 아닌지, 다른 사람에게 상처를 입히는 것은 아닌지, 또는 부적절하게 맹세를 하는 것에 지나치게 신경을 쓰는 것은 아주 놀랄 정도의 파괴성이나 욕구, 예컨대 더럽거나 부끄러운 것으로 보이는 성적인 욕구를 통제하려는 노력의 일환이다. 강박적으로 신경을 쓰는 것은 그렇게 하지 않으면 터져 나올 것 같은 감정을 통제하기 위해 주의를 다른 곳으로 돌리는 노력이다.

항문기 단계에서 사용되는 주된 방어는 억압이다. 이 억압은 단순히 반대편의 극단적 행동을 하는 반동형성의 형태로 나타나기도 한다. 흥미롭게도 반동형성은 많은 사람을 좀 혼란스럽게 할 수는 있지만, 그 누구도 속이지는 못한다. 지나치게 좋거나 말쑥한 사람은 짜증나고 진실하지 않으며 지루하게 느껴지기 때문이다.

오이디푸스기 단계

세 번째 단계는 Freud의 남근기와 초기 성기기를 포괄하며, 오이디푸스 역동이 최고조에 달하는 3~6세 사이의 시기다. 외부의 단 한 사람과 관계를 맺고, 그 관계를 침해하는 사람은 위협적이거나 경쟁자로 경험하는 단계에서부터 집단의 일원이 되는 단계로 넘어가는 전환기이다. 어느 정도의 신뢰와 자기존중감이 있다면, 삶의 영역이 넓어지면서 얻게 되는 여러 기회를 통해 아동은 자신이 경험하는 결핍감을 수용하게 될 것이다. 이 단계의 말기로 가면서 아동은 그들이 속한 사회에서 하나의 작은 시민이 되며 그 사회의 특별한 가치관과 문화와 강력하게 동일시한다. 그들의 일차적인 애착대상에 많이 의존하고 있지만 그들은 일차적인 가족관계를 넘어선 또래와 성인에게 강하게 끌리기 시작한다.

치료적 관계에서 오이디푸스 단계의 주요 주제는 성정체성, 지위, 경쟁 등의 영역에서 나타난다. 가장 분명하게 드러나는 것은 내담자가 동등하게 되고자 하는 소망이나 성적인 색조를 띤 전이이다. 그러나 그러한 전이는 치료자나 상담자와의 수치스러운 거절감 없이 만족스러운 특성을 가진 것이어야 한다. 내담자는 자신이 '내담자일 뿐인 사람'이 된다는 느낌을 견디기 어려워한다. 즉, 다른 내담자에 대한 생각, 아니면 더 나쁘게는 치료자가 상담자가 '돈을 받기 때문'이 아니라 치료자가 원해서 만나는 사람이 있다는 것을 생각하면 분노와 굴욕감이 든다. 오이디푸스 단계로의 회귀는 이전 단계에서의 장애와 복합적으로 나타난다.

마리아는 병약한 엄마와 위압적인 아버지의 외딸로 자랐다. 그의 아버지는 어렸을 때 가족이 정치적인 처벌을 받아 힘든 생활을 했다. 20대 후반에 마리아는 아버지의 인정을 받기 위해 애썼다. 그녀가 남성과 관계를 유지하기 어려워했기 때문에 그녀는 남자 상담자를 만나게 되었다. 그들은 일정 기간 동안 만나 상담을 하기로 했다. 중간쯤 지난 어느 회기는 너무 힘들고 문제가 많이 드러나 그다음 회기를 가지기 어려울 정도였다. 마리아는 상담자가 그의 일상적인 업무시간 외에 특별히 시간을 내어 밖에서 자신을 만나 주지 않는 점을 이해할 수 없었고 이에 격노했다. 그녀는 상담자가 자기보다 높고 상처받지 않는 지위에서 자신을 내려다보고 있는데, 초라하고 의존적인 자신은 상담자에게 단지 하나의 '환자일 뿐' 이라고 느꼈다. 만약 상담자가 정말 자신에 대해 관심이 있다면 그는 자신을 그의 집에서나 아니면 최소한 병원에 늦게 남아 있어야 한다고 생각했다. 상담자는 마리아의 거침없는 비난에 부딪히게 되면서 무기력하고 이상한 죄책감을 느꼈다. 그는 자신이 엄마의 사랑받는 아들이라고 자신의 형제에게서 놀림을 받았던 불편한 기억을 되살리면서 마리아에 대한 자신의 느낌을 이해할 수 있었다. 그 후 상담자는 마리아의 감정에 대한 지나친 책임을 지지 않으면서도 그녀가 자신의 경험을 내면적으로 왜곡하는 어려움을 공감할 수 있었다.

이 예가 보여 주듯이 오이디푸스 단계로 회귀한 내담자는 자신의 문제를 해결하려고 하기보다 다른 사람은 자신의 편의를 위해 존재한다고 보는 경향이 있다. 내담자는 다른 사람의 관점을 이해할 능력이 결여되어 있을 뿐 아니라, 자신의 지위와 미래의 행복이 위험에 처해 있다고 굳게 믿기 때문에 자신의 목표를 추구하기 위해 강한 압력을 행사하고 타인을 조종하거나 유혹하는 것을 별로 불편하게 생각지 않는다. 이 모든 요인은 이전 단계에서 완전히 해결되지 못하고 오이디푸스 단계로의 퇴행과정에서야 겨우 해결되기 시작하는 정체성, 욕구, 힘 등의 문제로 인해 더욱 악화될 것이다.

치료자 또는 상담자는 이상화된 오이디푸스적 전이가 발생할 때 강하고 이상적이며 매력적인 사람의 역할을 수행할 수도 있다. 또는 반대로 초라하고 당황하며 쌀쌀맞은 사람의 역할을 할 수도 있다. 상담자는 내담자의 금지된 소망을 비난하는 판사가 될 수도 있으며, 흥분한 내담자에게 찬물을 끼얹어 흥을 깨는 사람이 될 수도 있다. 오이디푸스 전이는 무슨 수를 써서라도 경쟁해서 이겨야 하거나 더 이상 경쟁할 필요가 없는 형이나 누나로 느끼는 것 또는 그의 오이디푸스적 역동에서 이미 승리했기 때문에 오히려 그가 죄책감을 느껴야 할 형제자매로 느끼는 것 등이 있다.

치료자와 상담자는 내담자(그리고 상담자 자신)의 대인 관계나 환상 속에서 오이디푸스기의 역동을 자주 발견한다. 일반적으로 함께할 수 없는 사람과 사랑에 빠지는 현상이 나타나는데, 이것은 오이디푸스 단계에서 경험한 패배를 고통스럽지만 다시 새롭게 재구성하는 현상이다. 그런데 이러한 현상은 성적이거나 친밀함에 대한 두려움을 감춘 채 아동기경험을 새로 기술하고 싶은 무의식적인 소망 때문에 나타난다. 사랑은 그것이 실제 관계에는 어떤 결과를 초래하지 않을 때에만 안전하다. 따라서 내담자는 반응하는 타자를 자신의 내부에서 반영하는 실존인물이 아니고 오히려 항상 불분명하면서도 흥분시키는 대상을 추구한다.

구강기 단계의 내담자는 자기와 타자에게서 신뢰를 추구하고, 항문기 단계의 내담자는 힘과 지배력, 자기 가치감을 추구하지만, 오이디푸스 단계에 매여 있는 내담자는 그가 이 우주의 중심이 아니더라도 그가 아직 중요한지를 가늠하려고 노력한다. 오이디푸스 단계에서 성공적인 타협 또는 재타협이 이루어진다면, 친밀하고 자신을 개방하며 성적으로 자유로울 수 있는 관계를 형성하는 능력을 가질 수 있다.

어떤 발달단계에 있든 상담자는 내담자의 힘을 북돋을 수 있는 사려 깊고 진실하며 단정적이지 않은 방식으로 내담자와 관계를 형성하는 능력을 갖추어야 한다. 이러한 관계의 성패는 치료자나 상담자가 성숙한 형태로 내담자와 관계를 맺을 수 있는지, 상담자의 미성숙한 면이 드러나도 그것을 자신이 자각하고 고치려는 준비가 되어 있는지 여부에 달려 있다. 상담자는 내담자가 관계를 형성하는 무의식적 방법을 조율할 수 있어야 하지만 그것에 굴복하지는 말아야 하며, 그럴 때 겪는 외로움을 견딜 수 있어야 한다. 만약 상담자가 자신과 내담자의 이러한 정서적 압력을 견딜 수 있다면, 내담자는 자신을 버리거나 수치스럽게 하거나 공격하지 않는 진정한 타자를 만나게 되며, 그가 잃고 왜곡하며 개발하지 못했던 능력을 재발견하여 다시 성장할 수 있다.

사 례

상담회기는 (회기 후에 녹음테이프나 상담내용에 나타난) 상호작용을 검토하고 당시의 역동, 언어, 주제 및 관계를 구강기, 항문기, 오이디푸스 단계를 기준으로 재평가함으로써 분석할 수 있다.

대부분의 회기는 앞에서 언급한 단계나 역동에 딱 맞아떨어지지는 않는다. 그러나 특정 단계에서 나타난 주제는 일정 기간 동안 지속된다. 아래에 제시된 예들은 학생들이 상담이나 심리치료 훈련의 초기에 수행했던 사례이다. 상담자와 내담자 역할을 자발적으로 맡았던 두 학생은 여러 사람 앞에서 짤막한 회기를 시연하고 관찰하던 학생들은 그것을 보고 이론적 틀에 맞게 실제 상호작용을 연습을 했다. 이 연습은 학생들이 서로 신뢰하고 비교적 공개된 자리에서 자신이 개방하는 내용에 대해 스스로 책임을 질 준비가 되었을 때에만 가능하다.

여기에 제시된 사례에서 자원했던 두 사람은 모두 백인 노동자 계층 출신의 동성애자였다. 이 연습은 긴 침묵으로 시작되었다.

상담자: 이제 17분 남았네요.

내담자: 뭘 이야기해야 할지 모르겠어요. 저는 제 상사에게 화가 나요. 거만한 상사 하며 … 지금은 직장에서 화가 나는 사람이 한 명 있어요. 그녀가 저와 있으면 그녀는 아무 말도 할 필요도 없어요. 저는 그녀에게 제 주도권을 모두 빼앗긴 것 같아요. 저는 자연히 비판받고 아무런 가치 없는 사람이 되어 버려요.

공개적인 자리인데다 다소 불안하고 내담자에게 압력을 가하는 듯한 첫마디 때문에 내담자는 다른 사람을 강요하는 타자로 느꼈던 것 같다. 두 여성이 모두 차별과 편견의 대상이 되는 집단에 속해 있었고 연습 장면 역시 힘의 불균형을 느끼게 하는 상황이었기 때문에 힘과 권위에 관련된 문제가 불거져 나왔을 수 있다.

상담자: 왜 당신은 그런 식으로 느끼게 되었나요?

내담자: 저는 제 상사가 저를 질투한다고 생각해요. 그녀는 제가 이야기하는 모든 생각을 항상 무시하고 지나가요. 그게 항상 제 신경을 건드려요. 어떻게 보면 이 모든 것이 정부의 잘못이라는 것도 알아요. 정부의 건강서비스란 우리에게 엄청난 압박을 주고 그저 우리를 파먹고 있지요.

상담자는 내담자의 문제를 표현된 그대로 수용했다. 상담자의 이런 반응은 좀 더 많은 정보를 얻기 위한 것이거나 또는 내담자의 문제가 상담자가 언급했던 시간문제와 관련될 수 있음을 알지 못했기 때문일 수도 있다. 상사가 질투하고 있다는 내담자의 지각은 상사의 힘에 대한 내담자 자신의 부러움이 투사된 것일 수 있다(물론 상사가 실제로 내담자를 부러워하거나 질투할 수도 있다.). 정부의 건강서비스가 우리를 '파먹고' 있다는 강력한 은유는 처벌에 대한 불안을 보여 준다. 부러움과 처벌의 차원(초기 구강기 단계)이 힘과 권위라는 항문기 단계의 문제를 넘어서서 점점 나타나기 시작한다.

상담자: 그래서 당신은 그런 것이 모두 당신 상사에게서 비롯된 것은 아닐 수 있다고 느끼나 봅니다. 그러니까 당신 상사도 여러 가지 압박을 받고 있다는 말인가요.

내담자: 그렇다고 생각해요. 하지만 저는 여전히 그녀와 함께 있어야 한다는 점이 싫어요. 저는 그녀와 이야기하지 않으려고 피하고, 혹시라도 그녀와 함께 회의실에라도 있게 되면, 전 너무 싫어요. 저는 아무 존재도 아니고 작아지는 것 같아요. 저는 회의에서 일어나는 모든 어려움을 내 잘못으로 받아들여요. 그러니까 항상 내 잘못인 거지요.

여기에서 상담자는 상사가 비난받는 것에 대한 불안을 드러냈다. 아마 상담자는 이 상황에서 자신 또한 '압박을 받고 있는 상사' 라는 사실을 무의식적으로 자각하고 있는 것 같다. 내담자는 자신이 겪는 문제의 편집증적이고 분열성적 기초를 계속 탐색했다. 그녀의 존재가 위험에 처해 있으며('아무것도 아닌 존재처럼' 느낀다.), 비난에 대한 내담자의 가정이 우울적 불안(후기 구강기 단계)의 특성이 약간 있으나 매우 처벌적인 경향이 강하다. 상담회기는 구강기 단계의 문제와 역동으로 옮겨 간다.

상담자: 그런 상태에서 어떤 느낌인지 좀 더 말씀해 주시겠어요?

내담자: 그건 마치 침범당한 느낌이에요. 제 자신이 그녀의 조롱과 경멸로 꽉 찬 느낌이지요. 저는 그녀가 무슨 말을 했는지, 또 그것이 옳은지 그른지 계속 생각하지 않을 수가 없어요.

상담자: 당신은 그런 느낌을 어떻게 바꿀 수 있을 것 같은가요?

내담자: 아마 제가 무슨 일이 일어났든 그 사건보다 제 자신에게만 초점을 맞추면 가능하겠지요.

상담자: 당신이 지금 당신 자신에게만 초점을 맞춘다면 지금 어떤 느낌이세요?

내담자: 글쎄요. 제가 완전히 비어 버린 것 같지는 않네요. 그렇다고 완전히 꽉 차 있는 것도 아니지만. 문제는 제가 제 자신에게 뭔가 가치 있는 것을 느끼고 있는지요. 제 상사가 무슨 말을 하면 저는 완전히 가치 없고, 그저 쓰레기처럼 느껴진다니까요.

내담자는 투사적인 과정을 보여 주면서 전적으로 나쁜 어떤 것에서 침해받을 때의 위험을 느끼고 있다(초기 구강기 단계). 무기로서의 배설물과 나쁜 가슴을 생각나게 하는 은유를 보면 그녀가 공허함과 충만함의 문제에 집착하고 있음을 알 수 있다. 상담자는 이제 내담자의 사악하고 처벌적인 내면세계에 휩쓸리게 되었다. 부정이라는 초기 방어를 채택하는데, 내담자의 전이에 대한 상담자의 무의식적 자각이 일정 부분의 역할을 했을 수 있다. 상담자는 내담자의 감정을 탐색하기보다 변화시키려고 했다. 상담자가 내담자에게 의식 수준에서 시도해 보라고 한 것 역시 내담자의 강점과 자율성에 호소한 것이었다. 내담자는 자신을 개별화된 개인으로 규정함으로써 잠시 동안은 반응한다. 그러나 내담자는 바로 구강기 단계와 항문기 단계가 만나는 곳에서 처벌과 권위의 주제로 돌아가는데, 이것은 내담자가 "완전히 꽉 차 있는 것도 아니다."와 "그저 쓰레기처럼 느껴진다."로 표현되었다.

상담자: 그건 정말 견디기 어려운 느낌이네요. 당신은 그런 느낌이 들 때 어떻게 대처하나요?

내담자: 보통 저는 그렇게 느끼도록 만드는 사람과는 관계를 끊고 떠난 후에는 단념하지요. 저는 정말 계속 그런 식으로 살고 싶지는 않아요. 저는 여러 친구와 그런 식으로 관계를 끊어 버렸거든요. 그리고 저는 제 일을 그만두고 싶지 않아요. 저는 이러지도 저러지도 못하는 상황에 빠졌어요. 정말 부끄러운 일이에요.

상담자: 이런 일이 꽤 오래전부터 있었나 봐요.

내담자: 정말 그래요. 아버지가 직장을 잃었을 때면 항상 우리 가족 모두가 느꼈던 느낌으로 거슬러 올라가는 것 같네요. 아버지는 실패한 후 화를 내고 수치스러워했어요. 그리고 우리 가족 모두가 다 그런 느낌이었을 거예요. 아버지가 우리에게 호통을 쳤던 때를 제외하고는 말이지요.

상담자: 그럼 그때는 어떤 느낌이었나요?

내담자: 그때는 놀라는 거지요. 아버지는 소리치고 제가 무슨 일을 하든지 꼬투리를 잡았어요. 우리는 모두 아버지가 다시 직장을 찾아서 집에 들어오지 않을 수 있는 날을 기다렸어요. 제 생각에는 그때 제가 아무 말 없이 조용히 아버지 앞에 나타나지 않는 것을 배운 것 같아요.

내담자와 상담자는 어느 정도의 탐색을 하는 데 도움이 될 작업동맹을 형성하기 시작했다. 상담자는 다시 제자리로 돌아온 후, 내담자가 수치심에서 바로 벗어나지 못할 것이라고 생각했는데, 그 생각은 옳았다. 내담자의 감정은 탐색되고 다루어져야 했다. 이 부분에서 상담자의 첫 번째 공감적인 반응으로 내담자는 그녀의 불안을 야기하는 사람과 관계를 끊어 버리는 자신의 (구강기 단계) 성향을 생각해 볼 수 있었다. 그녀는 자신이 여러 친구를 잃었다는 사실을 자각했는데, 그것은 우울적 양태에서 겪는 (사람들은 좋기도 하고 나쁘기도 하다는) 양가감정과 상황을 있는 그대로 보고 다룰 능력이 생겼다는 점을 시사하기도 한다. 상담자가 내담자를 지속적으로 수용하고 관심을 가지고 있으면, 내담자는 좀 더 깊은 내면의 세계에 도달하면서 현재의 상황을 과거의 경험과 관련시킬 수 있게 된다.

상담자: 그 당시 당신은 아버지에게 뭐라고 말하고 싶었을까요?

내담자: 제가 하고 싶은 말은 "아버지는 정말 쓰레기예요."라는 말이에요. 저는 제 상사에게도 "당신은 정말 쓰레기예요."라고 말하고 싶어요.

상담자: 그런 말을 하는 게 느낌이 어떤가요?

내담자: 글쎄요. 사실 별 쓸모없지요. 만약 정말 제가 그 이야기를 한다면 저는 직장을 잃을 테고, 아버지와 똑같은 사람이 되겠지요. 우리는 모두 같은 시스템 안에 사로잡혀 있는 인질 같은 거예요. 무기력하지요. 저는 아버지가 할 수 있었던 것 이상의 어떤 말도 하지 못해요. 그래서 아버지가 집에 오면 그렇게 난폭하게 굴었던 거예요. 사실 그건 아버지의 잘못이 아니라 시스템의 문제인 거지요. 하지만 이런 점 때문에 저는 그런 사람을 없애 버리고 싶어요.

상담자: 이제 여기에서 마쳐야겠어요.

상담자는 자신이 상담자로서 능력이 있음을 보여 주기 위해 내담자에게 어떤 종류의 해결책을 마련해 주어야 한다는 압박을 받고 있었을 것이다. 상담자는 내담자와 함께하기보다 내담자로 하여금 감정을 표현하게 했는데, 이때의 감정은 내담자의 느낌뿐 아니라 상담자의 느낌일 수도 있다. 내담자가 자신의 초기 항문기 분노감을 찾아낼 수 있었지만, 상황은 해결되지 않았다. 내담자는 아버지가 폭군이지만 희생자일 수도 있다고 묘사했다. 그리고 구강기 단계의 불안인 존재에 대한 불안, 그리고 어디까지가 자신의 영역이고 어디부터가 다른 사람의 책임인지 혼란스러웠기 때문에 그녀는 자신을 위해 주장하기 어려워했다. 그녀는 아버지와 동일시했으며, 아버지를 공격하는 순간 그녀는 무너졌다. 상담자는 아버지에 대항해서 내담자의 편에 서려고 하면서 그 상황을 지나치게 단순하게 만들었다(분열). 상담자는 아마 가부장적인 사회에서 겪은 경험 때문에 생긴 자신의 분노에 이끌렸을 수도 있다. 그리고 필자와 다른 집단원이 그녀의 상담을 평가할 것이라는 생각 때문에 상담자의 이러한 반응이 가속화되었을 수도 있다.

내담자는 자신의 분노가 얼마나 파괴적인 것으로 느껴지는지를 말했다. 그녀는 아마 그것을 아버지, 가족은 물론 자신도 파괴할 정도의 폭발적인 위력을 가진 폭탄 정도로 느꼈을 것이다. 그것이 전이로 나타날 때에는 그녀는 자신의 분노가 자기나 상담자뿐 아니라 전체 집단을 위협하게 될까 봐 두려웠을 것이다.

상담자가 갑작스럽게 상담을 끝내는 것을 보면 불안을 느끼기 시작한 것 같다. 상담자는 내담자의 말 속에서 파괴하고 싶다는 마음을 느꼈을까? 아마 상담자 역시 분노했고 사기가 떨어져 상담이 한참 고조되었을 때 상담시연을 마치려는 자신의 모습에 좌절했을 것이다.

그 시연을 다시 검토하는 시간에 내담자는 상담자가 집단이나 자신 앞에서 '시험을 보는 듯한' 느낌을 가졌다는 사실에 놀랐다. 처벌적인 역동은 상황 그 자체에서부터 시작되었으며, 필자를 구강기 또는 항문기 단계의 처벌적인 사람으로 보았기 때문에 그녀는 불안해져서 회기를 통제하려고 했고, 특히 경계선을 확실히 하려고 했다(상담자가 "17분 남았습니다." 또는 "이제 우리는 마쳐야 합니다."라고 했던 개입을 생각해 보라.) 상담자가 느꼈던 불안, 즉 내담자의 분노에 대한 두려움 때문에 상담주제를 좀 덜 위험한 것으로 바꾸려고 했을 것이다. 그러나 상담자는 내담자의 투사적 동일시를 통해 내담자의 불안한 내면세계를 함께 경험했을 수도 있다.

우리는 여기에서 초점이 되고 있는 구강기와 항문기 단계의 문제는 그 어느 한 사람에게 속해 있기보다 다분히 관계적인 특성을 가지고 있음을 알 수 있다. 두 학생과 그들을 넘어선 집단 전체는 힘을 어떻게 건설적으로 사용할 것인지에 대한 질문을 하고 있었을 것이다. 그 힘은 파괴적인가, 아니면 적응적인 방향으로 표현할 수 있는가? 두 학생은 모두 다른 사람이 자신을 압박을 가할 정도로 강한 사람이라고 생각할 충분한 이유가 있는데, 그것은 그동안 그들이 현실에서 겪은 차별 때문이다. 그러나 그들은 또한 공허하고 무력감을 느꼈는데, 이는 현실 이외에도 일정 수준의 투사가 개입되어 있음을 시사한다. 구강기 역동과 결핍은 항문기 단계의 문제를 해결하지 못하게 방해한다.

내담자는 상담자를 지지적이지만 수동적인 사람으로 경험했다. 내담자는 자신의 관계 맺는 방식과 그 방식이 다른 사람에게 주는 영향을 상담자가 직면해야 한다는 사실에 대해 불편하겠지만, 그럼에도 숨겨져 있는 자신의 공격성에 대해 상담자가 좀 더 도전적인 태도로 다루어 줄 것을 바라고 있었을 수도 있다. 이러한 특별한 관계는 분명히 내담자의 욕구와 분노, 힘과 무기력 등을 반복적으로 탐색할 수 있는 잠재력을 가지고 있다.

우리는 상담자와 내담자 사이에 발생한 전이관계의 복잡한 면을 잠시

들여다보았다. 되돌아보면서 하는 이야기이지만, 내담자는 상담자가 회기에서 단호하게 시작한 말을 마치 상담자가 자신이 어릴 때의 아버지 같다고 생각했을 수 있다. 내담자는 상담자에게 자신의 감정에 대해서는 '입을 닫고' 대신 많은 양의 자료를 신속하게 제공했다. 그러나 중요한 두 가지 대목(거만한 상사와 비판적인 아버지)에 관한 내용과 상담과정에서는 그녀의 분노가 새어 나왔다. 그녀는 상담자의 질문에 대해 직접 답한 적이 거의 없으며, 분명한 해결책을 찾을 수 있는 실마리를 상담자에게 주지 않았고, 자신의 (무의식적인) 불만에 대해 계속 힌트를 주었다. 관찰하는 집단은 잔인한 시스템이 되었으며, 집단원은 힘을 잃고 수치스러움을 느끼게 되었다. 그리고 필자는 무자비한 상사나 아버지 같은 사람이 되었다.

상담자는 스스로 역전이를 경험했다. 그녀는 이미 자신이 부정적으로 평가될 것이라고 예상하고 있었다. 그 시간이 그녀의 상담능력을 평가하기 위한 자리는 아니었지만, 어쨌든 그 상담은 훈련을 위한 것이었다. 상담자는 판단, 작아지는 느낌, 다른 사람의 힘과 지배 밑에 놓이는 것에 대해 취약한 개인사를 가지고 있었다. 물론 내담자의 예민한 이야기에 어떻게 대처해야 하는지 알 수 있는 경험이나 실습을 충분히 하지 못한 상태였지만, 상담자는 내담자의 그런 예민한 말을 놓치지 않았다. 집단원 앞에서 상담을 함으로써 그 두 학생은 동성애자로서, 그리고 하층계급 출신자로서 사회적 압박을 경험했다.

물론 이런 풍부한 자료를 회기 중에 활용할 방도는 없다. 이 모든 요인을 상담자가 마음속에 의식적으로 고려하고 있기는 불가능하다. 그리고 그렇게 하려는 시도는 오히려 우리의 민감성을 방해한다. 중요한 것은 가능한 한 Freud가 주장했던 '부동성 주의력(free-floating attention)'을 가지고 열려 있는 마음을 유지할 수 있는지 여부이다. 느낌, 감각, 사고,

예감처럼 우리가 일상생활에서 무시하는 것들이 효과적인 치료나 상담에서 활용될 수 있다.

치료자나 상담자의 경험을 무시하는 것이 아니라 그런 경험을 견딤으로써 우리는 내담자와 온전한 연결을 유지할 수 있다. 상담자는 자신의 말이 내담자에게 어떻게 들릴지, 자신의 감정이 '실험적 동일시(trial identification)' (Casement, 1985) 과정 속에서 내담자의 감정과 일치하는지 지속적으로 눈여겨보아야 한다. 상담자는 자신의 감정이 자신에 기인한 것인지, 얼마나 그 감정을 내담자에게 귀인할 수 있는지를 항상 질문해야 한다. 왜냐하면 투사적 동일시로 인해 상담자의 내면에 생기지만 궁극적으로 내담자에게 귀인할 수 있는 감정은 아주 미묘하게 다른 맛을 주기 때문이다. 예컨대, '나는 슬프다(또는 불안하거나 화가 났다.). 그러나 내가 익숙한 슬픔이 아니다.' 라는 미묘한 차이를 자각할 수 있다. 이러한 자각을 하면 상담자는 감정을 다루거나 활용하기 수월해진다. 상담자는 알아차릴 수 없는 수준에서 자신에게 다음과 같이 탐색할 수 있다. '나는 좀 부적절하고 과도하게 비판받는 것 같다. 얼마나 흥미로운가. 나는 이런 현상이 어떤 의미가 있는지 궁금하고, 내가 왜 이런 느낌을 느끼는지 궁금하다. 이 경험의 미묘한 점은 무엇일까? 이 경험이 나 자신이나 내담자와는 무슨 상관이 있는 것일까?

만약 상담자가 자신의 감정, 현재의 상황, 내담자와 공유하고 있던 자신의 경험 등을 다루거나 활용할 수 있었다면 어떤 일이 발생했을지 우리는 알 수 없다. 그러나 관계에 대한 단순한 관심과 집중도 도움이 되지만, 두 참여자가 경험하는 치료관계와 상황 및 상담자와 내담자가 처한 사회적, 개인적 상황에 대해 깊은 관심을 가지고 유의하면 내담자를 도울 수 있는 기회와 잠재력이 풍부해진다. 이러한 관심과 주의가 대상관계이론을 상담에 적용할 때의 요체다.

우리는 위에서 제시한 짤막한 사례의 몇 가지 부분에 대해서만 검토해 보았다. 투사, 분열, 부정, 억압, 전이, 관계적인 틀 등은 우리로 하여금 관계적 과정에서 세밀한 부분에까지 초점을 맞출 수 있도록 돕는다. 그 밖에 Klein의 편집-분열성 양태, 우울적 양태 개념, Fairbairn의 흥분시키는 내부대상, 거절하는 내부대상, 이상적인 내부대상, 연합된 자아 부분의 개념, Winnicott의 전환기 현상, 놀이로서의 치료, 참 자기와 거짓 자기 개념, Balint의 일인, 양자, 삼자 양식, 상호 조화적인 침투 혼합(harmonious interpenetrating mix-up)에 대한 열망, 타인과 협력적 동반 관계의 창조, 악성 및 양성 퇴행의 분석, Guntrip의 분열성 내담자의 고통과 욕구에 대한 관심, 분노, 편집증, 강박 등으로 나타나는 그런 내담자의 방어 그리고 Bowlby가 개인의 이해과정에서 그 사람의 생활에서 실제 발생하는 사건을 포함시킨 것, 애착과 그 세 가지 유형(안정적, 양가적, 회피적 애착)에 대한 지적 등도 관계적 과정을 이해하는 데 중요한 개념적 도구다. 이 모든 개념을 우리 나름대로 적용하면 상담자 자신의 독특한 개인적 이해의 틀을 형성하는 데 도움이 된다.

대상관계와 다른 접근

대상관계이론의 관점과 공존할 수 없는 기법이나 접근은 거의 없다. 그럼에도 불구하고 강조점에서는 약간의 차이가 있다. Winnicott, Klein, Balint 등에 따르면 인간이 무엇이며 치료적인 작업이 어떻게 작용하는지 등에 대해 관계중심의 가정과 다른 접근유형의 가정이 양립할 수 있다는 점을 보여 주었다. 하지만 그러한 이중적인 가정을 얼마나 만족스럽게 양립시킬 수 있는지는 개인적인 문제다.

게슈탈트 접근, 교류분석, 신체중심 치료에서는 기법적인 구조, 신체적 접촉의 유무 등의 의미를 마음에 두거나 탐색할 수 있다. 즉, 제시된 기법적인 구조가 도움이 되는 틀인가, 강제적인 규정인가 아니면 인간의 인간성을 간과한 것인가? 접촉이 세계와의 융합, 유혹으로 느껴지는가, 또 그것이 실제로 제공될 수 있는 이상의 것을 약속하는가, 아니면 접촉함으로써 안심시키고 기초와 지침을 제공하는 것으로 경험되는가? 경직된 교의라기보다는 태도에 대한 지침에 가까운 대상관계접근은 상담자와 내담자가 내담자나 자기 자신에 대해 더 민감할 수 있게 도우며, 그들의 치료적 작업이 효과적이 될 수 있도록 관계적 자각을 촉진시킨다.

나의 초기 상담경험을 보면 다른 치료적 접근에 관계적 관점을 더함으로써 더 풍부한 차원으로 상담에 접근할 수 있었음을 알 수 있다.

수전은 30대 초반의 백인 여성으로서 아동기에 하층계급에서 성인이 되면서 중산층에 진입한 내담자이다. 그녀는 교육적 성취를 통해 어릴 때 성장했던 나라에서의 황량하고 제약이 많았던 생활에서 탈출하기 위해 어려서부터 많은 노력을 했다. 그녀는 교육적 성취 측면에서는 성공했지만, 대인관계는 만족스럽지 못했고 그녀의 일 역시 의미를 잃어 갔다. 그녀는 신체적으로는 말랐고 동기와 긴장수준이 높았다. 겉으로 봐서는 능력 있고, 심지어 다른 사람에게 위협적으로 느껴질 정도였다. 그녀가 말할 때에는 내가 그녀의 앞에 있다는 사실을 잘 알아채지 못하는 것 같았다. 그녀는 자신에 대해 발견한 새로운 사실에 관해 흥미로워했다. 그러나 자신이나 나와의 정서적인 접촉은 거의 없었다.

나는 그녀에게 불필요하거나 그녀에 비해 열등한 것처럼 느껴졌다. 그러나 나는 일정 기간 동안 그 문제를 상담에서 다루지 않았다. 왜냐하면그 문제를 다루지 않아도 상담이 일정한 방향을 가지고 진전되고 있다는 것을 느낄 수 있었기 때문이다. 1년 반 동안 수전은 직장에서 자신이 어느 정도 자율성을 확보할 수 있는 지위에 오르면서 상황이 좋아졌다. 그리고 이 시기가 끝날 때쯤에는 그녀 자신도 놀랐듯이 두 사람의 성관계 대상 중 좀 음흉하고 자기중심적인 한 사람과는 관계를 끊었다. 그녀는 그녀가 따뜻하지만 좀 둔하다고 기술했던 남자에게 끌리는 자신을 발견하고는 매우 당황해했다. 그녀는 더 이상 그 관계를 과소평가할 수 없었다.

수전은 신체적인 긴장이 사라지자 살이 찌기 시작하는 자신을 보며 불안해했다. 그녀는 자신의 삶이 점점 힘들고 수치스러워지지만 그럼에도 상담이나 나와의 관계가 중요하다는 것을 알고 있음을 혼잣말이나 암시적으로 내게 알려 주었다. 내가 그녀의 변화나 좌절에 중요한 요인이 되었던 것 같은데, 그녀는 내게 애착이나 분노를 표현하지 않았다. 그럼에도 불구하고 나는 그녀와의 상담이나 상담관계가 중요하다고 느꼈다.

수전은 상담회기 중에 이상한 감각을 느끼기 시작했다. 그러한 감각은 그녀가 자리에 앉자마자 시작되어서 그녀를 점점 엄습했다. 마치 그녀가 약물을 복용한 것처럼 그녀의 마음은 비었고 신체는 마비되었다. 맥박은 그녀의 머리에서부터 등뼈를 타고 내려갔다. 그녀는 몸의 앞부분이 부서지고 왼쪽 팔이 어깨에서 빠지는 것처럼 느꼈다. 이것은 어떤 아픔이나 문제를 일으키지 않았다. 그녀는 단순히 그것을 관찰하고 있을 뿐이었다. 그녀는 계속 눈을 감고 있었으며 자신의 경험을 내게 분명하고도 불안 없이 이야기해 주었다. 나는 그 회기가 끝나 간다고 말해 주었고, 그녀는 자신을 다시 추스릴 시간을 가졌다. 그녀는 별 어려움 없이 자신을 다시 추스릴 수 있었고 회기를 마칠 때면 떠날 준비가 되어 있었다. 이러한 감각은 상담 이외의 다른 시간에는 일어나지 않았다.

수전처럼 나도 무슨 일이 있어나는지 홍미를 가진 채 움직이지 않았다. 보통 때처럼 그녀의 경험은 내 앞에서 일어났지만 내가 관여하지는 않았다. 내가 아무런 쓸모가 없어 보였지만 사실은 그렇지 않았다. 이러한 경험은 내가 함께 있을 때에만 발생했고 따라서 이 경험은 그녀 혼자만의 것이기보다는 우리가 공유하고 있는 세계에서 일어났다. 내가 가질 수 있는 가설은 수전이 나와 혼란스럽지 않은 치료적 상황에 대해 일정 수준 의지하기 시작함으로써 자신의 내면적인 긴장을 풀기 시작했다는 것이었다. 그렇게 됨으로써 해리된 경험이 과거와 현재 모두 속에서 의미를 가진 형태로 그녀가 가진 내면세계의 표면을 깨뜨리기 시작했다.

과거의 의미란 수전이 자신의 어머니가 아주 어렸고 의학적인 기술이 아주 부족한 시골 병원에서 자신이 미숙아로 태어났던 사실을 말해 주면서 밝혀졌다. 당시 어머니의 진통은 매우 심하게 오랫동안 지속되었다. 그의 어머니가 진통제를 아주 많이 맞았기 때문에 출산할 때 주도적인 역할을 하지 못했다. 결국 그녀는 겸자를 사용해 태어났고, 그녀와 어머니의 생명을 살리려고 서둘다가 그녀의 가슴뼈가 부러졌으며, 그녀의 왼쪽 어깨가 탈골되었었다. 그녀의 어머니는 며칠간 겨우 의식만 깨어 있었고 수전은 병원 간호실에서 불안정한 상태로 지냈다. 이러한 사건과 수전의 감각 간의 관계성은 대단했다. 수전은 이전에 심리치료를 받은 경험이나 치료에 대한 지식이 없었다. 그리고 사람들이 출산이나 초기 유아기의 경험을 재경험한다는 이야기도 들어 본 적이 없었다. 그러나 많은 의문점이 남아 있다. 수전의 이 같은 다소 이상한 상태가 미분화나 생후 고립상태를 반영했는가? 그 상태는 현재까지도 지속되는 엄마와의 정서적 접촉의 결핍을 상징하고 있는가? 또한 그 상태는 접촉에 대한 그녀의 욕구를 지속적으로 분리해 내는 것과 어떻게 관련되는가? 그녀와 내가 현재 형성하고 있는 관계와는 어떤 관련성이 있는가?

다른 이론적 접근에서는 수전의 경험을 다른 방식으로 설명할 수 있을 것이다. 인간주의적이고 퇴행적인 접근에서는 수전의 경험을 해리된 외상적 기억을 신체적 수준에서 표현한 것이라고 볼 수 있다. 이 관점은 인간을 구별된 단위로 볼 수 있다는 사실을 암시한다. 온전하게 되기 위해서는 가능한 한 과거의 많은 경험에 접근할 수 있어야 한다. 견딜 수 없는 경험을 거부하면 곧 전체 유기체가 수축한다. 신체와 마음이 이완되면 모든 경험을 느낄 수 있으며, 우리는 이 세상에서 온전히 우리 자신으로 살 수 있다(Keleman, 1985; Lowen, 1975 참조).

유아기 발달에 대한 수많은 치료적 관점은 초기의 자폐적이고 융합된 상태에서 유아가 점점 개별화된다고 본다. Freud와 Mahler(Mahler et al., 1975), Fairbairn, Winnicott, Balint, Lake(1966)나 Grof(1975)와 같은 인간주의 이론가는 모두 자폐적 단계에 앞서는 단계로 일정 수준의 공생단계를 가정하고 있다. 이러한 분리나 경계선이 사라지는 경험이 상세하게 묘사되는 수준이나 정도는 다르다. 그리고 최근 연구에 의해 여러 접근이 시사했던 공생단계의 존재가 의심된다. 수전은 이런 경험을 하면서 다른 사람의 존재에 대한 자각이 없었다. 이것은 융합된 또는 단절된 상태로 설명될 수 있을까?

초기 Freud의 접근은 수전이 경험한 상태에 감정이 없다는 특징을 강조했을 수 있다. 그리고 그 경험은 성격 전체가 분열되면서 상실했던 감정을 다시 찾아 표현함으로써 통합시키고 또 당시의 외상적 경험을 히스테리하게 이완시키는 과정이라고 볼 수도 있다. 후기 Freud의 관점은 덜 주도적이고 개별화된 상태로의 퇴행이라는 점에 초점을 맞출 수도 있다. 이 세상이나 다른 사람에 대한 그녀의 자각은 둔화됐고, 그녀가 움직일 수 있는 능력 역시 일시적으로 감소했다. 그러나 이 상태에서 그녀가 추구하고 있던 뭔가가 있었다. 그녀는 그 상태에서 빠져나오려고 애쓰지 않았다. 그리고 그 상태 속으로 그냥 '흘러가게' 함으로써 안정을 찾았다. 그녀의 경험은 창조와 파괴, 진행과 후진, 삶을 끌어안을 것인지 그것에서 멀어질 것인지에 대한 소망 사이에서의 갈등으로 이해될 수 있다. 그녀의 이러한 경험은 전체적인 비존재, 궁극적인 죽음으로 요약되는 단순하고 덜 활동적이며 이전의 존재 상태로 돌아가려는 목표를 가진 죽음의 본능이 일시적으로 지배하고 있던 것으로 이해될 수 있다.

Klein의 관점은 수전의 경험상태가 공허한 상태였다는 것에 초점을 맞출 것이다. 즉, 그것은 외상적 경험과 그 뒤를 따르는 고립으로 볼 수 있다. Klein이 제시한 죽음의 본능은 출생으로 자극된다. 그리고 그것은 출생과 분리라는 지각된 현실의 철폐와 환상 속에서나마 태아기 상태로 회귀하는 것을 목표로 하고 있다. 이 세상과 출생 후 전개될 삶에 대한 애착의 형태로 나타나는 삶의 본능은 수유와 안김, 편안함으로 깨우쳐진다. 수전의 어머니는 아주 무서운 출산과정 이후에 이러한 접촉을 해 줄 수 없었으며, 결과적으로 수전을 죽음의 본능에 대해 아주 민감하게 만들고 사랑받거나 보호받는다는 감정으로 그 죽음의 본능을 경감시킬 기회를 제공하지 못했다. 수전은 반응하지 않는 엄마의 경험을 통해 죽음의 내부대상을 받아들였고, 죽음이 지배하는 내면세계를 외부로 투사해 왔을 수도 있다. 그 결과 그녀의 공허함으로 다시 돌아오는 투사된 파편을 통해 편집-분열적 두려움이 발생했을 수 있다.

Klein의 관점은 수전의 경험에서 역사적인 의미 이상을 다룰 수 있다. 즉, 초기 유아기 상태를 다시 경험하는 것 외에 그 경험은 구체적인 전이로서의 중요성을 가지고 있다. 대상관계가 특별히 강조하는 것이 바로 이 과거의 경험과 현재의 치료적 관계를 연결하는 것이다. 죽음의 본능 개념이 있든 없든 대상관계이론은 공유하는 세계에서 관계적인 경험을 탐색하는 것을 촉진한다.

이 차원에 대한 나 자신의 자각수준이 높아지면서 수전의 무의식적인 의사소통의 의미가 좀 더 분명하게 드러났다. 그녀의 주관적 자기 충족성과 그녀가 누워서 눈을 감은 채로 그 어떤 공격에 대해서도 개방되어 있는 상태라는 실제의 취약성 사이의 대비는 점점 더 극적이 되었다. 그녀의 퇴행한 상태는 거절과 그 반대의 메시지(즉, 수용)를 모두 전달하고 있는 것 같았다. 그런데 그 메시지는 Fairbairn이 제안한 일련의 외상(sequel of trauma)이라는 것으로 묘사되는 폐쇄된 시스템 내에 갇혀 있었다.

이제 우리는 수전의 거리 둠을 자신의 의존성에 대해 내적으로 그리고 관계 속에서 의사소통하는 것으로 이해할 수 있었다. 수전은 이런 생각을 반기지 않았다. 그러나 그러한 해석으로 그녀는 자신의 파트너의 사랑과 돌봄을 좀 더 잘 받아들이게 되었다고 했다. 그녀가 그렇게 하자, 파트너는 덜 지루하고 덜 바보스러워 보였다. 그리고 그녀는 좀 더 단순하게 그에 대한 사랑을 느끼게 되었다. 결국 그들은 아이를 낳았는데, 그 아이는 수전에게 고통이 되었다. 애착은 고통, 약함, 상실을 의미했다. 그러나 그녀는 자신이 아이에게서 거리를 두고 있다는 생각을 받아들일 수 없었다. 임신과 출산기 동안 그녀는 이전의 생각을 버리고 새로운 기쁨과 엄청난 두려움을 동시에 수용했다. 나와의 관계에서 느꼈던 그녀의 욕구, 즉 내가 알기를 바랐지만 내가 구체적으로 밝히는 것을 싫어 했던 위험스러운 비밀은 그녀에게 자각되기보다는 나에 의해 추론되었다.

그녀의 아들이 자라 유아기가 지나자 수전은 점점 무너지기 시작했다. 활동적인 그녀의 아들은 더 이상 무기력하거나 엄마가 필요한 아기가 아니었다. 그들의 심리적 분리는 그녀가 태어날 때의 외상적 분리를 다시 일으켰다. 수전은 두렵고 약해졌으며, 시장 가는 일이나 직장 일, 친구와 만나는 일을 어떻게 해야 할지 몰랐다. 오직 상담에만 올 수 있었고 그녀의 아이를 돌보고 그녀의 파트너의 보호 아래 머무를 수 있었다. 폐쇄된 시스템은 점점 지탱할 수 없게 되었다.

퇴행은 상담회기 중에 다른 형태로 다시 찾아왔다. 수전은 이제 그녀의 몸을 떠나 끝없는 공간을 떠다니는 것처럼 느끼고 있었다. 역시 이번에도 감정이나 다른 사람에 대한 자각이 없었다. 내가 수전처럼 무감각 상태가 되었을 때, 이전의 단계와 달리 나는 그녀의 세계에서 배제되는 것에 분노를 느끼기 시작했다. 이전에는 나는 수전이 경험하는 정서적인 마비상태로 초대되는 것 같았고 우리는 그녀의 무반응에 의해 사로잡혀 있음을 알 수 없었다. 그리고 그녀와 그녀의 엄마(그리고 나)가 느꼈을 숨겨진 욕구, 두려움, 분노가 해결되지 않았으며, 수전과 그녀의 엄마의 관계에서 느낄 수 있는 거리와 분리에 강력하게 영향을 주고 있었다. 이러한 느낌은 우리 사이에 점점 분명하게 드러났다.

냉랭한 상태는 점차 녹고 나는 다시 수전의 폐쇄된 상태에 들어갈 수 있었다. 모든 의존성을 부정하려는 그녀의 노력은, 그녀가 엄마도 필요 없는 것처럼 행세하려고 한다는 말을 했을 때 최고조로 달했다. "나는 스스로 출산할 수 있어요."라고 그녀가 말했다.

망상은 더 이상 계속될 수 없었다. 수전은 자신이 고통이 없고 감정이 없는 여행을 하는 동안 어디서 누군가는 고통을 받고 있다는 느낌을 갖게 되었다. 어느 날 그녀의 분열상태가 두려운 고독에서 벗어나려고 하는 노력이라는 사실을 깨달았다. 그녀는 자신의 몸 전체를 통해 견딜 수 없는 슬픔과 고독함을 느꼈다. 그 공허한 공간은 다른 사람이 들어와 있어야 하는 공간이었다. 그리고 그녀는 이전에 죽고 싶었다는 사실을 깨달았다. 그녀는 이러한 공허함이 그녀를 찾아왔지만 이제는 그녀가 만들어 낼 뿐 아니라 그것을 추구했었다는 것을 깨달았다. 평생 동안 그녀를 괴롭혀 온 죽음과 어둠에 대한 두려움은 그녀가 자신의 고통을 경감시키기 위해 찾아 헤맸던 비존재를 직면하면서 줄어들었다. 이것이 바로 Balint가 '새로운 시작(new beginning)'이라고 묘사했던 시점이다.

수전은 이제 그녀의 엄마를 제외한 모든 사람과의 관계에서 의존적이 되는 것을 스스로 수용할 수 있게 되었다. 상담자는 온전히 좋은 대상이지만 엄마는 나쁜 대상이었다. 이 같은 분열은 그녀가 내 앞에서 매달리는 것처럼 보이는 것에 대해 나의 분노를 폭발했을 때 사라졌다. 나의 분노는 내가 좌절, 질투, 분노 등의 나의 감정을 담거나 반영해 주지 못해 폭발했다. 그러나 내가 경험한 감정은 내 것이면서 동시에 수전의 것이기도 했다. 그녀는 반응이 전혀 없고 자기 충족적으로 보이는 사람과의 관계에서 빠져나가지 못하는 상태를 견딜 수 없다는 느낌을 내게 직접 전했다. 그녀가 자신의 엄마에게 느낀 감정을 나는 그녀에게서 느꼈다. 나를 포함해서 수전은 이제 이런 분노를 견디고 또 건설적으로 표현할 수 있게 되었다. 그녀는 나의 갑작스러운 공격에 대해 격노했다. 나는 더 이상 완전한 사람이 아니었다. 그러나 그녀가 사랑할 수도 있고 동시에 미워할 수도 있는 사람이었다. 그러나 내가 불완전하고 실수가 있음을 자각하게 되면서 그녀는 내게 투사했던 자신의 힘을 되찾을 수 있었다. 아마 내가 나의 감정을 좀 더 잘 다루었으면 좀 더 많이 되찾을 수 있었을 것이다.

힘을 추슬러 가면서 그녀는 자신의 부드러움을 잃지 않았다. 그녀의 가정생활은 풍부한 갈등과 만족감을 동시에 주었으며, 그녀는 자신에게 좀 더 많은 자유로움을 주는 직장생활을 할 수 있게 되었다. 아들이 입학하면서 새로운 이별이 발생했다. 그러나 이때에는 무너지지 않고 그녀는 이별이 가져올 새로운 기회를 위해 준비했다. 수전은 아들과 이별하면서 심리치료 역시 그만두어야 할 때라고 생각했는데, 이 두 사건은 아주 아름다운 대비를 보여 주었다. 심리치료의 시작은 아주 황폐했었지만, 마지막은 풍요로웠다. 그녀는 우리의 헤어짐에 슬픔을 느끼고 그것을 나누었지만, 자신의 결정에 대한 확신은 잃지 않았다. 우리 두 사람은 모두 심리치료에서 드러난 진정한 의미의 발견과 우리가 도달했던 깊은 만남을 통해 수전의 삶이 드러남으로써 커다란 보상을 받았다.

9

차이와 다양성 다루기

대상관계이론가와 치료자는 사람 간의 관계와 사람 내면의 관계가 갖는 핵심적인 중요성에 대한 공통된 신념을 갖고 있다. 관계란 쉬운 과정이 아니라, 우리의 불완전성과 자율성 둘 다에 대한 양가적인 표현으로 간주된다. 우리는 딱히 규정하기 어려운 라포라는 현상에서 타인과 연결하려는 관계 욕구에 이끌린다. 그러나 다른 한편, 자신의 개별성을 보존하려는 피할 수 없는 욕구는 거리, 갈등과 소원함을 조장한다. 서로 분리되어 있다는 사실로 인해 사람 간에는 오해가 생길 수밖에 없고, 죽음을 피할 수 없는 우리의 운명은 어느 정도의 고뇌가 있을 수밖에 없다.

우리 자신의 내면에서도 마찬가지다. 우리는 우리 자신을 드러내 주고, 우리가 잡으려 하면 달아나는 내면의 조화를 건드리는 자기에 대한 비영속적인 감각을 소중히 여긴다. 우리 자신과 전쟁을 벌이는 가운데, 우리의 내면이 황폐하거나 우리의 자기 됨의 원천에서 소외되어 있다는 느낌은 우리 모두의 삶에서 고통스러운 측면이다.

어떤 사회든 간에 붕괴되거나 소멸되지 않으려면 융합과 분리됨, 의존과 자율성 사이에서 그 사회만의 균형을 잡아야 한다. 따라서 오랜 기간 지속된 사회는 어떤 사회라도, 비록 그 사회의 평형을 유지하기 위해 어쩌면 희생양을 만들어 내는 일에 의존한다 해도 존속 가능한 구조가 반드시 있어야 한다. 대상관계이론은 Klein의 나쁜 대상, Fairbairn의 흥분시키는 대상과 거부하는 대상, Bowlby의 불안정이나 회피적 애착유형의 관점에서 편견의 역동에 대한 통찰을 제공한다. 악마는 우리가 분열의 어느 한쪽과 동일시할 때 쉽게 만들어진다. 남성우월주의자에게는 여성이, 분리주의적 여성주의자에게는 남성이, 서구의 극단적인 국수주의 집단에게는 외국인과 흑인이, 백인 자유주의자에게는 인종차별주의자가, 일부 정신분석가에게는 감수성 훈련 집단이, 일부 인본주의적 치료자에게는 정신분석가가 악마다. 집단과 개인은 모든 사회에서 희생양이고, 어떤 현 상태에서도 사람들은 부당함으로 고통받는다. 어떤 혁명이나 격변에서도 사람들은, 비록 꼭 같은 집단은 아니라 해도 고통받는다. 다음의 현 상태에서도 고통은 계속된다.

따라서 편견에 맞서 작업하는 일은 우울할 정도로 자가증식적인 활동이 될 수 있는데, 그 이유는 편견이 가장 원초적이고 무의식적 수준의 분열과 투사를 포함하고 있기 때문이다. 사랑과 미움, 파괴성에 대한 우리 자신의 잠재성의 모든 범위를 가능한 한 의식적으로 마음에 담아 두려고 시도하는 것 외에 다른 진정한 해결책은 없는 것 같이 보인다. 이것은 견디기 힘들 정도로 어려운 일이다. 왜냐하면 우리는 우리 자신이 우리가 거부하는 집단과 같다고 보기를 두려워하기 때문에 우리가 내면에서 감당할 수 없는 것을 외현화할 수 있는 어떤 기회든 붙잡으려 하기 때문이다. 앞서 언급한 시도가 만들어 내는 차이는 미미할 것이지만, 이것은 여전히 진정한 진전으로 이어질 수 있는 유일한 차이이다. 이런 시도는 부당함과 억압, 박탈을 행하는 사람들에 맞서는 쪽보다 정의와 평등, 전체 선을 위해 일하는 쪽을 지향한다. 물론 이런 해결책조차 모든 경우에 다 적용되지는 않을 것이다. 우리가 전적으로 반대하고 힘껏 맞서 싸워야 하며, 또한 우리가 전적으로 신봉해야 한다고 불가항력적으로 느끼는 행위나 태도가 항상 있을 것이다. 그때 우리가 할 수 있는 모든 것은 우리 자신의 입장이 우리에게 얼마나 불가피하든 간에, 적대적인 대항은 이에 반하는 세력을 낳는다는 사실을 부인하지 않으려고 노력하는 것뿐이다.

대상관계이론은 사회적, 정치적 관여를 대신할 수도 없고 또 그렇게 해서도 안 된다. 그러나 이 이론은 우리의 사고와 행동을 일깨워 줄 수 있다. 관계가 우리 삶의 전부는 아니지만, 대상관계이론은 우리에게 개인을 위해서든 사회를 위해서든, 그 경험의 성격의 많은 부분에 영향을 주는 내적 · 외적인 관계의 바탕을 존중하도록 우리의 관심을 환기시킨다. 이 이론은 관계가 곤경과 실망과 상실을 겪고도 살아남고 이를 통해 성장하려면, 우리 자신과의 관계를 포함하여 관계에서 요구되는 관심과 불편함과 노력이 무엇인지를 명확하게 설명한다.

정신분석이 발생했던 맥락으로 인해 최초 적용 대상은 19세기 후반에서 20세기 초반의 중유럽과 북유럽의 사회적, 문화적, 가족적 구조 속에 있는 중산층 신경증 환자로 한정됐다. 대상관계이론은 정신분석의 범위를 확대하는 데에서 들쑥날쑥하기는 했지만 주요한 역할을 해 왔고, 경계선 상태의 환자를 위한 치료의 발전과 정신병적 상태의 심리에 대한 이해의 영역에서 가장 크게 기여했다. 인간에 대한 남성중심적이고 이성애에 편향된 설명이 Freud 이론에 내재해 있지만, 그가 의도적으로 정신분석에 여성을 관여시킨 것은 성차가 초기부터 관심을 받는 데 이바지했다. Klein, Deutsch와 Horney(Sayers, 1991 참조)의 뒤를 이어, 여성주의 기여자들(Eichenbaum & Orbach, 1982; Chodorow, 1989)이 여성의 경험을 효과적으로 논의했다.

그러나 다른 영역에서 진전은 더 느리다. 여성주의 전통을 따르는 이론가들이 개인의 다양성 주제를 다루는 작업을 선도해 왔지만, 우리는 서구 사회의 다른 소수 집단의 개인적이고 관계적인 역동과 욕구에 대해서는 그저 대략적으로만 이해하고 있을 뿐이다. 계층과 성적 성향 및 민족성은 더 많은 연구가 절실히 필요한 영역이고, 장애인, 고령자, 학습 장애가 있는 사람의 특별한 욕구에 대해서도 마찬가지다. 이런 결여는 이들 집단이 들릴 수 있는 목소리를 내기가 어렵게 만드는 미약한 사회적 힘과 또한 이들 집단의 구성원들이 치료자로서든 환자로서든 혹은 내담자로서든 심리적 이론에 직접적으로 기여하는 것을 가로막는 장애물 때문에 악화된다. 내부인(insiders)과 외부인(outsiders)을 만들어 내는 인간의 성향을 고려해 볼 때, 심리치료자와 상담자는 인간 경험의 다양성이란 주제에 대해 엄격한 사고와 솔직한 감정 및 새로운 관계를 가져와야 할 지속적인 필요성이 있을 것이다.

경계선적 상태와 정신병적 상태

정신병원의 대대적인 폐쇄는 경계선적 상태나 정신병적 상태에 있는 좀 더 많은 사람이 심리치료의 도움, 특히 공공 분야에서 일하는 치료자에게 도움을 구하도록 만들고 있다. 사설 상담소에서 일하는 치료자는 아마도 그들이 훈련을 받고 있는 중이거나 혹은 자격증을 취득한 지 얼마 되지 않아서 치료비를 저렴하게 받고 있는 경우를 제외하면, 이런 환자를 볼 기회가 적을 수 있다. 잠재적인 내담자를 정확하게 평가하고, 언제 어떻게 이들을 전문화된 서비스로 의뢰할지를 알며, 또한 현실감이

약한 이들과 작업할 수 있는 능력을 발전시키는 것은 모든 치료자에게 필수적인 일이다. 이 절은 특별히 최초 훈련과정에서 이런 문제를 관계적 관점에서 다루어 보지 않은 치료자를 위해 썼으나, 이것이 평가와 정신, 실제에서의 훈련을 대신하는 것은 아니다.

경계선적 상태와 정신병적 상태는 자기와 타인에 대한 감각과 자신의 내면에서 일어나는 것과 외부에서 일어나는 것에 대한 감각이 미약하거나, 왜곡 혹은 균열된 존재 양식이다. 이것은 어느 정도는 평가자 입장에서 내리는 주관적인 평가다. 정신병적 상태나 경계선적 상태에 있는 사람이 스스로 자신의 혼란을 평가할 수 있는 경우는 극히 드물다. 정신병적 혹은 경계선적 상태를 진단하는 일은 관계적 과정이기 때문에, 이것은 평가자의 제한된 시각이나 투사적 동일시를 통해 발생하는 혼동으로 인해 모호하거나 부정확한 판단을 내릴 소지가 있다. 정신과적 진단이 세계의 어떤 지역에서는 사회적 통제의 수단으로 사용되어 왔고, 문화적 차이는 정신적 질병으로 잘못 인식되어 왔다.

진단과정에서의 함정과 경계선적 상태나 정신병적 상태에 있는 사람의 독특한 심리내적 특성과는 별개로, 치료자에게는 그들이 이상하거나 다르다고 지각하는 사람과 작업할 때 씨름해야 할 그들 자신만의 어려움이 있다. 정신 이상에 대한 개인적인 관념 속에는 우리 내면세계의 가장 음침한 구석에서 나오는 투사가 들어 있다. 정신이상자는 인간성에 대한 감각과 정체성의 경계를 상실하는 것에 대한 우리의 두려움을 밖으로 이끌어 낸다. 아울러 우리가 경험하는 것을 감당하지 못하고 이해하지 못하는 것에 대한 두려움과 다른 사람이 우리 지각의 타당성을 인정하고 확인해 주지 못하는 데서 유발되는 소외, 그리고 통제를 상실하는 것에 대한 공포감을 이끌어 낸다. 경계선적 상태에 있는 사람은 일상적인 의사소통의 토대인 기본적인 공감을 제공하는 데 실패하고, 우리에게 온전한 인간 존재의 지위를 부여하기를 명백하게 거절하며, 또한 우리가 행동하고 말하는 것을 일관되게 잘못 해석함으로써 겉으로 드러나거나 혹은 은밀한 격분과 공황상태를 우리에게 불러일으킨다. 한편 이들의 상태에서 정신병이 명백하게 결여되어 있다는 점이 이들의 관계 방식을 유독 참아내기 힘들게 할 수 있다. 따라서 정신병적이거나 경계선적 상태에 있는 사람을 두려워하거나 적대적으로 관계를 거부하면서 이들의 경험을 무시하기 쉬운데, 이런 태도는 투사적 동일시에 의해 지지될 수 있다. 우리는 이들의 정신적 상태의 현실을 부인하거나, 이들의 경험에서 의미를 배제하거나 혹은 이들의 인간성보다는 병리에 초점을 둘 수 있다. 치료자 자신의 이런 어려움에다 경계선적 관계양식과 정신병적 관계양식에서 비롯되는 내재적 어려움을 추가한다면, 치료자 내면에서 강렬한 반응이나 정신이상에 대한 두려움이 일어날 경우 언제나 특별한 관심을 기울어야 한다는 것을 알 수 있다.

경계선적 상태에 있는 사람은 일시적이거나 비교적 영구적인 혼란 상태에 있을 수 있다. 우리는 대부분 일시적이거나 스쳐 지나가는 경계선적 경험이 한번쯤은 있고, 이런 경험에서는 합리적 지식과 감정적 확신 사이의 경계가 흔들리는데, 아마도 우리의 평상적인 대처능력의 가장자리까지 우리를 몰고 가는 심리치료 작업의 영향으로 그런 경험을 할 수 있다. 극심한 불안과 취약성이 우리가 평소 사용하는 방어기제를 뚫고 올라오면 감정을 다루는 좀 더 원시적인 방식, 즉 현실에 대한 인식이 아니라 지각의 조작에 기반한 방식이 그 모습을 드러낸다. 따라서 우리는 증거가 없는데도 직장 동료가 우리를 험담하고 있다는 것을 '알고', 심지어는 누가 무슨 말을 하고 있는지도 확신하는데, 이는 편집증적 공포의 강도 때문에 우리가 감정과 사실을 구별할 수 있는 능력이 압도되어 버리기 때문이다. 성격의 경계선적 영역은 성숙을 가져올 수 있는 성장

점일 수 있다. 우리가 감정을 담아내고 다룰 수 있는 능력에서 이룬 약간의 향상조차도 우리가 유아적인 과정의 법칙에서 우리의 경험을 되찾고 있음을 나타낸다.

경계선 상태가 좀 더 영속적인 경우, 이것은 극심한 불안정이나 혹은 불변하는 경직성 둘 중 어느 한 가지 양상으로 나타날 수 있다. 경계선 상태에 있는 사람은 기분과 세상을 보고 다른 사람을 경험하는 방식, 그리고 자기에 대한 감각이 지속적으로 변하는 영속적인 변동상태에 빠지는데, 그 결과 끊임없는 혼란과 불안이 유발될 수 있다. 이들은 일시적으로 잠깐 동안 정신병적 증상을 보일 수 있지만 이것조차도 불안정할 것이다. 이들은 현실에 대한 자신의 지각을 완전히 바꾸기보다는 왜곡시킬 가능성이 더 높다. "그런 상황이 당신에게는 정말 힘들었겠어요."와 같은 말이 깊은 충족감을 주는 것으로나 ("당신은 나를 이해해 준 유일한 사람이에요.") 혹은 악의적인 공격("당신은 항상 나를 과소평가해요.")으로 경험될 수 있다. 이런 종류의 경계선적 상태는 Balint의 양자 양식(two-person mode), Guntrip의 내적-외적 체제(in-and-out regime), 히스테리성 과정과 분열성적 과정이 빠르게 변동하는 상태에 대한 다른 기술의 관점에서 묘사되어 왔다.

이런 상태와는 대조적으로, 일련의 체계적인 방어기제가 보통 수준의 감정적 유연함조차 막을 수 있다. Fairbairn의 분열성적 상태(schizoid state), Winnicott의 거짓 자기(false self), Heinz Kohut(Kohut & Wolf, 1978)과 Otto Kernberg(1975) 같은 미국 이론가가 묘사한 자기애적 혼란(the narcissistic disturbances), 신 Klein 학파의 개념인 '병리적 구성(pathological organisation)' (Steiner, 1993)과 같은 차단된 내적 상태는 이런 유형의 고착된 경계선 상태의 몇 가지 예다. 불안정하든 경직되었든 간에 경계선 상태는 현실에서 혼란되어 있으나 붕괴되지는 않은 현실과의 관계 그리고 다른 사람을 그 자체로 온전한 개개인으로 보는 것을 어려워하는 데 근거한다.

'경계선 성격장애' (American Psychiatric Association, 1995)는 불안정한 유형의 경계선적 상태를 나타내며, 스트레스에 대한 일시적인 반응이 아니라 삶의 방식일 때 내려지는 정신과적 진단이다. 성격장애는 좀 더 기능적인 전체 안에 하나의 거품이나 한 가닥에 국한되는 것이 아니라 혼란된 양식이 성격 전반에 걸쳐 있음을 암시한다. 혼란된 양식은 불안정한 경계선이나 분열성, 편집성, 자기애성 혹은 그 밖의 다른 것일 수 있으며, 따라서 넓게 정의된 경계선 상태에는 서로 중첩되는 일군의 성격장애가 포함된다. 이들과 공모하는 관계나 혹은 그저 피상적인 관계가 아닌 치료적 관계를 형성하기는 어려울 것이다. 그리고 내담자에게 성숙한 기능이 거의 없는 경우, 변화가 제한적이고 더딜지 모른다. 도전적이기보다 지지적인 관계가 치료 실제에서 더 유익할 수 있다. 변화를 진정으로 바라는, 그래서 자신과 타인에 대한 일말의 희망과 신뢰를 갖고 있을 가능성이 좀 더 높은 이들에게는 고통이 강렬할 것이고, 여기에는 격분과 불안, 원초적인 두려움이 포함되어 있고, 이들이 우울한 불안을 좀 더 견뎌 낼 수 있게 되면서 이런 고통은 슬픔과 죄책감, 후회로 발전할지 모른다.

따라서 경계선적 상태는 잠재적으로 창조적인, 지나가는 단계이거나 혹은 좀 더 확립되고 고통스러운 존재하고 관계하는 방식일 수 있다. 이와 마찬가지로 섭식장애, 약물이나 알코올 남용, 다른 파괴적인 혹은 자멸적인 행동 패턴과 같은 상태는 견딜 수 없는 압력에 대한 일시적인 반응과 좀 더 만족스러운 존재 양식을 대체하는 영구적인 대처 양식 사이에 있는 어떤 것일 수 있다.

비교적 고착되어 있으나 순전히 물리적인 외상에서 발생하지는 않은 정신병은 부정확하고 잘 이해되지 못하는 두 개의 범주, 즉 조울증과 같은 정서적 정신병과 정신분열형 장애에 속한다. 이런 범주는 넓은 범위의 행동을 포괄하고, 서로 혼합되고, 경계선적 존재 양식이나 좀 더 정상적인 존재 양식과도 혼합된다. 이런 정신병은 청소년기나 초기 성년기에 자주 발생하는데, 아마도 심리적인 변동과 생리적인 변동의 조합에 기인한 것인지 모른다. 세세한 설명은 여기서 가능하지 않다. 그러나 정서적인 정신병은 기분상태의 혼돈과 좀 더 관련되는 반면, 정신분열증은 혼돈된 지각과 사고가 주된 특징이다. 사람들은 단일 정신병적 삽화나 좀 더 지속적이거나 간헐적 혹은 만성적인 정신병 상태로 고통받을 수 있다.

다른 정신병이나 심각하게 혼동된 상태는 사람을 압도하는 외상에 따른 반응적인 단기간의 정신병에서 발생한다. 이런 증상은 또한 약물이나 알코올 사용 혹은 금단에서, 그리고 뇌 손상이나 질병 혹은 노령으로 인한 퇴화로 발생하는 치매와 같은 기질적 장애에서 발생한다. 대상관계이론은 이들 가운데 첫 번째 부류인 외상에 대해 논의해 왔고, 다른 것은 좀 더 자주 심리적인 중요성보다 신체적인 중요성을 가진 것으로 간주된다.

정신병적 상태나 경계선적 상태에 있는 환자와 함께 작업하는 치료자는 어떤 유형의 접근과 관계가 유익할지 그리고 특수한 세팅이 필요한지의 여부를 판단할 필요가 있을 것이다. 다른 내담자에게 적용되는 것과 동일한 관계의 원칙이 이런 환자에게도 적용된다. 치료양식만이 다를 수 있을 뿐이다. 관계가 내담자의 성숙을 촉진하거나 지지하려는 목적으로 치료자와 내담자의 개인적인 한계점과 실제적인 한계점을 포함하여 이들의 심리내적 세계와 외부 세계를 포함하는 한 그 관계는 치료적일 수 있다.

본성과 양육

특히 정신병의 원인과 치료법은 논란의 쟁점이 되어 온 주제다. 극단적인 의학적 관점에서는 정신병을 생리학적 치료를 요구하는 생물학적 이상(異常)의 불가피한 표현으로 보고, 심리적 측면은 대체로 관련성이 없다고 본다. 극단적인 심리치료적 관점에서는 정신병을 순전히 초기 혼란 상태에서 고착되거나 그런 상태로 퇴행하는 것으로 본다. 이 관점에서 약물치료는 관련성이 없거나 심지어 억제하는 요인으로 간주된다. 즉, 약물은 고통을 줄여 줄지 모르나 내담자의 인간성을 앗아 가면서 고통을 줄인다(Winnicott, 1949b; Laing, 1960).

이 두 관점은 우리가 생물학적 영향과 환경적인 영향 아래 놓여 있고, 또한 이런 영향과의 관계 속에서 적극적이고 독특하게 개인적인 의미를 구성한다는 점을 인식하기보다는 사람에 대한 한쪽으로 치우친 시각에 근거한다. 정신분석이론과 연구 그리고 우리 자신의 경험이 시사하는 바는, 우리가 경험을 내부와 외부, 자기와 타인, 진실과 환상으로 조직화하는 것은 분명한 성취로서 이는 다소 연약한 상태로 유지되지만, 우리는 그렇게 하도록 유전적으로 갖추어져 있다는 것이다. 이것은 감각과 지각의 투입, 해석하고 일관성을 유지하는 마음 그리고 발달을 지지해 주는 환경 없이는 이루어질 수 없다. 개인차가 있는 민감성은 스트레스 전반에 대한 우리의 취약성에 분명히 영향을 미치고, 아울러 생물학적 유전, 우리의 사회적, 관계적 세계와 이런 세계에 상응하는 우리의 내면세계, 화학적 오염물질과 다른 위험요소가 있는 물리적 환경에 의해 발생하는 다양한 스트레스에 대한 우리의 취약성에 분명히 영향을 미칠 것이다. 이런 개인차는 그 자체가 이런 모든 요소 간의 복잡한 상호작용과 이런 요소와 우리 자신의 지각과 해석의 작용, 즉 '나' 사이의 복잡한 상호작용의 함수다.

부러진 다리에서부터 정신병적 상태, 노인성 치매에 이르기까지 인간이 경험하는 모든 상태는 유전적이거나 생물학적 특수성뿐만 아니라 심리적 의미를 포함하고 있다. Freud와 Klein은 삶과 죽음의 본능 그리고 이들 간의 상대적인 균형에 대한 그들의 개념을 통해 민감성에서의 개인차는 당연한 사실이라고 가정했고, 외적인 요인은 장애의 발달에서 주도적이 아니라 보조적인 역할을 한다고 보았다. 이런 관점을 채택했다 해도 이 두 이론가 모두 그들이 궁극적으로는 생물학적 차이라고 개념화했던 것의 심리에 대한 탐구를 멈추지 않았다. 그들은 인간에게는 어려움의 근원이 무엇이든지 간에 어느 정도까지는 어려움을 다루는 자신만의 방식을 발전시킬 수 있게 하는 활기, 독창성 및 근원이 있다는 믿음을 가지고 작업했다. 정신병에 대한 최근의 관점은 생물학적, 문화적, 심리학적 관점을 포괄적으로 다루기 시작하고 있지만, 이런 요소가 서로 만나는 조건은 아직 의문으로 남아 있다.

대상관계이론은 정신병에 대한 다양한 심리적 관점을 제공하는데, Klein과 Winnicott, 심지어 초기의 Laing(1960)과 같은 일부 이론가는 이론의 배경을 이루는 가정(假定)에 생물학적 소질을 포함시킨다. 이들의 관점에서는 내적 현실이 외부에서 비롯된 지각과 내면에서 비롯된 지각 간의 구분을 압도하고, 때로는 외부 현실에 대한 우리의 지각을 완전히 파괴하는 것으로 간주된다. Fairbairn은 정신병을 내적 대상이 지각의 공간을 모두 차지하여 그 결과 그들이 외적인 것으로 경험되는 상태로 보았다. Winnicott은 정신병이 있는 사람은 세상과 융합되어 있는 발달적으로 초기 상태에 있다고 시사한 반면, Klein은 극단적인 분열과 대대적인 투사에서 비롯되는 파편화를 강조했다. 상징화 능력의 상실은 산산이 조각난 자기 혹은 조각난 세상에 있는 여러 개의 자기를 포함한 정신분열적 경험으로 이어지고, 이런 상태에서는 의미의 파괴가 구체적인 속성을 띤 공포와 공허함을 낳는다.

이런 이론적 틀은 많은 정신병적 사고의 논리적 순환성과 방어적 인식의 오류나 혹은 생리학적 요인이 잠재적으로 기여하는 부분을 부인하지 않고 관계 안에 머물도록 도움을 준다. 하지만 우리는 통합적이라 부를 수 있는 어떤 접근법과는 여전히 멀리 떨어져 있다. 우리는 신체적인 것과 정신적인 것 간의 분리를 넘어서는 인간에 대한 어떤 이론을 갖고 있지 않고, 심지어 두 가지 관점 모두 정당하게 취급하는 이론조차도 갖고 있지 않다. 통합된 접근법의 이론적 근거는 상당히 실용적이다. 의미와 자유의지, 고통과 같은 주제에 내포된 철학적 차원의 중요성은 정신병과 심각한 장애에 대한 개개인의 시각이 불가피하게 다를 수밖에 없고, 상황과 내담자와 치료자에 따라 다르다는 점을 확실히 해 준다. 이런 주제는 마땅히 불확실성과 논쟁의 주제로 남아 있어야 한다.

정신병과 경계선적 양상이 심각할 때 내담자와 치료자가 시도해 볼 수 있다고 느끼는 관계의 유형이 어떤 것인가는 개인적이고 전문적인 판단의 문제다. 치료적 관계는 접촉과 의미를 추구하는 과정에서 고통을 불러일으킬 수 있는 심리치료적 여정의 형태를 띠거나, 혹은 실제적인 문제(물론 그들만의 의미를 지니지만)에 대처하도록 관계적인 지지를 제공하는 데 초점을 두는 치료적 상담의 형태를 띨 수 있다. 혹은 일시적이 아니라 일관된 구조와 관계 및 활동을 제공하는 부분적이거나 전반적인 생활환경의 형태를 띨 수도 있다. 아니면 이런 다양한 형태를 혼합하거나 혹은 다른 시기에 각기 다른 형태에 강조점을 둘 수도 있다.

약물과 심리치료의 문제는 정신적 원인, 신체적 원인, 의학의 가치와 심리치료의 가치 간의 불편한 구별에서 발생하는 긴장을 반영한다. 약물은 의미를 만들어 내지 못하지만 극단적인 감정과 정신병적 과정을 화학적으로 감소시킴으로써 고통을 경감하거나 증가시킬 수 있다. 이것은 개인적인 의미와 역량을 가리는 안개를 걷어 내는 것과 같은 경험이 될 수 있다. 혹은 견딜 수 없는 고통이 자비롭게 완화되거나, 자신의 고통이 치료자에게 견딜 수 없는 것이라는 의구심이 확인되거나, 어떤 개인적인 창조물이 찢겨 나가고 견딜 수 없는 어떤 현실이나 무력한 무의미함이 남거나, 혹은 자신이 보편적인 인간성과 기괴하게 다르다는 것이 입증되는 경험이 될 수도 있다. 치료자는 심리치료에서 약물이 갖는 가치에 대해 자신만의 철학을 가질 것이고, 의학적 개입에 부여하는 의미를 만들어 내는 데 있어서 그들의 내담자만큼 영향력이 있을 것이다. 약물은 우울증이 있든 정신병이 있든 간에 수천 명의 고통받는 사람이 좀 더 의미 있는 삶을 살 수 있게 해 주고, 약물의 사용을 억제하거나 막는 것은 정체(停滯)를 초래하고 자살 위험성을 높일 수 있다. 하지만 강압적으로 약물을 복용하도록 하거나 심지어 권장하는 것은 그들의 정신병이나 고뇌에 필수적인 방어가 내포되어 있거나 혹은 높은 수준의 개인적 의미, 특히 의미와 자율성이 매우 소중하게 여겨지는 뜻이 내포된 사람에게는 자살충동이 느껴질 정도의 절망을 유발할 수도 있다.

이 문제에 대한 쉬운 해답은 없고 앞으로 해답이 나올 가능성도 보이지 않는다. 자원의 부족으로 인해 개개인의 욕구에 대한 신중한 고려가 헛수고가 되어 버리는 경우가 너무도 흔하다. 이런 고려가 가능하다면 치료자 개개인과 내담자 개개인의 개인적인 현실과 관계적인 현실을 포괄하고 사려 깊게 각각의 현실에 맞게 반응하는 책임은 우리에게 남겨진다. 이런 책임에 대해 우리의 준비가 부족하다고 느낄 수 있지만, 그럼에도 불구하고 이것은 진정한 책임이다.

사회적 권력을 포함하는 차이

정신분석은 치료 대상에 전체 공동체를 포괄하는 측면에서는 그다지 좋은 기록을 갖고 있지 않다. 인종적인 편견 때문에 어려움을 겪고 있는 사람들은 때때로 치료에 적합하지 않다는 판단이 내려졌는데, 그 이유는 이들의 문제가 내적인 것이라기보다 외적인 것이기 때문이었다. 그리고 나이 많은 사람은 경직성과 변화할 수 있는 능력의 결여 때문에 이런 판단이 내려져 왔다. 호모, 레즈비언 및 양성애자는 미성숙한 발달단계에 고착되어 있는 병리적인 모습으로 그려졌고, 장애자와 학습장애자는 거의 언급되지 않았다. 이상적인 정신분석 환자는 백인이고 양성애자이며, 중산층으로서 언어적 표현이 분명하고 젊거나 중년이며, 충동적이기보다 억제되어 있고, 보험료가 아니라 개인적으로 상담료를 지불할 수 있는 사람이었다.

이런 한계점에도 불구하고 대상관계이론과 정신분석에서 파생된 다른 이론은 주어진 제한을 넘어서는 데 관심을 갖는 전통을 함께 나눈다. Freud와 Ferenzi를 포함하여 이후 분석가들은 예후가 좋지 않았던 환자와 개념적인 틀과 방법적인 틀의 수정이 필요했던 환자뿐만 아니라, 치료비를 낼 수 없었던 환자를 치료해 왔다. Klein은 다른 어떤 분석가가 치료했던 아이보다 더 많은 어린아이들을 만났고, 이 가운데는 정신병이 있는 아이와 오늘날 자폐로 불릴 수 있는 아이도 있었다. Fairbairn은 상당한 시간을 병원과 클리닉에 할애하여 정신병 환자와 외상을 입은 아이들을 치료했다. Winnicott의 작업 영역은 수많은 정상 가족을 비롯해 시설아동과 비행청소년까지 포함했다. 그는 부모와 위탁부모에게 조언을 제공했고 정신병 환자와 경계선 환자와 함께 창의적으로 작업했다.

Guntrip이 치료한 환자 가운데는 조울증 환자와 다른 심각한 장애를 가진 이들이 있었다. 그리고 Bowlby는 어린아이들과 관련된 사회정책에 강력한 영향을 미쳤다.

심리치료는 오늘날의 다문화적 사회를 더 이상 간과할 수 없다. 인종차별주의와 다른 형태의 편견은 극단적이고 무의식적인 분열과 투사의 과정으로 설명되고 효과적으로 해체되어 왔다(Kovel, 1988; Rustin, 1991). 백인 정신분석가와 심리치료자는 과거에도 그랬고 지금도 여전히 서구 사회의 뿌리 깊은 편견에서 자유롭지 않고, 이것의 한 가지 결과는 차이에 대한 우리의 이론적 이해가 초기 단계에 머물러 있다는 것이다.

정신분석을 인도와 일본의 맥락에 적용시켰던 Roland의 연구(1988)는 문화에 의존적인 내적 세계의 차이를 반영한다. 중심이 되는 차이점은 주체와 대상 간의 분화 정도인데, 서구 문화에서는 이런 분화가 극단적인 정도까지 가지만, 다른 문화의 양식은 대인관계적으로 그리고 개인내적으로 좀 더 유연한 연결을 만들어 낼 수 있다는 것이다. 비서구 문화 출신 사람들과 함께 작업하는 일은 무엇이 발달과 개인의 성숙을 구성하는가에 대한 다른 기대와 다른 방식의 이해와 소통을 요구한다. 이런 차이는 서구의 백인 치료자가 놓치거나 병리적인 것으로 간주하기 쉽다. 문화적 차이는 근본적인 것이지만 자주 인정되지 않은 상태로 남아 있다. 치료자들은 섭식장애나 경계선 상태와 같은 분야에 대해서는 관련 저술을 읽어 보려고 하지만, 내담자의 문화적 배경에 대한 어떤 지식, 예를 들어 소설과 영화 그리고 역사적, 지리적, 사회적 자원을 통해 이런 지식을 습득해야 할 필요성이 있다고 보는 사람은 거의 없다. 이런 것에 대한 어느 정도의 감각이 없다면 깊이 있는 의사소통은 불가능할 것으로 보인다(d' Ardenne & Mahtani, 1989 참조).

편견이 하나의 요인으로 작용하는 곳에서는 문화적 차이가 부가적인 의미를 갖고, 분열은 알 수 없는 극단적인 수준에서 일어난다. 서구 사회의 지배적인 집단에게서 편견이 점검되고 제한될 수도 있지만 근절될 수는 없다는 점에 대부분의 치료자는 동의할 것이다. 마찬가지로 생애 초기부터 편견 대상이 되어 온 사람은 이것의 영향을 받지 않은 상태로 남아 있을 수 없다. 연민의 정이 느껴지는 Sinason의 연구(1992)는 학습장애와 복합적 장애가 있는 사람의 내면에서 볼 수 있는 사회적 편견과 개인적인 심리적 과정이 고통스럽게 내적으로 결합되는 양상의 생생한 묘사를 제공한다. 그녀는 장애인과 일반적으로 연합되는 특성은 진실이라기보다 흔히 만들어진 것임을 밝히고, 이것은 소외된 사람의 집단에 대한 주류 사회의 투사를 나타내며, 이들 집단은 다시 이런 투사를 방어적으로 내면화한다.

분열되고 편견으로 투사되는 것은 바로 주류 문화가 두려워하거나 부러워하는 것이다. 따라서 방탕한 성은 호모와 레즈비언에게 전가된다. 장애인은 무능력하고 전(前)성적(pre-sexual) 수준에 있다고 취급되는 반면, 학습장애가 있는 사람은 훨씬 더 노골적으로 어린아이나 동물과 동등하게 생각된다. 사회경제적으로 낮은 수준에 있는 계층조차도 이들과 마찬가지로 지력이 열등하고 무모하게 몸을 쓰며, 주체성의 발달이 정지되어 있다는 낙인이 적용될 것이라는 기대가 있다. 흑인은 그들에게 투사된 두려워하고 열망하는 이런 모든 것과 함께 약간의 항문기적 뉘앙스를 풍기는 더러움과 악취까지 갖고 있을 것으로 여겨진다. 반면에 아시아인과 유대인처럼 피부색이 덜 검은 이들은 탐욕스럽고 수작에 능하다고 시기심 어린 공격을 받는다.

민족성이나 장애, 계층 혹은 성적 성향과 같은 개인적인 요인은 내면세계에서 부당함과 외상과 융합하게 될 수 있다. 아이는 성적 학대나 신체적 학대와 멸시받는 자신의 민족성을 두 가지가 아니라 하나의 요인으로 볼 수 있다. 혹은 낮은 학업성취를 자신의 사회적 가치를 떨어뜨리는 장애의 내재적인 측면으로 볼 수도 있다.

비이성애적(non-heterosexual) 성향을 병리화했던 전통은 어떤 종류의 편견이든 그것이 어떻게 지각과 사고 모두를 저해하는지 보여 준다. Freud는 시대를 앞서서 동성애를 이성애로 전환시키는 것은 정신분석 치료의 목표가 되어서도 안 되고 또 될 수도 없으며, 이성애는 '자명한 사실' 이 아니라고 주장했다(Freud, 1905b, S.E. 7, footnote, 1915). 그는 동성애자에게는 정신분석학회 회원 자격을 금하자는 Jones의 제안을 거절했다(Stubrin, 1994: 90-91 참조). 그러나 비이성애적 성향은 미성숙하거나 병리적이거나 혹은 도착적임을 암시하는 그의 다양한 진술은 이후 분석가가 그들의 편견을 걸어놓을 수 있는 고리를 제공했고, 그들이 비이성애를 본질적으로 열등한 것으로 보도록 허용했다.

성 정체성(gender identity)과 성적 성향(sexual orientation)이 부분적으로만 구별되는 경우가 흔히 있다. 이성애를 유일한 패러다임으로 두고 보면, 레즈비언과 호모는 전성기기적 성(pre-genital sexuality)에 고착되어 자신의 거울 이미지와 자기애적으로 관계하거나 혹은 반대 성과 동일시하는 것으로 보인다(O' Connor & Ryan, 1993). 또한 호모, 양성애, 레즈비언의 내적 구조화의 특수성이 편견의 영향에서 분리되지 않아 왔다. 사회적인 비타당화에서 비롯되는 것과 성적 성향에서 비롯되는 것이 무엇인지를 규명하기는 어려우며, 또한 생물학과 초기 관계 및 문화가 미치는 개별적으로 다양한 영향은 아직 이해되지 않고 있다(Stoller, 1968, 1985; Chodorow, 1994). 우리의 무지에도 불구하고 편견은 심리치료 분야에서 중요한 문제로 남아 있다. 근래인 1994년에도 영국의 일부 주요 정신분석 훈련 기관에서 비이성애자를 암암리에 차별했다는 것이 드러났다(Ellis, 1994).

비록 우리 사회의 주류에 속하는 기관에서 인종, 계층, 장애 혹은 성적 성향에 근거한 의도적 차별을 적어도 공식적으로는 혐오하지만, 기회 균등과 차이에 대한 존중적 인식을 증진시키려는 움직임은 상황을 단지 부분적으로만 개선시켰을 따름이다. 완미(頑迷)하거나 민감하지 못한 사람으로 비춰지는 것에 대한 두려움은 하나의 정신적 속박으로 작용하는데, 이것은 예전의 가정만큼 효과적이고 유사한 방식으로 사고와 자유로운 논의를 가로막는다. 이런 모든 요인의 결과는 어떤 성적 성향이 어떻게 발달하는지를 우리가 거의 이해하지 못한다는 것이며(Stubrin, 1994), 계층과 나이, 문화적 차이의 구체적인 내용에 대해서도 상대적으로 아는 바가 별로 없고, 또한 권력 불균형의 심리학에 대해서도 충분히 알지 못한다는 것이다.

10

대상관계이론의 전제

모든 이론은 그 이론에 속한 개념의 의미를 제한하고 구성하는 기본적 전제 위에 성립된다. 심리치료이론이 기초하고 있는 가정은 분명하게 명시되는 경우가 별로 없기 때문에 오히려 더 강력하게 영향을 미친다.

이 장에서는 인간의 본성에 대해 대상관계이론이 기초하고 있는 전제 중 몇 가지를 간략히 다루고자 한다. 이 장의 목적은 어떤 결론적인 관점을 제공하려는 것이 아니라 오히려 유사한 질문을 제시하려고 하는 것이다. 인간에 대한 이론의 효용성은 그것이 개인적인 사고방식이나 실제에 얼마나 적용될 수 있는지에 달려 있다. 독자들이 이 책을 인간의 삶과 심리치료에서 일어나는 변화에 대한 자신의 철학을 발견하고 탐색하는 데 활용할 수 있기를 바란다.

개인과 집단

대상관계이론은 개인의 경험에 주의를 기울이지만 동시에 개인을 넘어서는 세계에서 하게 되는 경험의 핵심이 무엇인지 규정하고 있다는 점에서 역설적이다. 우리의 온전성은 우리의 불완전성으로 규정되며, 우리의 통일성은 우리의 분열된 특성으로 규정된다.

몇몇 생물학자에 따르면, 개미나 벌 같은 곤충은 전체 군집을 하나의 기관으로 다룰 때 가장 잘 이해할 수 있다고 한다. 각각의 곤충은 하나의 몸 안에서 서로 다른 기능을 하는 하위 단위처럼 이해할 수 있다. 몸의 부분, 개미 또는 인간은 혼자서 생존할 수 없다. 팔이나 발을 하나의 생명력 있는 단위로 보기보다 한 개인 전체를 자발적인 단위로 보는 것이 일반적이다.

대상관계 관점의 기둥이라고 할 수 있는 상호의존성 개념은 개인에 초점을 맞추고 있는 그 이론의 타당성에 대해 많은 의문을 제기한다. 대상관계이론에 관련된 문헌은 심리학 자체가 전체 시스템의 한 부분으로 인간보다는 분리된 인간에 초점을 맞추고 있다는 사실을 명시해서 논의하지 않는다. 관계를 형성하려는 욕구와 능력이 이론의 핵심임에도 불구하고 대상관계이론은 각 개인을 하나의 단위로 보는 경향이 있다.

더 이해하기 어려운 역설 중 하나는 자기(self)라는 것이 전체 집단을 구성한 다른 사람에게서 파생되는 하나의 하위 단위로 이해되고 있다는 점이다. 대상관계이론에서의 자기 또는 경험되고 구조화된 자아(ego)는 우리의 사회적 특성을 반영한다. 자기는 관계의 맥락을 벗어나서는 발달하거나 생존할 수 없다. 모든 관계에서 철회한 자폐적인 사람은 비사회적이고 경직되며 아무런 의미 없는 따분한 상태에 고정되어 있다. 우리는 그러한 사람을 인간이 되는 데 필요한 중요한 부분을 상실한 것으로 간주한다. 타자라는 것을 느끼지 못할 때, 자기라는 것도 없다. 대상이 없다면 주체도 없다.

자기에 대한 주관적 감각을 느끼기 위해 우리는 타자를 끌어들이며, 타자라고 하는 것은 우리 속에 자리 잡고 있다. 우리 속에 타자가 없이는 우리 자신을 구별되게 느낄 수 없다. 우리는 자신을 자각하거나 기쁘게 하거나 좌절을 느낄 수도 없다. 우리는 갈등이나 조화를 경험하지 못하며 우리 자신의 부조화 상태와 대비되는 하나가 된 상태도 경험할 수 없다. 우리가 "난 어찌된 영문인지 몰라. 어제 나는 내가 아니었어." 라고 말할 때, 우리는 모두 내면의 구분된 영역에 대한 환상을 품고 있다. 그러면 어제 나는 누구였는가? 마치 벌판에서 강풍이 몰아친 것처럼 어제 나를 엄습한 것은 무엇인가?

나는 대상과 주체가 합쳐진 것이다. 집단의 하위단위로서의 개인은 내면세계 속에서 대상과 주체가 결합된 집단인데, 그것은 자신을 지속적으로 규정하고 창조해 나간다. 한편 외부집단에는 그것의 주관적 단일성을 강화하기 위해 타자라고 규정할 수 있는 대상이 필요하다. 인간의 삶에서 전쟁이 지속된다는 사실은 우리가 인간의 기본단위를 하나가 아닌 두 개의 집단으로 본다는 것을 시사한다. 인간본성의 잠재적인 단위집단은 그 하위집단들이 응집된 정체성을 경험하도록 하기 위해 하위집단으로 나눈다. 따라서 분리와 통합은 상대편이 없으면 존재할 수 없는 두 부분—그 부분이 개인, 집단, 사회 또는 사회의 집단 수준이든 관계없이—사이의 긴장 형태로 존재한다.

사회적 인간의 복잡성에 대해 논의하다 보면, '나' 또는 자기에 대해 다소 생소한 생각을 가지게 된다. 대상관계이론에서 말하는 '자기 속에 있는 타자' 라는 개념은 공간적인 의미로 사용하는데, 이는 자기와 타자를 작은 상자를 그보다 좀 더 큰 상자 속에 넣고, 다시 그 큰 상자를 (마술처럼) 작은 상자 속에 넣는 것과 같다. Klein이 당시에 받았던 비판 중 하나는(King & Steiner, 1991) 초기 Klein 학파는 사람들이 실제 내부대상—남자의 성기, 가슴, 부모 등—을 자신 속에 가지고 있고 그 모든 내부대상은 정신분석이라는 과정을 통해 풀어지면서 작은 상자로 나누어지는 것처럼 말했다는 점이다. 비판자들은 이러한 은유적 표현은 무의미해지기 시작했다고 느꼈다. 그들의 비판은 그와 유사하게 공간적인 용어로 기술된 '분열성 공허함' 과 '단절(cutting off)' 그리고 자기 부분의 '억압' 과 같은 개념에도 적용된다.

Klein의 대답은 이러했다. 이들이 은유적 개념이기는 하지만, 무의식적인 환상의 수준에서 우리는 내부대상을 빨아들이거나 뱉어내서 충만함이나 공허함, 독성이나 무해성을 감각적으로 느낄 수 있는 물질적인 것으로 경험한다. 그녀가 시도했던 것은 이후의 모든 세련된 개념이 기초할 수 있는 형태의 원초적인 경험을 직접적으로 지칭해 보려는 것이었다. 마치 건물의 기초처럼 건물의 표면은 서로 많이 달라 보이지만, 그 깊은 구조는 그 위에 지을 수 있는 무엇인가를 조직하든지 아니면 제한한다.

대상관계이론이 제시하는 대부분의 개념은 우리가 추상적인 자기와 물질적인 신체를 구별하지 않고 우리 자신을 기본적으로는 물리학적 용어로 경험한다는 사실을 시사한다. 우리는 '자기에 대한 단단한 감각' 을 '가지기' 원하거나 또는 다른 사람 안에 있는 '자아 구조' 를 '형성하거나' 또는 '지지하기' 를 원한다. 과연 이것이 실제 우리의 경험과 얼마나 일치하는가? 또 이것이 초기 생물학적인 원리에 기초한 Freud의 전통적인 생각에서 얼마나 벗어나 있는가? 경험이 물질적인 존재에 기초한다는 것이 과연 타당한가? 만약 그렇다면 대상관계이론의 지지를 받아 이것이 생물학에서 심리학으로 넘어가는 지점은 어디인가?

반대로 Winnicott은 '거짓 자기'의 건조함과 '참 자기'의 유동성을 비교하면서 참 자기를 '생동감의 경험'이라고 규정했다(Winnicott, 1960b). 다른 곳에서 그는 자기를 '외부와 의사소통이 두절된' 가장 내부의 핵으로 묘사하면서 자기를 하나의 물질로 보는 은유로 되돌아갔다(Winnicott, 1963b). 자기심리학의 창시자인 Kohut은 자기를 지속하는 특성이 있는 자연적 '활기'로 묘사했지만, 동시에 '다양한 구성물을 가지고 있는' '견고하고 건강한 구조'라고 규정했다(Kohut & Wolf, 1978). 부분대상에 대비되는 전체대상, 편집-분열적 양태에 대비되는 우울적 양태, 유아적 의존성에 대비되는 성숙한 의존성 등의 개념은 다양한 요소에 대한 개념이 가지고 있는 생기 없음(비활성)을 초월하는 것을 지향할 뿐 그러한 것에 직접 도달하지는 못하고 있다.

이 모든 아이디어는 우리가 현실을 항상은 아니지만 때때로 소유보다는 과정으로, 즉 어떤 공간을 차지하고 있기보다는 일어나는 현상으로, 명사보다는 동사로 경험한다는 사실을 시사한다. 그러나 이와 같은 시각에서 보면 우리의 사회적 특성을 구체적으로 묘사하는 일이 더 어려워진다. 주관성의 유동적 흐름으로서의 나를 지리멸렬하거나 통일성 있게, 또는 거칠거나 부드럽게 묘사할 수 있는 한편, 다른 사람을 이러한 흐름 속에 분명한 형태로 포함시키기 어렵다. 우리가 다른 사람이나 다른 사람의 일부분, 또는 다른 사람의 경험을 유동적인 용어로 상상한다고 해도 상황은 마찬가지다. 그러면 우리는 내부-외부를 공간적 개념으로 보는 의심스러운 관점으로 되돌아가는 것은 아닐까? 다른 사람을 사물보다는 과정으로 경험한다는 것이 과연 진실일까?

과정으로서의 나라는 개념이 일리가 있고, 심지어 많은 자극을 주지만, 우리가 그러한 열린 지속성이라는 특성을 다른 사람에게 부여하는 경우는 거의 없다. 우리는 다른 사람을 장애물 또는 우리 자신이나 자신의 계획에 활용할 자원, 그리고 따뜻하고 지루하며 재미있고 또는 음악을 잘한다 등으로 지각하지 않는가? 이 모든 특성은 삶에서 강 같은 흐름이라고 하기보다 변화하지 않는 사물처럼 보인다.

이와 마찬가지로 우리는 자신을 안정된 것이기보다는 유동적인 것으로 경험하기를 바라는 경우가 거의 없다. 우리는 자신이 단단하고 분명하며 깊은 자기의 한 부분이기를 바란다. 또 우리는 다른 사람에게 드러나서 그들이 우리의 존재를 확인해 주기 바란다. 그리고 우리는 우리의 필수적인 현실과 자신이나 다른 사람의 정체성에 대해 더 이상 염려하지 않기를 바란다.

대상관계이론의 여러 개념 속에 많이 퍼져 있는 사물에 기초한 자기라는 관점(thing-based view)은 그 이론이 기초하고 있는 기본적인 관점에 전적으로 적합하지는 않지만 삶을 쉽게 사는 방법 중 하나일 수 있다. 우리가 구체적으로 규정할 수 있고 조금씩 쌓아 갈 수 있으며, 우리가 그것을 잃을 것에 대해 덜 두려워할 수 있는 자기를 '가지고' 있다는 환상에 매달려 있는 것이 안전하다. 삶이라는 것이 결국에는 불확실하며 변화로 가득 차 있다는 사실을 자각하는 것은 두려운 일이다. 즉, 우리가 자기에 집착하면 할수록 오히려 자기를 상실하게 된다는 사실을 자각하는 것은 두려움을 준다. 이런 측면에 대해 정신분석적 개념이 소극적인 이유는 관계적, 정서적 삶이 어렵고 고통스러우며, 다른 사람보다 좀 더 확실하고 단단한 것을 더 많이 찾으려고 하며, 사물로서의 자기라는 아이디어가 특히 더 그들을 안심시키는 피난처가 되는 환자와 상담자에 의해 이론이 만들어졌다는 사실 때문일지 모른다. 대상관계이론의 개념은 가용한 이론적 구성개념이 제한되어 있다는 점에서 한계가 있지만, 많은 것을 표현할 잠재력이 큰 심리학적 용어가 다른 접근에서도 아직 없는 상태다.

자기에 대한 개념은 문화에 따라 그 의미가 다르다. 20세기에 서구사회에서 개인적 정체성이란 역사와 문화의 결과물이며, 자기는 자율적이고 본래적인 위엄과 가치가 있는 내면의 성격적 구조라는 사고의 전통을 따르고 있다(Taylor, 1989 참조). 현대 서구 사회에서 자기 개념은 다른 것이나 다른 사람과는 구별되는 어떤 것이라는 점을 강조하는 개별화, 분리, 자기 충족성과 같은 요소에 큰 가치를 두었다. 이처럼 서구사회에서의 자기는 사물과 같은 것이며 관계적인 것이 아니다. Marx의 용어로 말하면, 자본주의에서 상품에 대한 숭배를 반영한다. 자기라는 감각이 없다는 것은 마치 슈퍼마켓에서 동전 하나조차 없는 것과 같은 느낌이다.

서구문화에서의 자기는 다른 문화에서의 자기개념을 고려할 때 대비된다. 여기에서 다른 문화권이란 성취의 정점은 자기충족성이 아니며, 사람들 사이에 구체적으로든 은유적으로든 좀 더 많은 교류가 있는 지역을 의미한다. Roland(1988)는 개인의 정체성이 집단의 정체성을 포함할 때, 그것을 '우리-자기'라고 명명했다. 이 개념은 인간성에 대해 좀 더 현실을 반영한 개념이다. 그리고 그 개념은 모든 사람이 일부가 되어 있고 모든 개인이 의존하는 집단을 부정하지 않고 받아들인다.

동양적 사고는 자기에 대해 다른 방식의 관점을 제공하고 있는 것으로 알려져 왔다. 동양 문화권에서의 자기는 한계가 덜 분명하고 덜 견고한 것으로, 사회적인 조건화로 제한을 받고 있다고 느끼는 서구인이 관심을 가지고 탐색해 왔다. 아마 그들이 초월하기를 바라는 자기는 사물로서의 자기(thing-self)이며, 사물로서의 자기는 경험의 충일성에서 우리를 단절시키는 불확실성에 대한 방어로 이해할 수 있다.

개인은 개별화를 추구한다는 대상관계이론의 주요 명제는 개인의 주관성이 사회적 요소에 기원을 두며 사회적인 특성을 가지고 있다는 기본 전제와 불일치한다. 자아가 내부적, 외부적 '대상(object)'과의 관계에서 발생한다고 본다는 점은 지나치게 물질적으로 여겨진다. 그리고 Fairbairn, Guntrip, Bowlby 같은 일부 예외도 있지만, 개별화는 매우 긍정적 가치를 가지고 있는 것으로 평가되며, 높은 수준으로 개별화되지 않은 것은 대체로 미성숙한 상태로 간주된다.

이와 같은 문제점이 있기는 하지만, 삶의 과정을 공유하기보다는 해석을 통해 정보만 필요로 하는 구별된 단위로 환자를 취급하는 Freud 이론 같은 통찰중심의 접근보다는 대상관계이론이 상당히 발전되어 있다. Klein, Winnicott, Fairbairn을 비롯한 몇몇 이론가는 다른 사람과의 공유를 변화의 도구로 간주했다는 점에서 관계를 중시했던 Freud의 정신분석과 상통한다. 대상관계이론은 Freud가 부성적이고 전향적이기보다 모성적이고 퇴행적이라고 했던 요소의 가치를 점점 중요시하면서 의미, 관계, 관계의 유동성 등을 논의하기 시작했다. 대상관계이론을 그것이 근거하고 있는 뿌리에서 완전히 별개로 취급하려고 하는 것은 비합리적이다. 그러나 인간의 본질에 대해 좀 더 포괄적이고 깨달음을 주는 개념을 추구하기 위해 이론 자체를 지속적으로 재검토하는 일은 그리 무리한 일이 아닐 것이다.

개인적인 수준에서 각 사람은 분리되어 있다는 느낌과 인간의 본질을 공유하고 있다는 느낌, 개별화되어 있다는 느낌과 융합되었다는 느낌, 그리고 방어기제와 (방어기제 아닌) 단순한 지각을 포괄할 어떤 경험을 동시에 하게 될 것이다. 우리 자신이 가지고 있는 세상에 대한 가정이 실제 경험된 진실은 아니면서 단지 우리에게 위안만을 주는 믿음을 면밀하게 검토할 수도 있지만, 우리는 자신에게 위안을 주는 소설을 창작해 내고자 하는 경향을 거의 극복할 수 없으며, 결과적으로 우리 자신에게 가장 중요한 것이 무엇인지에 대해 부분적이며 잘못된 설명만 계속하게 될 것이다.

그러나 다행스럽게도 우리는 혼자가 아니다. 각각의 문화는 단일 문화권 내에서 적용되는 틀의 한계를 인정할 새로운 기회를 제공하고 문화권 간의 교류를 증가시킨다. 그 결과 우리는 사회성과 개인적인 자율성을 모두 인정하는 관점을 습득해 갈 수 있다. 종교적 개념이든 인문학적인 개념이든 우리가 자신보다 좀 더 큰 어떤 것의 일부라는 것을 자각할 때 발견하게 되는 삶의 의미를 추구하는 다양한 길이 우리 앞에 놓여 있다. 그러한 의미의 탐색은 도전, 변화, 두려움 때문에 가지게 된 집착과 귀하게 여기던 확신의 포기 등을 수반한다. 이는 마치 우리가 누구이고 무엇이며 우리가 어디에 서 있는지에 대한 질문을 함으로써 스스로 위안만 하는 자리에 안주하지 못하게 되는 것과 유사하다.

이와 같은 발달과정에서 우리가 경험하는 현실을 기술하기에 언어가 부적절하다는 사실이 밝혀지면서 개념과 이론적 틀은 무너지게 된다. 이 책에 소개된 사람들을 넘어서 그 이상으로 나아가는 것은 우리에게 주어진 과제다.

사람들은 무엇을 추구하는가

추동과 관계

Freud 이론은 인간의 본성에 대해 창조성이나 사랑과 이와는 양립할 수 없는 비존재(non-being)로 향한 추동을 동시에 가정하고 있다. 이런 점에서 대상관계이론은 Freud의 이론에 비해 인간의 본성에 대해 좀 더 단일한 관점을 가지고 있다. 만약 Freud의 이론에서 가정한 추동들을 전향적인 태도로 버린다면, 어떤 일이 발생할까? 대상관계이론은 인간의 삶이 무엇을 목표로 하고 있다고 보고 있는가?

Klein은 창조성과 파괴성으로 향한 추동이 인간의 기본 조건에 포함되므로 심리적 갈등이 불가피하다는 Freud의 신념을 받아들이지만, 동시에 개체의 주관성이 중요한 기능을 수행한다는 점을 가미한 자기 나름의 이론을 발전시켰다. 반면 Klein 이후에 등장한 대상관계이론가들은 인간을 내면적으로나 외부적으로 좀 더 조화로운 삶을 살고자 하는 소망과 능력을 가진 것으로 보고 있다. Fairbairn은 이 점에서 가장 앞서나간 입장을 취했는데, 그는 갈등과 파괴성은 우리의 진정한 심리적 욕구인 좋은 관계가 좌절되었을 때에만 발생한다고 보았다. Guntrip과 Bowlby는 Fairbairn의 관점을 지지한 반면, Winnicott와 Balint는 이 점에서 다소 모호한 태도를 취했다. 그들은 인간이 감각의 지배를 받기도 하고 관계지향적이기도 하다고 했는데, 즉 쾌락추구라는 목표와 대상추구라는 목표의 이중성이 내면적 갈등과 외부적 갈등을 거의 동시에 발생시킨다는 관점이다.

그들의 이중성은 마음은 신체의 산물(생리학적 관점)이고 내면적 세계는 주관적인 실체(심리학적 관점)라는 Freud의 관점의 연장선상에 있다. Freud의 이러한 이중성은 수백 년간 서구사회를 지배했던 마음과 몸의 이원론을 극복해 보려는 노력의 일환이었다. 그는 추동이나 정신적 구조와 같은 개념을 사용함으로써 정신분석이 뇌와 마음 사이를 연결하는 다리를 놓을 수 있기를 바랐다(Freud, 1938, S.E. 23).

그러나 그러한 이원론은 쉽게 극복되지 않았다. Freud 이론에서 '추동' 개념은 물질적인 용어로 정의될 때와 심리적인 의도라는 의미를 담고 있을 경우 서로 다른 의미를 내포했다. 환상(fantasy)은 의식에서 경험되지 않을 수 있다. 그러나 이는 객관적이고 물리학적인 세계에 속하기보다는 주관적이고 추상적인 영역에 속한다. 심리적인 현상에 동반되는 생리학적 과정은 측정되고 관찰될 수 있다. 그러나 논의가 이루어지는 영역의 변화 없이는 생리학적 현상을 경험으로 번역할 수 없다. 다시 말하면, 의식이든 무의식이든 그 어떤 종류의 경험을 언급하기 위해서는 우리가 물질적인 영역에서 벗어나서 표상이나 해석이라는 주관적 세계의 영역으로 옮겨 가야 한다.

Freud의 추동이론은 인간이 추구하는 목표(에로스와 죽음) 측면에서도 이중적이지만, 이러한 목표의 특성 측면에서도 이중적이다. 즉, 에로스와 죽음의 본능은 그가 열정적으로 주장했던 이원성을 표현한다. 그러나 그의 희망이나 의도와는 달리, 그는 생물학적인 개념과 경험적인 개념 사이를 연결할 다리를 놓을 수 없었다. 심리생리학적 이해방식을 구축하려는 그의 대담한 시도는 심리학과 생물학 사이의 균열을 이었다고 하기보다 잠시 덮어 두었을 뿐이다. 그리고 대상관계이론은 이 부분을 명료하게 밝히지 못했고, 오히려 이러한 모호함 위에 구축되었다.

이중성에 대한 Winnicott의 관점이 이런 부분을 잘 보여 준다. 그는 죽음의 본능이 비생물학적이며 지나치게 비관적이라는 점 때문에 그 개념을 매우 싫어했다. 대신 인간발달에서 덜 갈등적인 관점을 선호했다. 그럼에도 불구하고 그는 신체적인 추동과 주관적 경험이라는 이중성을 인정했는데, 이러한 이중성은 그가 제시한 '원초아 경험'과 '자아 관계성'이라는 개념 속에 나타난다. 이런 개념은 생물학과 심리학 간의 균열을 봉합하지 못했다. 오히려 이 두 개념은 우리의 (심리학적) 존재경험 속에서 균열을 자극했다. 즉, 그는 인간이 서로 다른 것을 다른 방식으로 추구하며, 이것들은 각자 우리 본성의 구별된 측면에서 유래한다고 보았다.

Fairbairn과 Guntrip은 그들이 분명히 단일한 심리학적 개념구조를 표방하고 있었다. 이와 동시에 정신분석적 사고에 내재한 이중성에 대해 투쟁해야 할 것 같은 압박을 느꼈다. 그들에게 있어서 추동은 관계추구의 목표가 신체적으로 구체화된 것이다. 즉, 추동은 우리가 목표(관계추구)에 도달하는 데 필요한 도구이지 그 자체가 목표가 아니다. 하지만 관계추구의 목표를 성취할 수 없다는 것이 분명해졌을 때에는 추동의 만족이라는 대안적 목표를 세우고 그것의 만족을 추구하게 될 수도 있다고 보았다. 다시 말하면, Fairbairn과 Guntrip은 관계적 욕구를 일차적인 욕구로 간주했지만, 이차적으로는 인간의 목표에 이원성이 있음을 시사했다.

Klein, Fairbairn과 Balint는 심리적인 이원성을 발달적 개념으로 묘사했다. Klein의 무의식적 환상과 편집-분열성 양태, Fairbairn의 유아적 의존성, Balint의 양자 양식(two-body mode)은 모두 신체적 자기와 그것에 영향을 미치는 어떤 것 사이에 개념적으로 이해할 수 있는 틈새가 거의 없거나 아예 없는 상태를 의미한다. 감정과 감각, 해석과 실제 등은 하나로 경험된다. 이것은 지각과 실체를 구분할 수 있을 뿐 아니라 독립된 개체로서의 자기와 타자 사이에 사고, 이미지, 틈새 등이 반독립적(semi-independence)으로 존재하는 영역을 가진 성숙한 상태와 대비된다. 상징화는 실체와 상징 간의 대응에서 시작되며 개인의 경험에 의미와 주관성을 부여한다. Klein은 태어날 때부터 무의식적 환상과 편집-분열성 양태가 공존하며, 이후 편집-분열성 양태가 우울적 양태에게 그 위치를 양도한다고 생각했다. 그리고 이런 상태 사이의 변화는 밀물과 썰물처럼 심리적 삶의 흐름을 구성한다고 했다.

이 모든 측면에서의 이중성은 비록 그것이 명백하게 언급되지는 않았지만 우리 삶에서 신체적, 정신적 기반이다. 우리의 신체는 음식, 피신처, 성 등을 추구한다. 우리의 주관성은 열정적으로 관계, 예술, 의미를 추구한다. 마음과 몸을 구별하는 서구의 사고방식 때문에 우리의 이런 측면을 서로 나누어 인식하지만, 실제로는 그 둘이 하나의 인간 안에 함께 존재하는 것으로 경험한다. 물리적 세계에 대한 주관적인 경험은 심리적 현상을 낳는다. 그러나 분열된 자기개념으로 인해 경험에 대해 단일한 언어를 가지기 어렵다.

이런 점을 고려하면, 우리는 의미를 추구하기도 하고 만족을 향해 움직이는 심리적-생리적 세계에 살고 있다. 그러나 열망과 추동, 정서와 선호 간의 구별은 모호하며 문화적으로 상대적인 특성을 가지고 있다. 육욕이나 배고픔 등은 심리학적인 진공상태에서는 존재하지 않는다. 열정과 (심리적) 욕구는 매우 일반적인 현상이다. 물론 우리가 그것을 경험하는 때와 장소 및 그것에 대한 우리의 태도는 매우 다양하지만 말이다. 잠재적인 음식 또는 성적인 '대상'에 우리가 부여하는 다양한 가치와 의미는 배고픔과 성욕의 생리적, 심리학적 표현방식에 영향을 미친다. 한 문화권에서는 식욕을 돋우는 음식이 다른 문화권에서는 그렇지 않다. 그리고 만약 다른 형태의 성적 취향이 모두 인정된다면, 얼마나 많은 사람이 이성 아닌 동성에게 성적인 욕구를 느낄 것인가?

중요한 것은 우리가 경험을 이해할 때, 감각적인 만족을 추구하는 추동 같은 생리적 과정에 무게를 두는 극단에서부터 지각, 해석, 감정에 무게를 두는 다른 쪽 극단에 이르는 범위 내의 어느 지점에 있다는 사실이다. 그런데 이러한 이분법 역시 제한된 개념 위에 기초한 문화적인 가공물이라는 점이다. '현실'에서 이 양극단은 서로 혼합되어 있다. 그 어떤 현상도 추동의 관점 또는 의미의 관점으로만 볼 수는 있다. 신체가 없는 심리학은 내용이 빈약하고 겉만 번지르르하다. 한편 마음이 없는 생리학은 사람들이 직면하는 딜레마와 무관해 보인다.

대상관계이론의 개념은 실제로는 분리되지 않은 것, 즉 마음과 몸, 심리학과 생물학, 그 각각이 추구하는 목표 사이를 불완전하긴 하지만 연결을 짓고 있는 다리이다. 좀 더 만족스러운 설명을 위해서는 새롭게 사고를 구성하는 방법이 필요하다. 아마 이것은 마음-몸이라는 이분법적 사고와 그 전통을 달리하는 문화에서 발생할 수도 있을 것이다.

관계와 의미

우리는 앞에서 물질적 존재에 상반되는 주관성과 생리학적 욕구에 상반되는 정서라는, 비록 사람이 구성했지만 실제 경험할 수도 있는 현상에 대해 다루었다. 이에 기초하여 우리는 다음과 같은 질문을 할 수 있다. 접촉(만남)을 추구하는 일차적인 감정적 욕구가 없이도 삶이 인간적일 수 있을 것인가? 인간성이란 관계를 경험할 수 있는 능력에 의존하는가? 이 질문은 발달적 용어로 다음과 같이 재구성될 수 있다. "대상관계 말고 심리학적 측면에서 인간적이라고 할 수 있는 그 무엇이 과연 존재하는가?"

Freud는 마음을 몸에 접붙임으로써 그렇다고 대답했다. 즉, 그는 "정신분석은 … 몸과 마음이 공존하는 현상을 진정 심리적 현상인 것처럼 설명한다."(Freud, 1938a, S.E. 23) 그는 인간의 궁극적인 열망을 자기애적 또는 자기성애적 욕구, 즉 외부 환경과는 무관한 신체적 쾌락을 추구하는 욕구로 보았다. 그는 의미, 사고, 대상관계는 일차적이고 좀 더 본질적인 쾌락원칙을 추구하고 따르려는 과정에서 어쩔 수 없이 현실원칙을 받아들여야 할 때 발생한다고 했다.

Fairbairn, Klein과 Winnicott은 그에 반대했다. 대상관계가 시작될 때에 생물학적 삶에 대비되는 인간의 삶이 시작된다고 보았다. 이들에 따르면, 초기의 관계는 자기중심적이며 쾌락중심적인 것처럼 보이지만, 이것은 유아가 경험이 부족하기 때문이라고 했다. 유아는 외부의 사람을 충분히 있는 그대로 경험하지 못했으며, 따라서 자신과 관련해서만 경험할 수 있다는 의미이다. Fairbairn의 관점을 따르면, 인간의 가장 기본적인 목표는 다른 사람과의 접촉(만남)이다. 감각적 쾌락을 추구하는 것이 가장 중요한 목표라면, 그것은 삶에서의 타락이다.

대상관계를 삶의 시작점으로 삼으면서, Klein과 초기 대상관계이론가들은 삶의 첫 시점에 의미를 부여했다. 의미는 관계가 있지만 별개의 실체 사이에 연결성과 차이점을 모두 지각하는 것에서부터 생성된다. 이는 사물과 경험에다 위와 아래, 안과 밖, 지금과 그때, 낮음과 깊음, 나와 당신을 비롯한 여러 다른 수준의 가치를 부여하는 것과 관계 있다. Segal의 상징적 대응(symbolic equation)과 같은 개념을 비롯한 모든 종류의 상징화는 다른 어떤 것과의 관계 속에 있는 어떤 한 가지를 경험할 때 가능하다. 환상이 단순한 조건반사가 아닌 창조의 과정이 되기 위해서는 의미가 부여되어야 한다. 이것은 주체(subject)를 경험하는 것에서부터 인간의 본질이 시작된다는 대상관계이론의 신념의 근간이 되는 것 같다. 타자라는 것이 없다면 자기도 없고 의미도 찾을 수 없다. (타자가 있을 때 의미가 있는) '나'를 경험하기 이전에는 인간 이전의 존재만 있을 뿐이다.

Freud나 지금까지 논의했던 대상관계이론가는 자아 또는 심리적 자기의 탄생에 대한 통일성 있는 설명을 제공하지 못했다. Freud는 그것은 처음부터 항상 있었거나 아니면 원초아에서부터 발달했다고 했다. Winnicott은 단순히 자아가 시작할 때가 시작이라고 했다. Frances Mott는 자신의 독특한 업적, 『창조의 디자인(*The Universal Design of Creation*)』(1964)에서 심리적 탄생에 대한 통일성 있는 설명을 시도했다. 그것은 자궁 내 태아의 세계와 생후 삶의 단계에 대한 포괄적인 연구였다. 그의 설명은 우주론을 반영하며, 꿈과 신화에 대한 정성 들인 분석에 기초했다. Mott는 태아의 감각이 개념적 형태와 어떻게 연합하는지를 분석했다. 그는 맥박, 혈류, 피부 사이에서 일어나는 전기적 자극과 태반 및 탯줄을 중심핵과 주변적인 것, 점, 선, 평면에 대한 경험과 연결시켰다. 그의 설명방식이 매우 강박적이고 또 바로 논박하기 어려운 망상처럼 보이기도 하지만, 번득이는 직관과 통찰을 제공하는 부분도 있다.

생명의 시작점과 종점에 대한 개인적인 신념은 문화와 개인적인 경험에 따라 다를 수 있다. 시작점과 종점에 대한 개인적인 관점은, 낙태나 안락사를 하면 인간생명의 절대적 가치에 대해 우리가 가진 확신이 더 견고하게 될지, 아니면 그 반대로 절대적 가치를 부정하게 될지에 대해 어떤 견해를 가지는지를 통해 구체적으로 표현될 것이다. 어느 시점에서 낙태나 안락사를 하면 인간의 몸이 죽고, 어느 시점에서 하면 마음, 원기, 영혼이 차례로 죽는가? 아니면 그것들은 불가분의 것인가?

인간의 본질에 대해 대상관계이론이 가지고 있는 가정에 따르면, 의미를 부여하거나 또는 관계를 형성할 수 있는 가능성이 없는 삶은 거의 살 가치가 없다(물론 그것이 없다고 해서 삶 자체가 자동적으로 무가치하게 되는 것은 아니다.). 만약 화창한 봄날에 아무런 즐거움을 느낄 수 없다면, 사랑하는 사람의 얼굴을 보면서 사랑을 느낄 수 없다면, 무자비한 신체접촉에 분노를 느끼지 않는다면, 갈등이나 조화에 내면적인 감각을 느낄 수 없으면서 다만 희미한 중립성만 있다면 이는 인간의 본질이라고 볼 만한 특성은 없는 것이므로 인간의 삶이라고 할 수 없을 것이다. 한편 대상관계이론의 관점에서 볼 때 비록 고통스럽지만 사랑 또는 강력한 고통과 함께 의미를 느낄 수 있는 사람은 무한한 가치가 있다.

의미가 없는 삶이 인간의 삶이 될 수 없다는 관점은 사실 실용적인 측면에서 볼 때 모든 사람에게 설득력이 있는 관점은 아닐 것이다. 사람에 따라서 삶의 가치는 주관적이며, 이론상 다른 사람이 평가할 수 없다고 주장할 수도 있다. 정서적, 물질적 자원이 제한되어 있기 때문에 이 사회의 철학적 분위기는 덜 의식적(실용적) 존재를 상대적으로 평가 절하할 수 있다. 그러나 외부적 관계와 내부적 관계를 형성하는 능력이 중요하다는 점은 20세기 후반 서구사회에서의 사회적 합의인 것 같다.

이 합의는 우리가 사물, 환상 또는 사람을 상품으로 간주함으로써 쾌락의 의미를 지워 버린다면, 우리는 인간의 총체적인 능력에 점점 도달하지 못하게 된다는 점을 함축하고 있다. 우리가 삶 속에서 타자의 존재를 자각하고 타자가 제공하는 의미를 상실할 때 고통을 경험할 수 있는 한 우리는 좀 더 온전한 인간성에 도달하게 된다.

실존적이고 신체를 가진 존재로서, 이러한 이중성은 서구사회가 한 번이라도 온전하게 수용하는 데 실패했던 인간조건의 일부이다. 우리는 순전한 신체나 순전한 영혼만을 갈망하는 것이 아니며 그 어느 한쪽만 완전하게 성취하고자 하는 환상을 가진 것도 아니다. 어떤 순간에는 만족, 쾌락, 회피에 충실하며, 다른 순간에는 그 반대인 접촉, 의미, 진실을 위해 온몸을 바친다. 서구사회의 전통에 따라 몸과 마음을 냉혹하게 나누게 되면 불만족과 갈등은 피할 수 없다.

선과 악

Freud와 Klein은 사랑과 파괴성은, 음양의 기운처럼 부분과 융합의 상태를 지속적으로 넘나들면서 변화무쌍한 상태를 반복하는 별개의 두 근원에서 유래한다고 보았다. 이후 이론가들은 타자와의 접촉(만남)을 추구하고 그것이 깨졌을 때 좌절로 인한 반응을 보이는 단일체를 가정하는 쪽으로 방향을 선회했다. 인간성의 기반이 되는 단일체를 보여 주려는 모든 시도, 예컨대 Winnicott이 제시한 사랑과 공격적 근원이라는 개념, Guntrip이 제시한 퇴행한 자아 또는 Fairbairn이 제시한 유아의 완전한 의존성 등의 모든 개념은 난관에 봉착했다.

인간의 파괴성은 자기중심적인 시각 때문에 발생한다. Freud의 이론에 따르면 파괴성은 특정형태의 만족, 즉 그 만족 앞에서는 타자에 대한 자각이나 의미가 사라지는 그런 만족을 추구하는 추동이 증가하면서 발생하는 현상으로 보았다. 그리고 그러한 추동이 증가하면 죽음과 완전한 비존재로부터 얻는 궁극적인 만족상태에 도달할 수 있다고 보았다. Winnicott과 Balint가 가지고 있던 이중적인 관점에 따르면 인간이 감각적인 만족만을 추구하는 것이 절박한 상황에 빠지면 다른 사람의 관점을 고려하는 것이 무의미해진다. Fairbairn에 따르면, 사람들은 갈등을 외현화시키거나 관계 대신 쾌락을 즉각적으로 성취할 목표로 대치함으로써 내부의 갈등을 완화하려고 하는데, 이렇게 되면 타인의 실존적 현실을 자각하지 못하게 된다. 이 이론가들은 모두 자신의 본성 속에 온전한 관계를 추구하지 않는 잠재적 파괴성이 있다고 생각했던 것 같다.

따라서 파괴성은 죽음으로 끌고 가는 내적인 성향으로 설명될 수 있는데, 이것은 우리 자신의 복잡하고 오묘한 본성이나 불완전한 환경 때문에 나타난 불행한 현상으로 설명될 수 있다. 내면적 갈등이 보편적이라고 가정하면 개념적인 정상성에 대한 Fairbairn의 관점은 의문의 여지가 있으며, 본능과 관계라는 두 축이 그리 조화되지 않음을 알 수 있다. 그렇다면 과연 우리는 죽음의 본능을 감안하지 않은 채 갈등과 파괴성이 존재하는 이 현실을 정확하게 설명할 수 있을까? 이것은 그저 쉽게 불필요하다고 무시할 수 있는 개념이 아니다. 우리는 잠정적으로 파괴성은 사람이 자신의 바깥에는 존재하는 세상이 없다는 잘못된 시각에서 발생한다고 추정할 수 있다. 그러나 과연 이러한 현상이 우연적인 것인지, 아니면 계획된 것인지는 여전히 의문으로 남는다.

우리는 사랑과 분노를 구별하려고 할 때 어려움을 겪는다. 이것은 서구적인 사고에서는 개념상 흔히 선과 악으로 구별된다. 사랑과 분노의 개념은 Freud가 처음 이 용어를 사용한 이후 충분히 검토되지 않았다. 이 개념은 한편으로 전쟁의 참혹한 결과와 다른 한편으로 점진적이고 고통스럽게 번져 간 그의 암세포라는 사회적이고 사적인 경험의 영향을 받아 그의 이론구조 속에 들어왔고, 그래서 충분히 검토되지 못했던 것은 아닌가 생각한다.

초기의 대상관계이론가는 두 번의 세계대전을 겪었다. 그중 한 번은 그들이 어릴 때 겪었고, 다른 한 번은 성인이 되어서 겪었다. 또 많은 이론가가 심리적인 외상을 입은 군인이나 민간인과 직접 만나 심리치료를 했다. 20세기에 일어난 전쟁의 야만성과 수용소에서의 소름 끼치는 경험, 극동 지역에서 포로를 무자비하게 다룬 사건, 히로시마와 나가사키에 떨어진 핵폭탄 등을 고려할 때, 인간의 파괴성은 제어할 수 없는 힘인 것처럼 보였을 것이다. 물론 이것은 '자녀에게 보통 정도로 헌신하는 엄마'의 사랑과는 공통된 부분이 거의 없다. 이러한 현실로 인해 사랑과 파괴성은 지속적이고도 은밀하게 점점 더 거리가 멀어졌고, 결국 이론가는 그 둘 사이의 적절한 공통점을 찾으려는 노력이 있었음에도 불구하고 공통적인 뿌리를 찾지 못했다.

Martha Nussbaum은 학문적에서 파생되어 일상생활의 세계로 적용하는 철학의 중요성을 강조하면서 그러한 문제를 해결해 보려고 했다(1994). 정서와 열망에 대한 그리스와 로마의 철학을 두루 섭렵하는 노력을 통해 그녀는 사랑과 파괴성은 결국 하나의 현상이라는 결론을 내렸다.

느낌과 감정은 의식적, 무의식적인 수준에서 평가, 판단, 해석 등의 기능을 한다. 무엇인가를 원한다는 것은 곧 그것이 우리의 안녕과 복지를 위해 중요하다고 판단한다는 뜻이다. 우리는 우리가 외부에서 얻는 좋은 어떤 것이 사용 가능한 것처럼 보일 때 우리는 그것을 욕구, 기대 또는 열망 등으로 경험한다. 그리고 그것이 위협받을 때 우리는 그 현상을 불안과 두려움으로 경험하며, 그것이 다른 사람의 행위에 의해 위협받을 때 우리는 그 상황을 분노로 경험한다. 사람 또는 음악, 철학 같은 추상적인 것을 사랑할 때, 원래의 판단에다 그 사람이나 실체가, 그 실체에 대한 우리의 흥미 때문이 아니라 그 자체로 중요하다는 신념이 부가된다. 이와 같은 두 차원의 가치평가는 관계에서 경험하는 정서에도 적용해 볼 수 있다. 즉, 우리는 우리가 얻기 원하는 어떤 사람이 우리의 사랑에 잠정적으로 반응할 때 사랑을 느끼며, 그의 사랑을 상실했을 때 슬픔을 느낀다. 그리고 다른 사람이 그의 사랑을 빼앗아 가려고 할 때 질투를 느낀다.

따라서 모든 정서는 공통적인 뿌리를 가지고 있는데, 그것은 특정 대상이나 사람이 우리에게 긍정적인지 또는 부정적인지에 대해 판단하거나 환상을 가지게 한다. 이것은 인지가 정서에 우선한다는 사실을 의미하지 않는다. 오히려 인지, 정서, 감각은 하나의 사건으로서 다만 서로 형태가 다르고 또 서로 다른 요소가 이차적으로 구분될 수 있는 하나의 사건이다. 좀 더 시각을 넓히면 사물과의 관계를 사람 간의 관계에도 변형시켜 적용할 수 있는데, Winnicott은 때때로 이것을 전환기 영역(transitional area)이라고 했다. 각 정서상태의 차이는 구별된 능력에 있는 것이 아니라 외부의 세계에서 들어오는 빛이 비추는 방식에 따른 것이다. 여기에서 외부의 세계란 우리에게 도달되는 세계이면서 동시에 우리가 도달하는 세계를 의미한다.

열망과 분노는 모두 파괴성을 초래한다. 자신이 순수하다고 정한 것에 대해 가치를 열정적으로 부여함으로써 순수를 오염시키는 것을 파괴해 버렸던 히틀러처럼 우리 역시 우리가 선호하는 이 세상의 모습을 더럽히는 대상을 마음으로든 행동으로든 파괴한다. 정의, 진실, 아름다움을 맹 목적으로 추구함으로써 동시에 우리는 우리가 사랑하는 대상이나 사람의 선호하는 이미지를 망가뜨리는 부분을 공격한다. 이렇게 하지 않는 것은 삶을 충실하게 사는 것이 아닌 것으로 생각한다. 만약 우리가 진정으로 미워하지 않는다면, 우리는 진정으로 사랑하지 않을 것이다. 왜냐하면 우리는 우리 자신의 통제권 밖에 있는 것에 높은 가치를 부여하지 않을 것이기 때문이다.

우리의 파괴성을 막아 주는 것은 우리 자신의 이익과는 별개로 다른 사람 역시 그 자체로 가치가 있다는 태도, 즉 가치를 이중적으로 부여하는 태도이다. 타인이 분리되어 있다는 사실과 그들의 주관성을 이해함으로써 우리는 그를 우리의 소유적인 통제권 밖으로 내보내며, 우리는 자신의 비폭력적인 주관성을 통해 타인의 타인됨을 인정할 뿐이다. 우리는 과정으로서의 자기(self-as-process)보다는 좀 더 단순하고 협소한 물체-자기(thing-self)로 돌아가게 된다.

만족이 제한된다는 느낌에서 벗어나 좀 더 넓고 큰 시각을 가지는 쪽으로 전환하고 싶겠지만, 자기중심성을 극복하고자 하는 노력은 실패로 끝날 것임에 틀림없다. 우리 자신의 결핍과 관계없이 다른 사람은 여전히 가치를 가진다는 식으로 자신을 초월한 관점을 가진다고 해서 자기의 한계성이 사라지지는 않는다. 우리는 확장되고 초월성이 가득한 비인간적인 상태를 지칭하여 '성스러움' 이라는 용어를 사용한다. 자기와 타자가 상품화되지 않는 상태에 대해서 아주 약간의 맛만 보는 것이 보통 사람의 수준이다. 따라서 최소한 서구적인 사고에서 인간은 자신이 실제로 도달할 수 있는 것보다는 더 높은 수준의 것을 추구하고 있다. 우리는 자신의 본성을 잊어서는 안 된다. 그렇게 하려는 시도를 함으로써 오히려 우리가 두려워하는 파괴성을 자신에게 행사하게 된다. 쾌락을 추구하고 의미를 사랑하고, 자신을 가장 중시하면서 동시에 다른 사람의 가치를 있는 그대로 수용하는 것, 이러한 이중적인 측면 간의 갈등이 곧 인간의 삶이다.

사물을 추구하는 것은 성숙한 관계와 동일하기도 하고 다르기도 하다. 자신과 타인을 의식과 무의식의 주관적 흐름으로 보는 것이 아니라 사물, 대상, 소유물로 보는 것은 의미 없이 단순히 감각을 추구하는 것이다. 사물-자기로서 우리는 관계보다는 소유를 통해 만족감을 얻을 수 있다. 그러나 좀 더 넓고 장기적으로 보면, 우리는 다른 사람이 제공해 주는 서비스보다는 그의 영혼을 원하는 쪽으로 성장한다. Hegel(1807; Grotstein & Rinsley, 1994: 141에서 재인용)은 "인간은 대상을 추구하지 않는다. 인간은 대상에 대한 열망을 추구한다."라고 했다. Fairbairn은 철학공부를 하면서 Hegel의 문헌을 연구했다. 대가 없이 주어지는 것을 추구하면서 우리가 영원히 도달할 수 없는 것을 가치 있게 여긴다는 점을 고통스럽게 자각하고 어쩔 수 없이 수용하게 된다. 우리는 이것을 사랑, 그리움, 고통으로 경험한다. 우리는 이와 같은 깨달음에 대해 분노로 대항한다.

물질적인 것을 추구하면서, 우리는 신체적 자기를 하나의 실체로 자각하며, 감각적인 것 이상을 인식하지 않는다. 한편 사회적인 것을 추구하면서, 우리가 의지할 만한 대상에 대한 의존성은 그 대상에게 도달할 수 없을 때 자각한다. 몸과 마음, 선과 악, 추동과 관계 등의 이중적인 개념 중 그 어느 한쪽도 부정하지 않고 있는 그대로 알고 자각한다면, 우리는 능력과 한계를 모두 가진 있는 그대로의 인간이 될 수 있을 것이다. 우리가 순수성에는 도달할 수 없지만, 경험의 풍부성에는 도달할 수 있을 것이다. 우리가 분열(split)[나뉜 것. 여기에서는 병리로서의 분열이라는 의미보다 이중성을 통해 삶과 경험을 이해할 수밖에 없다는 의미가 강함-역주]이라고 보는 것 이상으로 인간의 본성을 설명하기에 더 적절한 언어를 찾을 수 없다.

* * *

새로운 생각이란 우리가 그것을 변화시킬 수 있는 만큼만 가치가 있다. 도전이란 항상 우리에게 최고로 중요한 것을 찾아내는 것이다. 그 어떤 이해방식도 똑같을 수 없다. 그리고 우리 각자는 어제 이해했던 것이 오늘 사라질 때 절망할 것이다. 이런 절망감은 아무리 우리가 어제 이해했던 것에 매이지 않겠다고 약속을 굳게 하더라도 찾아온다. 우리의 생각은 우리가 만난 여러 이론가의 생각만큼이나 상반되고 또 부적절함으로 가득할 것이다. 마음과 몸, 사랑과 미움, 개인과 집단, 기법과 관계 사이에 있는 경계선은 사라지는 듯하지만 더 분명하게 드러난다. 우리의 개념적 구조와 도구에 내포된 문화적인 유산은 우리의 관점을 제한하기도 하고 풍부하게도 하는데, 이것은 우리가 결코 그 문화적 유산에 있는 것을 분명히 보려는 노력을 할 때 축복이 되기도 하고 저주가 되기도 한다.

우리의 확신을 가장 확실하게 드러내는 방법은 행동하는 것이다. 우리의 상담실제는 우리가 근거하고 있는 세계관을 우리 자신에게 드러내 줄 것이다. 우리는 이것을 깨달아 발견해 가면서 안도하는 만큼 동시에 두려워하게 될 것이다. 그리고 그것이 안도감을 주지만 동시에 견딜 수 없을 만큼 제한적인 것을 알게 될 것이다. 마치 고향으로 돌아갈 때처럼 말이다.

참고문헌

Abraham, K. (1927). *Selected Papers on Psycho-Analysis*. London: Hogarth; Karnac (1979).

Ainsworth, M., Blehar, M., Waters, E. and Wall, S. (1978). *Patterns of Attachment: Assessed in the Strange Situation and at Home*. Hillsdale, NJ: Erlbaum.

Alexander, F. (1954). 'Some Quantitative Aspects of Psychoanalytic Technique', *Journal of the American Psychoanalytic Society* 2: 685-701.

American Psychiatric Association (1995). *Diagnostic and Statistical Manual of Mental Disorders*. Washington, DC: American Psychiatric Association.

Balint, A. (1939). 'Love of the Mother and Mother Love', in M. Balint, *Primary Love and Psychoanalytic Technique*. London: Hogarth (1952); New York: Liveright (1965).

Balint, M. (1935). 'The Pregenital Organisation of the Libido', in *The Basic Fault: Therapeutic Aspects of Regression*. London: Tavistock (1968).

Balint, M. (1936). 'Eros and Aphrodite', in *Primary Love and Psychoanalytic Technique*.

Balint, M. (1947). 'On Genital Love', in *Primary Love and Psychoanalytic*

Technique.

Balint, M. (1949). 'Changing Therapeutical Aims and Techniques in Psycho-analysis', in *Primary Love and Psychoanalytic Technique.*

Balint, M. (1951). 'On Love and Hate', in *Primary Love and Psychoanalytic Technique.*

Balint, M. (1952). *Primary Love and Psychoanalytic Technique.* London: Hogarth; New York: Liveright (1965).

Balint, M. (1957a). *The Doctor, His Patient and the Illness.* London: Pitman; New York: International Universities Press.

Balint, M. (1957b). 'Criticism of Fairbairn's Generalization about Object-Relations', in E. Fairbairn Birtles and D. Scharff, eds, *From Instinct to Self: Selected Papers of W. R. D. Fairbairn. Volume I: Clinical and Theoretical Papers.* London and Northvale, NJ: Jason Aronson (1994).

Balint, M. (1959). *Thrills and Regressions.* London: Hogarth.

Balint, M. (1968). *The Basic Fault: Therapeutic Aspects of Regression.* London: Tavistock.

Berne, E. (1961). *Games People Play.* New York: Grove; Harmondsworth: Penguin (1964).

Bettelheim, B. (1982). *Freud and Man's Soul.* London: Hogarth; New York: Alfred Knopf; London: Penguin (1991).

Bion, W. (1962a). *Learning From Experience.* London: Heinemann; Karnac (1984).

Bion, W. (1962b). 'A Theory of Thinking', *International Journal of Psycho-Analysis* 43: 110-19. Reprinted in W. Bion, *Second Thoughts.* London: Heinemann; New York: Jason Aronson (1967).

Bowlby, J. (1944). 'Forty-four Juvenile Thieves: Their Characters and Home Life', *International Journal of Psycho-Analysis* 25: 1-57, 207-8.

Bowlby, J. (1953). *Child Care and the Growth of Love.* Harmondsworth: Penguin; enlarged edition, 1965.

Bowlby, J. (1969). *Attachment and Loss. Volume I: Attachment.* London: Hogarth; New York: Basic Books; Harmondsworth: Penguin (1971).

Bowlby, J. (1973). *Attachment and Loss. Volume II: Separation: Anxiety and Anger*. London: Hogarth; New York: Basic Books; Harmondsworth: Penguin (1975).

Bowlby, J. (1980). *Attachment and Loss. Volume III: Loss: Sadness and Depression*. London: Hogarth; New York: Basic Books; Harmondsworth: Penguin (1981).

Bowlby, J. (1988). *A Secure Base: Clinical Applications of Attachement Theory*. London: Routledge.

Bowlby, J. (1990). *Charles Darwin: A New Biography*. London: Hutchinson.

Breuer, J. and Freud, S. (1895). 'Studies on Hysteria', in James Strachey ed., *The Standard Edition of the Complete Works of Sigmund Freud*, 24 vols, London: Hogarth, 1953-73, Volume 2; *Pelican Freud Library* Volume 3. Harmondsworth: Penguin.

Casement, P. (1985). *On Learning From the Patient*. London: Tavistock.

Chodorow, N. (1989). *Feminism and Psychoanalytic Theory*. New Haven. CT: Yale University Press; Cambridge: Polity Press.

Chodorow, N. (1994). *Femininities, Masculinities, Sexualities: Freud and Beyond*. London: Free Association Books; Lexington, KT: University of Kentucky Press.

Crews, F. (1993). 'The Unknown Freud', *New York Review*, November 1993.

d'Ardenne, P. and Mahtani, A. (1989). *Transcultural Counselling in Action*. London: Sage.

Davis, M. and Wallbridge, D. (1981). *Boundary and Space: An Introduction to the Work of D. W. Winnicott*. London: Karnac.

Eagle, M. (1984). *Recent Developments in Psychoanalysis: A Critical Evaluation*. Cambridge, MA: Harvard University Press.

Eichenbaum, L. and Orbach, S. (1982). *Outside In ... Inside Out. Women's Psychology: A Feminist Psychoanalytic Approach*. Harmondsworth: Penguin.

Ellis, M.L. (1994). 'Lesbians, Gay Men and Psychoanalytic Training', *Free Associations*, vol. 4. 4, no. 32 (1994): 501-17.

Erikson, E. (1950). *Childhood and Society*. New York: Norton;

Harmondsworth: Penguin (1965).

Fairbairn, R. (1940). 'Schizoid Factors in the Personality', in R. Fairbairn, *Psycho-Analytic Studies of the Personality*. London: Routledge and Kegan Paul (1952).

Fairbairn, R. (1941). 'A Revised Psychopathology of the Psychoses and Psychoneuroses', in *Psycho-Analytic Studies of the Personality*.

Fairbairn, R. (1943). 'The Repression and Return of Bad Objects (with Special Reference to the "War Neuroses")', in *Psycho-Analytic Studies of the Personality*.

Fairbairn, R. (1944). 'Endopsychic Structure Considered in terms of Object-Relationship', in *Psycho-Analytic Studies of the Personality*.

Fairbairn, R. (1946). 'Object Relations and Dynamic Structure', in *Psycho-Analytic Studies of the Personality*.

Fairbairn, R. (1952). *Psycho-Analytic Studies of the Personality*. London: Routledge and Kegan Paul. Also published as *An Object Relations Theory of the Personality*. New York: Basic Books.

Fairbairn, R. (1955). 'Observations in Defence of the Object-Relations Theory of Personality', in E. Fairbairn Birtles and D. Scharff, eds, *From Instinct to Self: Selected Papers of W.R.D. Fairbairn, Volume I: Clinical and Theoretical Papers*.

Fairbairn, R. (1994a). Fairbairn Birtles, E. and Scharff, D., eds, *From Instict to Self: Selected Papers of W.R.D. Fairbairn, Volume I: Clinical and Theoretical Papers*. London and Northvale, NJ: Jason Aronson.

Fairbairn, R. (1994b). Fairbairn Birtles, E. and Scharff, D., eds. *From Instinct to Self: Selected Papers of W.R.D. Fairbairn, Volum II: Applications and Early Contributions*. London and Northvale, NJ: Jason Aronson.

Ferenczi, S. (1932). 'Confusion of Tongues between the Adults (Plural) and the Child (Singular)', in *Final Contributions to the Problems and Methods of Psycho-Analysis*. London: Hogarth (1955).

Freud, A. (1927) 'Four Lectures on Child Analysis', in *Introduction to Psychoanalysis*. London: Hogarth (1974).

Freud, S. (1905a). 'Fragment of an Analysis of a Case of Hysteria', *S.E.* Volume 7. London: Hogarth. *Pelican Freud Library* Volume 8. Harmondsworth: Penguin.

Freud, S. (1905b) 'Three Essays on the Theory of Sexuality', *S.E.* Volume 7. *Pelican Freud Library* Volume 7.

Freud, S. (1914). 'On Narcissism: An Introduction', *S.E.* Volume 14. *Pelican Freud Library* Volume 11.

Freud, S. (1916-17). 'The Path to Symptom Formation', *Introductory Lectures on Psychoanalysis, S.E.* Volume 15. *Pelican Freud Library* Volume 1.

Freud, S. (1920). 'Beyond the Pleasure Principle', *S.E.* Volume 18. *Pelican Freud Library* Volume 11.

Freud, S. (1923). 'The Ego and the Id', *S.E.* Volume 19. *Pelican Freud Library* Volume 11.

Freud, S. (1930). 'Civilisation and its Discontents', *S.E.* Volume 21. *Pelican Freud Library* Volume 12.

Freud, S. (1933a). 'Dissection of the Personality', *New Introductory Lectures, S.E.* Volume 22. *Pelican Freud Library* Volume 2.

Freud, S. (1933b). 'Anxiety and Instinctual Life', *New Introductory Lectures, S.E.* Volume 22. *Pelican Freud Library* Volume 2.

Freud, S. (1938a). 'An Outline of Psychoanalysis', *S.E.* Volume 23. *Pelican Freud Library* Volume 15.

Freud, S. (1938b). 'Splitting of the Ego in the Service of Defence', *S.E.* Volume 23. *Pelican Freud Library* Volume 11.

Fromm, E. (1942). *The Fear of Freedom*. London: Routledge and Kegan Paul. Gay, P. (1988) *Freud: A Life For Our Time*. London: Dent.

Goldman D. (1993). *In Search of the Real: The Origins and Originality of D.W. Winnicott*. Northvale, NJ: Jason Aronson.

Greeberg, J. and Mitchell, S. (1983). *Object Relations in Psychoanalytic Theory*. Cambridge, MA: Harvard University Press.

Groddeck, G. (1949). *The Book of the It*. London: Vision Press: First published as *Das Buch vom Es* (1923).

Grof, S. (1975) *Realms of the Human Unconscious: Observations from LSD Research*. New York: Viking.

Grolnick, S. (1990). *The Work and Play of Winnicott*. Northvale, NJ: Jason Aronson.

Grosskurth, P. (1986) *Melanie Klein: Her World and Her Work*. London: Hodder and Stoughton; Cambridge, MA: Harvard University Press.

Grotstein, J. and Rinsley, D., eds (1994). *Fairbairn and the Origins of Object Relations*. London: Free Association Books.

Guntrip, H. (1961). *Personality Structure and Human Interaction: The Developing Synthesis of Psychodynamic Theory*. London: Hogarth; New York: International Universities Press.

Guntrip, H. (1968). *Schizoid Phenomena, Object Relations and the Self*. London: Hogarth; New York: International Universities Press (1969).

Guntrip, H. (1971). *Psychoanalytic Theory, Therapy and the self*. New York: Basic Books; London: Karnac (1977).

Guntrip, H. (1975). 'Analysis with Fairbairn and Winnicott: (How Complete a Result does Psycho-Analytic Therapy Achieve?)', *International Review of Psychoanalysis* 2: 145-56. Reprinted in J. Hazell, ed., *Personal Relations Therapy: The Collected Papers of H.J.S. Guntrip*. Northvale, NJ: Jason Aronson (1994).

Harlow, H. and Zimmerman, R. (1959). 'Affectional Responses in the Infant Monkey', *Science* 130: 421.

Haynal, A. (1988). *The Technique at Issue: Controversies in Psychoanalysis from Freud and Ferenczi to Michael Balint*. London: Karnac.

Hazell, J. (1991). 'Reflections on my Experience of Psychoanalysis with Guntrip' , *Contemporary Psychoanalysis* 27(1): 148-66.

Hazell, J., ed. (1994). *Personal Relations Therapy: The Collected Papers of H.J.S. Guntrip*. Northvale, NJ: Jason Aronson.

Hazell, J. (1996). *H.J.S. Guntrip: A Psychoanalytic Biography:* London and New York: Free Association Books.

Hegel, G. (1807). *The Phenomenology of Spirit*. Translated by A. Miller. London: Oxford University Press (1977).

Hinshelwood, R. (1989). *A Dictionary of Kleinian Thought*. London: Free Association Books.

Hinshelwood, R. (1994). *Clinical Klein*. London: Free Association Books.

Holmes, J., ed. (1991). *Textbook of Psychotherapy in Psychiatric Practice*. Edinburgh: Churchill Livingstone.

Holmes, J. (1993). *John Bowlby and Attachment Theory*. London and New York: Routledge.

Horney, K. (1945). *Our Inner Conflicts: A Constrictive Theory of Neurosis*. New York: Norton; London: Kegan Paul (1946).

Hughes, J. (1989). *Reshaping the Psychoanalytic Domain: The Work of Melanie Klein, W.R.D. Fairbairn and D.W. Winnicott*. Berkeley, CA: University of California Press.

Isaacs, S. (1943). 'The Nature and Function of Phantasy', *International Journal of Psycho-Analysis* 29: 73-97; reprinted in M. Klein, P.

Heimann, S. Isaacs and J. Riviere, *Developments in Psycho-analysis*. London: Hogarth (1952).

Jacobs, M. (1986). *The Presenting Past: An Introduction to Practical Psychodynamic Counselling*. Milton Keynes: Open University Press.

Jacobs, M. (1995). *Key Figures in Counselling and Psychotherapy: D.W. Winnicott*. London: Sage.

Jones, E. (1957) *The Life and Work of Sigmund Freud*. London: Hogarth; New York: Basic Books.

Keleman, S. (1985). *Emotional Anatomy: The Structure of Experience*. Berkeley, CA: Center Press.

Kernberg, O. (1975). *Borderline Conditions and Pathological Narcissism*. New York: Jason Aronson.

King, P. and Steiner, R., eds (1991). *The Freud-Klein Controversies 1941-45*. London: Routledge.

Klein, J. (1987). *Our Need for Others and its Roots in Infancy*. London and New York: Tavistock.

Klein, M. (1928). 'Early Stages of the Oedipus Complex', in M. Klein, *Love, Guilt and Reparation*. London: Hogarth (1975); London: Virago

(1988).

Klein, M. (1935). 'A Contribution to the Psychogenesis of Manic Depressive States', in *Love, Guilt and Reparation.*

Klein, M. (1940). 'Mourning and its Relations to Manic-Depressive States', in *Love, Guilt and Reparation.*

Klein, M. (1945). 'The Oedipus Complex in the Light of Early Anxieties', in *Love, Guilt and Reparation.*

Klein, M. (1946). 'Notes on Some Schizoid Mechanisms', in M. Klein, *Envy and Gratitude and Other Works.* London: Hogarth (1975); London: Virago (1988).

Klein, M. (1952). 'Some Theoretical Conclusions Regarding the Emotional Life of the Infant', in *Envy and Gratitude and Other Works.*

Klein, M. (1955). 'The Psycho-Analytic Play Technique, its History and Significance', in *Envy and Gratitude and Other Works.*

Klein, M. (1957). 'Envy and Gratitude', in *Envy and Gratitude and Other Works.*

Klein, M. (1959). 'Our Adult World and its Roots in Infancy', in *Envy and Gratitude and Other Works.*

Kohut, H. (1977). *The Restoration of the Self.* New York: International Universities Press.

Kohut, H. and Wolf, E. (1978) 'The Disorders of the Self and Their Treatment: An Outline', *International Journal of Psycho-Analysis* 59: 413-24.

Kovel, J. (1988). *White Racism: A Psychohistory.* London: Free Association Books.

Laing, R. (1960). *The Divided Self: A Study of Sanity and Madness.* London: Tavistock; New York: Pantheon; Harmondsworth: Penguin (1965).

Lasing, R. and Cooper, D. (1964) *Reason and Violence.* London: Tavistock.

Lake, F. (1966). *Clinical Theology.* London: Darton, Longman and Todd.

Little, M. (1990). *Psychotic Anxieties and Containment: A Personal Record of an Analysis with Winnicott.* Northvale, NJ: Jason Aronson.

Lomas, P. (1987). *The Limits of Interpretation: What's Wrong with*

Psychoanalysis? Harmondsworth: Penguin.

Lorenz, K. (1952). *King Solomon's Ring: New Light on Animal Ways.* London: Methuen.

Lowen, A. (1975). *Bioenergetics.* New York: Coward, McCann and Geoghegan; Harmondsworth: Penguin.

Macmurray, J. (1961). *Persons in Relation.* London: Faber.

Mahler, M., Pine, F. and Bergman, A. (1975) *The Psychological Birth of the Human Infant: Symbiosis and Individuation.* London: Hutchinson; New York: Basic Books.

Milner, M. (1969). *The Hands of the Living God: An Account of a Psychoanalytic Treatment.* London: Hogarth.

Mitchell, J. (1974). *Psychoanalysis and Feminism.* London: Allen Lane; Harmondsworth: Penguin (1975).

Mott, F. (1964) *The Universal Design of Creation.* Edenbridge: Mark Beech.

Nussbaum, M. (1994). *The Therapy of Desire.* Princeton, NJ: Princeton University Press.

O'Connor, N. and Ryan, J. (1993). *Wild Desires and Mistaken Identities: Lesbianism and Psychoanalysis.* London: Virago.

Ogden, T. (1989). *The Primitive Edge of Experience.* Northvale, NJ: Jason Aronson; London: Karnac (1992).

Rayner, E. (1991). *The Independent Mind in British Psychoanalysis.* London: Free Association Books.

Rey, H. (1994). *Universals of Psychoanalysis in the Treatment of Psychotic and Borderline States.* London: Free Association Books.

Robertson, J. (1952). *A Two-year-Old Goes to Hospital* (Video). London: Robertson Centre; Ipswich: Concord Video and Film Council.

Robertson, J. and Robertson, J. (1976). *John, aged 17 months, for 9 Days in a Residential Nursery* (Video). *Young Children in Brief Separation: Five Films.* London: Robertson Centre; Ipswich: Concord Video and Film Council.

Rodman, F., ed. (1987). *The Spontaneous Gesture: Selected Letters of D.W. Winnicott.* Cambridge, MA and London: Harvard University Press.

Roland, A. (1988). *In Search of Self in India and Japan: Towards a Cross-Cultural Psychology*. Princeton, NJ and Oxford: Princeton University Press.

Rosenfeld, H. (1964). 'On the Psychopathology of Narcissism: a Clinical Approach', in *Psychotic States*. London: Hogarth.

Rosenfeld, H. (1971). 'A Clinical Approach to the Psycho-Analytic Theories of the Life and Death Instincts: an Investigation into the Aggressive Aspects of Narcissism', *International Journal of Psycho-Analysis* 51: 169-78. Reprinted in E. Bott Spillius, ed., *Melanie Klein Today. Volume I: Mainly Theory*. London: Routledge (1988).

Rustin, M. (1991). *The Good Society and the Inner World: Psychoanalysis, Politics and Culture*. London: Verso.

Salzberger-Wittenberg, I. (1970). *Psycho-Analytic Insight and Relationships: A Kleinian Approach*. London: Routledge & Kegan Paul.

Sartre, J-P. (1938). *La Nausee*. Paris: Gallimard.

Savege Scharff, J. and Scharff, D. (1992). *Scharff Notes: A Primer of Object Relations Therapy*. London: Jason Aronson.

Sayers, J. (1991). *Mothering Psychoanalysis*. London: Hamish Hamilton; London: Penguin (1992).

Schoenhals, H., ed. (1994). 'Contemporary Kleinian Psychoanalysis', *Psychoanalytic Inquiry* Volume 14 no. 3.

Schorske, C. (1961). *Fin-de-Siecle Vienna: Politics and Culture*. Cambridge: Cambridge University Press; New York: Alfred Knopf.

Searles, H. (1960). *The Nonhuman Environment in Normal Development and in Schizophrenia*. New York: International Universities Press.

Segal, H. (1957). 'Notes on Symbol Formation', *International Journal of Psycho-Analysis* 38: 391-7. Reprinted in E. Bott Spillius, ed., *Melanie Klein Today. Volume I: Mainly Theory*.

Segal, H. (1973). *Introduction to the Work of Melanie Klein*. London, Hogarth; New York: Basic Books.

Senf, M. (1995). 'The Revaluation of the Feminine in Psychoanalytic Theory and Practice'. Unpublished dissertation.

Sinason, V. (1992). *New Approaches from the Tavistock: Mental Handicap and the Human Condition*. London: Free Association Books.

Skynner, R. and Cleese, J. (1983). *Families and How to Survive Them*. London: Methuen.

Spillius, E. Bott, ed. (1988a). *Melanie Klein Today: Developments in Theory and Practice. Volume I: Mainly Theory*. London: Routledge.

Spillius, E. Bott, ed. (1988b). *Melanie Klein Today: Developments in Theory and Practice. Volume II: Mainly Practice*. London: Routledge.

Steiner, C. (1974). *Scripts People Live By*. New York: Grove.

Steiner, J. (1993). *Psychic Retreats: Pathological Organisations in Psychotic, Neurotic and Borderline Patients*. London: Routledge.

Stern, D. (1985). *The Interpersonal World of the Infant: A View from Psychoanalysis and Developmental Psychology*. New York: Basic Books.

Stoller, R. (1968). *Sex and Gender*. London: Hogarth; New York: Science House.

Stoller, R. (1985). *Presentations of Gender*. London and New Haven, CT: Yale University Press.

Stubrin, J. (1994). *Sexualities and Homosexualities*. London: Karnac.

Sullivan, H. (1953). *The Interpersonal Theory of Psychiatry*. New York: Norton; London: Tavistock (1955).

Sulloway, F.J. (1979). *Freud: Biologist of the Mind. Beyond the Psychoanalytic Legend*. New York: Basic Books; London: Fontana (1980).

Sutherland, J. (1971). 'Obituary: Michael Balint', *International Journal of Psycho-Analysis* 52: 331.

Sutherland, J. (1989). *Fairbairn's Journey into the Interior*. London: Free Association Books.

Taylor, A. (1948). *The Habsburg Monarchy*. London: Hamish Hamilton; London: Penguin (1990).

Taylor, C. (1989). *Sources of the Self: The Making of the Modern Identity*. Cambridge: Cambridge University Press.

Tustin, F. (1972). *Autism and Childhood Psychosis*. London: Hogarth.

Whyte L. (1962). *The Unconscious Before Freud*. London: Tavistock. *Winnicott Studies: the Journal of the Squiggle Foundation*.

Winnicott, C. (1983). 'Clare Winnicott talks to Michael Neve', *Free Associations*, Vol. 3. 2, no. 26 (1992): 167-84.

Winnicott, C. (1989). 'D.W.W: A Reflection', in C. Winnicott, R. Shepherd and M. Davis, eds, *Psycho-Analytic Explorations*. London, Karnac; Cambridge, MA: Harvard University Press (1989).

Winnicott, D. (1947). 'Hate in the Countertransference', *Collected Papers: Through Paediatrics to Psycho-Analysis*. London: Hogarth; New York: Basic Books (1975); London: Karnac (1992).

Winnicott, D. (1949a). 'Mind and its Relation to the Psyche-Soma', in *Collected Papers: Through Paediatrics to Psycho-Analysis*.

Winnicott, D. (1949b). 'Leucotomy', *Psycho-Analytic Explorations*.

Winnicott, D. (1950-55). 'Aggression in Relation to Emotional Development', *Collected Papers: Through Paediatrics to Psycho-Analysis*.

Winnicott, D. (1952a). 'Anxiety Associated with Insecurity', *Collected Papers: Through Paediatrics to Psycho-Analysis*.

Winnicott, D. (1952b). 'Psychoses and Child Care', *Collected Papers: Through Paediatrics to Psycho-Analysis*.

Winnicott, D. (1955). 'A Case Managed at Home', *Collected Papers: Through Paediatrics to Psycho-Analysis*.

Winnicott, D. (1956). 'The Anti-social Tendency', *Collected Papers: Through Paediatrics to Psycho-Analysis*.

Winnicott, D. (1958). 'The Capacity to be Alone', D. Winnicott, *The Maturational Processes and the Facilitating Environment*. London: Hogarth (1965).

Winnicott, D. (1959-64). 'Classification: Is There a Psycho-Analytic Contribution to Psychiatric Classification?', *The Maturational Processes and the Facilitating Environment*.

Winnicott, D. (1960a). 'String: a Technique of Communication', *The*

Maturational Processes and the Facilitating Environment.

Winnicott, D. (1960b). 'Ego Distortion in Terms of the True and False Self', *The Maturational Processes and the Facilitating Environment.*

Winnicott, D. (1960c). 'Countertransference', *The Maturational Processes and the Facilitating Environment.*

Winnicott, D. (1960d). 'The Theory of the Parent-Infant Relationship', *The Maturational Processes and the Facilitating Environment.*

Winnicott, D. (1962a) 'A Personal View of the Kleinian contribution', *The Maturational Processes and the Facilitating Environment.*

Winnicott, D. (1962b). 'Ego Integration in Child Development', *The Maturational Processes and the Facilitating Environment.*

Winnicott, D. (1963a). 'Two Notes on the Use of Silence', *Psycho-Analytic Explorations.*

Winnicott, D. (1963b). 'Communicating and Not Communicating Leading to a Study of Certain Opposites', *The Maturational Processes and the Facilitating Environment.*

Winnicott, D. (1963c). 'From Dependence towards Independence in the Development of the Individual', *The Maturational Processes and the Facilitating Environment.*

Winnicott, D. (1963d). 'The Development of the Capacity for Concern', in *The Maturational Processes and the Facilitating Environment.*

Winnicott, D. (1963e) 'Fear of Breakdown', *Psycho-Analytic Explorations.*

Winnicott, D. (1963f). 'Psychotherapy of Character Disorders', *The Maturational Processes and the Facilitating Environment.*

Winnicott, D. (1964-68). 'The Squiggle Game', *Psycho-Analytic Explorations.*

Winnicott, D. (1965). Acknowledgements, *The Maturational Processes and the Facilitating Environment.*

Winnicott, D. (1965). *The Maturational Processes and the Facilitating Environment.* London: Hogarth; Karnac (1990).

Winnicott, D. (1967a). 'The Concept of Clinical Regression Compared with that of Defence Organisation', *Psycho-Analytic Explorations.*

Winnicott, D. (1967b). 'D.W.W. on D.W.W.', *Psycho-Analytic Explorations.*

Winnicott, D. (1968). 'On "The Use of an Object", Part II', *Psycho-Analytic Explorations.*

Winnicott, D. (1971). 'Transitional Object and Transitional Phenomena', D. Winnocott, *Playing and Reality.* London: Tavistock (1971).

Winnicott, D. (1977). *The Piggle: An Account of the Psychoanalytic Treatment of a Little Girl.* London: Hogarth.

Winnicott, D. (1984). C. Winnicott, R. Shepherd and M. Davis, eds, *Deprivation and Delinquency.* London: Tavistock.

Winnicott, D. (1989). C. Winnicott, R. Shepherd and M. Davis, eds, *Psycho-Analytic Explorations.* London: Karnac; Cambridge, MA: Harvard University Press.

Winnicott, D. and Khan, M. (1953). 'Review of Psychoanalytic Studies of the Personality by W.R.D. Fairbairn', *Internaitonal Journal of Psycho-Analysis* 34: 329-33. Reprinted in *Psycho-Analytic Explorations.*

찾아보기

저자 소개

▪ Lavinia Gomez

현재 영국 런던에서 심리치료사, 슈퍼바이저이자 작가로 활동하고 있다. 그녀는 개인의 정신세계를 심층적으로 탐색하는 장기적 정신분석뿐 아니라 우울, 불안, 관계문제, 애도, 삶의 급격한 변화, 섭식장애, 만성적 고통, 삶의 무망감, 외상 및 학대경험 등의 문제를 다루는 단기적 상담도 수행한다. 그녀는 이번에 번역된 『대상관계이론 입문(*An Introduction to Object Relations*)』(1997) 외에도, 프로이트에 대한 비판을 재검토하고 프로이트를 새롭게 조명하는 내용을 다룬 『프로이트 전쟁(*The Freud Wars*)』(2005)이라는 책을 저술했다.

[홈페이지(http://www.laviniagomez.com) / 이메일(lavinia@laviniagomez.com)]

역자 소개

▪ **김창대**

서울대학교 사범대학 교육학과 교수. 서울대학교 대학원에서 교육학과 석사 학위(상담 전공), 미국 Columbia University의 Teachers College에서 상담심리학과 석 · 박사 학위(상담심리학 전공)를 받은 후 한국청소년상담원 상담교수, 계명대학교 교육학과 교수, Columbia University의 Teachers College 방문교수를 지냈다.

▪ **김진숙**

경북대학교 사범대학 교육학과 교수. 미국 Western Michigan 대학교에서 상담자교육 및 상담심리학과 석 · 박사 학위(상담심리학 전공)를 받은 후 Western Michigan 대학교 대학상담센터 상담원, 한국청소년상담원 상담교수를 지냈다.

▪ **이지연**

인천대학교 대학원 교육학과 교수. 계명대학교 대학원에서 교육학과 석사 학위(상담심리학 전공), 이화여자대학교 대학원에서 심리학과 박사 학위(상담심리 전공)를 받은 후 서강대학교 상담교수, 이화여자대학교 심리학과 교수를 지냈다.

▪ **유성경**

이화여자대학교 사회과학대학 심리학과 교수. Claremont McKenna College Fulbright 교환교수. 서울대학교 대학원에서 교육학과 석사 학위(상담 전공), 미국 University of Minnesota에서 교육심리학과 박사 학위(상담심리학 전공)를 받은 후 한국청소년상담원 상담교수를 지냈다.

대상관계이론 입문
An Introduction to Object Relations

2008년 6월 16일 1판 1쇄 발행
2025년 8월 25일 1판 11쇄 발행

지은이 • Lavinia Gomez
옮긴이 • 김창대 · 김진숙 · 이지연 · 유성경

펴낸이 • 김 진 환
펴낸곳 • (주) 학지사
04031 서울특별시 마포구 양화로 15길 20 마인드월드빌딩 5층
대표전화 • 02) 330-5114 팩스 • 02) 324-2345
등록번호 • 제313-2006-000265호
홈페이지 • http://www.hakjisa.co.kr
인스타그램 • https://www.instagram.com/hakjisabook

ISBN 978-89-5891-664-2 93180

정가 21,000원

역자와의 협약으로 인지는 생략합니다.
파본은 구입처에서 교환하여 드립니다.